위대한 기업의
2030 미래 시나리오

BEYOND GREAT

위대한 기업의
2030 미래 시나리오

향후 10년간 기업의 번영을 결정할
9가지 위대한 전략들

아린담 바타차리아 · 니콜라우스 랭 · 짐 헤멀링 지음

박선령 옮김

리더스북

한국 기업은
어떻게 변화할 것인가

한국은 전 세계에서 가장 역동적인 변화가 일어나고 있는 나라 중 한 곳이다. 특히 코로나19라는 미증유 사태는 한국 시장의 변화를 가속화하고 있다. 단적으로 코로나19 사태에 전 세계 소비자들이 빠르게 온라인 구매로 소비를 전환하고 있지만, 그중에서도 한국 소비자들이 가장 빠른 변화를 보였다. 미국과 중국의 온라인 쇼핑 침투율이 2019년 기준 15퍼센트와 22퍼센트에서 2020년 20퍼센트, 27퍼센트로 각 5퍼센트 포인트 성장한 데 반해, 한국은 28퍼센트에서 36퍼센트로 동일 기간 8퍼센트 포인트 성장했다. 미·중 소비자들보다 1.5배 이상 빠른 속도로 변화한 것이다. 이렇듯 끊임없이 등장하는 새로운 기술, 가속화되는 기술 노후화, 사이버 보안 위험, 그리고 지구 어딘가의 트윗 한 줄에도 빠르게 반응하는 소비자 등 새롭게 등장한 비즈니스 환경은 많은 기업들에게 과거 경험해보지 못한 고민을 던져주고 있다.

세계 모든 기업의 리더들은 우리가 이 책을 통해 이야기 히는 큰 파도, 즉 글로벌 비즈니스의 본질을 변화시키는 3가지 힘에 때로는 적응하고, 또 헤쳐나갈 수 있도록 노력하고 있다. 이러한 변화는 기존 기업들에 새로운 시장과 성장의 기회를 제공하는 한편, 기존 사업을 와해시킬 정도의 큰 위협 역시 만들어내고 있다. 하지만 우리는 빠른 변화에 능숙하고, 변화에 대한 열망이 크며, 위기에서 기회를 찾는 데 강한 한국 기업들에게는 이러한 변화가 글로벌 시장에서 경쟁력을 확보할 수 있는 큰 기회 요인으로 작용할 수 있다고 믿는다.

최근 한국 기업들도 다양한 사업 분야에서 많은 혁신을 꾀하고 있다. 기업 이익의 일부를 사회에 환원하는 개념을 넘어 환경, 사회적 책임, 지배구조 개선 등을 ESG 경영 전략을 기업의 핵심 사업에 통합해 근본적인 사업 경쟁력을 강화하려는 움직임이 활발해지고 있는 것도 그 혁신 중 하나다. 최근 보도에 따르면 매출액 상위 334개 한국 기업(500대 매출 상위 기업 중 상장사) 중 약 30퍼센트가 ESG 관련 위원회를 설치했다. 우리가 이 책에서 강조하는 9가지 전략 중 하나인, 사회에 긍정적인 영향을 미치면서 이를 통해 기업도 혜택을 받아 더 크게 성장하고 좋은 성과를 달성하는 전략의 좋은 출발점에 서 있는 것이다. 이렇게 이 책의 한국어 판이 무엇보다 꼭 필요한 시점에 출간된다는 점에서 매우 기쁘다.

보스턴컨설팅그룹의 시니어 파트너인 필자들이 코로나19로 한국에 방문하지 못한 지 2년이 되어 간다. 필자들이 과거 한국 기업과 협업하기 위해 한국을 방문했을 때마다 놀랐던 점이 있다. 바로 한국 경제가 가지고 있는 강점에 비해 한국 기업들이 미래에 대한 걱정을 멈추지 않는다는 점이었다. 반도체, 자동차, 엔터테인먼트, 가전, 화장품 등 한국 기업들은 그 어느 때보다도 다양한 산업에서 선전하고 있다. 특히, 우수한 교육 시스템 및 인적 자원이 다가올 미래의 성장 동력을 제공해주고 있으며 상대적으로 낮은 실업률과 양호한 재정 건전성Fiscal Soundness 등 미래 성장의 좋은 기반 역시 마련되어 있다. 또, 한국은 코로나19 사태가 불러온 경제 충격이 상대적으로 적은 곳이기도 하다. 하지만 중요한 점은 결코 그대로 멈춰 서서는 안 된다는 것이다. 혁신과 창의성, 무엇보다 진정으로 새로운 디지털 경제에 맞춰 끊임없이 진화해 나가야 한다.

필자들은 이 책을 집필하면서 위대한 기업을 뛰어넘어 그 다음으로 가기 위한 9가지 핵심 전략과 다양한 리더십 요건을 찾아냈고, 그 과정에서 수많은 위대한 기업의 고위 경영진들을 만나고 인터뷰했다. 또한 우리가 이 책에서 제시한 9가지 전략을 모두 훌륭히 실행하고 있는 기업은 설문조사를 실시한 전 세계 2400개의 기업들 중 겨우 1퍼센트에 불과했다. 전 세계 상위 1퍼센트의 기업이 되고자 하는 리더들이 해야 할 일이 여전히 많이 남아 있다는 뜻이다.

우리는 이 책 속에 향후 10년, 성장을 넘어 번영하는 기업이 되기 위한 전략을 모두 담았다. 이 책에서 제안하는 모든 전략을 치열하게 살펴보길 바란다. 다시 한 번 한국에서의 출간에 감사드리며, 한국 기업들이 기업가 정신으로 위대한 기업을 넘어서는 여정에 함께할 수 있기를 바란다.

2021년 8월

짐 헤멀링Jim Hemmerling

험난한 시기가
위대함을 뛰어넘을 기회다

이 불확실한 시대를 어떻게 헤쳐나갈 것인가? 오래도록 유지될 유산을 구축하기 위해 어떤 전략을 전개할 것인가? 보스턴 컨설팅 그룹(이하 BCG)은 설립 이래 항상 전 세계 기업들이 우위를 구축하고 유지해서 최고의 성과를 달성할 수 있도록 도왔다. 그 전통을 이어, 이 책은 앞으로 기업들이 어떻게 번창할 것인지를 내다본다. 리더들이라면 다 알겠지만, 비즈니스 환경은 급속도로 변해가고 있기 때문에 오랫동안 기업들에게 도움이 됐던 사고방식과 접근 방식만으로는 이제 충분하지 않다. 전략 수립, 자본 배치, 역량 구축, 실행 최적화, 성공적인 팀 구성과 관련해 리더가 내리는 선택은 더 역동적이고 복잡해졌으며, 이전보다 더 큰 위험 혹은 수익을 불러온다.

당연한 일이지만, 우리가 만난 대부분의 리더는 이런 상황에서 자신의 선택을 이끌어주고 향후 10년 동안 성공을 정의하는 데 도움이 되는, 실제 사례로 증명된 프레임워크framework를 찾고 있었다. 『위대한 기업의 2030 미래 시나리오』는 이런 요구를 해결하는 것을 목표로, 리더들이 이용할 수 있는 포괄적인 전략을 제공해서 기업이 새롭고 격동하는 사회적 긴장, 경제 민족주의, 기술 혁명의 시대에 번영하도록 도와준다.

아린담 바타차리아Arindam Bhattacharya, 니콜라우스 랭Nikolaus Lang, 짐 헤멀링Jim Hemerling은 여러 업계 및 지역의 리더들과 수년간 집중적으로 연구하고 BCG가 전 세계에서 진행한 광범위한 고객 업무를 활용해 9가지 기본 전략을 마련했다. 이 전략들을 이용하면 불안정한 상황 속에서도 대응력이 뛰어나고 지속 가능하며, 성공적이고 회복력 강한 회사가 될 수 있다. 여러분도 나만큼 이 전략들에 매료되어 샅샅이 살펴보면서 전략들 사이의 연결점을 찾아내고, 이를 현실에서 구현해 모든 이해 당사자에게 탁월한 가치를 전달하는 방법을 발견할 거라고 믿는다.

위대한 수준을 뛰어넘은 기업 대부분이 대중의 많은 관심을 받는, 상대적으로 젊은 디지털 대기업이 아니라 제조업, 농업, 소비재, 기술, 금융, IT 서비스 같은 산업의 기성 기업이라는 걸 알면 놀랄 것이다. 어떤 산업에 종사하는 기업이든 이 책에 담긴 지혜를 활용하면 한계를 뛰어넘어 향후 10년 동안 번영하고 성장하기 위한 역량을 강화할 수 있다. 그리고 저자들이 말하듯, 어떤 리더든 위대한 기업, 그 이상이 되기 위해 갖춰야 할 기술과 사고방식을 위한 실행 방안을 짜낼 수 있다.

최근 몇 년간 이미 급속한 변화가 진행되고 있던 데다가, 코로나19가 대유행하면서 거시경제에 충격을 주었기 때문에 앞으로 기업을 운영하며 또 다른 스트레스와 과제를 받게 되었다. 기업들에 대한 압박은 훨씬 더 커지고, 기업의 자유도는 제한을 받을 것이다. 그러나 이런 새로운 현실에 직면할 때 기억해야 할 2가지 필수 요소가 있다. 첫째, 힘겨운 환경은 오히려 경쟁적 지위를 혁신하고 전환할 좋은 기회라는 사실이 역사적으로 입증되었다. 둘째, 초기 징후를 보면 현재의 환경은 최근 몇 년간의 기본적인 추세를 앞당기는 방향으로 작용하고 있다는 것이다. 소비자는 온라인 구매로 빠르게 전환했고, 새로운 작업 방식이 도입되었다. 기업은 회복력을 발휘해야 할 뿐 아니라 이해 관계자에 대한 기업 행동의 검증 능력이 강조되고 있다. 또한 기업들에 대한 사회적·지정학적 압력도 높아지고 있다.

따라서 『위대한 기업의 2030 미래 시나리오』가 제시하는 전략은 상황이 나아질 때까지 미뤄도 괜찮은 것들이 아니라 지금 당장 실행해야 하는 급박한 일들이다. 책 전반에 걸쳐 설명하듯, 이 책에서 제시한 전략의 요소들을 받아들인 기업은 업계를 발전시키는 가치 제안을 새롭게 내놓고, 기술을 활용해 운영 방안을 재설계하며, 침체한 조직을 역동성과 혁신의 강자로 변모시켰다. 그 과정에서 그들은 가치 창출을 가속화하고 회복력을 높였다. 지금의 시대가 아무리 힘들어도 소극적으로 행동할 때가 아니다. 영감을 얻고, 자신만의 전략을 짜고, 앞으로 나아가야 할 때다. 리더들은 오랫동안 위대함을 가치 있는 야망으로 여겨왔다. 여러분과 여러분의 회사는 그 이상의 일을 해낼 수 있다.

이 흥미로운 여정에서 여러분에게 좋은 일만 있기를 바란다.

리치 레서 Rich Lesser, 보스턴 컨설팅 그룹 CEO

목차

PART 1   위대한 기업은 어떻게 더 위대해지는가 | 성장 전략 |

PART 2   위대한 기업은 어떻게 기술로 혁신하는가 | 운영 전략 |

이제 위대한 기업으로는
충분하지 않다

들어가며

대형 제조회사 임원인 여러분은 몇 년간 계속 성장기를 누리다가 심각한 문제에 봉착했다. 글로벌 보건 위기가 발생했고, 해외의 중요한 부품 공급업체 한 곳이 폐쇄되어 공장 가동을 방해했다. 공급업체는 전화도 안 받는다. 고도로 효율적인 적시 공급 생산 방식을 이용하는 글로벌 공급망에서는 이런 부품을 대체할 방법이 부족하다. 부품 재고는 점점 줄어들고 있고, 완전히 바닥나면 생산 라인이 멈출 것이다. 공장 가동이 며칠이 아니라 몇 주 동안 중단된다면 재정에도 치명적인 영향이 발생해 1년간의 수익이 모두 증발될 수도 있다. 이 상황에서 어떻게 대처해야 할까?

2020년에 코로나19 사태로 세계 경제의 큰 흐름이 중단되면서 많은 기업이 이런 시나리오를 겪었다. 극히 드물기는 하지만, 사스SARS나 신종 인플루엔자 발생, 2008년의 금융 위기 같은 경제적 충격, 브렉시트Brexit 같은 정치적 충격만 생각해봐도 산업 시스템에 충격을 미치는 사건들이 과거보다 흔해진 것 같다.

코로나 대유행이 발생하기 전, 당시 내구재 제조업체 월풀Whirlpool의 최고운영책임자(이하 COO)였고 지금은 최고경영자(이하 CEO)가 된 마크 비처Marc Bitzer를 만났을 때 그는 세계 경제가 새로운 시대로 접어들었다며, 이를 '피폐한 시대'라 불렀다.[1] 그는 최근 전 세계의 정치 상황을 언급하면서, 한때 비즈니스에 매우 매력적이던 나라들이 너무 척박하고 위험해진 까닭에 기업들은 어디에 공장을 지을지, 국경세와 관련된 불확실성을 피하기 위해 설비를 다른 대륙으로 옮길 것인지, 아니면 글로벌 전략을 완전히 포기할 것인지 같은 까다로운 전략적 문제에 직면해 있다고 말했다. 하지만 한편으로 이렇게 불안정한 세상은 글로벌 소비자 동향을 이해하는 데 뛰어난 기업에게는 매우 좋은 기회가 된다는 말도 했다. 그는 "우리처럼 '지루한' 업계에서도 디지털 연결성이 좋아진 덕분에 소비자 융합 속도가 놀라울 정도로 빨라졌다"라고 말했다.

이런 위기를 통해 부각되는 건, 변동성 그 자체보다 기업들이 번영을 위해 오랫동안 이용해온 사업 전략이 미흡하다는 사실이다. 20세기 후반에 전 세계에서 가장 위대하고 존경받던 회사들은 뛰어난 총 주주 수익률Total Shareholder Returns(이하 TSR)[2]을 제공하려고 노력했다. 그러기 위해 차별화된 제품과 서비스를 판매하고, 사업을 대규모로 운영하면서 뛰어난 효율성을 발휘했으며, 무역 자유화와 다자주의가 성장한 덕분에 명확한 규칙과 예측 가능한 결과를 제공하는 글로벌 시스템 안에서 성공할 수 있도록 스스로를 최적화했다.

하지만 오늘날에는 규모와 효율성을 도모하기 위한 이런 고객 가치 제안이나 운영 및 조직 전략이 뛰어난 TSR을 제공하기에 충분하지 않으며, 지속 가능하지도 않다. 1965년에는 S&P 500 지수에 포함된 상장 기업들은 평균적으로 한 세대 정도(약 33년) 그 자리에 머물렀다. 2016년에는 S&P 500 지위를 유지하는 평균적인 기간이 24년으로 줄었다.[3] BCG의 조사에 따르면 상장 기업들의 수명도 줄어들어서 1970년에는 약 60년이었는데 2010년에는 40년 미만이 되었다.[4] CEO들의 재임 기간도 짧아지고 있다.[5] 실적이 가장 우수한 기업과 하위 기업을 가르는 격차가 커지고 있고, 강력한 TSR을 제공하는 기업도 이를 유지하기가 갈수록 어려워지고 있다.[6]

오늘날 점점 더 취약해지고 있는 국내 기업이나 글로벌 기업의 내부를 들여다보면, 사회 전반에 긍정적인 영향을 미치기는커녕 변동이 심한 시대에 지속적으로 높은 주주 수익률을 제공하는 것조차 힘들게 만드는 일련의 문제를 발견하게 된다.

리더들은 고객이 원하지 않는, 시대에 뒤떨어진 가치 제안을 밀어붙이고 있다. 일부 고성장 시장에서는 지역 경쟁과 경제 민족주의가 성가신 새로운 문제를 야기하고 있는데도, 이들은 감당하기 어렵고 이익을 저해하는 글로벌 입지를 계속 유지하려고 한다. 또한 급변하는 고객을 이해하고 고객의 니즈needs를 충족시키기 위한 장기적인 관계를 구축하지 못하게 만드는 내부 프로세스와 기업 문화 때문에 어려움을 느낀다. 최고의 혁신가와 엔지니어, 데이터 과학자, 디지털 마케터들을 유치해서 고무시키고 유지하는 데 방해가 되는 낡은 인사 관행 때문에 고생하기도 한다. 게다가 리더들은 회사를 더 지속 가능하고 책임감 있게 운영하라는 정부, 지역사회, 고객, 직원들의 요구에 직면해 있다. 우리 BCG의

CEO인 리치 레서의 말처럼 "코로나19는 글로벌 추세와 압력을 극도로 가속화하면서 미래를 앞당겼다." 리더들은 기업의 성과 기준이 바뀌었고 오랫동안 잘 작동했던 기존의 비즈니스 모델이 앞으로는 작동하지 않을 것이라고 느낀다. 특히 코로나 이후 시대에는 성공 전략을 담은 새로운 전략이 필요하다는 걸 알고 있다. 그러나 그들은 거기에 정확히 어떤 내용이 포함되어야 하는지는 잘 모른다.

위대한 수준을 넘어서자

몇몇 회사들은 이 새로운 시대에 적응하고 회복력을 높이기 위해 고안된 선구적인 전략을 통해 새로운 길을 개척하기 시작했다. 이런 일류 기업들이 깨달은 것처럼, 이제는 차별화된 제품과 서비스를 판매해서 뛰어난 성과를 제공하는 것만으로는 충분하지 않다. 기업들은 위대한 수준을 넘어 고객을 즐겁게 하는 결과와 경험을 안겨주는 맞춤형 솔루션을 제공해야 한다.

또한 고객은 이제 기업이 가장 비용 효율적인 배송 센터와 생산 공장 네트워크를 유지하는 것만으로 만족하지 않는다. 기업들은 위대한 수준을 넘어 갑작스러운 관세 인상이나 사람들의 이동에 대한 비자 제한과 같은 갑작스러운 장애와 규칙 변경에 대처하고, 변화하는 고객의 요구에 신속하게 적응할 수 있는 유연한 네트워크를 개발해야 한다. 기업들은 20세기에 위대하다고 정의한 성장 전략, 운영 모델, 조직 구조를 뛰어넘어 21세기에 어울리는 새로운 장점을 만들어야 한다.

일류 기업들은 두 번째 의미에서 위대한 수준을 넘어 놀라운 성과라는 개념 자체를 다시 정의하고 있다. 주주 수익은 여전히 이들 기업의 핵심적인 기준이지만 모든 주주뿐만 아니라 고객, 직원, 지역사회, 정부, 자연환경 등 모든 이해 관계자에게 변화를 가져오는 새로운 목표 의식을 가지고 이런 수익을 추구하고 있다. 이런 일류 기업들이 불안정한 상황 속에서 장기적이고 지속적으로 높은 TSR을 달성하는 가장 확실한 길은 다음과 같다. 회복력을 높이고 모든 이해 관계자에게 영향을 미칠 수 있는 방식으로 성장과 운영, 조직을 재구상하는 것이다. 그래서 장기적으로 번창하고, 예상치 못한 도전과 충격에 직면했을 때 잘 회복하며, 동시에 사회적 환경적 요구에 잘 대응할 수 있는 새로운 전략을 채택하고 있다.

여기서 말하는 일류 기업은 구글Google, 넷플릭스Netflix, 알리바바Alibaba 등 미디어를 장악하고 있는 인기 디지털 회사를 말하는 것이고, 기존의 거대 기업들은 전부 뒤처져 있다고 생각할지도 모른다. 하지만 사실은 그렇지 않다. 농업만큼 구식인 산업도 없겠지만, 존 디어John Deere라는 유서 깊은 기업은 농업의 다른 이미지를 보여주면서 데이터 집약적인 새로운 제품을 개발하고, 이를 제공하기 위해 회사의 구조를 바꾸고 있다. 펩시코PepsiCo와 마스터카드Mastercard 같은 업계 선두주자들도 성공을 위해 새로운 목표와 지원 전략을 채택했다. 펩시코는 지속 가능한 방식으로 책임감 있게 성장하기 위한 혁신을 진행하고 있으며, 마스터카드는 금융 서비스 업계를 교란하는 민첩한 핀테크 기업들과 경쟁하기 위해 스스로를 새롭게 포지셔닝하고 있다. 인도의 소프트웨어 서비스 회사인 타타 컨설턴시 서비스TaTa Consultancy Services(이하 TCS)는 변화에 앞장서고 고객을 위한 본격적인 전략적 파트너로 거듭나기 위해 일련의 광범위한 변화에 착수했다. 이들 네 회사 모두 주주뿐만 아니라 모든 이해 관계자를 위해 막대한 가치를 창출하고 유지해왔다.

이 기업들 가운데 TCS의 사례는 그 역사적 궤적을 감안할 때 특히 흥미로워 보인다. 1968년 타타 그룹의 일부로 설립되어 글로벌 기업으로 빠르게 자리매김한 TCS는 규모, 비용 우위, 자동화, 지식재산권 개발, 회사가 개척한 린 서비스 팩토리 모델 등을 바탕으로 경쟁하면서 20세기 후반에 급속히 성장했다. 2001년에 매출 6억 9천만 달러에 30퍼센트 가까운 이윤을 실현한 TCS는 전통적인 정의에 따르면 위대한 회사가 되었다.[7]

TCS는 글로벌 금융 위기와 그 여파로 인해 큰 타격을 받았어야 했다, 특히 선진국에 비해 인도와 다른 신흥 시장의 경제 성장세가 둔화하고, 소프트웨어 서비스 제공 모델을 산업화해서 얻은 회사의 규모적 우위가 약화되었다는 점을 감안하면 말이다. 하지만 이 회사의 리더들은 그동안 TCS를 훌륭한 회사로 키워준 전략을 고집하기보다 새로운 전략을 추구했다. 이 회사는 지난 20년 동안 외부 환경의 극적인 변화에 보조를 맞추고, 더 유연하고 탄력적인 모습을 보이기 위해 변신을 거듭해왔다. 이런 노력의 결실은 코로나가 대유행한 2020년에 더욱 두드러져, TCS는 혼란을 최소화하며 운영을 지속할 수 있었다.

특히 TCS는 고객과의 관계를 재정립하고, 고객이 어디에 있든 상관없이 최신 기술을 통합한 광범위한 서비스 포트폴리오를 제공한다.[8] 이들은 그동안 개척해온 비용 우위의 해외 대규모 배송 네트워크를 혁신하고, 선진 시장 고객들과 가까운 곳에서 클라우드를 통해 전부 연결되며, 중고가(中高價) 시설들이 포함된 새롭고 유연한 배송 모델을 받아들였다. 새로운 배송 네트워크는 고객들이 선택할 수 있는 비용 관련 옵션을 더 많이 제공하고, 한 지역에서 문제가 발생해도 전체 네트워크는 정상적으로 유지되기 때문에 위험도 줄여준다. TCS는 또한 자사 오퍼링(offering)을 '서비스화'했다. 이는 단일 유형의 서비스를 제공하는 게 아니라 모든 기술을 동원해서 특정한 비즈니스 결과에 대처하는 맞춤형 솔루션을 제공하는 것이다. TCS는 전 세계 지역사회에 변화를 일으키기 위해 회사가 보유한 세계적인 수준의 기술력을 활용한 이 사업을 진행할 때 다중 이해관계자의 관점을 적극적으로 수용했다. 이처럼 TCS는 시대를 앞서가고 있지만, 동시에 초기 설립 목적도 생각하게 되었다. 타타 그룹 창립자인 잠셋지 N. 타타(Jamsetji N.Tata)는 19세기 중반에 "자유 기업에 지역사회는 단순히 사업의 또 다른 이해 관계자일 뿐만 아니라 아니라 존재의 목적 그 자체다"라고 말했다.[9]

TCS의 지속적이고 다양한 혁신 노력과 사회에 긍정적으로 기여하겠다는 확고한 결의가 결합해, 주주들에게 뛰어난 가치를 계속 제공할 수 있게 되었다. 2009년부터 2020년까지 이 회사의 시가 총액은 10배 이상 급증해 1200억 달러가 넘는 최고치를 기록했다. 2020년에 TCS는 글로벌 IT 서비스 기업 중 시가 총액이 가장 높은 기업에 속하게 되어, IBM이나 액센츄어Accenture에 비해 수익이 훨씬 낮은데도 그들과 같은 리그에 포함되었다.[10] 불안정한 상황에서도 뛰어난 성과를 유지하기 위해, TCS는 전통적인 전략을 뛰어넘어 회복력을 높이고 더 많은 이해 관계자에게 이익을 안겨줬다. "우리는 성장이 모든 에너지의 원천이라고 본다." 현재의 타타 그룹 회장인 나타라잔 찬드라세카란Natarajan Chandrasekaran의 말이다. "(회사의 사업) 부서는 저마다 매출, 수익, 지식, 인력, 고객과의 깊이 있는 관계 등 적절한 유형의 성장에 초점을 맞추고 있다. 우리에게 성장은 단일 차원이 아니라 전체론적인 문제다."[11]

디지털 기업은 기성 기업에게 이득을 안겨준 전략을 일찍부터 폐기했을지도 모르지만, TCS나 존 디어, 마스터카드 같은 기업의 지속적인 성공은 이 새로운 변동성의 시대에 기성 기업과 새로운 디지털 기업 간의 경쟁이 전보다 훨씬 대등해졌음을 시사한다. 산업 전반에 걸쳐, 일부 기성 기업들은 디지털 기업에게서 새로운 기술을 활용하는 방법을 배우고, 자신들의 규모를 최대한 활용하면서 새로운 형태의 이익을 창출하기 위해 기존의 관행을 그대로 둔 채 사용할 수 있는 전략으로 혁신하고 있다. 지멘스Siemens, 필립스Philips, 노키아Nokia 등도 모두 회복력을 키우고 수익성을 높이는 동시에 사회적·환경적 요구에 잘 대응할 수 있는 방식으로 변화하고 있다. 소매, 금융 서비스, 소비자 분야의 다양한 회사도 이와 유사한 일을 했다.

이 회사들은 이 힘든 시기의 도전을 받아들이고 점점 숙달될 수 있었던 반면, 다른 회사들은 그렇게 하지 못한 이유는 뭘까? 그들이 성공할 수 있는 전략은 무엇일까? 그리고 어떻게 하면 여러분 회사에 유사한 전략을 적용할 수 있을까?

글로벌 비즈니스의 판도를 바꾼 3가지 힘

2016년에 우리는 세계경제포럼에서 "세계화는 죽었고 글로벌 비즈니스는 지도의 가장자리를 넘어 미지의 땅으로 들어섰다"고 주장하는 논문을 접했다.[12] 전 세계의 많은 기업 경영진이 여전히 세계화와 글로벌 성장에 대해 상당히 낙관적이라는 점을 감안하면, 이것은 충격적인 주장이었다. 무엇이 실제로 변하고 무엇이 변하지 않았는지, 그리고 몇몇 일류 기업은 이런 변화를 앞서가고 있는지 궁금해서 수십 개 기업을 대상으로 하는 연구 조사에 착수해 임원들을 인터뷰하고, 그들의 성장 전략과 그들이 이용하는 운영 방안을 조사했다.

우리가 본 바에 따르면, 세계화는 죽지 않았고 죽어가는 중도 아니다. 국경을 넘는 데이터 흐름이나 국제 관광객 수, 심지어 외국인 노동자들이 본국으로 송금하는 송금액까지 따지면 실제로는 글로벌 통합이 가속화되고 있다. 그러나 게임의 규칙이 급격히 변하고 난기류가 심해지면서 위협과 함께 엄청나게 새로운 기회가 생겨났다. 몇몇 글로벌 기업은 리더들이 기회를 재빨리 포착하고 조직이 변화에 적응해서 회복력을 높였기 때문에 번창하고 있다. 하지만 예전만큼 효과적이지 않은 전통적인 전략과 접근법을 고수하면서 수동적으로 움직이는 기업도 많다.

우리는 이 연구를 바탕으로, 지난 150년 동안 알게 된 글로벌 비즈니스의 본질을 변화시키고 있는 3가지 기본적인 힘을 확인했다. 이 각각의 힘에는 기술, 사회, 정치, 건강, 환경 분야 전반에 걸쳐 진행된 3가지 역사적 추세가 담겨 있다.

첫 번째 힘은 서로 별개이지만 관련이 있는 2가지 변화로 인해 촉발된 사회적 긴장이다. 하나는 자연 생태계가 혹사당하는 것이고, 다른 하나는 자본주의와 그로 인한 불평등에 대한 불만이 커지고 있다는 것이다. 한 세기 반 동안 진행된 산업화는 자연계와 그 자원을 심하게 고갈시켜서 기후변화, 만연한 오염, 생물 다양성 손실, 그에 수반된 수많은 인간 건강의 위기로 이어졌다. 시민들은 오랫동안 자연환경 보호를 정부의 역할로 인식해왔지만, 이제는 기업들이 적극적인 조치를 취할 것을 요구하고 있다. 그러나 그들이 요구하는 건 그것뿐만이 아니다. 많은 국가에서 증가하는 불평등은 직원, 활동가, 주주 그리고 일반 사람들 사이에서 자본주의에 대한 광범위한 회의론을 부채질했다. 기업이 주주 가치를 극대화하는 데만 신경 쓰지 말고 명확한 사회적 혜택을 제공해야 한다는 고객과 직원의 요구가 거세지고 있다.[13]

글로벌 비즈니스 환경을 변화시키는 두 번째 힘은 경제 민족주의의 고조와 미국 패권주의의 지속적인 침식이다. 미국이 여전히 경제, 군사, 기술 분야에서 예외적으로 막강한 힘을 유지하고는 있지만, 중국의 세계 GDP 기여도가 2000년 이후 3배로 증가했다. 이 두 나라 사이의 치열한 경쟁은 그들 나라의 경제뿐만 아니라 세계 경제에도 영향을 미친다. 특히 팬데믹의 여파로 미국과 중국 사이의 불신과 보복이 증가하면서 세계 지정학계가 훨씬 복잡하고 불안정해졌다. 최근 수십 년 동안은 일부 경제학자들이 '위대한 컨버전스convergence'[14]라고 부른 신흥 시장의 빠른 성장에 힘입어 선진 시장과 GDP가 동등해질 것으로 내다봤지만, 그런 일은 일어나지 않았다. 코로나19가 선진국에 막대한 피해를 입혔지만, 지난 10년 동안 개발도상국의 성장은 전체적으로 둔화했고 선진국의 성장은 빨라졌다.[15] 아시아 경제는 세계 전체보다 빠르게 성장했다, 세계 금융 위기가 발발하기 전에 경제가 급속히 성장했던 터키나 브라질 같은 나라는 변동성이 더 커졌다. 국가 내에서는 불평등이 증가하고 특정 산업과 인구 집단이 다른 이들보다 더 번성하는 모습이 보인다. 이런 이유로 오늘날의 기업들은 개발도상국에서 대대적인 확장을 꾀하기보다 개별 국가 안에서 산업별로 성장할 여지를 찾아야 한다.

경제 민족주의가 심화하면서 제2차 세계대전에 대응하여 발생했던 다자주의의 쇠퇴가 가속화하고 있다. 2012년에서 2017년 사이에 미국이 취한 보호주의 조치 수가 거의 2배로 증가했고 지금도 계속 증가하고 있으며, 대부분의 다른 국가에서도 이런 조치가 증가하고 있다.[16] 2009년에는 G20 국가들의 수출 중 약 20퍼센트가 "무역 왜곡의 영향을 받은" 데 비해, 2017년에는 50퍼센트가 넘었다.[17] 국가 정체성이 새로운 중요성을 띠게 되었고 소비자 행동에 점점 더 영향을 미치고 있는데, 일부 논평가들은 이런 추세를 '부족주의tribalism'라고 부른다. 서구 사회에서도 불평등 증가가 민족주의에 박차를 가했고, 실질 임금 정체와 고임금 제조업 일자리가 사라진 것 때문에 세계화로 인해 피해를 입었다고 느끼는 사회

계층이 많다. 그 결과, 다자간 프로세스와 제도가 위축되고 새로운 다자 간 무역 협정을 맺기 위한 협상도 진전이 느리다. 2018년에 어떤 글로벌 공급망을 조사한 결과, 응답자의 약 3분의 1이 보호주의 정책을 '중대한 도전'으로 꼽았다고 한 언론인이 전했다.[18] 코로나19가 민족주의 정서를 더 악화시키는 상황이므로 이런 도전은 계속 심화될 수밖에 없다.

글로벌 비즈니스 규칙을 다시 작성하는 세 번째이자 마지막 힘은 글로벌 데이터와 디지털 기술의 기하급수적인 성장에 따른 기술 혁명이다. 국가 간 데이터 흐름은 2년마다 2배씩 증가하면서 세계화의 종말에 대한 모든 주장이 거짓임을 보여주고, 온라인 세계에서는 갈수록 국경이 사라지고 있다.[19] 2019년에 국외 및 국내에서 진행된 글로벌 전자상거래 액수는 실물 상품 거래액(24조 달러)의 거의 2배에 가까운 42조 달러에 달했다.[20]

특히 사물인터넷Internet of Things(이하 IoT) 기술 이용이 증가하면서 제조업의 경제성과 공장 내부 작업의 특성, 기업이 고객에게 가치를 전달할 수 있는 방식이 변하고 있다. 이는 보건 의료 문제 때문에 사람들의 물리적 이동이 제한되면서 한층 가속화된 변화다. 디지털 연결성은 또한 새로운 글로벌 소비자의 출현으로 이어졌다. 과거에는 고객에게 다가가는 게 지리적 격차를 넘어 상품을 제공하는 것이었지만 디지털 기술을 이용하는 기업들은 위치에 상관없이 고객에게 점점 더 많은 서비스와 경험을 전달할 수 있다. 이런 추세는 코로나19 대유행 기간에 소비의 상당 부분이 가정으로 이동하면서 더욱 눈에 띄었다.

한편 디지털 상거래는 국경을 초월해 소비자의 행동과 기대치를 평준화시키고 있다. 인도나 중국 같은 나라의 소비자들도 선진국 소비자들과 마찬가지로 양질의 제품과 서비스, 적시 배송, 온라인 주문 기능 그리고 자신들의 진화하는 요구에 대응하는 능력을 기업들에게 기대한다.

위대한 수준을 뛰어넘는 기업의 9가지 전략

종합적으로 볼 때, 이 3가지 힘이 글로벌 지형을 변화시키면서 리더들이 오랫동안 경쟁에 활용했던 전통적인 전략이 흔들리고 있다. 새로운 시대가 다가오고 있고, 앞으로 수십 년 동안 분명히 더 발전할 것이다. 이 새로운 시대의 변치 않는 특징은 시장과 글로벌 경제 시스템이 빈번하게 파괴적 충격을 받으면서 생겨나는 변동성이다. 기업들은 이제 기후 악화 때문에 증가하는 강력한 기상 현상, 새로운 디지털 기술에 대한 의존 때문에 한층 빨라진 기술 노후화와 사이버 보안 위험, 경제 민족주의에서 비롯된 갑작스러운 무역 관세와 비관세 장벽 그리고 지구상 어딘가에서 올린 트위터나 페이스북 게시물에 반응하며, 빠르게 변화하는 소비자 행동 등과 맞서 싸워야 한다. 또한 이 3가지 힘 때문에 기업들은 금융이나 경제 붕괴, 지정학적 갈등, 유행병 같은 전통적인 충격에 더 많이 노출되고 있다. 코로나19 대유행에서 확인한 것처럼, 세계가 많이 연결되면 될수록 위험이 더 복잡해질 뿐만 아니라 빠르게 확산한다. 이 글을 쓰는 동안 '공포 지수fear gauge'라고 알려진 CBOE 변동성 지수 VIX(시카고 옵션 거래소에 상장된 S&P 500 지수 옵션의 향후 30일간의 변동성에 대한 시

장의 기대를 나타내는 지수로, 증시 지수와는 반대로 움직이는 특징이 있다-옮긴이)

가 금융 위기 이후 최고점에 도달했다.[21] 2020년 3월 18일에 85.47까

지 상승한 것이다.[22]

그러나 세상이 변덕스럽고 불확실해짐에 따라 이 3가지 힘은 기성 기

업들이 새로운 형태의 이점을 구축할 엄청난 기회를 만들어내기도 했다.

기성 기업들은 기술을 활용해서 새롭고 탄력적인 비즈니스 모델을 구축

하는 동시에 막대한 사회적 이익을 창출함으로써 강력한 주주 수익을 제

공할 수 있다. 정부가 사회와 자연 생태계에 대한 엄청난 위협을 해결하

지 못하자 지역사회와 직원, 정부 그리고 주주까지 기업들이 나서서 더

많은 일을 해줄 것을 요구하고 있다.

미국에서 규모가 가장 큰 기업들의 CEO가 모인 단체인 비즈니스 라

운드테이블Business Roundtable은 2019년에 「기업의 목적에 관한 성명서」

를 발표했다. 이 성명서에서는 5가지 차원의 목적을 명시했는데, "고객

에게 가치를 전한다", "직원에게 투자한다", "공급업체와 공정하고 윤리

적으로 거래한다", "우리가 일하는 지역사회를 지원한다"에 이어 마지막

자리에 "주주 가치 생성"을 올려놓았다.[23]

우리가 연구 과정에서 문서화한 것처럼, 일류 기업들은 그런 목적 개

념을 수용하는 동시에 성장 전략과 운영 그리고 조직이 더 큰 대응 능력

과 회복력을 갖추도록 조치를 취하고 있다. 펩시코가 좋은 예인데, 이 회

사는 최근 몇 년 동안 '목적이 있는 성과Performance with Purpose'라는 전략

을 적극적으로 추진해왔다. 펩시코는 기존의 가치 제안, 공급망, 인재 관

리 전략, 조직 구조를 전체적으로 포기한 게 아니며, 이는 다른 목적 지향 회사들도 마찬가지다. 그들은 적절한 부분에서는 기존의 것들을 유지하면서, 그 위에서 새로운 형태의 장점을 발휘하고, 회복력을 높이며, 이해 당사자들에게 지속적인 가치를 창출할 수 있는 새로운 전략을 구축하고 있다. 다시 말해, 위대한 수준을 넘어서기 위한 일들을 시도하고 있는 것이다.

리더나 다른 이해 관계자들과 나눈 수많은 인터뷰와 회사의 실행 내용을 분석한 결과, 한 고위 경영자의 말처럼 이런 성공적인 일류 기업의 경영진들은 조직을 조용히 '액체화liquefying'시키고 있다는 걸 발견했다. 즉 변화하는 소비자 요구, 규제 체제, 경제 상황, 기술 등에 적응하고 활용할 수 있는 유동적이고 유연하며 민첩한 조직을 구축하고 있는 것이다.

그들은 놀라운 새 솔루션과 경험을 제공하고 있으며, 많은 경우 이를 실제 제품과 연결한다. 이들은 글로벌 운영의 어떤 요소를 중앙 집중화해서 규모의 우위를 만들어 유지할 건지, 전체 시스템의 대응력과 회복력을 높이기 위해 심층화하거나 로컬에 구축해야 하는 요소는 무엇인지 재고하고 있다. 그리고 원격으로 협력하는 법을 배우면서 광범위한 파트너 네트워크를 구축하고 있다.

또 로컬 시장에서는 지역 여론과 정부의 요구에 부합하기 위해 확실한 지역적 정체성을 개발하고 있다. 사람, 지구, 지역사회에 대한 관심을 성장 전략에 깊이 새기고, 회사의 목적 의식을 드높이며, 긴급한 사회와 환경 문제를 해결하기 위해 조직의 가장 중요한 기술과 역량을 동원한다.

그와 동시에, 리더들은 기존 전략과 글로벌 공급망, 역량의 많은 부분을 그대로 유지하고 있다.

실제로 가장 성공적이고 역동적인 글로벌 기업들은 새로운 것과 오래된 것, 유동적인 것과 견고한 것, 최저 비용과 최고 속도, 효율성과 회복력을 결합해서 2가지를 동시에 할 수 있는 '이중 기업dual enterprises'이 되고 있다. 가장 성공한 리더들은 모호함, 모순, 개방성, 영구적인 변화에 마음을 열면서도 한 발은 과거에 굳건히 디디고 있는 사람들이다.

변동이 심한 새 시대의 특징들이 명확해지고, 새롭고 야심 찬 성과 기준의 등장이 확실해지며, 일류 기업들이 새로운 형태의 우위를 차지하는 모습을 관찰하면서 우리는 연구에 더 큰 노력을 기울였다. 우리의 목표는 앞으로 수십 년 동안 기업이 성과 기준을 충족하거나 초과 달성할 수 있는 행동과 접근 방식을 이해하고 체계화하는 것이었다. 우리 팀은 몇 년에 걸쳐 수십 개의 사례 연구를 개발했고, BCG의 정량적 데이터를 대규모로 평가했으며, 광범위한 2차 연구를 수행하고, 기업의 고위 경영진들과 수백 건의 추가 인터뷰를 진행했다.

아마 당연한 일이겠지만, 우리는 기업들이 위대한 수준을 넘어설 수 있도록 도와주는 단 하나의 전략적 묘책 같은 건 존재하지 않는다는 결론을 내렸다. 그보다는 기업들이 특정한 산업과 경쟁 상황에 따라 채택하고 조정한 전략의 조합들이 더 빛을 발한다는 사실을 발견했다. 우리는 연구 결과를 면밀히 조사하고 BCG의 광범위한 클라이언트 사례에서 통찰력을 얻어, 다가오는 미래에도 지속적으로 높은 성과를 낼 기업의 9가지 핵심 전략과 다양한 리더십 요건을 찾았다. 이 전략들은 가치 제안부터 글로벌 공급망, 직원과 이해 관계자에 대한 약속을 추구해가는 것에 이르기까지 기업의 모든 부분에 총체적인 영향을 미쳤다. 위대한 수준을 뛰어넘는 기업은 다음의 9가지 전략을 수행해야 한다.

1 사회적 영향을 기업의 핵심과 동떨어진 별개의 활동으로 여기지 말고, 사회에 영향을 미치고 이를 통해 장기적이고 지속적인 TSR을 제공할 수 있도록 핵심 업무를 재구상하라. 공익 추구를 핵심 전략과 운영에 신중하게 통합할 수 있는 기업은 모든 이해 관계자에게 긍정적인 영향을 미치는 동시에 지속적으로 높은 주주 수익을 제공할 수 있다.

2 실제 제품과 서비스뿐만 아니라 매력적인 디지털 솔루션과 경험을 제공하라. 오늘날의 일류 기업들은 고객을 위한 결과와 경험을 완전히 소유하고 있다. 디지털 기술을 활용해 새로운 솔루션을 물리적 제품 및 서비스와 접목하거나 실제 제품과 서비스를 완전히 대체하는 등 충족되지 않은 고객의 요구를 만족시키기 위해 사용 수명 주기를 더 깊이 연구하고 있다.

3 수익성 있는 시장 점유율을 차지할 수 있는, 선택적으로 성장하는 지역 환경에 적합한 방식으로 성장해야 하며, 모든 곳에서 동시에 성장을 이루려고 해서는 안 된다. 일류 기업들은 자산 경량화, 디지털, 전자 상거래 중심의 비즈니스 모델을 이용해 새로운 시장에 진입해서 빠르게 세를 키우고 있다. 그들은 또 진입할 시장을 더욱 까다롭게 고르며,

역설적이지만 선택한 시장에는 적극적으로 참여하고 있다.

4 고객이 원하는 솔루션, 결과, 경험을 만들고 제공할 수 있는 역동적이고 새로운 가치 웹으로 기존의 가치 사슬을 보완하라. 이런 가치 웹이나 생태계는 엄청난 관심을 받고 있다. 그러나 일류 기업들이 보여주듯이, 그중에서도 더 잘 작동하는 생태계들이 있다.

5 첨단 기술을 활용하는 다국적 공장과 배송 센터에 투자하고, 이를 저비용 기능과 결합해 맞춤형 상품을 '신속하게' 제공하라. 오늘날의 배송 모델은 저비용 외에도 빠른 속도와 대응력이 중요하고 문제가 발생할 경우 금방 회복할 수 있어야 한다.

6 글로벌 데이터 아키텍처를 구축하고 분석 역량을 키워 다른 8가지 전략을 뒷받침하라. 일류 기업들은 글로벌 데이터를 이용해 미래 실적이나 소비자 행동을 예측하는 것은 물론이고, 글로벌 데이터를 가치 제안을 이끌어내는 소중한 연료로 여긴다.

7 기존의 매트릭스 조직 모델에서 벗어나 플랫폼 기능의 지원을 받는 민첩한 고객 중심 팀을 만들어라. 변동성의 시대에 관료주의와 고객과의 거리는 죽음을 의미한다. 오늘날의 일류 기업들은 그 사실을 알고 있다.

8 디지털에 능통하고 참여도가 높은 인력을 확보해서 재교육하고 동기를 부여하면서 역량을 강화하라. 오늘날의 기업들은 새로운 세대의 직원들이 원하는 것에 더 신경 써야 한다. 그리고 21세기형 인력을 찾고, 동기부여하고, 발전시키는 방법을 근본적으로 바꿔야 한다.

9 기존의 일회성 변화를 추진하는 대신 상시 혁신을 수용하라. 이 전략
은 나머지 8가지 전략을 성공시키는 데도 필수적이다. 변덕스럽고 빠
르게 진화하는 비즈니스 환경에서 경쟁하고 승리하려는 글로벌 기업
들은 지속적으로 다양한 혁신을 추구하는 데 능숙해져야 한다.

우리가 조사한 회사들 가운데 이 전략을 모두 채택한 곳은 하나도 없
었다. 몇몇 기업은 3~4개의 전략만 추구하고 있었고, 5개 이상을 추구하
는 기업은 더 적었다. 논리적으로 보자면, 책 마지막 부분에서 설명할 리
더십 요건을 통해 촉진되는 이 전략들은 기업의 심오한 변화를 수반한
다. 이 전략들은 모두 기업의 대대적인 재구성을 유도하므로, 훨씬 변동
이 심한 상황에서도 대응력과 회복력을 높이고 여러 이해 관계자들에게
긍정적인 영향을 미칠 수 있다. 궁극적으로 이것은 21세기에 세계적인
성공을 거두기 위한 토대를 구성하며, 모든 로컬 기업과 글로벌 기업이
위대한 수준을 뛰어넘고자 할 때 활용할 수 있는 종합적인 계획이다.

위대한 기업의 DNA를 갖추는 법

우리는 연구를 발전시켜 나가면서 중요한 걸 손에 쥐게 되었다는 것을
깨달았다. 그것은 기업의 리더들과 글로벌 비즈니스에 관심 있는 사람들
이 현대 시장을 이해하고 미래를 위한 합리적인 길을 계획하는 방안이
다. 여러분의 조직이 계속해서 남들을 따라가기만 하고 여러분 개인적으
로도 변화를 어떻게 앞서나가야 할지 잘 모르겠다면, 이 책이 도움이 될

그림 1 | 위대한 기업을 넘어서기 위한 9가지 성공 전략

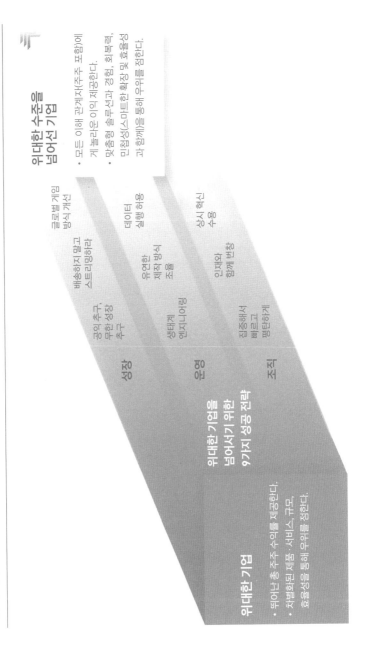

위대한 수준을
넘어선 기업

- 모든 이해 관계자(주주 포함)에
게 놀라운 이익을 제공한다.
- 맞춤형 솔루션과 경험, 회복력,
민첩성(스마트한 확장성 및 효율성
과 함께)을 통해 우위를 점한다.

글로벌 게임
방식 개선

배송하지 말고
스트리밍하라

공이 추구,
무한 성장
추구

데이터
실행 허용

유연한
제작 방식
조율

상시 혁신
수용

생태계
엔지니어링

인재와
함께 번창

집중해서
빠르고
평탄하게

성장

운영

조직

위대한 기업을
넘어서기 위한
9가지 성공 전략

위대한 기업

- 뛰어난 총주주 수익률 제공한다.
- 차별화된 제품·서비스, 규모,
효율성을 통해 우위를 점한다.

것이다. 여러분 회사가 지금 성장하고 있다면, 『위대한 기업의 2030 미래 시나리오』를 활용해 앞으로 훨씬 더 큰 성공을 거두고 회복력을 갖추도록 할 수 있다. BCG의 정량적 분석과 TCS, 나투라Natura, 지멘스, 어도비Adobe, 존 디어, 마이크로소프트Microsoft, 나이키Nike 같은 기업들이 직접 체험한 혁신 스토리를 바탕으로 9가지 전략을 제시하면서, 오늘날 가장 성공한 글로벌 기업들이 어떻게 소비자를 매료시키고, 직원들을 참여시키며, 지역사회 전체를 개선하고, 지구를 유지 및 개선하면서 높은 성장과 수익을 창출하는지 알려줄 것이다. 이런 과제의 어려움을 알기에, 리더와 회사가 위대한 수준을 넘어서기 위한 여정을 지원하기 위해 리더들이 길러야 하는 구체적인 리더십 특성과 마인드를 돌아보면서 이 책을 마무리할 것이다.

독자들은 이 책 전체에서 9가지 전략을 관통하는 특정 주제와 관련된 질문들을 접하게 될 것이다. 예를 들어, 위대한 수준을 넘어서려고 노력하는 기업들은 지역 입지와 글로벌 입지 사이에서 끊임없이 균형을 맞춰야 하는 상황에 있다는 걸 알게 될 것이다. 그들은 지역 수준과 글로벌 수준에서 어떤 역량과 프로세스 그리고 팀을 개발해야 할까? 매우 다양하고 불확실한 규칙에 직면할 수 있는 지역에서는 회사를 어떻게 운영해야 할까? 마찬가지로, 위대한 수준을 넘어서는 기업들은 기술을 단순히 성능이나 프로세스를 향상시키는 도구로 여기지 않고, 중요하고 새로운 생산 요소로 간주한다.

어떻게 하면 기술을 토지나 노동력, 지식재산권처럼 기업에 통합시켜서 모든 운영 활동에 관한 정보를 제공할 수 있을까? 또 어떻게 하면 인간과 기술을 원활하고 보편적으로 융합한 바이오닉 기업을 만들 수 있을까? 위대한 수준을 넘어서는 기업들은 모든 이해 관계자를 균형 잡힌 방식으로 대하려고 한다. 그건 실제로 어떤 모습일까? 기업은 어떻게 직원을 잘 대우한다고 확신할 수 있을까?

마지막으로 가장 중요한 질문은, 기업은 회복력을 높이기 위해 어떤 운영 및 조직적 변화를 꾀할 수 있는가? 이런 질문은 일반적으로 쉽게 답하기 힘든 것들이지만, 앞으로 차차 보게 될 것처럼 창의성과 혁신 그리고 궁극적으로 변동성에 대한 뛰어난 대응력을 갖추는 원동력이 된다. 앞으로는 이 질문에 일관성 있게 잘 대답하는 능력이 가장 성공적인 방법으로 위대한 수준을 뛰어넘는 기업들의 DNA를 구성하게 될 것이다.

우리는 새롭게 떠오른 지정학적 변화, 기술 변화 그리고 사회적 긴장이 리더와 관리자에게 얼마나 부담스러운지 알고 있다. 그러나 우리의 연구는 변화를 정복하는 데 필요한 게 무엇인지 가르쳐줬다. 수백만 명의 사업가는 오랫동안 자신의 회사를 위대한 기업으로 성장시키려고 노력해왔다. 그러나 전례 없는 혼란과 복잡성의 시대에는 리더들이 더 많은 제품을 팔고, 글로벌 조직의 효율성을 높이고, 주주들에게 보상을 해주기 위해 이용했던 전통적인 전략이 예전만큼 효과가 없다. 결국 글로벌 기업을 전면적으로 다시 구상해야 한다. 이 책에서 소개한 미래 지향적인 리더들처럼 새로운 규율을 채택하고 기존의 것을 완전히 버리지 않으면서 적극적으로 활용 가능한 새로운 전략과 운영 규범을 받아들일 수 있는 개방성과 유연성, 민첩성을 발휘해야 한다. 모호함과 모순, 다중성과 뉘앙스를 다루는 데 익숙해져야 하고, 유리한 위치에서 회복력이 강한 회사가 되기 위해 필요한 사항들과 관련된 완전히 새로운 규칙을 익혀야 한다.

정말 좋은 소식은 이런 변화를 한꺼번에 진행할 필요가 없다는 것이다. 새로운 가능성을 상상하고 그 가운데 일부를 조직에서 구현하기 시작하면서 위대한 수준을 넘어서기 위한 첫걸음을 내딛는 데 동참해보자. 장기적인 여정을 계획해서 부지런히 추구하다 보면, 이 험난한 시기가 힘들기는 해도 투자자뿐만 아니라 고객, 직원 그리고 여러분이 일하는 지역사회를 위해 많은 기회를 만들어낸다는 걸 알게 될 것이다.

단순히 살아남기 위해서가 아니라 번영하기 위해, 단순한 즐거움이 아닌 기쁨과 영감을 안겨주기 위해, 이익만을 위해서가 아니라 치유와 개선을 위해 이 책의 전략을 받아들이자. 앞으로 수십 년 동안은 위대한 기업이 되기 위한 오래된 공식만으로는 충분하지 않을 것이다. 각자 위대한 수준을 넘어선다는 게 자신의 조직에 어떤 의미가 있는지 알아내야 한다. 여러분이 이 여정을 시작하는 데 이 책이 든든한 기초를 제공해줄 것이다.

PART 1

위대한 기업은
어떻게 더 위대해지는가 | 성장 전략 |

공익에 투자해
더 큰 주주 수익을 얻어라

기후 위기와 불평등 문제가 증가하면서 직원과 시민사회, 정부가 기업에 요구하는 것도 점점 늘어나고 있다. 공익 활동을 핵심 사업 부문과 통합시킬 수 있는 기업은 이해 관계자들에게 긍정적인 영향을 미칠 뿐만 아니라 주주들의 장기 수익도 증가시킨다.

몇 해 전에 미국에 본사를 둔 글로벌 기업의 부회장이 말하길, 현재 보호주의 정책을 택한 국가들은 자국 시장에 접근하려는 글로벌 기업에게 해당 국가에 대한 투자를 의무화하고 있다고 한다. 그가 일하는 회사의 기존 사업 전략은 서구 사회에서 생산한 제품을 개발도상국 시장에 수출해 이윤을 극대화하는 것인데, 경제 민족주의 시대에는 그런 전략이 통하지 않는다. 그의 회사나 비슷한 다른 회사들은 기업 시민으로서 국내 시장에서 수행하는 역할을 전보다 훨씬 진지하게 받아들이면서 이익 추구뿐만 아니라 폭넓은 사회적 목표를 달성하기 위해 전략을 다시 짜야 한다. 그렇지 않으면 미래의 성장이 위태로워질 것이다. 그는 "우리가 자국의 발전을 위해 무슨 일을 하느냐고 물어본 정부에게는 아무 잘못도 없다. 이런 시장에서 '사업을 진행하고 성장하기 위한 허가'를 받아야 한다"고 말했다.

불평등과 기후 위기가 커지는 요즘 세상에서는 정부, 규제 기관, 지역 사회, 고객, 직원, 환경 등 모든 이해 관계자에게 긍정적인 영향을 줘야 한다. 그러나 목표를 추구하면서 여러 이해 관계자에게 사회적인 영향을 끼치는 건 단순히 이타주의나 정의의 문제가 아니다. 많은 나라와 업계에서는 이것이 사업 허가를 얻기 위한 필수 조건이다. 그리고 그 이상으로 중요한 건, 요즘처럼 불안정한 시대에 높은 성과를 유지하려는 기업에게는 이것이 강력한 핵심 전략으로 부상하고 있다는 사실이다. 사회적 영향에 대한 관심을 기업의 핵심 전략과 운영 체제에 통합시키면 장기적인 수익을 직접 늘리는 새로운 수단을 만들 수 있다. 하지만 안타깝게도 이런 가능성을 아직 이해하지 못한 글로벌 지도자가 많다. 다양한 이해 관계자를 고려하는 모델은 받아들였는지 몰라도, 이런 모델을 완전히 포용하는 새로운 마음가짐과 전략, 운영 기준은 갖추지 못했다. 이들은 모든 이해 관계자를 위해 공익을 추구하면 주주의 이익이 줄어들 것이라며 싫어하기 때문에, 회사의 참여 범위를 전통적인 기업의 사회적 책임 Corporate Social Responsibility(이하 CSR)수준으로 계속 제한하고 있다.

모든 이해 관계자에게 긍정적인 영향을 주는 사업을 하면서 TSR까지 눈에 띄게 높은 글로벌 리더들은 이런 제한적인 논리에서 점점 벗어나고 있다. 이 리더들은 마음가짐과 전략, 운영 기준을 새롭게 정비할 때 총 사회적 영향Total Societal Impact(이하 TSI)에 신경을 쓰는데, BCG에서는 TSI를 "기업의 제품, 서비스, 운영, 핵심 역량, 활동이 사회에 미치는 총체적 이익"이라고 정의한다.[1]

브라질의 거대 화장품 기업 나투라를 설립한 안토니우 루이즈 세아브라Antonio Luiz Seabra도 이런 혁신적인 리더 중 한 명이다. 나투라의 브랜드, 혁신, 국제 영업, 지속 가능성을 담당하는 최고 임원인 안드레아 알바레스Andrea Álvares의 말에 따르면, 세아브라는 1969년에 나투라를 설립할 때부터 이익에 대한 관심을 뛰어넘는 목표가 있었다고 한다.[2] 그는 화장품을 개인과 사회, 자연계가 건전한 관계를 맺도록 촉진하는 수단으로 활용하고자 했다. 나투라는 이를 벰 에스타 벰bem estar bem, 즉 '건전한 웰빙'이라고 표현한다.[3] 모든 사물의 상호 연결성에 대한 세아브라의 철학적 믿음에서 파생된 이런 사회적 목표는 지금도 나투라의 사업 전략과 운영 전반에 스며들어 있다.[4]

일례로 나투라의 유통 전략을 살펴보자. 상파울루의 작은 점포에서 시작된 이 회사는 1970년대 중반에 에이본Avon 사가 미국에서 만든 것과 비슷한 직판 모델을 개발했다. 그러나 나투라에게 직판은 단순한 유통 경로가 아니었다. 직판은 알바레스의 말처럼 "고객과의 관계야말로 가장 강력하고 가치 있는 자산이라는 생각에서 탄생한" 판매 방법이다. 나투라의 여성 세일즈 컨설턴트들은 소비자들과 긴밀한 유대 관계를 형성했고, 회사는 다시 이들 컨설턴트들과 유달리 깊고 의미 있는 유대 관계를 맺어 영업 직원들에게 활력을 불어넣었다. 2019년까지 약 180만 명의 컨설턴트가 수백 개의 회사와 프랜차이즈 매장, 온라인 유통 채널을 비롯해 나투라 제품 판매에 종사했다.[5]

나투라는 컨설턴트들을 그냥 시장에 던져놓고 제품을 팔아 오라고 요구하지 않았다. 컨설턴트들이 저소득층과 중산층 가정에서 환영받는다는 사실을 알고,[6] 회사는 이들에게 사업과 개인적 발전을 위한 광범위한 기술 교육을 실시했다. 귀중한 업무 경험을 쌓으면서 이런 교육까지 받은 컨설턴트들은 해당 지역사회에서 기업가로 활동하면서 회사를 대표하는 효과적인 대변자가 될 수 있었다.[7] 나투라에서 일하는 컨설턴트들은 집세도 내고 자녀 교육도 하는 등 인생에서 많은 변화를 이루었다.[8] 그리고 이 컨설턴트들은 강력한 브랜드 홍보대사 겸 지지자가 되어 나투라가 소비자들과 지속적으로 공고한 관계를 맺도록 도왔다. 또 이들은 회사의 회복탄력성을 높이는 데도 기여했다. 1980년대에 브라질 경제가 극심한 인플레이션을 겪으면서 백화점을 비롯한 전통 화장품 유통업체들이 문을 닫던 때에도 나투라는 직판 유통 모델에 힘입어 10년 동안 연평균 40퍼센트 이상 성장하면서 폭발적으로 사세를 확장했다.[9]

회사명에서도 알 수 있듯이, 환경 보호는 나투라의 설립 목표를 핵심적으로 나타낸 또 하나의 말이다. 이 회사는 환경 보호가 유행하기 전인 1980년대 초부터 지속 가능한 발전에 집중하기 시작했고, 오늘날에는 이 주제가 나투라 운영 모델의 모든 부분에 깊숙이 배어 있다. 나투라는 지속 가능성에 초점을 맞춘 리더십 체계와 조직 구조를 갖추고 있으며 매년 재무제표와 함께 환경 손익계산서를 발표한다.[10] 2011년에는 과학, 혁신, 생산 체인, 지역 기업가정신을 기반으로 지속 가능한 새 사업을 추진하기 위해 아마조니아Amazônia 프로그램을 시작했다.[11] 이 계획에는 아마존 혁신 센터 설립, 지속 가능한 생산 확대, 지속 가능한 공동 발전 프로젝트 조성 등이 포함되어 있다.

나투라는 제품과 브랜드 전략에서도 지속 가능성을 강조한다. 1983년에는 다른 회사들보다 먼저 리필 패키지를 사용해 탄소 배출량을 줄이는 동시에 비용을 절감하고 고객 충성도를 높였다. 1995년에는 브라질 국민들에게 양질의 공교육을 제공하기 위해 수익금을 모두 기부하는 제품 라인을 출시했다. 2000년에는 재활용 가능한 포장재와 생물 다양성 재료를 사용해 에코스Ekos라는 제품 라인을 선보였다. 2013년에는 효율적인 자원 활용을 위해 가치 사슬을 최적화했고, 환경을 고려하면서 제품을 디자인하면 소비도 사회의식을 지닐 수 있다는 생각을 브랜드의 핵심 정체성으로 삼은 수Sou 제품군을 출시했다. 이 회사 제품은 개발 과정에서 동물 실험을 하지 않으며, 앞서 말했듯이 탄소 중립적이다.[12] 게다가 나투라의 브랜딩은 소비자가 의식적인 소비에 참여하도록 공개적으로 유도한다. 일례로 2019년에는 생물 다양성과 동물 복지, 환경 보호의 중요성을 환기하기 위해 "관심을 가지면 아름다움이 탄생한다"라는 포지셔닝 슬로건을 사용했다.[13]

나투라의 생산 모델은 더 강력한 공동체를 건설하고 지구를 보호하기 위한 광범위한 노력을 뒷받침한다. 지역사회에서 자연적으로 추출한 제품 재료를 구매하는 나투라는 해당 지역사회를 온전하게 유지하고 번창시키기 위해 다시 그곳에 투자한다. 2019년까지 이 회사는 아마존 지역에서 5천 명 이상의 소규모 생산업체들과 협력해 지속 가능한 비즈니스 모델을 만들면서 약 450만 에이커(약 1만 8천 제곱킬로미터-옮긴이)의 우림을 보호했다. 나투라는 생산 전략의 일환으로 2011년부터 약 18억 달러를 아마존 지역 벤처 사업에 투자했다.[14] 또 생물 다양성을 유지하고 지역사회와의 공평한 이익 분배를 추구하는 단체인 윤리적 생물무역 연합 Union for Ethical BioTrade 설립을 돕고 2010년부터는 식물에서 추출한 화장품을 연구하거나 생산 역량을 구축하는 데 3억 7천만 달러 이상을 투자하는 등 나투라의 공동 창업자인 길헤르메 릴Guilherme Leal의 말처럼 "기존에 존재하지 않던 새로운 가치 사슬"을 만들었다.[15]

이 회사의 지속 가능성 책임자인 케이번 마세두Keyvan Macedo의 말에 따르면, 나투라는 "우리 사회 속에 존재하는 사회적, 환경적 도전을 이용해 새로운 사업 기회를 창출할 수 있다고 생각하는데, 이는 단순한 사업이 아니라 지속 가능한 사업이다."[16] 놀랍게도 나투라는 2007년부터 탄소 중립을 유지해왔으며, 전 세계 기업들 가운데 두 번째로 탄소 배출을 수익화할 수 있는 방법을 개발했다.[17] "우리는 가치 사슬 전체에 미치는 환경적 영향을 측정한다"라고 알바레스는 설명했다. "탄소 배출량을 줄이고 재료를 재사용하기 위해 제품을 계속 혁신하고 있다. 완전한 상쇄가 불가능한 부분에 대해서는 탄소 배출권을 사용하는데, 이것 또한 사회적인 영향을 미친다."[18] 예를 들어, 어떤 탄소 상쇄 프로그램은 탄소 배출량을 320만 톤 줄이면서 1만 5천 가구에 영향을 미치고 2천 개의 일자리를 창출했다. 이 회사는 그런 노력의 대가로 유엔 지구환경대상과 세계기후행동상 등 수많은 상을 받았다.

나투라의 사업이 성공을 거둔 덕분에 이들은 지속 가능성과 여성의 역량 강화뿐만 아니라 다른 분야로까지 사회적 영향을 확장할 수 있게 되었다. 이 회사는 건강 관리, 교육 기회, 성폭력으로부터의 자유 같은 다른 중요한 사회적 문제를 해결하기 위한 프로그램을 갖추고 있다. 나투라의 영업 컨설턴트 수백만 명은 지역사회와 협력해 이와 관련된 문제를 파악하는 데 중요한 역할을 하고 있다.[19] 알바레스는 "우리는 사회 환원을 위해 여러 가지 일을 하고 있으며, 사회에 미치는 영향을 돈으로 환산할 방법을 찾아냈다"고 말한다. 실제로 회사가 계산한 바에 따르면, 나투라가 탄소 중립 프로그램에 투자한 1헤알real(브라질의 화폐 단위로 1헤알은 약 225원-옮긴이)당 31헤알의 사회적 가치가 창출되었다.[20] 2014년에 나투라는 "이윤과 기업의 목표 사이에서 균형을 유지하기 위해 검증된 사회적 및 환경적 성과, 공공 투명성, 법적 책임의 최고 기준을 충족한"[21] 기업에게 수여되는 직함인 비콥B Corp 인증을 받은 최초의 상장 기업이 되었다.[22] 이건 나투라 정도 되는 규모의 조직에게는 엄청난 성과다.

현재 나투라 앤드 코Natura & Co의 회장 겸 그룹 CEO를 역임하고 있는 호베르투 마르케스Roberto Marques의 말처럼 사회에 미치는 전체적인 영향은 "회사의 사고방식과 운영 방식에 속속들이 배어 있다." 그는 사회적 영향이 "오랫동안 회사를 지탱해온 경쟁 우위"였으며 지속 가능성에 대한 젊은 세대의 우려를 감안하면 오늘날에는 더 중요해졌고 덧붙였다. 이제 회사의 목표와 사회적 관심이 지역사회나 정부, 소비자, 투자자들 사이에서 회사의 브랜드와 명성을 규정하는 상황에 이르렀다. 이는 나투라가 이숍Aesop(2016), 바디 숍Body Shop(2017), 에이본Avon(2020) 등을 인수하면서 공격적인 글로벌 확장 프로그램을 진행할 때도 도움이 되었다. 이 회사들도 전부 목표나 사명이 나투라와 일치했기 때문에 회사 통합 작업이 훨씬 쉬웠다. 나투라는 젊은 직원들을 자석처럼 끌어들이고 강력한 리더십 군단도 구축했다. 인수한 회사의 경영진들도 지속 가능한 비즈니스 모델에 대해 비슷한 신념을 가진 회사에서 일하기 위해 나투라에 합류한 것이다.[23]

나투라의 목적 지향적인 운영 모델은 사회와 환경은 물론 주주들에게도 이익이 됐다. 2004년 5월부터 2019년 9월 사이에 나투라의 평가 가치가 약 15배 증가했는데, 이는 브라질 50 지수 평균보다 2~3배 높은 수준이다. 이 회사는 또 로레알L'Oréal, 에스티 로더Estée Lauder, 시세이도Shiseido 같은 다른 거대 글로벌 뷰티 기업보다 좋은 성과를 올렸다. 나투라는 동종 업계에서 두 번째로 좋은 성과를 낸 에스티 로더보다 주가가 2배 가까이 올랐다.[24] 이런 점을 전부 종합해보면, 나투라는 사회에 도움이 되기 위해 노력함으로써 위대한 수준을 넘어서는 성장을 해온 회사의 인상적인 사례라 하겠다.

여러분의 회사도 시급한 사회 및 환경 문제를 해결하기 위해 중요한 조치를 취했을 가능성이 높지만, 수익 외에 사회적 영향을 전달하기 위해 핵심 전략을 얼마나 변화시켰는가? 지속가능발전기업협의회 회장인 마크 말로크 브라운_{Mark Malloch-Brown} 경의 말처럼, "지속 가능성을 핵심 사업 전략의 일부로 만들려는 이들과 그걸 여전히 '부산물'로 여기는 이들의 차이가 드러나는 영역이 있다."[25] 일류 기업들은 이런 차이를 이해하고, 이윤을 희생하지 않고 사회적, 환경적 목표를 추구하기 위해 전략과 운영 방식을 재편하고 있다. 그 결과 환경적으로 지속 가능해질 뿐만 아니라 지역 정부와 지역사회에 잘 대응하고 직원과 공급업체도 더 많이 지원하고 있다. 나투라와 마찬가지로 이들은 이와 같은 노력을 통해 새로운 시장에서 우위를 점하고 장기적으로 수익을 키울 지렛대를 마련하고 있다.

정확한 전략은 회사마다 다르다. 우리는 높은 성과를 올리면서 사회적 책임을 지는 기업들을 분석한 결과, 기업들이 폭넓은 사회에 이익을 안겨주고 주주들에게 지속 가능한 이익을 제공하기 위해 사용하는 3가지 확실한 전략적 경로를 찾아냈다. 사회적인 책임을 다하는 각각의 경로를 통해 기업들은 새로운 시장과 고객 부문을 공략할 기회나 직원 혁신을 촉진할 기회, 지역 정부 및 지역사회와 보다 생산적이고 협력적인 관계를 구축할 기회 같은 뚜렷한 사업적 이점을 얻을 수 있다. 세계 각지에서 활약하는 가장 유명한 기업 세 곳을 중심으로 TSI와 TSR을 결합한 다양한 경로를 살펴보자. 하지만 그전에 왜 사회적 영향이 글로벌 기업들에게 필수적인 전략이 되었는지 좀 더 잘 이해할 필요가 있다.

공익 추구는 더 이상 선택이 아닌 필수다

20세기 후반 대부분의 글로벌 기업 리더들은 다른 누구보다 중요한 한 명의 주인, 즉 투자자를 섬겨야 한다고 생각했다. 주주에게 돌아가는 수익률을 극대화하는 게 게임의 규칙이라고 생각한 그들은 지구 온난화, 빈곤, 물 부족 등 뿌리 깊은 사회 문제 해결은 정부와 NGO에 맡겼다. 경제학자 밀턴 프리드먼Milton Friedman은 "기업에는 단 하나의 사회적 책임이 있다. 그건 바로 자원을 활용해 이윤을 증대시키기 위한 활동에 참여하는 것이다"[26]라고 말해 이런 관점을 정당화했다. 많은 기업이 이런 철학에 따라 수익의 일부를 CSR를 추진하는 데 투자했다. 이렇게 자선 활동을 하면 리더들의 기분도 좋아지고 브랜드에도 이익이 된다. 하지만 어떤 CEO가 지적한 것처럼 환경, 사회, 기업지배구조ESG 목표를 해결해야 할 필요성이 커지는데도 CSR은 항상 재계의 '가난한 사촌' 취급을 받았다.[27]

오늘날 기업과 지도자들은 사회와 환경 문제를 더 이상 방관할 수 없다는 걸 알고 있다. 기후변화, 불평등, 유행병 같은 문제가 악화하고 있으며 정부 혼자 관리하는 것 이상의 조치가 필요하다. 또 기업의 책임과 리더십을 보여달라는 대중의 요구가 커지고 있다. 호베르투 마르케스의 말처럼 "세상이 망하면 사업도 할 수 없다."[28]

또한 개별 기업이 조치를 취하도록 책임을 물을 수 있는 이해 관계자들의 힘이 그 어느 때보다 강해졌다. 대중은 미디어가 민주화된 덕분에 기업과 그들의 운영 현황, 영향에 대한 즉각적이고 신뢰할 수 있는 정보를 전례 없이 많이 얻을 수 있는 지금의 상황을 즐긴다. ESG 문제와 관련된 기준, 매트릭스, 데이터 등은 더욱 풍부해지고 신뢰할 수 있는 수준이 되어가고 있다. 2018년에는 S&P 500 기업의 86퍼센트가 지속 가능성 성과에 대한 데이터를 연례 보고서에 포함했다.[29] ESG 성과 보고 자체가 하나의 산업이 되어 2020년까지 4억 달러 이상의 가치를 지닐 것으로 추산된다.[30]

앞으로는 기업에 대한 정보를 더 많이 이용할 수 있게 될 것이다. 2018년에 5조 달러의 자산을 지닌 투자자들은 미국 정부가 공기업에 그들의 사업과 관련된 표준 ESG 조치를 공개하도록 하라고 요구했다.[31] 같은 해에 중국 규제 당국은 2020년까지 중국 상장사들도 ESG 성과에 관한 데이터를 공개해야 한다고 발표했다.[32]

투명성과 글로벌 위기가 고조되는 우리 시대의 소비자들은 더 이상 자신이 거래하는 기업들에게 만족스러운 제품과 서비스, 경험을 요구하지 않는다. 그들은 기업이 사회와 환경에 미치는 부정적인 영향을 최소화하고 긴급한 문제에 대한 해결에도 기여할 것으로 기대하고 있다. 연구에 따르면, 전 세계 소비자들 대다수가 사회적 또는 환경적인 고려에 근거해서 구매 결정을 내린다고 한다.[33]

소비자들이 점점 양극화되고 구매 선택을 통해 자신을 표현하려는 열망이 커지면서 정치도 중요한 역할을 한다. 한 조사에 따르면 전 세계 Z세대 소비자의 거의 3분의 1은 지속 불가능하다고 생각되는 브랜드와 거래하는 것을 거부했고, 미국에서는 밀레니얼 세대의 90퍼센트 이상이 대의를 지지하지 않는 브랜드 대신 지지하는 브랜드를 소비할 것이라고 했다.[34] 미국인의 4분의 3 이상은 자신의 신념과 상충되는 입장을 보이는 브랜드는 보이콧해서 불만을 표시하겠다고 말했다.[35]

이러한 변화는 실제 사업 성과로 이어진다. 2006년에 인드라 누이Indra Nooyi가 펩시코의 CEO로 취임했을 때 펩시코와 그 동료들은 탄산음료가 건강에 미치는 영향, '탄산음료 세금'에 대한 활동가들의 요구 증가, 물 사용을 포함한 생산 공정의 지속 가능성을 둘러싼 의문에 직면해 있었다. 회사의 새로운 이미지를 보여주고 모든 이해 관계자에게 긍정적인 혜택을 제공하기로 마음먹은 누이는 2006년 회사의 핵심 운영에 지속 가능성과 목적을 통합한 '목적 기반의 성과Performance with Purpose'(이하 PwP)라는 새로운 비전을 도입했다. 누이는 이해 관계자들의 인정을 전략에 반영했다고 말했다. "우리의 성공, 그리고 우리가 일하는 지역사회와 더 넓은 세상의 성공은 서로 불가분의 관계에 있다."[36]

PwP에 힘을 불어넣기 위해 이 회사는 "우리가 판매하는 제품 개선, 지구를 보호하기 위한 책임감 있는 운영, 전 세계인에게 힘 실어주기"[37]라는 3가지 기본 활동에 초점을 맞춰서 모든 이해당사자에게 최고 수준의 성과를 보여주기 위한 전략을 추구했다. 펩시코는 과도한 설탕, 포화지방, 나트륨을 없애고 트랜스 지방은 완전히 제거하는 등 기존 제품을 더 건강하게 만들고 건강 제품 포트폴리오를 구축했다. 이 회사는 업계 최초로 최고 과학 책임자를 고용해서 기존 제품 개선에 주력하면서 신제품 투자를 추진했다. 보다 책임감 있는 운영을 위해, 이 회사는 재배자를 위해 농업의 생산성과 수익성을 높이고, 농업이 지구에 미치는 영향을 줄이며, 농장 노동자의 권리를 지원하도록 설계된 지속 가능한 농업 프로그램SFP을 시작했다. 사람들에게 힘을 실어주기 위해, 펩시코 대학을 설립하고, 온라인 강좌를 개설해 동료들의 업스킬upskill을 도왔으며, 직원들의 다양성을 보장하는 데 많은 중점을 뒀다.[38]

이런 노력은 주주를 비롯한 모든 이해 관계자들에게 엄청난 이익을 가져다줬다. 2016년까지 '굿 포 유good for you'와 '베터 포 유better for you' 제품이 회사 매출의 약 50퍼센트를 차지해 10년 전의 38퍼센트보다 크게 늘었다.[39] 2018년까지 펩시코는 농작물의 절반 이상을 SFP 농부들에게서 직접 조달했고, 2016년까지 기존 사업장의 물 사용 효율이 25퍼센트 높아졌다.[40] 또 2018년에는 이 회사 글로벌 경영진의 40퍼센트가 여성일 정도로 인력 다양성이 크게 향상했다.[41]

이런 사회적 혜택은 모두 비슷하게 인상적인 재정적 성과를 동반했다. 2006년부터 누이가 CEO로 재직한 마지막 해인 2017년 사이에 펩시코의 TSR은 S&P 500의 2배에 가까운 수준이 되었다.[42] 2018년에 누이에게 자리를 이어받은 펩시코의 신임 CEO 라몬 라구아르타Ramon Laguarta는 기존 전략을 바탕으로 '목적이 있는 승리Winning with Purpose' 비전을 제시함으로써 지속 가능성 의제를 더 중요한 위치로 끌어올렸다.[43]

정부와 지역사회도 운영권을 대가로 기업들에게 더 많은 것을 기대하고 있다. 모든 정부 기관이 자기들만의 힘으로는 보다 지속 가능한 미래를 불러올 수 없다는 걸 깨달으면서, 선출직 지도자와 공무원, 활동가들은 그 공백을 메울 기업을 찾고 있다. 반기문 전 유엔사무총장은 "정부가 단호한 조치를 취하면서 앞장서야 한다"고 말했다. "동시에 기업들은 우리 세상을 보다 지속 가능한 길로 이끌 수 있는 필수적인 해결책과 자원을 제공할 수 있다."[44] 인도와 중국 같은 신흥 시장 정부는 기업은 사회를 위해 운영되어야 한다는 믿음을 바탕으로 보다 엄격한 규제를 받는 경제 체제를 장기적으로 운영해왔다. 예컨대 인도는 기업들이 CSR에 투자하도록 의무화한 최초의 국가였다.[45] 이처럼 여러 시장에서 성장하려는 기업은 해당 지역 정부의 우려와 요구에 대응해 사회에 긍정적인 영향을 미치겠다는 의지를 보여줘야 한다. 특히 규제가 심하거나 정부나 지역사회의 강한 압력에 취약한 광업, 석유 가스, 의약품 같은 분야에서 사업을 하는 기업들은 그렇게 해야 회복탄력성이 커진다.

직원과 투자자들도 기업에 요구하는 게 더 많아졌다. 최고의 인재들은 변화를 이루려는 열의를 보이는 회사들에 끌린다. 한 조사에서는 신입 직원과 학생의 92퍼센트가 환경을 의식하는 회사에서 일하고 싶다고 말했다.[46] 투자자들 역시 기업에 보다 지속 가능한 전략을 요구하고 있다. 한 조사에 따르면 투자자의 80퍼센트가 자본을 어디에 투자할지 고를 때 가치에 근거해서 결정을 내린다고 한다.[47]

지속 가능한 사업 전략을 추구하는 기업이 높은 수익을 올린다는 증거가 계속 쌓이고 있다. 지속 가능한 기업의 자금은 전통적 기업에 비해 변동성이 적어서 시장가치 편차가 20퍼센트 정도 줄었다.[48] 2009~2018년에 진행된 한 연구에 따르면 사회적 영향에 대한 기업의 노력이 높은 가치 평가, 변동성 감소, 수익률 개선과 상관관계가 있는 것으로 나타났다.[49] 또 다른 검토 결과 80퍼센트의 경우에 다중 투자자 방식이 기업의 주가를 높였다.[50]

투자자의 요구 때문에 보다 광범위한 사회적 목적을 추구하는 것이 기업의 자본 접근에 갈수록 도움이 되고 있다. 최근 몇 년 동안, 많은 유명 투자사의 CEO들은 지속 가능한 투자 전략을 추구하겠다는 의사를 표명했다. 투자자들의 압박도 더욱 거세질 기세다. 블랙록Blackrock CEO인 래리 핑크Larry Fink가 2020년에 CEO들에게 보낸 편지에는 다음과 같이 쓰여 있었다. "시간이 지나면서 이해 관계자들의 요구에 응하지 않고 지속가능성 리스크를 해결하지 않는 기업과 국가는 시장에서 점점 회의적인 시선을 받게 될 것이고, 결과적으로 자본 비용이 커질 것이다. 반대로 투명성을 옹호하고 이해 당사자에 대한 대응 능력을 입증한 기업과 국가는 고품질의 인내 자본patient capital을 비롯해 투자를 보다 효과적으로 유치하게 될 것이다."[51]

우리의 BCG 동료들은 2023년까지 45조 달러가 사회 책임 자산에 유입될 것으로 추정한다.[52] 규모가 더 큰 사모 펀드들은 KKR의 글로벌 임팩트 펀드Global Impact Fund, TPG의 라이즈 펀드Rise Fund, 베인 캐피털Bain Capital의 더블 임팩트 펀드Double Impact Fund 등 지속 가능성 및 사회적 영향과 관련된 목적 지향형 펀드를 만들었다. 다른 기업들도 새로운 ESG 투자 펀드를 공개하거나, 비준수 기업에 대한 투자를 거부하고 투자자로

서의 활동을 더 활발하게 진행하는 방식으로 기존 펀드에 ESG 측면을 추가하고 있으며, 고객의 광범위한 포트폴리오에 ESG를 통합하는 방법을 조언한다.

TSI와 TSR을 동시에 잡는 3가지 경로

TSI를 전략적으로 구현하는 선두 기업들은 이제 모든 결정, 자산, 사업 프로세스가 어떻게 수익 창출에 도움이 되는가 하는 것뿐만 아니라 그 하나하나가 지역사회와 사회 전반에 어떤 이익을 안겨줄지도 묻고 있다. 그러나 리더들이 이걸 제대로 이해하지 못하거나 TSR을 극대화하기 위해 그랬던 것처럼 기업 운영 및 성과에 미치는 영향을 연결해서 추적하지 않으면, 사회적 영향을 미치는 것과 핵심 사업 운영이 계속 단절된 상태로 유지될 수도 있다.

이를 알고 있는 BCG 동료들은 TSI를 경제적 가치, 소비자 웰빙, 윤리적 가치와 원칙, 환경 지속 가능성, 사회적 지원, 거버넌스 등 6가지 핵심 영역에 걸쳐서 신중하게 구성되고 진화하는 전략 및 관련 지표 집합이라고 생각한다. 도표에서 알 수 있듯이, 이 6개 영역은 유엔의 지속 가능한 핵심 개발 목표에 맞춰져 있다. 6개 분야에 대한 전략과 지표는 기업이 속한 산업 분야와 해당하는 영향 영역에 따라 달라진다. BCG 동료들이 지적한 것처럼 기업들은 일부 분야에서는 다른 분야보다 TSI 측정이 더 쉽다는 걸 알게 될 것이다.[53]

그림 2 | 유엔 지속가능발전목표(UN-SDGs)에 따른 6개 분야의 사회적 영향도

TSI의 6개 영역을 UN-SDGs와 매핑

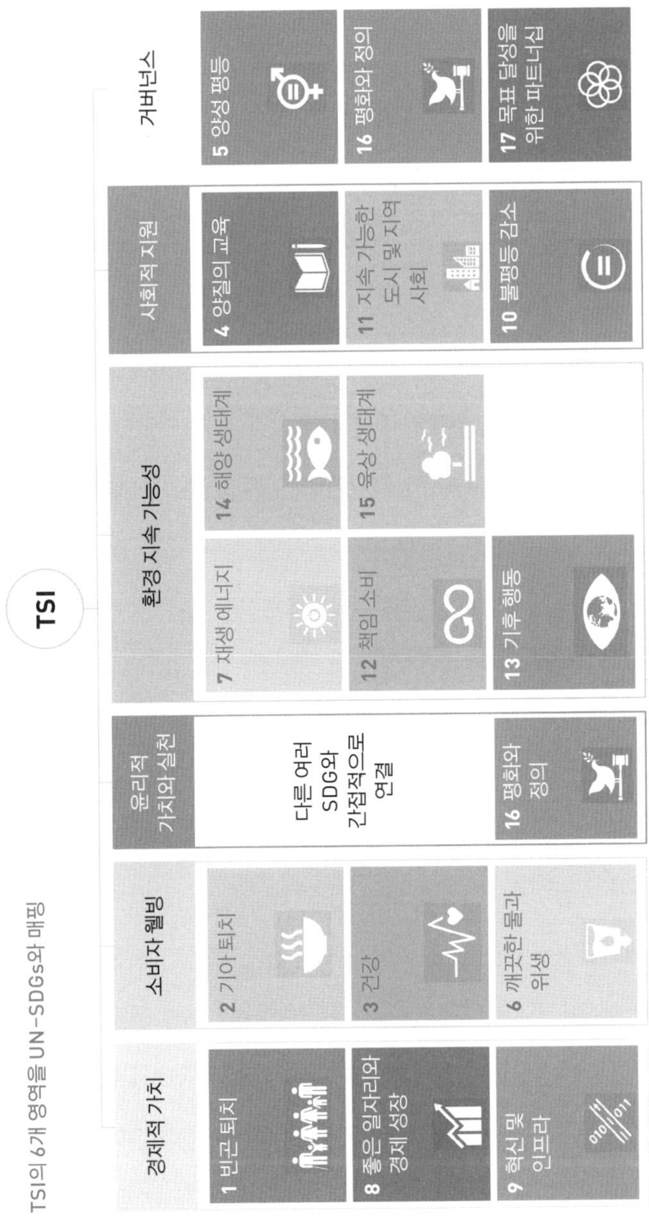

경제적 가치	소비자 웰빙	윤리적 가치와 실천	환경 지속 가능성	사회적 지원	거버넌스
1 빈곤퇴치	2 기아퇴치	다른 여러 SDG와 간접적으로 연결	7 재생 에너지	4 양질의 교육	5 양성 평등
8 좋은 일자리와 경제 성장	3 건강	16 평화와 정의	12 책임 소비	11 지속 가능한 도시 및 지역 사회	16 평화와 정의
9 혁신 및 인프라	6 깨끗한 물과 위생		13 기후 행동	10 불평등 감소	17 목표 달성을 위한 파트너십
			14 해양 생태계		
			15 육상 생태계		

TSI

© 2020, BCG

기업 전략을 수립할 때 TSR과 함께 사용되는 TSI는 기업의 운영과 오퍼링이 외부 세계에 미치는 영향의 총계를 파악한다. TSR 전략을 TSI와 연결하려면 리더들이 6개 분야 각각을 심사숙고해서 기업이 사회와 환경에 미치는 운영상 이익과 피해를 가장 정확하게 측정할 방법을 정해야 한다. 그런 다음 리더들은 기업의 미래 실존과 성장을 위협하는 가장 큰 과제를 알아내고, 이런 과제를 기업의 핵심 역량 및 오퍼링과 연결시키며, 기업 전략이 미치는 유무형의 영향을 파악해야 한다. 리더는 또한 전략, 운영, 자원 배분에 관한 결정을 내릴 때 TSI 렌즈를 적용해서, 그들이 6개 영역에 미치는 긍정적인 사회 영향을 극대화하기 위해 노력해야 한다.

리더들이 이런 TSI 전략을 수립해야만 여기에서 조직 전체가 결집할 수 있는 결정적인 목표나 이유, 단순한 강령이 아니라 기업의 존재를 고무하는 이유를 뽑아낼 수 있다. "TSI를 강화하는 가장 확실하면서도 가장 어려운 방법은 핵심 비즈니스를 활용하는 것인데, 이는 확장 가능하고 지속 가능한 이니셔티브_{initiative}를 산출하는 접근 방식"이라고 BCG 동료들은 말한다. "잘 실행되기만 하면, 이 방식은 부정적인 사건이 발생할 위험을 줄이고 새로운 기회를 열어 장기적으로 TSR을 강화한다."[54]

기업들이 TSI 평가를 통해 채택하는 구체적인 모델은 업종에 따라, 그리고 심지어 그 내부에서도 매우 다양하다. 그럼에도 불구하고 우리 연구는 선도적으로 사회적 책임을 지는 기업들이 사회에 영향을 미치면서 동시에 뛰어난 성장과 주주 가치를 실현하기 위해 단독으로 또는 다양하게 조합해서 따르고 있는 3가지 뚜렷한 경로를 밝혀냈다. 이 경로는 기업들이 TSI를 추구하여 사업적 우위를 점하는 유일한 방법이 아니라, 우리 연구 과정에서 접한 가장 효과적이고 유망한 방법 중 하나다. 차례로 하나씩 살펴보자.

경로 #1 : 제품과 서비스의 제공 폭을 넓혀라

기업들은 평소 자사 제품과 서비스를 이용하지 못하는 고객들이 이를 더 쉽게 이용할 수 있도록 노력하고, 혁신 엔진을 사용해 소외된 개인과 지역사회를 지원함으로써 지역사회의 복지를 획기적으로 개선하거나 환경의 지속 가능성을 위한 노력을 강화할 수 있다.

이 경로의 좋은 예가 마스터카드다. 이 회사는 2006년에 신규 상장한 이후로 사회적 혜택을 제공하기 위해 상당한 노력을 기울였다. 아제이 싱 방가Ajay Singh Banga는 2010년에 CEO가 되자마자 이러한 노력을 강화하고 규모를 키웠다. 원칙적으로 방가는 리더들이 제도적 인식을 높이려면 주주들에 대한 편협한 집착을 버려야 한다고 믿었다. 그는 "기업은 세계 생태계의 일부"라고 말했다. "그리고 생태계는 당연히 균형과 다양성을 요구한다. 자신보다 크고, 가까운 미래보다 긴 관점도 요구한다. 또한 고립된 행위자일 때보다 연결된 전체가 될 때 더 강하다는 걸 이해하도록 요구한다."[55] 이런 노력이 상업적으로 지속 가능하고 확장 가능해야 하는데, 마스터카드는 평소처럼 '좋은 일을 하면서 더 잘되는 기업'을 만드는 데 초점을 맞추고 있다.

방가와 다른 리더들은 마스터카드가 단순히 자선 사업을 통해 사회적 영향을 지엽적으로 전달하는 게 아니라, 핵심 사업을 이용해서 사회적 영향을 촉진하고 거기에서 이익을 얻기를 바랐다. 그러려면 개발도상국에서 마스터카드의 입지를 넓혀야 했다. 리더들의 생각처럼, 소외된 사람들이 금융 서비스와 디지털 솔루션에 접근해서 부를 창출하고, 지역 경제를 건설하고, 디지털 방식을 이용해 생태계와 시장에 연결되도록 이 회사는 도울 수 있었다. 시간이 지나자 이렇게 소외되었던 사회 계층이 잠재적으로 마스터카드의 새로운 고객을 만들어내면서 회사 성장에 박차를 가할 수 있었다. "우리의 핵심 사업은 사람들이 비즈니스와 상업에 접근할 수 있는 디지털 인프라를 구축하는 것"이라고 인도주의 및 개발 분야 EVP인 타라 네이선Tara Nathan은 말했다. "우리는 이제 어떻게 이 핵심 역량을 소외된 계층과 인구로 확장할 수 있을지를 고민하고 있다."[56]

이 회사의 새로운 TSI 전략은 이에 관해 더욱 강력한 사업 논리를 가지고 있다. 2010년대에 핀테크 회사들이 폭발적으로 증가하면서 이 회사들은 자신들의 모바일 결제 솔루션이 전통적인 신용카드 회사들을 붕괴시킬 수 있다고 위협했다.[57] 게다가 마스터카드는 현금 없는 포괄적 경제를 창출했을 때의 경제적, 사회적 이익에 대해 점점 더 크게 인식하고 있었다.

이런 현실에 대응해 마스터카드는 첨단 디지털 결제 솔루션을 개발했을 뿐만 아니라 새로운 시장, 특히 개발도상국에서 그런 솔루션을 시범적으로 판매하고 적극적으로 마케팅하기 위해 노력했다. 이들 시장에는 은행이 드물어 소비자들이 금융 서비스에 접근하지 못하고 디지털 경제로부터 단절되어 있었다. 다른 회사들처럼 마스터카드도 이 소비자들이 전통적인 금융 상품과 서비스를 뛰어넘어 디지털 솔루션으로 직접 이동할 것이라고 믿었다. 마스터카드는 이렇게 새로운 디지털 솔루션을 제공하기 위해 혁신을 이루었으며, 정부 및 NGO와 제휴해서 새롭게 등장한 소비자 풀pool에 접근했다. 이를 통해 회사는 신뢰를 쌓고 브랜드 인지도를 높였으며, 경쟁사보다 우위를 점하는 동시에 소외된 지역사회에 상당한 이익을 제공할 수 있다.

마스터카드는 2006년에 '선의의 힘'을 발휘하고 아프리카 프로젝트에 특별한 중점을 두기 위해, 주식 일부를 출자해서 독립 기구인 마스터카드 재단을 출범시킨 바 있다.⁵⁸ 방가가 세운 새로운 TSI 전략을 실현하기 위해 마스터카드는 전략 성장 부서를 신설했는데, 이는 포괄적인 성장 이니셔티브, 새로운 비즈니스 모델, 혁신적인 파트너십을 기반으로 상업적으로 지속 가능한 사회적 영향 노력을 촉진하기 위한 수단이다. 이 부서에는 정부 참여, 인도주의 및 개발 프로그램, 기부 플랫폼, 기업 파트너십 같은 분야와 연계된 다양한 사업팀이 포함되어 있다.

이런 노력의 일환으로 2018년에는 기업의 지속 가능성, 데이터 포 굿data for good, 기업의 자선활동을 감독하는 '포용 성장 센터'를 설립했다. 이후 마스터카드는 이 센터에 2018년에 처음 제공한 1억 달러를 포함해 5억 달러를 기부했다. 타라 네이션의 말처럼, 이들은 이제 과거처럼 수표를 쓰는 데만 중점을 두지 않는다. "우리는 모바일 애플리케이션(이하 앱)이나 결제 기술을 만드는 것과 관련된 아이디어에 더 귀 기울이기 시작했고, 그에 대한 관심이 높아졌다. (…) 우리가 상황과 원하는 결과에 맞는 올바른 솔루션 설계를 도울 수 있다는 게 명백해졌다."[59]

이에 더해 마스터카드는 지속 가능한 혁신을 따로 분리된 자선 활동으로 격하하는 게 아니라 핵심 사업에 포함하려 하고 있다. 예를 들어, 이 회사는 "5억 명의 개인을 금융 서비스와 연결하고" 2025년까지 온실가스 배출량을 5분의 1로 줄이기로 약속했다.[60] 리더는 이런 사회적 영향 목표를 지지하면서, 회사가 당장 투자 수익을 얻지 못할 수 있다는 걸 알면서도 회사 내 모든 팀이 새로운 시장, 신기술, 다른 핵심 성과 지표KPI를 실험할 수 있도록 했다.

우간다에서는 교육부와 유니세프와 제휴해 쿠파Kupaa라는 모바일 플랫폼을 출시했다. 이 플랫폼은 10만 명 이상의 학부모와 보호자가 기존에 일시불로 내던 수업료를 안전한 원격 방식으로 조금씩 나눠 낼 수 있게 했다. 아이들이 학교에 다니는 걸 경제적으로 실현 가능하게 한 것을 넘어, 학교가 수업료를 효율적으로 관리하고 교사 출근 및 기타 성과 지표를 추적할 수 있도록 해서 정부의 의사 결정에 활용 가능한 데이터를 더 많이 제공한 것이다.[61]

동아프리카에서는 마스터카드가 게이츠 재단Gates Foundation과 제휴해 '금융 포용을 위한 마스터카드 연구소'를 설립했는데, 이 연구소는 소외된 지역사회를 지원하는 신제품을 설계하고 테스트하며 궁극적으로는 확장에 초점을 맞추고 있다. 여기서 이룬 혁신 중 하나는 소규모 농부와

구매자를 연결하는 마스터카드 파머스 네트워크Mastercard Farmers Network
라는 플랫폼이다. 스마트폰에서 이용하는 이 앱은 농부들이 시장 정보에
접근할 수 있게 해주고, 생산물 거래를 협상하고 판매할 때 힘을 실어준
다. 이 플랫폼을 활용하면 농민들도 디지털 금융 이력을 만들 수 있으므
로 향후 자금을 조달하고 정식 경제에 참여하는 데 도움이 될 것으로 보
인다. 농민들은 이 플랫폼을 무료로 이용할 수 있으며, 마스터카드는 지
식을 늘리고 소규모 농민들과의 연계를 통해 이익을 얻는 농업 생태계의
다른 참여자들에게 비용을 부과해 이를 상업적으로 성공 가능한 사업으
로 만든다.[62]

　최근 몇 년간 진행된 다른 혁신 사업으로는 남아프리카공화국 사회
보장국이 저소득 소비자에게 돈을 지급하도록 지원하는 기술 플랫폼과
NGO 네트워크가 일반적인 인프라가 부족한 외딴 지역 빈곤층에게 원
조를 나눠줄 수 있게 하는 플랫폼 등이 있다.[63] 2020년 초 현재, 이 회사
는 지금까지 금융적으로 소외되었던 5억 명 이상의 개인을 디지털 경제
시스템 안으로 끌어들이겠다는 목표를 달성했다. 그리고 2025년까지
금융 소외 계층 포용 사업 대상을 총 10억 명으로 확대하고 5천만 명의
소규모 및 영세 상인이 디지털 경제와 연결되도록 할 것이다.[64] 이제 마
스터카드는 저 너머로 나아가고 있다.

　수백만 명의 소비자가 금융 서비스에 접근할 수 있도록 돕는 마스터카
드의 노력은 핵심 사업 성과를 강화해, 회사가 새로운 거대 고성장 시장
을 공략하고 새로운 소비자 그룹을 가장 확실하게 지원하는 방법에 대한

귀중한 통찰력을 얻을 수 있게 해줬다. 또한 이 회사는 정부, NGO, 민간 부문의 다양한 업계와 새로운 파트너십을 구축해서 브랜드 인지도와 평판을 높이는 데도 도움을 줬다. 추가적인 이점도 있다. 마스터카드가 두드린 새로운 시장은 종종 경기 순환 경향과 반대로 움직이므로, 세계 다른 지역에서 경기 침체를 겪을 때도 회사의 회복력이 강해진다.

마스터카드의 명성이 치솟자, 이 회사의 사회적 목적에 고양된 최고의 인재들이 몰려들었다. 네이선은 신입사원의 60~70퍼센트 정도가 사회적 영향 때문에 이 회사를 선택한 것으로 추산했다.[65] 2019년에 실시한 '일하기 좋은 기업' 조사에서 마스터카드 직원의 93퍼센트가 "우리 회사가 지역사회에 기여하는 방식이 마음에 든다"고 했고, 같은 비율의 직원들이 "내가 이 회사에서 일한다는 사실을 다른 사람들에게 자랑스럽게 말한다"고 했다.[66] 주주들도 상당한 이득을 얻었다. 2010~2019년에 마스터카드의 주주 총 수익률은 연평균 37퍼센트 상승해 연평균 14퍼센트 상승에 그친 동종 업계와 9퍼센트 상승한 S&P 500을 크게 앞질렀다.[67] 《포춘Fortune》은 2019년에 방가를 올해의 10대 기업인으로 선정하면서 "마스터카드는 금융 서비스 업계의 기존 기업들이 빠르게 변화하는 환경을 수용하고 적응할 수 있는 방법을 보여주는 모범으로 부상했다"고 말했다.[68]

핵심 운영 방식과 팀을 통해 외부로 전달된 마스터카드의 TSI 전략은 은행에 접근하기 힘든 사회 부문에 막대한 영향을 미치면서 미래 시장과 고객 부문을 개방해 성장의 발판을 마련했다. 그러나 이 전략을 실행하려면, 고위 경영진의 인내와 지원, 특히 지속 가능한 이니셔티브가 성숙해서 이익을 내려면 기존 사업보다 더 많은 시간이 필요하다는 인식이 필요하다. 타라 네이선의 말처럼 "그 안에서 장기적으로 버티려면 배짱이 있어야 한다. 인내심도 있어야 한다. 분기별로 수익을 올리는 회사들에게는 매우 어려운 일이다. 자기가 하는 투자 ROI를 제대로 이해해야 한다. ROI는 분명 존재하니, 그걸 기꺼이 보려고 해야 한다."[69]

경로 #2 : 사회적 요구를 사업화하라

일부 기업은 사회적 영향력을 핵심적인 내부 기능에 적극적으로 접목하고 있다. 예를 들어, 어떤 회사는 사회적 과제를 자사 혁신 과정의 일부로 삼아 적극적으로 살펴본 다음, 이를 충족시키는 데 도움이 되는 새로운 제품을 개발한다.

일본 제조 회사인 오므론Omron을 생각해보자. 나투라와 마찬가지로 오므론도 이익뿐만 아니라 사회적 목적까지 확실하게 염두에 두고 있다. 창업자 다테이시 가즈마Tateishi Kazuma는 이렇게 말했다. "기업은 이윤만 추구해서는 안 된다. (…) 기업은 사회에 봉사할 의무가 있다."[70] 오늘날 이 회사 경영진은 사회를 회사의 주요 고객으로 여기고 사회적 이슈를 수익과 혁신의 주요 동력으로 간주한다. 이 철학은 '사회적 요구에 의한 혁신'이라는 회사의 핵심 가치관과 '삶을 향상시키고 더 나은 사회를 위해 기여한다'는 회사의 오랜 사명에 소중히 담겨 있다.[71]

그러나 이런 인상적인 말들은 오므론의 단순한 쇼윈도 장식이 아니다.

이 회사 리더들의 말처럼, 사회적 영향은 조직 꼭대기부터 아래로 이어지는 내부 혁신 과정에 극적인 영향을 미쳤다. 리더들은 성장과 새로운 비즈니스 개발을 위한 모든 전략 회의에서 사회적 영향에 대해서 논의한다. 특히 오므론은 기업이 혁신을 촉진할 수 있는 사회적 영향의 4가지 영역으로 공장 자동화, 의료, 사회 시스템, 기계 부품을 꼽았다. 제품 및 혁신팀은 각 영역에 대해 시장에서 충족되지 않은 고객의 니즈와 근본적인 사회적 과제를 찾아낸 다음, 그 니즈를 충족시키고 과제를 해결할 수 있는 제품을 설계한다.

오므론은 과학, 기술, 사회의 연결에 대한 인식을 바탕으로 하는 방법론을 사용해서 자신들이 찾아낸 사회적 문제를 선별하고, 핵심 기술 역량을 통해 해결 가능한 가장 관련성 높은 것을 파악한다. 또 채용 과정에서는 자사의 사회적 사명에 기여할 수 있고 사회적 문제를 식별하고 해결하는 능력을 갖춘 다양한 인재를 찾는다.

예를 들어, 일본 사회가 인구 고령화에 적응하도록 돕기 위해 오므론은 철도역에서 사용하는 최초의 자동화된 티켓 게이트 시스템을 개발했다.[72] 이런 시스템 덕에 노인들이 여행하기가 쉬워졌고, 갈수록 노동 인구가 줄어드는 상황에서 역 내부에 필요한 노동력을 최소화했다. 또 일본에서 걱정거리였던 러시아워의 혼잡을 완화했으며, 최근에는 부모들이 대중교통을 이용하는 자녀를 추적할 수 있는 기능도 추가했다.[73]

오므론은 이처럼 사회적으로 탁월한 혁신을 이룬 오랜 역사를 가지고 있다. 자동화된 기차역의 다양한 부분을 수십 년에 걸쳐 개발했다. 다른 혁신으로는 자동 교통 신호가 있는데, 이것은 1960년대에 도로 안전성을 높이고 혼잡을 줄이도록 설계되었다. 그 외에 1970년대에 환자들이 병원 밖에서 더 많은 시간을 보낼 수 있도록 설계된 가정용 혈압계 등이 있다.[74]

목표 실현을 위한 오므론의 내부적인 접근 덕에 이 회사는 상당한 평판을 얻었다. 2019년에 오므론은 베스트 재팬 브랜드Best Japan Brands 순위에서 30위를 차지해서 전년도의 39위보다 순위가 많이 올랐다. 또 오므론의 성공적인 시장 진출을 알리는 2019 건강과 생산성 스톡 셀렉션 2019 Health & Productivity Stock Selection에 선정되기도 했다. 2009~2019년에는 닛케이 225 지수보다 2배 높은 수익률을 올렸다. 그러나 주요 국제 경쟁사들에 비해서는 재무 실적이 뒤처져 있기 때문에, 이 글을 쓰는 현재 오므론 리더들은 강력한 TSI 성과를 더 높은 주주 수익으로 환산하는 데 초점을 맞추고 있다.

경로 #3 : 지방정부와 협력해 지역사회를 지원하라

대기업, 특히 규제가 심한 업계나 신흥 시장에서 활동하는 기업들은 오랫동안 강력한 CSR 프로그램을 추구해왔다. 학교와 병원을 짓고, 영양 프로그램을 운영하며, 위기가 닥치면 도움을 줬다. 오늘날에는 이해 관계자와 지역사회가 당연히 더 많은 걸 요구하며, 선도적인 기업들이 이에 대응하기 위해 발 벗고 나서고 있다. 광범위한 재정 및 경영 능력을 갖춘 이들은 지역사회, 정부, NGO, 학술기관 및 기타 이해 관계자들과 협력해서 지역사회의 경제 발전을 촉진하고 있다.

세계적인 광산 대기업인 앵글로 아메리칸Anglo American plc도 최근에 그런 전략을 채택했다. 이 회사는 최근 수십 년 동안 사회적 계약과 지역사회에 대한 기여 의지를 분명히 밝히기 위해 남아프리카공화국 정부와 긴밀하게 협력했다. 하지만 글로벌 광산 기업이 다 그렇듯이, 앵글로 아메리칸도 지역사회, 환경 운동가, 정부, 투자자들로부터 더 많은 것을 요구받고 있다. 이해 관계자들은 회사가 생산성과 재정적 탄력성을 넘어 지속 가능성과 기후변화 같은 부분에 대한 약속을 이행하기를 원했다. 앵글로 아메리칸은 운영과 성장을 위한 장기 면허를 유지하려면 적극적으로 움직일 필요가 있다는 걸 깨달았다.

앵글로 아메리칸은 방어적인 태도를 취하거나 CSR 전략을 수정하는 게 아니라 자신들의 이미지를 획기적으로 재구상하는 방식을 택했다. TSI 주도 렌즈를 택한 이 회사는 정부, 규제 기관, 기타 중요한 외부 이해 관계자들과 제휴를 맺고 지역사회에 필요한 서비스를 제공하는 것을 중심으로 한 비즈니스 모델을 받아들였다. 이 전략은 사회적 이익뿐만 아니라 사업적 이점을 제공하기 위한 것이었다. 2018년에 이 회사는 "광산업은 사람들의 삶을 개선하기 위한 산업이라고 새롭게 재해석하자"라는 새로운 기업 목표를 정했다. 이 목표를 이루기 위해 회사는 혁신적인 사회, 기술, 지속가능성 요소를 포함하는 지속 가능한 광업 프로그램, 즉 회사에서 퓨처스마트 마이닝FutureSmart Mining이라고 부르는 프로그램을 채택했다.

이 전략은 두 부분으로 나뉜다. 첫째, 신기술을 이용해서 천연자원을 추출할 때 환경에 미치는 영향을 줄인다. 둘째, 지역사회와 새로운 방식으로 관계를 맺고, 특히 이 회사의 핵심적인 광산 활동과 무관한 경제적 기회를 더 많이 창출해서 번창하는 지역사회를 건설한다. 이를 위해 정부, 지역사회 대표, 학술 기관, 신앙 단체, 기업, NGO, 학계 등과 협력해 경제 발전 기회를 찾아내고, 회사의 전통적인 채굴 사업과 무관하게 미래의 지역 성장을 위한 계획을 세웠다.

앵글로 아메리칸은 지역사회의 발전 요구를 총체적으로 이해한 상태에서 이 지역에 대한 투자를 의무로 삼았다. 예를 들어, 회사 시설 중 하나로 이어지는 도로를 건설할 때 도로를 확장해서 생태 관광 기회를 열어주는 식이다. 또 어떤 농업 활동이 지역의 번영에 가장 도움이 되는지 이해할 수 있도록 과학적 공간 분석 자료에 근거한 토지 이용 기회를 살펴볼 수도 있다. 예를 들어, 지금 소를 키우는 땅에서 소 대신 광산이나 다른 이용자들이 구입할 수 있는 바이오디젤용 농작물을 키울 수도 있다.

앵글로 아메리칸은 지역 노동자들이 신기술에 보조를 맞출 수 있도록 새로운 기술을 가르치고, 젊은이들이 미래에 필요한 기술을 갖출 수 있도록 교육에도 투자하고 있다. 앵글로 아메리칸은 그보다 숙련된 노동력을 통해서도 도움을 받겠지만, 이들이 후원하는 직업 훈련은 공급망의 필요성을 넘어선 것이다. 이 회사는 그런 활동을 통해 강하고 스스로 번창하는 지역사회를 건설하고자 한다.[75]

이와 관련해 회사는 국가 및 지역 차원의 약속과 책임에 관한 지속적인 대화를 촉진하고, 의견 불일치를 해소하며, 새로운 신뢰 기반 관계를 구축하고 있다. 국제 및 정부 관계를 담당하는 부서의 책임자인 프로이디스 캐머런 요한슨Froydis Cameron-Johansson은 이렇게 말했다. "21세기에 기업이 해야 하는 일 중 하나는 파트너가 되는 것이다. 이게 생태계를 좌우하는 것보다 훨씬 중요하다. 앵글로 아메리칸에게 TSI는 DNA의 일부분이며 파트너십과 겸손, 경청을 통해서만 얻을 수 있는 것이다."[76]

퓨처스마트 마이닝이 미칠 모든 영향을 이해하기에는 너무 이르지만 초기 징후는 긍정적이다. 이 회사는 안전과 지속가능성, 그리고 보다 다양한 사회적 관계와 파트너십을 육성하는 능력이 향상되었다. 토니 오닐Tony O'Neill 기술 이사는 퓨처스마트 마이닝에 대해서 투자자들은 "이제 그것에 눈뜨고 있다"고 말한다. "아직 이야기의 초기 단계이긴 하지만, 그들은 우리가 뭘 하고 있는지, 또 그 뒤에 어떤 야망을 품고 있는지 알 수 있다. 궁극적으로 다양한 투자 프로필과 그걸 통한 더 많은 투자자를 얻게 될 것이다."[77]

프로이디스 캐머런 요한슨의 말처럼, 의사 결정이 미칠 모든 영향을 이해하는 건 회사와 주주들에게 분명히 이익이 될 것이다. "여러분이 어느 지역에서 비즈니스를 하는데 지역사회가 불만을 품고 있다면, 단시간 내에 생산 손실이 발생하게 될 것이다." 반면 지역사회와 협력해서 폭넓은 지역사회에 환경적, 경제적 이익을 안겨준다면 모두에게 이익이 돌아갈 것이다. 이 회사의 공동 지역 개발 구상에 대해 얘기하면서 그녀는 다음과 같이 말했다. "당신도 이기고, 나도 이기고, 둘이 함께 대대적인 성공을 거두니, 결국 '우리의 승리'가 된다."[78] 여론에 내재된 불확실성을 감안하면, '우리의 대대적인 승리'를 만들어내는 능력은 기업의 회복탄력성을 높여서, 광업 회사들이 자주 경험하는 대중의 불만이 초래하는 위험에서 회사를 보호하고 운영 면허를 강화할 수 있다.

리더는 어떤 선택을 해야 하는가

CSR 노력이 아닌 사업의 핵심적인 필수사항으로 공익을 추구하고 TSI를 제공해야 하는 절실함이 글로벌 기업과 리더들 사이에서 유례없는 주목을 받고 있다. 유니레버Unilever의 전 CEO인 폴 폴먼Paul Polman은 "민간 부문이 기후 조치를 취하는 걸 보면 모멘텀이 회복되고 있는 모습"이라고 관측했다. "비즈니스 모델을 보다 견고하고 미래에 잘 맞게 만들기 위한 경쟁이 분명히 진행되고 있다."[79] 110개국 2천2백 명 이상의 CEO를 대상으로 진행된 2019년 YPO 글로벌 리더십 설문조사에서는 거의 93퍼센트가 사업 목표를 세울 때 다중 이해 관계자의 관점을 고려한다고 밝혔다.[80] 미국 경영진 3백 명을 대상으로 한 2019년 ING 리서치ING Research 설문조사에서는 이들 중 85퍼센트가 전략을 짤 때 사회적 영향과 지속 가능성을 고려하는 것으로 나타났는데, 이는 전년도의 48퍼센트에 비해 대폭 증가한 것이다.[81]

대부분의 글로벌 기업에서는 아직 그런 긍정적인 신호가 광범위한 행동으로 옮겨지지 못하고 있다. 2017년 유엔 글로벌 콤팩트 서베이UN

Global Compact Survey에서 기업들이 '기업의 책임에 대한 약속을 공개적으로 전한다'는 게 밝혀졌지만, 여전히 많은 기업이 명확한 목표를 정해서 그 목표에 대한 성과를 추적하거나 그들의 영업이 실제로 미치는 영향을 평가하지 않고 있다.[82]

여러분이 몸담은 조직은 TSI를 전략과 운영에 최대한 완벽하게 접목했는가? 그렇지 않다면, 그게 바로 여러분이 최우선적으로 해야 할 일이다. 기후 위기가 심각해지고, 국가 및 지역사회의 요구가 커지고, 젊은 세대가 지속 가능한 사업에 대한 욕구를 더욱 강하게 드러냄에 따라 주주 가치를 넘어선 가치를 바라봐야 한다는 이해 당사자들의 압박은 앞으로 몇 년 동안 극적으로 심화할 것이다.

이미 모든 업계에서 영업 허가에 대한 위협이 증가하고 있어 어려움을 겪고 있는데, 빅 테크Big Tech가 대표적인 예다. 구글, 페이스북, 아마존 등 대형 기술 기업들은 최근 몇 년간 정부 규제를 요구하는 큰 목소리에 직면해 있다. 한 관찰자가 《애틀랜틱The Atlantic》에서 지적한 것처럼 "빅 테크에 대한 반발이 현기증 나는 속도로 가속화되고 있다."[83] 하지만 이 분야의 특정 기업들은 발전된 TSI 사고방식에 따라 강력한 조치를 취하면서 엄청난 이익을 보고 있다. 마이크로소프트는 CEO인 사티아 나델라Satya Nadella의 지휘 아래에 '지구상의 모든 사람과 조직이 더 많은 걸 성취할 수 있도록 힘을 실어준다'는 사명을 받아들였다.[84]

이에 발맞춰 마이크로소프트는 2030년까지 탄소 네거티브 목표를 달성하고 2050년까지는 마이크로소프트가 설립된 이후 배출한 탄소를 모두 없애겠다고 약속했다.[85] 마이크로소프트는 정부와도 제휴하여 기업의 재무 자원, 기술, AI 역량을 활용해 다양한 사회적 과제를 해결한다. 이것과 다른 목표 주도적인 움직임 덕분에 마이크로소프트는 최근 몇 년 동안 놀라운 가치 창출을 이루었는데, 이 얘기는 책 뒷부분에서 설명할 것이다.

대부분의 기업이 TSI와 순익 효과를 모두 제공하는 전략을 느리게 전개하고 있기 때문에, 이 장에서 설명한 기업들과 마찬가지로 여러분 회사에도 기회가 있다. 특히 주주 가치를 극대화하는 문화적 환경에서 회사를 운영하는 경우라면 실행이 쉽지 않을 것이다. 예를 들어, 미국에서는 역사적으로 이런 문화가 일본이나 다른 아시아 지역보다 더 깊이 뿌리내렸다. 사회적 영향에 대한 노력을 새로운 집중력과 에너지로 채우는 방법이 고민될 때는 다음의 질문을 고려하자.

- CEO와 경영진을 비롯한 고위 경영진이 조직 전체에서 사회적 목적을 찾아내고 구현하려는 사회적 책임을 맡았는가?
- 회사의 전반적인 비즈니스 전략에 부합하고 내부 및 외부의 이해 관계자, 즉 고객, 직원, 주주, 공급업체, 사회 전반 등이 신뢰할 만하다고 생각할 TSI 설명을 작성해봤는가?
- TSI 노력의 영향을 확대하기 위해 어떤 파트너십을 구축하겠는가?
- TSI 전략을 운용할 때 TSI를 비즈니스 가치의 전통적인 동인으로 끌어올리기 위해서는 어떤 절충안이 필요한가? TSI 영향을 미치려면 어

떤 관행을 바꿔야 하고, 이를 실행하는 데 비용은 얼마나 들까?

- 평판을 보호하면서 비즈니스에 미치는 영향을 전달하기 위해 회사가 선택할 수 있는 지표는 무엇인가?
- 회사의 모든 사람이 TSI 제공에 대해 보상을 받을 수 있도록 인센티브를 어떻게 조정하고 있는가?
- 장·단기 약속의 균형을 어떻게 맞추고 불가피한 절충은 어떻게 해낼 것인가?

TSI 렌즈를 제품, 공급망, 마케팅, 직원 참여 등 비즈니스 전략의 모든 요소에 대입하고 TSI를 사용해 정부, 규제 기관, 기타 외부 이해 관계자와의 관계를 알리는 게 중요하다. 이 가운데 금융, 기술, 인력 등 회사의 역량을 활용해 긍정적인 사회적 영향을 가장 많이 미치는 방법에 초점을 맞춘다. 그러면 비즈니스 이점을 구축하는 데 도움이 될 것이다. 매력적인 비즈니스 사례와 TSI 노력에 대해 말할 수 있는 진짜 이야기를 개발해서 투자자, 고객, 일반 대중을 열정적으로 참여시킨다. 내부 및 외부의 이해 관계자에게 어떤 선택을 했고 그 이유는 무엇인지 설명하며, 투자와 의미 있는 지표로 의사 결정을 뒷받침한다. 마지막으로, 내부적으로 보상과 TSI 목표 달성을 연계해서 새로운 TSI 사고방식이 조직과 운영 방식에 훨씬 깊이 침투할 수 있게 한다.[86]

19세기 미국 작가 헨리 데이비드 소로Henry David Thoreau 는 "선은 절대 실패하지 않는 유일한 투자"라고 말했다.[87] 이 격언은 개인뿐만 아니라 기업에도 적용된다. TSI는 엄청난 비즈니스 기회를 의미한다. 아직 많은 기업이 TSI를 어떻게 하는지 숙달하지 못했기 때문이다. 좀 더 범위를 넓혀보면 TSI는 세계, 인류, 미래 세대, 주주들의 이익을 위해 자본주의를 재구상하는 데 도움을 주는 독특한 기회를 나타낸다. 동시에 TSI는 글로벌 대기업들이 21세기를 맞아 스스로 변화를 꾀하면서 그 이상으로 성장할 수 있는 여러 길 중 하나일 뿐이다.

글로벌 기업의 전통적인 모델은 전략·운영·조직 면에서, 위에서부터 아래로의 전면적인 개편이 필요하다. 앞으로 몇 년 동안 기업이 승리하기 위해 받아들여야 하는 성장 전략에 대한 분석을 계속해보자. 일단 기업이 운영권을 확보하고 다양한 이해 관계자들과 함께 입지를 다지게 되면, 그들의 가장 시급한 임무는 고객에 대해 열심히 생각하면서 자사 제품이 현재의 고객 니즈와 욕구를 실제로 충족시키는지 확인하는 것이다. 다음 장에서 살펴보겠지만, 20세기에 수익성 있는 성장을 촉진하기 위해 기업들이 개발한 전통적인 제품과 서비스는 갈수록 구식이 되고 있다. 과거의 기업들은 많은 양의 실제 제품을 멀리 떨어진 곳에 있는 고객들에게 배송하면서 성장했다. 오늘날 번창하는 기존 사업자들은 수익성 있는 성장을 향해 나아가면서 혁신적인 디지털 서비스를 스트리밍하고 있다.

KEY INSIGHT

- 위대한 수준을 넘어서려고 하는 오늘날의 기업들은 공익을 추구하고 TSI를 극대화해야 하며, 이 목표는 장기적으로 주주 수익률도 높일 수 있다.

- 여러분의 회사는 시급한 사회 및 환경 문제를 해결하기 위해 중요한 조치를 취했을 가능성이 높지만, 사회적 영향을 극대화하기 위해 핵심 전략을 얼마나 혁신했는가?

- 우리는 선도적으로 사회적 책임을 지는 기업들이 순 사회적 영향력을 극대화하는 동시에 예외적인 성장과 주주 가치를 실현하기 위해 단독 또는 다양한 조합으로 이용하고 있는 3가지 경로를 밝혀냈다. 자사 제품과 서비스에 대한 액세스를 확대하고, 사회적 요구가 혁신을 주도하도록 하며, 지방정부와 협력해서 경제적 기회를 창출한다.

배송하지 말고 스트리밍하라

위대한 기업들은 전통적으로 뛰어난 실제 제품과 서비스를 전 세계 고객들에게 판매함으로써 위대한 기업이 되었다. 오늘날의 일류 기업들은 여기서 더 나아가 고객을 위한 결과와 경험에 대한 완전한 소유권을 가져가고 있다. 그들은 디지털 기술을 활용해서 새로운 솔루션을 실제 제품과 서비스에 접목하거나 실제 제품과 서비스를 완전히 대체하는 등 채워지지 않은 니즈를 충족시키기 위해 사용 수명 주기를 깊이 연구하고 있다.

첨단 글로벌 기업들은 개별 제품 중심의 제품을 넘어 사용 수명 주기 전반에 걸쳐 지속적으로 결과를 제공하는 흥미진진한 새로운 솔루션을 만들어내며 가치 제안을 빠르게 진화시키고 있다. 거래 방식으로 고객과 관계를 맺는 대신 고객 경험을 소유하고, 종종 성능에 따라 새로운 제품에 대한 비용을 청구하는 등 본격적인 파트너가 되고 있는 것이다.

그들은 자신들의 새로운 솔루션을 전 세계 어디에서 어디로든 연결되어 있는 고객들에게 디지털 방식으로 제공하고 있다. 디지털 연결, 유비

쿼터스 광대역 가용성, IoT 기술이 새로운 오퍼링을 주도하고 있으며, 기존의 물리적 제품에 더하거나 순수한 디지털 제품 형태로 국경을 넘어 서비스를 제공하는 일을 기술적으로나 경제적으로나 실현할 수 있다. 한 관찰자가 말했듯이, "기술은 서비스를 새로운 제품으로 만들고 있다."[1]

또한 기업들은 디지털 연결이 창출한 새로운 글로벌 고객, 즉 지리적 경계가 아닌 국경을 초월한 친화 집단의 멤버십에 의해 정의되는 고객을 공략하기 위해 서비스형 제품을 개발하고 있다. 기업들이 이런 제품을 갈수록 개인화한 덕분에, 글로벌 소비자들은 소프트웨어 업그레이드를 다운로드하고 특정 기능을 원격으로 잠금 해제할 수 있으며, 데이터 및 고급 분석 기능을 이용해 사용자 개개인의 경험에 맞춤화할 수 있다.

새로운 디지털 또는 디지털 기반 가치 제안의 최종 동인은 경제 민족주의다. 관세와 무역 전쟁이 가중되면서 국경을 넘어가는 실제 상품 출하를 중심으로 사업을 구축하는 게 갈수록 위험해짐에 따라, 기업들은 국경을 초월한 디지털 서비스를 이용해 더 많은 수익을 창출하는 게 더 매력적이라는 사실을 깨닫고 있다. 어떤 나라에서 신차에 관세를 부과해 수입품의 값을 올림으로써 국내 제조업체들을 유리하게 만들 수도 있지만, 자동차 제조업체가 자동차에 업로드된 데이터에 기반한 디지털 방식으로 제공하는 고객 서비스를 국경 너머까지 제공하는 데는 별 어려움을 겪지 않을 것이다. 따라서 신차 판매가 증가하지는 않을 수도 있지만, 오래된 자동차에 대한 디지털 서비스는 극적으로 증가할 수 있다.

일반적으로 서비스화는 기업을 더 탄력적으로 만든다. 코로나19 위기

동안, 실제 제품을 중심으로 하는 기업들은 정부가 사회적 거리두기를 강화하면서 어려움을 겪었다. 반면 넷플릭스, 트위치Twitch, 펠로톤Peloton 같은 디지털 서비스업체들은 수익이 유지되거나 심지어 증가했다.

20세기와 21세기 전반에 걸쳐, 많은 범주의 기업들은 실제 제품과 거기에 포함된 특정 기능에 대한 글로벌 이익을 주장했다. 경쟁에서 우위를 차지한다는 건 다른 제품보다 우수하고 저렴하며 품질이 뛰어난 제품을 판매하는 걸 의미했다. 여러분이 자동차 사업에 종사한다면 더 고급스럽거나 신뢰도가 높거나 더 저렴하거나, 혹은 이런 특징을 다양하게 조합해서 제공함으로써 시장에서 승리할 수 있었다. 제트 엔진을 제조하는 경우에는 더 높은 신뢰성, 더 뛰어난 성능, 더 낮은 운영비용 혹은 이것들의 조합을 제공했다. 글로벌 기업은 정비 계약처럼 이들 제품에 부가된 서비스를 판매했지만, 이는 제한적인 경우가 많고 확실히 부차적인 것이었다.

오늘날 일류 기업들은 실제 제품에 추가된 놀라운 서비스를 판매하고 있으며, 많은 경우에 실제 제품까지 서비스로 판매하고 있다.

내구재 산업을 생각해보자. 월풀 같은 회사에게 세탁기는 더 이상 단순한 세탁기가 아니다. 세탁기는 반응성이 좋고, 사려 깊고, 심지어 '스마트'해서 회사들이 세탁 관련 서비스를 추가로 판매할 수 있는 허브 역할을 한다. 클라우드에 연결된 월풀 세탁기 센서를 통해 세제가 부족할 때를 알 수 있다. 이미 사용 중인 앱과 연동하면 모든 가전제품을 제어할 수 있고, 세탁기가 세제를 자동으로 재주문하라고 앱에 지시할 수도 있다.

세제가 다 떨어지기 전에 현관문을 열어보면 구독 기반으로 판매 및 배송된 새 세제가 와 있을 것이다. 이것이 바로 서비스형 세제다.

월풀의 전략 책임자였던 러셀 스톡스Russell Stokes의 말처럼, 이 회사는 가전제품을 통해 제공되는 신나는 새로운 디지털 서비스를 출시하고 있다. 그는 "소프트웨어 레이어를 추가해서 제품을 서비스하기 시작했다"고 말했다. "와이파이를 통해 식기 세척기를 수리하거나 원격으로 업데이트할 수 있다면 어떻겠는가? 오븐에서 레시피를 다운로드해서 보여줄 수 있다면 어떨까?"[2]

이건 단지 시작일 뿐이다. 가정이나 사무실에서 사용하는 가전제품이 소모품을 재주문하거나 더 복잡한 작업을 완료하기 위해 서로 이야기를 나누는 미래를 상상하는 건 어렵지 않다. 월풀의 사장이자 CEO인 마크 비처는 한 인터뷰에서, 디지털 서비스를 추가해서 회사 제품을 향상하는 건 반드시 실현해야 하는 핵심적인 전략이라고 말했다.[3] 이 회사는 이를 위해 인프라와 관계를 꾸준히 구축하고, 글로벌 데이터 허브를 만들고, 필요한 기본 기술 몇 가지를 확보하고, 구글, 아마존, 프록터 앤드 갬블Proctor & Gamble 등과의 파트너십을 모색하고 있다.

글로벌 기업을 운영한다면 시장에 쏟아져 나오는 새로운 가치 제안을 도저히 무시할 수 없을 것이다. 만약 도넛을 판매한다면, 여러분 회사를 위대하게 만드는 오퍼링은 뜻이 통하는 전 세계 도넛 애호가들에게 제공되는 디지털 방식으로 개선된 새로운 카페 경험일 수도 있고, 아니면 도넛 클럽 회원들의 차나 사무실로 매일 아침 도넛과 커피를 배달하는 서비스일 수도 있다. 여성 패션 브랜드라면 앱과 매장 내 기기를 통해서 독특한 스타일과 기호를 바탕으로 한 개인 쇼핑 경험을 제공할 수 있을 것이다.

대부분의 산업에서는 이런 새로운 제품이 전통적인 제품들을 밀어내지 않을 것이다. 기업들은 여전히 맛있는 도넛, 고품질 패션 그리고 월풀의 경우 동급 최고의 가전제품을 만들어서 팔아야 한다. 그러나 갈수록 실제 제품과 함께 흥미진진하고 혁신적인 디지털 오퍼링을 제공하는 능력이 상위 플레이어와 다른 회사들을 가르게 될 것이다. 과거의 회사들은 직접 배송을 통해 고객의 마음과 지갑에 침투했다. 미래의 기업들은 배송과 스트리밍을 통해 자신들의 길을 찾을 것이다.

서비스를 소비한다는 것

많은 회사가 이미 배송과 스트리밍을 통해 길을 찾고 있다. 2008년부터 10년 동안 디지털 서비스 분야의 세계 총 무역량이 비非 디지털 거래보다 2배 빠르게 늘었다.⁴ 일부 카테고리에서는 서비스화를 통해 디지털 업스타트upstarts가 빠르게 확장하고 전 세계적인 지배권을 장악할 수 있게 되었다. 한때 소비자들이 블록버스터 비디오Blockbuster Video나 비슷한 매장에서 실제 DVD를 대여해 집에서 영화를 보던 시절이 있었는데, 이제는 넷플릭스의 디지털 서비스 덕에 어디에 살든 매일 24시간 영화를 즐길 수 있다. 넷플릭스는 2007년에 스트리밍 서비스를 시작했고, 이를 보완해 해외로 진출했다.[5] 2010년에 캐나다에 진출했고 이후 2년 동안 남미, 유럽 등에서 서비스를 개시했다. 2019년에는 거의 200여 개국의 소비자들이 단 몇 번의 클릭이나 탭으로 영화를 즐길 수 있게 되었고, 회사 수익은 150억 달러를 넘어섰다.[6]

이처럼 놀라운 세계적 확장은 그 자체로 주목할 만하다. 아마 최근 역사에서 가장 빠를 것이다. 그러나 똑같이 주목할 만한 부분은 더 이상 물리적 제품으로 국내 소비자를 겨냥하지 않고, 어디서나 액세스 가능한 디지털 서비스를 이용해 국경 너머의 소비자들을 공략한다는 회사의 전략이다. 이는 훌루Hulu나 아마존 프라임Amazon Prime 같은 경쟁업체 그리고 나중에 살펴보게 될 스포티파이Spotify, 판도라Pandora, 애플 뮤직Apple Music 같은 음악 스트리밍 서비스에 견줄 만한 업적이다.

소비재 전반에 걸쳐, 가치 흐름이 물리적 제품에서 벗어나 디지털 방식으로 제공 가능한 서비스나 솔루션, 즉 공유 경제로 이동하는 모습을 볼 수 있다. 오늘날 많은 소비자는 더 이상 실제 제품을 구매하려고 하지 않는다. 차라리 지속적으로 제공되는 서비스에 비용을 지불할 것이다. 그들은 식료품점을 건너뛰고 온라인으로 넘어가 블루 에이프런Blue Apron 같은 회사의 식사 배달 서비스를 이용한다. 또 자전거를 직접 구입하지 않고 우버 점프Uber Jump 같은 자전거 공유 서비스를 통해 필요할 때마다 자전거를 빌려 탄다(2018년에 미국 소비자들은 이런 서비스를 약 8천4백만 번 이용했다).[7]

글로벌 공유 경제 규모에 대한 추정치는 다양하지만, 다들 향후 몇 년 안에 공유 경제가 엄청나게 성장할 것으로 예상하고 있다. 2025년까지 3350억 달러의 기회가 생길 수도 있다.[8] 그리고 소비자 직접 구독을 통한 제품 제공이라는 또 다른 형태의 서비스 제공도 확대되고 있다. 오늘날 소비자들은 인터넷에 접속해, 아마존이나 다른 수백 개의 소규모 스타트업을 통해 수많은 소비재를 정기적으로 배송받을 수 있다. 달러 셰이브Dollar Shave와 해리스Harry's 같은 회사를 통해 면도기를, 버치 박스Birch Box를 통해 화장품을, 허블Hubble을 통해 콘택트렌즈를, 추이Chewy를 통해 개 사료를, 스티치 픽스Stitch Fix를 통해 패션 제품을, 큅Quip을 통해 칫솔을 배송받는다. 심지어 모드Maude를 통해 섹스 토이도 배송받을 수 있다. 소비자에게 직접 제공되는 서비스는 편의성뿐만 아니라 가격 면에서도 경쟁력이 뛰어나기 때문에, 한 애널리스트의 말처럼 바쁜 소비자들은 그냥 "설정해놓고 잊어버리고 지낼 수 있다."[9]

서비스화는 많은 소비재 산업에 속한 기성 대기업들을 교란하면서 신속한 조치를 취하도록 강요하고 있다. 예를 들어, 자동차 산업은 기존처럼 차량 제작에만 집중하는 데서 벗어나 디지털 방식으로 작동하는 서비스로서의 모빌리티를 제공하는 것에 초점을 맞추면서 빠르게 조직을 개편하고 있다. 여기에는 긴급 출동 서비스, 차량 대시보드를 통해 물건값을 지불하는 기능, 주변에서 주차 장소의 위치를 확인하는 기능을 포함한 커넥티드 카 오퍼링을 비롯해, 우버Uber나 리프트Lyft 같은 차량 공유 서비스를 뜻하는 공유 모빌리티와 자율 주행이 포함된다.

한 뉴스 보도에서는 "자동차 제조업체들은 언젠가 소비자가 자동차 구입을 중단하기를 원한다"는 교묘한 표현을 쓰면서 "자동차 구입비와 주차요금이 넷플릭스와 유사한 구독 서비스를 통해 마일 단위로 교통수단을 구매하는 것으로 대체될" 미래를 상상했다.[10]

많은 구조적 조건이 이런 추세에 기여하는 가운데, 기성 자동차 업체들은 세계적으로 만연한 생산 과잉 때문에 고통받고 있다. 주요 시장에서는 현지 업체들 때문에 난관을 겪는데, 세계 최대의 자동차 시장인 중국에는 그레이트 월 모터스Great Wall Motors와 장링 모터스Jiangling Motors가 있고 인도에는 마힌드라Mahindra가 있다. 또 테슬라Tesla, 구글, 우버 같은 새로운 전기 자동차 업체들과 디지털 회사들의 압박도 만만치 않다. 최근 한 뉴스 보도에 따르면, 이런 기술 강자들은 "갈수록 (자동차 제조업체의) 생존에 가장 큰 위협이 될 것으로 보인다."[11]

2017년에 전 세계 자동차업계가 거둔 약 2260억 달러의 수익 중 신차판매액이 790억 달러를 차지한 반면, 모빌리티 서비스의 수익은 10억 달러 미만이었다. 2035년에는 총 수익이 3800억 달러로 증가할 것으로 예상되고, 그 가운데 커넥티드 카와 온 디맨드 모빌리티가 각각 280억 달러와 760억 달러를 차지할 것이다. 데이터 연결 마진은 최대 14퍼센트에 달할 수도 있지만 자동차 회사들은 실제 자동차를 판매할 때마다 손해를 볼 것이다.[12]

주요 자동차 회사들은 계속 성장하면서 수익성을 유지하겠지만, 직접 기술을 개발하거나 3장에서 살펴볼 것처럼 이런 서비스를 제공하는 파트너들과 성공적인 생태계를 구축해서 소비자들이 갈망하는 디지털 서

그림 3 | 향후 15~20년 사이의 자동차 수익 이동

향후 15~20년 사이에 급격한 변화가 예상된다

2017년

기존 수익 풀

- 고전적인 구성 요소: 67
- 신차 판매 (ICE 및 하이브리드): 79
- 융자: 24
- 서비스용품 시장: 54

신흥 수익 풀

- AV 및 BEV 구성요소: 1
- 신차 판매 (BEV): 0
- 데이터 및 연결성: 0
- 온디맨드 모빌리티: 0

2035년

기존 수익 풀

- 고전적인 구성 요소: 70 (+3) / −6%
- 신차 판매 (ICE 및 하이브리드): 60 (−19) / −4%
- 융자: 33 (+9) / −13%
- 서비스용품 시장: 66 (+12) / −10%

신흥 수익 풀

- AV 및 BEV 구성요소: 26 (+25) / −8%
- 신차 판매 (BEV): 21 (+21) / −3%
- 데이터 및 연결성: 28 (+27) / −14%
- 온디맨드 모빌리티: 76 (+76) / −10%

2017년 수익 풀 (단위: 10억 달러)
○ 2017년 ○ 2035년
□ 2260억 달러

2035년 수익 풀 (단위: 10억 달러)
○ 2017년 ○ 2035년
□ 3800억 달러

출처: "The Great Mobility Tech Race: Winning the Battering for Future Risks", 보스턴 컨설팅 그룹, 2018년 1월 11일

비스를 적극적으로 제공해야만 가능하다. 자동차 회사들은 앞으로도 계속 품질이 뛰어난 자동차와 트럭을 만들어야 하지만, 자신들이 제공하는 가치를 획기적으로 높일 수 있는 서비스 계층을 이용해 이런 물리적 제품을 에워싸야만 할 것이다.

제너럴 모터스 General Motors(이하 GM)는 서비스형 모빌리티의 부상에 적극적으로 대비하고 있다. GM 경영진 댄 암만Dan Ammann의 말처럼 이 회사는 "모든 곳에서 모든 사람이 원하는 모든 것이 될 수는 없다"는 사실을 인정하고, 회장 겸 CEO인 메리 바라Mary Barra의 지휘 아래 유지할 브랜드 및 플랫폼 수와 사업을 운영하는 국가 수를 줄여왔다.[13] 2018년에 GM은 전 세계적으로 8개 공장을 폐쇄하고, 경영진을 25퍼센트 줄이며, 회사 브랜드와 제품 플랫폼 포트폴리오를 재구성하는 등 광범위한 혁신을 진행하겠다는 의사를 밝혔다.[14]

한편 이 회사는 통합 승차 공유 서비스의 일부로 기능할 수 있는 자율 주행 차량 네트워크를 개발하기 위해 많은 투자를 했다. 2016년에는 자율 주행 자동차업체인 크루즈 오토메이션Cruise Automation을 인수하고 승차 공유 서비스인 리프트에 5억 달러를 투자했다.[15] 2017년에는 자율 주행에 중요한 기술을 보유한 스트로브Strobe를 인수했다.[16] 2018~2019년 혼다Honda와 소프트뱅크Softbank는 크루즈에 투자한 금액이 총 50억 달러라고 발표했다.[17]

전반적으로 볼 때 이 회사는 20~30퍼센트의 이윤이 예상되는 모빌리티 서비스 분야를 선도하려고 하는 한편,[18] 핵심 사업인 자동차와 트럭 제조 사업에서 더 큰 이윤을 얻기 위해 운영을 합리화하고 있다. "한때는 실리콘 밸리가 자동차 산업을 집어삼킬 거라고 생각했던 적도 있다. 하지만 이제는 상호 협력 쪽으로 기울고 있는 것으로 보인다"고 한 관찰자는 말했다.[19] 이 모든 것이 물리적 제품이던 것(자동차)을 최첨단 서비스와 경험을 위한 허브로 바꾸려는 노력 덕분이다.

산업 기업들도 서비스화가 필요하다

2017년에 네덜란드의 성 안토니우스 병원은 필립스Philips가 최소 침습 시술을 위해 만든 최첨단 인터벤션 플랫폼인 아주리온Azurion을 처음 도입한 의료 시설 중 하나가 되었다.[20] 아주리온 시스템은 마치 영화 〈스타 트랙Star Trek〉에서 바로 튀어나온 것처럼 생겼다. 미래적인 분위기의 흰색 팔이 긴 침대에 누워 있는 환자 주위를 돌면서 촬영한 이미징 결과물이 대형 고화질 화면에 나타나면 의사가 그걸 보면서 시술을 한다.

성 안토니우스 병원도 전 세계의 다른 의료 시설처럼 환자의 시술 대기 시간이 과거 어느 때보다 길어지는 바람에 일이 점점 더 복잡해지고 있었다. 이 병원은 인터벤션 시술실의 기능을 개선하는 동시에 비용도 억제할 수 있길 바라면서 아주리온을 구입했다. 정확히 말하자면, 이 병원은 필립스와 지속적인 파트너십을 체결했는데 여기에는 성 안토니우스가 필립스의 기술을 최대한 적절하게 사용해서 뛰어난 성과를 올릴 수 있게 해주는 서비스도 포함된다.[21]

필립스는 새로운 장비를 전달하자마자 팀원들에게 아주리온 사용법을 교육하기 위한 특별 교육 과정을 개발했다. 시스템이 가동된 뒤부터는 이 특정한 설비에 대한 의료팀의 기술과 사용 방식을 최적화하기 위해 지속적으로 운영 데이터를 수집했다. 일례로 필립스는 "인터벤션 시술실 주변의 작업 흐름을 최적화할 기회를 찾기 위해" 기계 작동과 관련된 데이터를 시설의 물리적 공간 분석과 결합했다.[22] 일부 임상 공간은 거의 사용되지 않았기 때문에 필립스와 병원은 그곳을 환자들 대기 구역과 의사들이 문서를 검토하고 환자 상황을 보고할 수 있는 공간으로 용도를 변경했다.[23]

이런 작업과 기타 여러 가지 협업 덕분에 이 병원은 환자가 시술을 준비하는 데 걸리는 시간을 12퍼센트, 시술을 직접 시행하는 시간을 17퍼센트 줄였고, 할당된 시간을 초과한 시술 횟수도 25퍼센트나 줄었다.[24] 인터벤션 방사선 전문의인 마르코 반 스티젠Marco van Stijen은 이렇게 말했다. "작업 흐름을 바꾼 덕에 이제 하루에 더 많은 환자를 볼 수 있게 되었고, 결국 환자 안전이나 치료 품질은 전혀 저하되지 않은 상태에서 매주, 매년 치료할 수 있는 환자 수가 늘었다."[25]

성 안토니우스의 당시 CFO였던 우트 J. 아데마Wout J. Adema는 필립스와의 지속적인 협업 덕분에 새 장비를 성공적으로 도입할 수 있었다고 인정했다. "우리의 성공은 필립스와의 깊고 신뢰할 수 있는 파트너십 덕분에 가능했다. 아주리온 설치는 우리 병원의 인터벤션팀이 기존 프로세스를 평가하고 작업 흐름을 표준화할 수 있는 기회를 제공했다. 이를 통해 단기간에 실질적이고 중요한 운영 개선을 이루었고, 팀원들 사이에 지속적인 개선 문화가 조성되었다."26

아주리온은 필립스가 최근 몇 년 사이 거래 사업에서 관계와 서비스에 기반을 둔 사업으로 꾸준히 전환하고 있는 모습을 특징적으로 보여준다. 단순히 장비만 파는 게 아니라 고객에게 결과물과 솔루션을 제공하고, 많이 파는 데만 치중하지 않고 가치를 추가할 방법을 모색하고 있는 것이다.

필립스는 고객들과 실시간으로 연결을 유지하면서 그들이 기술 투자를 통해 최대한의 가치를 얻도록 지속적으로 돕는 것을 목표로 하고 있다. 예를 들어, '에이밍 포 제로Aiming for Zero' 이니셔티브를 통해 고객과 협력하여 장비 고장이 발생하기 전에 미리 예방하고, 데이터를 모니터링해서 필요한 수리와 유지보수를 사전에 수행한다. 데이터 인프라와 고급 분석을 활용하는 엔지니어팀은 매일 1만 2천 개 이상의 이미징 시스템을 모니터링하면서 어떤 시스템에 예방적 유지보수가 필요한지 알려주는 데이터 패턴을 찾는다. 이 팀은 필립스 기계의 다운 타임down time을 최소화하기 위해 매년 1만 회 이상의 유지보수 작업을 진행한다.27

필립스는 이런 서비스를 제공하면서 앞서 설명한 광범위한 파괴적 힘뿐만 아니라 의료 분야의 구체적인 변화에도 대응하고 있다. 인구 고령화, 만성 질환 확산, 비용 급증으로 의료 시스템의 재정과 능력이 위축되고 있다. 이런 시스템이 공급업체에 원하는 건 개별 장비의 비용을 낮추는 게 아니라, 시스템과 공급업체 모두 비용을 줄이면서 품질과 환자 경험을 개선할 수 있게 도와주는 가격 책정 모델이다. "15년 전에는 우리 회사가 만든 최신 스캐너의 성능과 특징을 보여주려고 방사선과를 찾아 갔다"고 필립스의 최고기술책임자인 헨크 반 후텐Henk van Houten은 말한 다. "요즘에는 방사선과 책임자들이 '갈수록 늘어나는 환자의 요구를 충 족시키기 위해 우리 부서가 더 효율적으로 일하는 데 귀사가 어떤 도움 을 도울 수 있는가?'라고 묻는다."[28]

언론 보도에 따르면 필립스는 생산성, 환자 결과, 간병인 경험 등과 관 련된 성과 지표를 바탕으로 수익을 창출하는 가치 기반 모델 쪽으로 나 아가고 있다.[29] 이런 모델에서는 필립스가 의료 시스템을 위한 효율성과 높은 품질, 회사의 많은 수익을 위해 자사 기계의 성능과 의료팀의 기계 사용 방식을 최적화할 수 있으므로 지속적인 서비스를 제공하는 일이 필 수적이다.

의료 분야가 가치 기반 모델로 전환하는 건 아직 초기 단계다. 한 조사 에 따르면, 미국 병원 중 3분의 1만이 그들이 제공하는 가치에 근거해서 보험사에서 보상을 받고 있다고 한다.[30] 그러나 필립스 매출의 35퍼센트 는 솔루션에서 발생하며, 이 부분의 매출이 두 자릿수로 증가하고 있다.[31] 이런 서비스와 솔루션은 간병인이 환자 데이터를 이용하는 방식의 능률 화, 전략적 컨설팅, 임상 데이터를 수집해서 편집, 분석하는 헬스스위트 HealthSuite라는 플랫폼 제공 등 다양한 형태를 취한다.

2019년 현재 필립스는 "자문을 위한 고객 파트너십과 서비스 비즈니 스 모델을 중심으로" 계속 확대하는 방안을 모색하고 있다.[32] 이를 위해 필립스는 단순한 제품 제공에서 벗어나 고객과 협력해서 '통합되고 연결된 플랫폼 솔루션'을 만드는 방안을 찾고 있다.[33] "우리는 고객과의 명확한 공동 창출 방안과 확실한 가치 모델이 없으면 투자하지 않는다." 예로엔 타스Jeroen Tas 최고 혁신 및 전략 책임자는 이렇게 말했다.[34]

소비자 시장의 서비스화에 관해서는 대중 언론에서 많이 보도하지만, 필립스처럼 다른 기업에 제품을 판매하는 산업 기업들도 점점 서비스화를 받아들이고 있다.

서비스 판매는 산업 전반에서 많은 이점을 가지고 있다. 특히 기업은 단순한 상품으로 간주되는 걸 피할 수 있고, 고객은 실제 제품을 소유할 때 따르는 비용과 번거로움이 줄어든다. 중국 풍력 터빈 회사의 최고 경영자가 말한 것처럼 오늘날의 고객들은 터빈 용량, 성능, 사양에 신경을 별로 안 쓴다. 대신 해당 지역의 풍력 프로필을 바탕으로 풍력 발전소의 수익성을 극대화할 수 있는 솔루션을 원한다. 오늘날 많은 분야의 기업 고객들은 그냥 장비 하나만 따로 사려고 하는 게 아니라 수익 솔루션을 찾는다. 이들은 장비를 구입할 때도 공급업체가 데이터와 IoT 기술을 이용해서 부품 고장이 발생하기 전에 미리 방지하고 장비 가동 시간을 극대화하도록 도와주기를 바란다.

서비스화는 산업 기업들에게 반복적인 수익과 이익을 안겨주기 때문에 매력적인 전략이기도 하다. 한 보고서에 따르면 서비스를 제공하는 기업의 거의 절반은 "수익률이 20퍼센트 이상 증가했다"고 한다.[35] 서비스화는 또 더욱 탄력적인 수익원을 구축한다. 한 엘리베이터 회사 경영진의 말처럼, 신형 엘리베이터 판매는 경제 상황에 따라 둔화될 수도 있지만, 낡은 엘리베이터를 위한 정비 업무는 그렇지 않다. 사실 경기가 침체되면 고객들이 낡은 엘리베이터를 신형으로 교체하는 걸 미루기 때문에 서비스 관련 수익이 증가할 수 있다.

산업 기업이 서비스화 모델을 받아들인 초기 사례 중 하나가 롤스로이스Rolls-Royce다. 롤스로이스는 엔진 판매 외에도 시간 단위로 가격을 매겨서 고객에게 서비스를 판매하므로, 엔진이 가동되는 시간당 수익을 얻는다. 회사에서는 이를 '시간제 모델'이라고 한다.[36] 원칙적으로 엔진 소유자는 여전히 고객이지만, 롤스로이스는 엔진 가용성과 관리에 대한 모든 책임을 진다. 토털케어TotalCare 서비스화 프로그램의 일환으로 제공되는 시간제 모델은 회사의 동기와 고객의 동기를 일치시킨다.

항공사 고객들은 제트 엔진의 신뢰성을 추구하고 운영 비용이 얼마나 들지 최대한 정확하게 예측할 수 있기를 바란다. 토털케어를 이용하는 고객은 엔진 정비 비용이 아니라 가동 시간에 대한 비용을 지불한다. 비행 시간에 따라 가격을 지불하므로 운영 비용이 얼마인지 정확하게 알 수 있다. 엔진이 작동할 때만 돈을 지불하므로 예상치 못한 수리 비용에 대해서는 걱정할 필요가 없다.[37] 롤스로이스는 엔진의 다운 타임을 최소화하고 신뢰성을 높여서 돈을 더 많이 벌 수 있고, 고객과 장기적인 서비스 계약을 체결해서 이득을 얻는다. 2020년 현재, 토털케어는 엔진 수리로 인한 비가동 시간을 25퍼센트 줄여서 고객의 비용을 절감하는 동시에 롤스로이스의 매출을 끌어올렸다.[38]

시간제 모델은 간단해 보이지만 제공하기가 결코 쉽지 않다. 토털케어 시행 이전에는 고객들이 엔진에 문제가 생길 때까지 기다렸다가 롤스로이스에 연락해서 회사 기술자들이 문제를 해결해주기를 기다리곤 했다. 오늘날 롤스로이스는 엔진에 디지털 센서를 내장해서 성능을 실시간으로 모니터링하고 수집한 데이터는 국경 너머 영국 더비에 있는 중앙 집중식 분석 시설로 전송된다. 이 시설의 엔지니어들은 언제든지 전 세계에서 작동 중인 수천 개의 커넥티드 엔진 성능을 모니터링하는데, 비행 1회당 필요한 데이터 양이 테라바이트에 달한다.[39]

글로벌 분석팀은 정교한 알고리즘을 사용해 유지보수 또는 수리 활동을 사전에 계획해서 가동 중단을 최소화하고 전 세계 5개 지역에 있는 고객 서비스 허브에서 유지 관리해야 하는 예비 부품의 재고 수준을 결정한다. 데이터 센터의 엔지니어는 디지털 커뮤니케이션 플랫폼을 통해 여러 글로벌 공항의 지역 서비스 허브나 유지보수 시설에서 일하는 동료들과 실시간으로 협업하여 엔진을 능동적으로 유지 관리하고 장애가 발생하기 전에 엔진을 정비한다. 마이크로소프트와 SAP 같은 파트너들이 제공하는 풍부한 국경 간 디지털 기술이 이 프로세스를 지원한다.[40]

토털케어는 롤스로이스가 진행하는 서비스화의 시작에 불과하다. 2017년에 이 회사는 세계 각지의 새로운 데이터 허브인 R2 데이터 랩을 출범했다.[41] 이 시설에서 일하는 학제 간 데이터 전문가팀은 롤스로이스 운영 전반에 걸친 팀들과 협력해서 고객의 엔진 유지, 운영 안전성 향상, 정부 규제 준수 등에 도움이 되는 새로운 서비스를 개발한다. 이 팀은

500개 이상의 외부 기술 공급자, 혁신 스타트업, 학계, 독창적인 장비 제조업체와 협력해서 서비스를 위한 새로운 아이디어를 찾아내고 이를 신속하게 솔루션으로 개발한다.[42]

R2 데이터 랩은 고객이나 다른 엔진, 롤스로이스의 비즈니스 파트너와 대화를 나누고, 인간의 개입 없이 외부 환경에 대응할 수 있으며, 자신과 동료의 경험을 통해 배우고 그걸 이용해 성과를 조정하고 최적화할 수 있는 인텔리전트엔진IntelligentEngine에 대한 회사 비전의 일부다. 롤스로이스 시빌 에어로스페이스Rolls-Royce Civil Aerospace의 마케팅 담당 수석 부사장인 리처드 굿헤드Richard Goodhead는 이 회사가 이제 "훨씬 많은 데이터를 수집해서 그걸 이용해 훨씬 많은 작업을 수행하고 있다"고 말하는데, 이 모든 것이 서비스를 통해 더 많은 가치를 창출하는 데 도움이 된다.[43]

다른 많은 대기업은 IoT, 분석, 관련 기술에 기반한 혁신적인 서비스 기반 비즈니스 모델을 통해 많은 매출과 이익을 얻고 있다. 슈나이더 일렉트릭Schneider Electric은 대형 전력 회사에 다양한 서비스를 제공하는데, 이런 전력 회사들은 재정 압박 때문에 자체적인 자산과 인프라를 소유하는 게 별 이득이 없다고 느끼고 있다.

2020년 현재 회사 매출의 50퍼센트가 디지털 시스템과 서비스에서 발생하는데, 이 카테고리에는 기존 방식대로 별도 판매하는 제품에 대한 부가가치 서비스, 업데이트, 응용 프로그램뿐만 아니라 실제 제품을 통합한 새로운 종합 솔루션도 포함된다. 매출의 이 부분이 물리적 자산 판매를 통해 얻는 매출보다 빠르게 증가하고 있다.[44] 캐터필러 Caterpillar의 예측형 유지보수 오퍼링은 자사가 판매한 건설 장비로부터 실시간 운영 데이터를 수집하고, 알고리즘을 이용해 해당 지역의 다른 장비와 성능을 비교한다. 이 서비스는 개별 장비를 언제 정비해야 하는지에 대한 조언을 미리 제공해서 고객들의 비용을 절감한다.

이 회사들은 산업 서비스화의 선봉장을 대표하는데, 아직 갈 길이 멀다. 기반 기술에 관해서는 많은 제조업체가 신기술 도입에 뒤처져 있다.

업계별 제조업 중간 인력 500명을 대상으로 진행한 한 조사에서는, 이들 가운데 '회사 제조 공정의 절반 이상이 산업용 IoT 기술을 갖추고 있다'고 응답한 사람은 50퍼센트 미만이고, "제조 공정 중 최소 4분의 3 이상이 IoT를 사용한다고 한 응답자는 11퍼센트에 불과했으며, 원격 센서를 통해 데이터를 수집하는 회사는 겨우 40퍼센트였다."[45] 앞으로 더 많은 기업이 이 기술을 받아들이고 흥미로운 신규 서비스를 개발해야 할 것이다. 그렇지 않으면, 뒤처질 위험에 처할 것이다.

당신을 위한 제품, 서비스 그리고 경험

아침 7시 45분, 고객 미팅에 참석하기 위해 호텔 방을 나선다. 아래층 로비에 스타벅스가 있어서 몸치장을 마친 뒤 스타벅스 앱을 클릭하고 테이크아웃 할 아침 음료로 그란데 카페 미스토, 즉 카페 오레를 주문한다. 배도 고파서, 주문하는 동안 앱이 추천해준 아티장 롤에 베이컨, 고다 치즈,

달걀을 넣은 샌드위치와 유기농 통밀 잉글리시 머핀에 저지방 칠면조 베이컨과 달걀을 얹은 샌드위치 같은 몇 가지 아침 식사용 샌드위치에 관심이 간다. 고다는 당신이 가장 좋아하는 치즈고, 지난주에 이 샌드위치를 먹어보니 꽤 마음에 들었었다.

이제 이 앱은 매력적인 보상까지 제시한다. 아침 식사용 샌드위치를 세 번 구입하면 무료 음료와 음식으로 교환할 수 있는 보너스 별 80개를 받을 수 있다. 이미 마음에 들었던 샌드위치를 산 것에 대한 보상으로 말이다! 여러분은 기분 좋게 놀라며 카페 미스토와 함께 먹을 샌드위치도 구입하기로 한다. 그리고 이건 잘한 일이다. 15분 뒤, 샌드위치를 다 먹고 택시를 타고 회의장으로 향하는 동안 여러분은 기분 좋게 배가 부르고, 기운이 나고, 하루를 위한 준비가 된 상태다. 당신이 무엇을 원하고 무엇이 필요한지를 본인보다 먼저 아는 것 같은 스타벅스 앱이 당신의 하루를 조금 더 기분 좋게 만들었다.

이건 우연이 아니다. 스타벅스는 오래전부터 매장 내 오퍼링을 개인화했고, 2016년부터는 브랜드와 소비자의 상호작용을 디지털화하기 위해 발 빠르게 움직이면서 소비자 경험을 강화하고 매출을 늘리고 있다. 개인화personalization는 회사의 '디지털 플라이휠digital flywheel' 전략에서 눈에 띄는 활약을 보이고 있다. 이는 보상 프로그램, 앱을 통한 주문 및 지불 등 소비자 참여에 대한 전체적인 접근 방식이다.[46]

소비자의 동의를 받아 쇼핑 이력에 대한 데이터를 수집하고, 쇼핑하는 시간이나 쇼핑객이 이미 장바구니에 넣은 품목, 날씨, 소셜 미디어 활동 같은 다른 요소들을 고려하는 스타벅스는 고객 경험의 많은 측면을 개인화한다. 예를 들어, 스타벅스는 다양한 기계 학습 알고리즘을 구축해서 스마트폰 앱을 통해 실시간으로 개인화된 추천을 제공한다. 회사는 또 소비자가 얼마나 참여하고 있는지 판단하고, 그것을 근거로 보상을 제시한다. 이 회사는 가끔 제품을 무작위로 이용하는 비정기적인 방문객들의 욕구를 더 충족시킬 수 있도록 그 제품들 중 일부를 더 자주 구매할 기회를 제공하기도 한다. 항상 같은 제품을 구매하는 충성 고객의 경우에는 이메일을 통해 보상을 제공하고 고객이 좋아할 만한 제품을 추천할 수 있다. 시간이 지나면서 소비자들의 참여도가 높아지면, 더 많은 보상을 받을 수 있는 '도전 과제'도 진화해서 재미있고 게임 같은 경험을 제공한다.

스타벅스의 디지털 개인화 노력을 통해 회사는 눈에 띄는 성공을 거뒀고 소비자들은 스타벅스에 매력을 느꼈다. 스타벅스가 디지털 플라이휠 프로그램을 시행한 첫해에 스타벅스 리워드에 적극적으로 참여하는 회원들의 지출액이 8퍼센트 늘었는데, 이는 전년 대비 사상 최대 증가율이다.[47] 매출의 거의 40퍼센트를 리워드 회원들을 통해 창출한 회사의 경우, 이는 매출이 직접적이고 실질적으로 증가했음을 의미한다.[48]

하워드 슐츠Howard Schultz 스타벅스 전 회장은 "우리의 새로운 일대일 맞춤 마케팅 능력이 (…) 소매업계의 판도를 바꿔놓을 것"이라고 선언했다.[49] 확실히 그런 것 같다. 2019년에 스타벅스의 앱은 미국에서 가장 인기 있는 결제 처리 앱 중 하나로 2천 5백만 명 이상이 가입했다.[50] 스타벅스는 또 디지털 플라이휠을 판매 시점 소프트웨어와 동기화해서 더욱 개인화된 매장 내 경험을 가능하게 했다. 이 회사는 데이터와 분석을 이용해 소셜 미디어, 고객 지원 센터, 기타 디지털 기기에서의 소비자와의 상호작용 방식을 개인화하고 있다.

서비스화된 오퍼링 외에도, 많은 기업이 고객 가치 제안에 개인화를 포함하고 있다.

아만다 멀Amanda Mull은 《애틀랜틱》에 실은 기사에서 "마케팅의 미래는 모든 것에 맞춤화된다"고 썼다.[51] 프로즈Prose라는 스타트업은 설문조사를 미리 작성해준 고객에게 주문 제작한 맞춤형 헤어 케어 제품을 배송하고, 케어/오브Care/of는 맞춤형 영양제를 판매하며, 큐롤로지Curology는 맞춤형 피부 관리 제재를 제공한다.[52]

온라인 패션 소매업체 스티치 픽스는 맞춤형 (및 서비스화된) 가치 제안을 통해 더 큰 성공을 거둔 스타트업으로, 패셔너블한 의류를 지금까지보다 쉽고 편리하게 살 수 있게 해준다. 초기 설문조사와 지속적인 소비자 피드백을 통해 데이터를 수집한 회사가 개별 소비자를 인간 스타일리스트와 연결하면, 스타일리스트가 소비자별로 특정한 품목을 골라준다.[53] 그런 다음, 회사가 반복 서비스나 일회성 서비스로 소비자에게 고른 의류를 배송한다. 스티치 픽스는 '데이터와 기계 학습'을 '전문적인 인간의 판단'과 결합해서 의류 추천을 큐레이션하고 운영의 다른 측면을 최적화하기 위해 수십 명의 데이터 과학자를 고용했다. 창립 8년 만인 2019년에 이 회사는 16억 달러에 가까운 매출을 올렸다.[54]

글로벌 화장품 기업인 로레알도 공격적이고 인상적인 개인화를 전략적으로 추진해온 회사다. 이 회사는 상당 기간 고객 데이터 플랫폼(자세한 사항은 6장에 소개)을 활용해서 마케팅과 커뮤니케이션을 개인화했다. 그러나 로레알은 마케팅 이외의 부문에도 개인화를 도입했다. 2020년에는 인공지능AI을 활용해 소비자가 가정에서 고도로 맞춤화된 화장품 포뮬러를 만들 수 있는 페르소Perso 스킨 케어 시스템을 출시했다.[55]

이 회사는 소비자의 동의를 얻어 선호도를 비롯해, 소비자의 스마트폰으로 찍은 사진을 AI로 분석한 피부 상태, 피부에 영향을 미칠 수 있는 환경 조건 등에 대한 데이터를 수집한다. 이 데이터를 바탕으로 기기 내부에 장착된 카트리지에 있는 원료 성분을 이용해 소비자에게 적합한 피부 관리 제품 포뮬러를 만들어서 내놓는 것이다.

이와 비슷한 립스틱용 장치는 소비자가 스마트폰에 있는 패널을 이용해서 원하는 정확한 색상을 선택할 수 있게 하는데, 이건 수십 가지의 다른 색조를 준비해둬야 하는 일반적인 관행을 대신할 반갑고 혁명적인 대안이다. 앞으로 고객들은 '의상에 맞는 립스틱 색이나 그 순간 SNS에서 유행하는 색'을 디자인하는 방법으로 제품을 더욱 정교하게 다듬을 수 있게 된다.[56]

개인화는 새로운 전략은 아니다. 레스토랑 체인 버거킹 Burger King 은 1970년대부터 소비자들에게 버거를 '여러분이 원하는 방식대로' 만들 수 있다고 약속했다. 예를 들어, 버거에 어떤 토핑을 올릴지 직접 선택할 수 있게 한 것이다.[57] 달라진 기술 덕분에 글로벌 규모에서도 개인화를 훨씬 경제적으로 진행할 수 있게 되었다. 세계화에 대한 전통적인 접근 방식, 우리가 구식 세계화라고 부르는 방식에서도 기업들이 개별 소비자를 위해 제품을 맞춤화할 수는 있었지만 그건 수천, 혹은 심지어 수백만 가지의 다양한 실제 제품을 만드는 방식으로만 가능했다.

오늘날의 기업들은 만드는 실제 제품 수는 상대적으로 적지만 소프트웨어를 이용해 잠재적으로 수억 가지의 기능적 변화를 제공한다. 예를 들어, 게토레이Gatorade는 소비자들의 땀 성분을 분석하는 패치를 출시해서 그걸 바탕으로 소비자가 자신의 신체적 요구에 가장 적합한 음료 제제를 선택할 수 있게 한다. 게다가 이 음료를 소비자가 게토레이 웹 사이트를 통해 맞춤 제작한 병에 담아 마실 수 있다.[58] 버거킹 또한 현재 디지털 기술을 도입해 소비자가 자기 방식대로 메뉴를 주문할 수 있도록 개선하고, 맞춤형 버거를 비롯한 개인 맞춤식 제품을 제공하고 있다.[59]

이제는 단일한 물리적 제품 설계도 전 세계 사람들에게 많은 것을 의미할 수 있다. 테슬라는 4가지 모델(모델 3, S, X, Y)만 제공하지만 고도로 개인화된 경험을 할 수 있게 해준다. 차를 구입한 운전자는 '좌석, 핸들, 미러, 서스펜션, 제동 및 다른 많은 기능의 위치를 직접 지정'하고 개별적인 사용자 프로필을 생성할 수 있다.[60] 한 리뷰어의 말에 따르면, 이 기능은 "차량이 운전자의 확장판이 되는 듯한 독특한 느낌을 안겨준다."[61] 그리고 모델 S 소프트웨어를 업데이트하면 운전자의 통근 루트를 익힌 다음 교통 정보를 제공한다.[62] 또 사용자 스마트폰에서 달력 정보를 다운로드해서 다가오는 일정에 맞춰 운전하는 방법에 대한 지침을 자동으로 생성할 수 있다.[63] 테슬라 소유주들은 또한 자기 차에 이름을 붙여서 회사 모바일 앱에 그 이름이 뜨게 할 수 있다.[64] 테슬라는 차내에 설치된 카메라를 이용해 차에 탑승한 사용자를 인식하고 그 사람에게 맞춰서 차의 요소들을 재구성할 수 있는 맞춤형 차량을 개발하여 미래에 대비하고 있는 듯하다. CEO 일론 머스크Elon Musk는 이를 '동적인 개인화dynamic personalization'라고 부른다.[65]

테슬라의 사례는 글로벌 기업들이 서비스화와 개인화를 수익성 있게 결합해서 놀랍도록 새로운 상품을 시장에 내놓는 방식을 보여준다. 테슬라의 자동차는 단순한 물리적 물체가 아니라 서비스를 디지털 방식으로 전달하고 소비자와의 지속적인 관계 구축을 위한 플랫폼 역할을 하는 '커넥티드' 차량이다. 테슬라는 웹에서 다운로드한 소프트웨어 업데이트를 통해 자동차를 더욱 개인화할 수 있다. 하지만 한편으로는 다운로드를 이용해 지속적으로 개선하고 최적화해준다.

자동차 회사들은 전통적으로 리콜에 수십억 달러를 지출하고 다 마칠 때까지 기간이 최대 2년씩 걸릴 수 있지만, 테슬라는 업데이트를 다운로드하는 데 거의 비용이 들지 않고 전 세계에 출시하기까지 한 달도 걸리지 않는다. 2019년에 테슬라는 '무선 커넥티드 카'라는 점을 활용해 소비자가 유지보수 서비스를 이용할 수 있는 업데이트를 제공했다. 테슬라 자동차는 이제 문제를 자체 진단하고, 소비자를 위해 정비 약속을 잡고, 필요한 부품이 가장 가까운 서비스 센터로 자동 배송되도록 한다. 이때 소유자는 서비스가 불필요하다고 판단되면 약속을 취소할 수 있다.[66]

테슬라는 모바일 수리 인력을 이용해 90퍼센트의 경우에 원격으로 서비스 문제를 진단하고 수리할 수 있으므로 소비자들은 정비소에 들르지 않고 계속 거리를 달릴 수 있다.[67] 테슬라 사업에 다른 어떤 문제가 발생하더라도 새로운 기능을 출시하고 제품 품질 문제에 빠르고 저렴하게 대응할 수 있기 때문에 보다 탄력적이고 유리하게 운영된다.

국경을 넘어 글로벌 소비자 공략하기

이 장의 많은 사례에서 알 수 있듯이 디지털 기술은 소비자와 산업 기업 모두에게 더 개인화된 제품과 서비스, 경험을 제공할 뿐만 아니라 국경 너머에 있는 새로운 글로벌 소비자들을 위해서도 그렇게 할 수 있다.

음악 스트리밍 서비스인 스포티파이는 처음에는 인간이 만든 일반적인 재생 목록을 전 세계 청취자들에게 제공했지만, 지금은 알고리즘을 이용해서 재생 목록을 개인화하고 있다.[68] 이 회사는 2018년에 그랬던 것처럼 사용자 참여가 지속적으로 증가하기를 바란다.[69]

마찬가지로, 넷플릭스 플랫폼의 모든 요소도 사용자 선호도에 맞춰 개인화되며, 회사는 사용자가 방문하는 동안 실험을 실시해서 정보를 얻는다. 예컨대 사용자가 클릭하는지 확인하기 위해 특정 콘텐츠를 제안하기도 한다. 2019년까지 이 회사는 3억 개 이상의 사용자 프로필을 만들었는데, 넷플릭스의 알고리즘은 이를 이용해 개인화된 콘텐츠 추천을 만들었다.[70]

이 회사는 인간을 이용해서 주제에 따라 프로그램을 분류하여 알고리즘이 상당히 정확하게 추천 작품을 제시할 수 있게 되었다. 넷플릭스 사용자가 소비하는 콘텐츠의 약 80퍼센트는 알고리즘 추천에서 파생된 것이다.[71] 이 회사의 알고리즘은 국적이나 다른 전통적인 인구 통계에 따라 상품을 세분화하는 대신 소비자들의 콘텐츠 소비 성향을 분석하고, 이를 바탕으로 넷플릭스는 2천 개의 글로벌 '취향 공동체'를 만들었다.[72] 또 이 회사는 지역별 선호도와 정부 규제를 고려해서 지역별로 추천 콘텐츠를 맞춤화한다.

기업이 그들의 상품을 개인화하든 그렇지 않든, 글로벌 소비자 증가 폭이 매우 커서 일부 기업들은 지리적 위치가 아닌 친화력에 따라 정의된, 국경을 초월한 소비자 집단을 겨냥해서 새로운 상품을 만들고 홍보를 진행하고 있다.

2019년에 음악 프로듀서 겸 DJ인 마시멜로Marshmello가 글로벌 비디오 게임 〈포트나이트Fortnite〉 내에서 수백만 명의 콘서트 관객을 위한 가상 라이브 콘서트를 열었을 때, 그는 세계 각지에 거주하는 비디오 게임 소비자 동호회를 위한 공연을 한 것이다.[73] 마찬가지로 나이앤틱Niantic이 2016년에 〈포켓몬 고Pokémon Go〉 게임을 출시했을 때도 이들은 전 세계 게이머 동호회를 동시에 겨냥했으며, 언론 보도에 따르면 1년 안에 10억 달러의 매출을 올렸다고 한다.[74] NBA는 전 세계 농구팬들에게 서비스를 제공하고 있으며, 곧 소비자들이 실제로 어디에 있든 상관없이 그들의 관람 경험을 개인화할 수 있는 기술을 도입할 예정이라고 한다.[75]

디지털 모델을 추구하는 다른 주요 글로벌 기업들도 지리를 우회해서, 제품과 서비스를 구할 때 공동 브랜드 생태계인 애플Apple, 안드로이드Android, 텐센트Tencent 등에 머물러 있는 사람들처럼 공통의 관심사를 가진 소비자들에게 말을 걸려고 한다. 서문에서 설명한 것처럼 저렴한 비용으로 완벽한 글로벌 디지털 연결성이 높아진다는 건 기업들이 소비자를 그들이 위치한 국가뿐만 아니라 디지털 정체성에 따라 정의한다는 뜻이다.

급속도로 확장되고 있는 운송 네트워크 회사인 고젝Gojek은 오토바이용 우버라고 할 수 있는데, 고젝의 모든 이용자는 휴대전화 앱을 이용해 서비스에 접속하고 있으며, 이들의 서비스는 법률이나 규제상의 제약에 따라 나라마다 동일하거나 최소한 유사하다. 고젝은 현재 동남아시아 전역에서 운영되고 있지만 이 회사는 소비자들을 국적에 따라 정의하지 않는다. 그들은 글로벌 소비자이고, 회사의 가치 제안은 어디서나 그들에게 균일한 서비스를 제공하도록 고안된다.

리더는 어떤 선택을 해야 하는가

향후 몇 년 동안 물리적 환경과 디지털을 통합하고 데이터를 활용하여 글로벌 고객에게 개인화된 제품을 제공하는 가치 제안이 산업 전반에 걸쳐 번창할 것이다. 많은 기업이 더 이상 제품이나 서비스를 판매하지 않고 성과와 경험을 제공할 것이다.

한 대형 기술 회사는 "자사의 컴퓨터 서버 제품군을 위해 제공했던 서비스형 솔루션이 2019년 10퍼센트에서 곧 50퍼센트를 차지할 것이다"라고 말했다. 산업 기업들 가운데서는 실제 제품에 부착된 디지털 서비스가 가장 빠르게 성장하는 분야다. 자동차 회사들의 경우, 우리가 살펴본 것처럼 커넥티드 카와 모빌리티 제공에 그들의 미래가 있다. 이런 능력을 구축하고 진화하는 데 익숙해진 기업은 번창할 것이다. 그렇지 못한 기업은 그렇게 하는 이들의 공급자가 되거나 문을 닫게 될 것이다.

여러분은 이런 새로운 가치 제안을 어떻게 구축하고 제공하는가? 우리가 고객과 협업한 내용을 바탕으로, 다음의 핵심 질문을 숙고하는 것부터 시작해보자.

- 고객을 위해 귀사가 이미 해결하고 있는 주요 문제는 무엇인가? 당신은 이를 충분히 이해하고 있는가? 고객들이 연료를 구입할 때 귀사를 의지하고 있다고 생각할지도 모르지만, 그들이 진정으로 원하는 건 A지점에서 B지점으로 가는 것이다. 여러분은 회사는 디지털 서비스화 오퍼링을 통해 고객이 마주한 근본적인 문제를 해결하도록 도울 수 있는가?

- 기회는 충분히 매력적인가? 귀사가 고객 문제를 해결하기 위해 제공할 수 있는 서비스화된 가치 제안이 충분한 시장 기회를 창출하는가? 이 솔루션을 시장에 출시하는 과정에서 어떤 비용이 발생하는가? 예를 들면 자본 투자, 재교육, 인센티브 재조정 등이 필요할 수 있다. 어

떤 회사가 여러분과 경쟁할 것인가? 이 새로운 가치 제안이 기존 비즈니스에 어떤 영향을 미칠 것 같은가?

- 성공적인 솔루션을 개발할 수 있는 적절한 리소스를 확보했는가? 단순한 서비스가 아닌 경험을 제공할 수 있는 팀을 구성했는가? 팀원들은 고객의 문제를 완벽하게 해결할 수 있는 민첩성, 협업 마인드, 시대 정신에 대한 감각을 갖추고 있는가? 그 밖에 또 어떤 인프라(제조 기능, 데이터 아키텍처 등)를 구축해야 하는가?

- 조직적으로 준비가 되었는가? 글로벌 대기업이라면, 여러분 회사에 고착된 관료주의가 새로운 가치 제안을 개척하고 시작하는 데 방해가 되진 않는가? 마치 스타트업처럼 움직이기 위해서는 어떻게 팀을 배치하는 것이 좋을까? 여러분 회사의 고위 경영진들은 이 프로젝트를 성공시킬 수 있도록 충분히 집중하고 있는가? 제품 중심의 전통 기업이라면, 서비스나 솔루션을 성공적으로 제공하기 위해 어떤 내부 조정을 해야 하는가?

결국 새로운 디지털 가치 제안을 만들려면 리더의 사고방식을 전환한 새로운 형태의 고객 중심주의가 필요하다. 여러분이 현재 어떤 종류의 제품이나 서비스를 제공하든, 고객이 그 제품이나 서비스 수명에 걸쳐 얻는 가치를 극대화할 수 있도록 근본적으로 재구상할 용의가 있어야 한다.

만약 오랫동안 지역 소비자들에게 세탁기를 팔았다면, 여전히 그렇게 해야 할까? 아니면 소비자들이 원격으로 작동시키고, 주기를 바꾸고, 특정한 종류의 더러운 옷에 가장 적합한 설정과 세제가 무엇인지 다른 세탁기 주인들과 비교할 수 있게 해주는 의류 세탁 솔루션을 전 세계 소비자들에게 판매해야 할까? 현재 현지 소비자들에게 헤어 케어 제품을 판매하고 있다면, 그 일을 계속해야 할까? 아니면 고객이 어디서든 개인화된 제품을 받을 수 있는 헤어 케어 솔루션을 판매하고, 이를 구독 기반 서비스로 제공해야 할까?

이런 질문에 답하려면 현재 보유하고 있는 것보다 고객과 고객의 니즈에 대해 훨씬 더 깊고, 엄격하고, 공감하는 시각을 키워야 한다. 전통적으로 새로운 상품을 개발하는 기업들은 고객의 목소리를 들으려고 애썼지만, 일반적으로 연구를 마케팅팀과 R&D팀만 참여하는 조사나 포커스 그룹 진행 등으로 제한해왔다. 디지털-피지컬 비즈니스 모델을 성공적으로 활용한다는 것은 곧 고객, 사업부팀, 기술팀, 고객 행동 전문가, 외부 파트너를 모아 이른바 고객 여정을 수행하면서 고객이 귀사 제품 또는 서비스의 전체 수명 주기에 걸쳐 어떻게 가치를 사용하고 도출하는지 매핑한 다음, 디지털이나 다른 방법을 이용해 그것의 가치를 어떻게 높일 것인지 알아내는 것이다.

우리 BCG는 고객들과 함께 이런 여정을 진행하면서 고객이 진정으로 원하는 것, 고객이 별로 신경 쓰지 않는 것, 고객이 원하는 걸 더 많이 제공하는 방법, 그에 대한 대가를 청구하는 최선의 방법 등을 결정한다. 풍력 발전기를 살 때 전력 회사들이 진정으로 원하는 건 수익을 극대화하는 해법이다. 디지털 트윈 기술은 공급업체가 풍력 터빈의 운영을 실시간으로 최적화할 수 있어서 수익을 극대화한다. 단순히 풍력 터빈을 파는 게 아니라 전력 회사의 이윤을 극대화할 수 있는 능력을 바탕으로 수익을 창출하는 솔루션을 판매하는 것이다.

성공적인 고객 여정은 심층적인 민족지학적 관점에서 전체 고객의 경험을 분석해 불만을 파악하고 실제 제품 위에 디지털 지원 서비스를 계층화하는 솔루션을 개발하는 것이다. 이 과정은 네 단계로 진행된다.

1 프로젝트에 착수해서 고객과 그 업계에 대해 집중적으로 연구한다.
2 디지털 비즈니스 모델을 구상하고, 그것의 프로토타입prototype을 제작하고, 고객사의 고객들과 협력해 그걸 반복적으로 다듬는다.
3 최소한의 실행 가능한 제품을 정의, 구축, 시험하기 위해 일련의 스프린트sprint를 진행한다. 어떤 기술 솔루션이 필요한가? 어떤 데이터 인프라가 필요한가? 고객과의 서비스 및 상호 작용, 즉 계약 모델이라고 하는 것은 정확히 어떻게 구성할까? 우리가 극복해야 할 규제상의 장애물은 무엇인가?
4 장기적인 비즈니스 모델과 출시를 위한 로드맵을 정한다.

고객의 불만을 파악하고 혁신적인 디지털 솔루션을 개발했다고 해서 반드시 새로운 제품을 대량으로 출시해야 하는 건 아니다. 새로운 제품을 수익성 있게 판매할 수 있도록 고객이 실제로 충분한 비용을 지불할 것인지, 만약 그게 불가능하다면 다른 파트너가 여러분의 회사와 충분한 가치를 공유해서 경제적 생존성을 보장받을 수 있는지 등의 여부를 고려하는 게 중요하다.

월풀 같은 냉장고 제조업체라면, 제품에 우유, 달걀, 주스, 치즈 같은 부패하기 쉬운 제품의 소비자 사용량을 추적할 수 있는 센서와 와이파이를 집어넣을 생각을 할지도 모른다. 그래서 이런 상품이 떨어지면 소비자에게 자동으로 경고하고, 아마존에서 우유를 주문하고, 소비자의 신용카드에서 대금을 결제하는 서비스를 제공할 수 있다.

그러나 고객들은 월풀이 이런 작업을 통해 수익을 얻을 만큼 충분한 가격을 기꺼이 지불할까? 아마존이나 다른 제공업체는 월풀에 제품 가격을 인하해줘서 서비스를 보조할 것인가? 제안된 디지털 지원 서비스는 기존 비즈니스에 어떤 영향을 미칠 것인가? 이 아이디어를 실현할 수 없더라도, 경쟁사가 그렇게 하고 있기 때문에 여전히 그걸 개발하고 싶을지도 모른다. 하지만 실패한다면 다른 아이디어를 찾아보는 게 좋을 것이다.

새로운 비즈니스 모델로 성공한 기업들은 하나 혹은 몇 개의 시장으로 시야를 제한하는 게 아니라 전 세계적인 규모로 생각한다. 기본적인 데이터 인프라는 국경을 넘어 빠르게 진입할 수 있기 때문이다. 이런 회사들은 또 혁신적인 디지털-피지컬 제품을 계속 개선하면서 새로운 제품을 만드는 데 전념한다.

넷플릭스는 글로벌 사업에 진출하기로 결정했을 때 생성되어 있는 방대한 양의 데이터를 활용해 자신들이 만든 오리지널 콘텐츠를 비롯한 새로운 서비스 요소들을 더욱 최적화할 수 있었다. 나아가 넷플릭스는 이 데이터를 분석해서 소비자들의 행태가 국가별로 다른 게 아니라 글로벌 취향 커뮤니티에 따라 나뉜다는 사실을 알고 소비자를 세분화하는 새로운 방식을 개발했다.

이와 유사하게, 폭발물 제조업체인 오리카Orica는 광산의 지리적 위치와 광산에서 사용하는 폭발물 성능 등 자사 고객인 광업 회사들에 대한 광범위한 글로벌 데이터를 수집했다. 그리고 이 데이터를 이용해 고객의 폭발물 사용 행태를 최적화해서 생산성과 이윤을 극대화하는 새로운 브랜드 제품을 만들 수 있었다. 데이터를 입수하면 어떤 새로운 제품을 만들 수 있게 될까? 고객에 대한 어떤 통찰력을 얻을 수 있을까?

흥미진진하고 새로운 가치 제안을 고안하는 것과 그걸 잘 실행하는 건 별개의 일이다. 그러려면 이 책에 기술된 다른 많은 전략도 동원해야 한다. 여러분이 속한 업계와 오퍼링 속성 따라 제품 제공에 도움이 되는 파트너 생태계를 개발하거나(3장), 맞춤형 제품을 생산할 새롭고 유연한 제조 공장을 설립하거나(4장), 데이터를 수집하고 처리할 글로벌 데이터 아키텍처(5장)가 필요할 수도 있다.

이 책의 뒷부분에서 설명하겠지만, 여러분도 고객을 중심으로 민첩하게 재정비하여 디지털 세계에서 경쟁할 수 있도록 고안된 다른 내부적 움직임을 시도하고 싶을 것이다. 이렇게 실제 제품과 서비스를 넘어서야만 글로벌 기업으로서의 자신의 모습을 완전히 재구상하고, 현재의 전략과 운영 방식에 포괄적인 새 계층을 추가할 수 있다.

글로벌 기업을 재구상하기 위한 다음 단계는 어떤 새로운 시장에 얼마나 빨리 진입할 것인지에 대한 기존 가정에 의문을 제기하는 것이다. 디지털 솔루션과 경험을 제공하고 판매하는 능력은 일류 기업들이 지리적 확장에 대해 생각하는 방식을 크게 변화시키고 있다. GM이 인도나 중국 같은 주요 시장에서 자동차를 판매하려면 이 시장에 공장을 세워야 하는데, 이는 상대적으로 느리고 자본 집약적인 과정이다. 반면 우버, 구글, 넷플릭스 같은 플레이어들은 저렴한 비용으로 번개 같은 속도로 확장할 수 있다.

디지털 기반 솔루션과 경험을 제공하기 위해 모든 시장에 데이터 분석 센터가 필요하지는 않다. 그런 회사들은 앱 스토어에서 다운로드한 앱과 결제 솔루션을 설치하기만 하면 되므로 동시에 많은 국경을 넘나들며 사업을 하고 있다. 다음 장에서 살펴보겠지만, 디지털 기반 비즈니스 모델은 확장을 위한 새로운 자산 조명 전략에 기여할 수 있으며, 최근 몇 년간 훨씬 도전적으로 성장한 경쟁 분야에서 완전히 새로운 성공을 거둘 수 있다.

KEY INSIGHT

- 글로벌 기업들은 기존의 제품 중심의 오퍼링을 넘어 새로운 솔루션과 경험을 창출하는 등 가치 제안을 빠르게 발전시키고 있다.

- 기업들은 디지털 연결과 IoT 기술을 이용해 기존의 물리적 제품에 새로운 디지털 서비스를 계층화(서비스화)하고 있다. 과거의 회사들은 직접 배송을 통해 고객의 마음과 지갑을 열었다. 미래의 기업들은 배송과 스트리밍을 통해 자신들의 길을 찾을 것이다.

- 월풀 같은 소비재 기업도 서비스화를 받아들이고 있고 필립스, 롤스로이스, 캐터필러 같은 산업 기업도 마찬가지다. 넷플릭스, 애플, 판도라 같은 회사들은 순수하게 디지털 형태의 서비스를 제공한다.

- 기업은 제품을 대량으로 커스터마이징(맞춤화)하면서 서비스화와 맞춤화를 결합시킨 솔루션을 개발하고 있다.

- 나이앤틱, 넷플릭스, 알리바바 같은 회사들은 위치에 상관없이 갈수록 전 세계 소비자들을 겨냥하고 있다.

글로벌 시장에 작은 몸집으로 깊이 파고들어라

글로벌 성장은 계속해서 엄청난 가치를 창출하고 있지만, 오늘날의 기업들은 20세기 후반보다 정교한 확장 방식을 취한다. 이들은 자산을 경량화하고 디지털 방식이나 전자상거래 중심의 비즈니스 모델을 사용해 새로운 시장에 진입한 뒤 빠르게 확장하고 있다. 또 진입할 시장도 더 까다롭게 고르기 때문에 역설적으로 그들이 선택한 시장에 대해서는 적극적으로 참여한다.

성공한 스타트업들이 그 어느 때보다 빠르게 세계화되고 있는 상황에서 역설적이기는 하지만, 최근 몇 년 사이에 많은 대기업 리더도 기업의 글로벌 입지를 더 중요하게 생각하기 시작했다. 글로벌 확장은 여전히 수익성 있는 성장을 위한 실행 가능하고 매력적인 경로다. 발전 단계나 국가와 관련된 리스크 수준이 제각각인 시장 포트폴리오를 유지하는 것도 의미가 있는데, 이를 통해 글로벌 기업들은 예상치 못한 충격에 훨씬 더 탄력적으로 대처할 수 있기 때문이다.

그와 동시에, 지난 세기에 세계화를 주도했던 몇몇 근본적인 신념은 더 이상 유지되지 않는다. 리더는 오늘날 주어진 기회를 최대한 활용해서 규모와 자산 중심으로 진행되던 기존의 성장 전략을 뛰어넘는 수익성 있는 글로벌 확장을 위해, 모순적으로 보이는 계획까지 다 받아들여서 글로벌 입지를 개선하고 최적화해야 한다.

한편으로 리더들은 값비싼 새 인프라를 구축하거나 대규모 팀을 동원하지 않은 채 신속하고 광범위한 글로벌 확장을 추구하면서 자산을 경량화해야 한다. 디지털과 로컬 파트너에게 의지하면 이런 개가를 올릴 수 있다. 그런 전략은 기업들이 격동의 시기에 위험을 최소화할 수 있게 해준다. 반면, 기존의 글로벌 입지를 발판 삼아 사업을 운영하는 리더들은 자산 집약적인 입지를 유지할 시장을 잘 선별하는 동시에 우선순위가 높고 수익성이 좋은 소수의 시장에서는 고도로 현지화된 기업이 되기 위해 전력을 다해야 한다. 결국 기업들이 세계화 이니셔티브를 통해 최대한의 가치를 창출하고 불안정성이 큰 국가 관련 리스크도 이겨내려면 더 현명하고 강경한 태도로 사업을 확장하고 위험을 피해야 한다.

이런 전략 가운데 첫 번째 전략, 즉 신속하고 자산을 경량화한 보다 탄력적인 글로벌 확장을 이해하기 위해 중국의 거대 전자업체인 샤오미Xiamoi의 사례를 살펴보자. 2010년에 설립된 이 회사는 곧 중국에서 삼성보다 많은 염가 스마트폰을 판매해서 2014년에는 시장 점유율을 14퍼센트까지 늘렸다.[1] 기존의 사고방식을 따랐다면 이들도 광범위한 글로벌 입지를 서서히 구축하면서 성장과 규모 우위, 수익성을 높이려고 노력했을 것이다. 그러려면 현지에서 입지를 굳히고 해당 지역의 취향에 맞는 제품을 만들기 위해 많은 투자를 해야 한다.

20세기 후반에 성공한 기업들 중에는 그런 방식을 추구한 기업이 많 았다. 맥도날드의 장기 실적은 최대한 많은 나라에서 최대한 많은 사람 들이 빅맥을 먹게 하는 데 달려 있다. 특정 지역에서 그 제품을 뭐라고 부 르든 간에 말이다. 특히 중국이나 인도처럼 급속하게 발전하고 있는 시 장에서 소비자를 확보하는 게 중요했다.

도요타Toyota나 GM 같은 자동차 제조업체나 캐터필러, 제너럴 일렉트 릭General Electric (이하 GE), 지멘스 같은 산업 기업들도 마찬가지다. 개별적 인 해외 시장에서의 입지가 커질수록 더 많이 팔 수 있다. 그러면 회사 이 윤도 증가하고, 판매량이 늘면 규모의 경제 덕에 단위별 생산 비용은 줄 어든다. 물론 필요한 인프라에 상당한 돈을 투자해야 하기 때문에, 글로벌 확장을 이루는 데는 보통 수십 년이 걸린다. 맥도날드가 국경을 넘어 타국 에서 성장하려면 부동산을 사거나 임대하고 실제 식당을 지어야 했다. 그 결과 47개국에 진출하는 데 33년, 100개국에 진출하는 데 42년이 걸렸 다. 2018년에는 120개국에 37,855개의 매장을 운영하고 있었다.[2]

샤오미는 마냥 기다리려고만 하지 않았고, 디지털 기술과 현지 및 기 술 기반의 파트너십을 이용한 덕분에 그럴 필요도 없었다. 다른 대형 휴 대전화 제조업체와 달리, 샤오미는 처음부터 소프트웨어, 인터넷 그리고 하드웨어에 의지해서 확장을 꾀하는 3가지 성장 전략을 추진하기로 했 다. 샤오미는 소비자들에게 다가가거나 지속적으로 제품을 업그레이드하기 위해 각 시장에 많은 투자를 할 필요가 없다. 그보다는 온라인 상점을 통해 새롭고 흥미로운 서비스를 저렴하게 판매할 수 있다.

샤오미는 이 독특한 전략을 시험하기 위해 싱가포르에 첫 번째 해외 지사를 열었다.[3] 이들은 자사 휴대전화를 수입해서 온라인으로 판매하기 시작했고, 소비자들이 온라인으로 소프트웨어를 업그레이드할 수 있게 했다. 회사의 전략은 적중했다. 초기 재고를 첫날 다 팔아치운 것이다.[4]

자기들이 새로운 시장 진입을 위한 성공적인 전략을 고안했다는 사실을 깨달은 리더들은 훨씬 큰 성과를 얻을 수 있는 인도를 다음 목표로 삼았다. 인도에는 이미 노키아Nokia 나 삼성 같은 회사들이 확실하게 자리를 잡고 있었는데, 이들은 정석대로 사업을 진행하면서 그 지역 취향에 맞게 제품을 맞춤화하거나 대규모 생산 시설과 물리적 유통망을 구축하거나 대규모 브랜드 광고를 진행하는 쪽에 많은 투자를 했다. 하지만 샤오미는 이런 상황에 개의치 않고 소규모 팀을 인도에 파견해서 그 나라의 온라인 전자상거래 시장을 이끄는 플립카트Flipkart와 파트너십을 맺었다.[5]

이번에도 샤오미는 수입한 자사 휴대전화를 전부 온라인으로 판매하면서 그중 일부 모델을 품질이 뛰어나고 기능이 풍부하면서 가성비가 좋은 제품으로 포지셔닝했다. 돈이 많이 드는 기존 광고 방식은 포기하고 플립카트, 소셜 미디어 팬클럽, 반짝 세일 등에 의지해서 입소문을 퍼뜨렸다. 샤오미의 첫 번째 모델이 몇 초 만에 매진되고 소비자들의 뜨거운 관심 때문에 플립카트 웹사이트가 다운되는 등 이번에도 반응은 압도적이었다.[6]

샤오미는 2018년 3분기까지 시장의 27퍼센트를 차지하면서 인도 최대의 스마트폰 회사가 되었다.[7] 인도에서 이런 성공을 맛본 샤오미는 새로운 자산 경량화 전술을 이용해 새로운 시장으로 빠르게 사업을 확장했다. 창업한 지 10년도 안 되어, 샤오미는 80개국에서 스마트폰을 판매하고 있다.[8]

샤오미 설립자인 레이 쥔 Lei Jun 은 초창기부터 이 회사가 세계적인 기업이 될 수 있다는 것에 의문을 품지 않았다. 그는 샤오미가 글로벌 기업으로 거듭났다는 걸 당연하게 여겼는데, 많은 중국 기업가가 이와 같은 생각을 갖고 있다. 하지만 그는 글로벌 시장이 근본적인 방식으로 변화하고 있으니, 성공하려면 새로운 시장으로 뻗어나가기 위한 자기만의 전술을 고안해야 한다는 것도 알았다. 이는 기업이 대규모 투자를 통해 글로벌 및 현지에서 입지를 다져야만 수익성 있는 글로벌 성장을 달성할 수 있다는 믿음을 뒤집은 것이다.

기존 기업이든 스타트업이든 다른 일류 기업의 리더들도 비슷한 결론에 이르고 있다. 새로운 비즈니스 모델을 시작하지 못하고 기존에 대규모로 쌓아둔 물리적 자산을 관리하는 기성 기업들은, 모든 시장에서 경쟁하는 게 여전히 타당한지를 다시 생각해보고 있다.

과거 인기 많은 신흥 시장에 진출해서 성장하려고 글로벌 브랜드와 규모의 경제에 의지했던 기업들의 경우가 특히 그렇다. 지금은 이런 시장들이 대부분 냉각되어 성장이 갈수록 불안정해지고 있으며,[9] 선진국과 개도국의 무역 정책이 장기적인 세계적 추세보다 경제 상황에 더 많은 영향을 미침에 따라 기업들은 이제 어떤 국가에 진출하고 어떤 국가에서 발을 뺄 것인지를 놓고 더 미묘하게 리스크를 조정해 판단을 내리고 있다.

역사적으로 고성장을 이룬 국가들은 불친절한 정책과 보호무역주의 규제 체제를 택하면서 디지털과 지능형 기술로 무장한 경쟁력 높은 국내 기업들을 내세울 수 있는 반면, 저성장 국가들은 적절한 전략을 갖춘 기업들이 차지할 수 있는 매우 저평가된 시장을 가지고 있다. 한 글로벌 소비재 기업의 CEO가 2018년 인터뷰에서 말한 것처럼 "우리는 안정적이고 세속적인 확장을 경험한 세계에서 성장을 추구하는 데 익숙하다. 하지만 금융위기 이후로는 국가별 성장률이 고르지 못한 상황에서 성장을 '구체화해야' 하는 새로운 시대에 적응해야 했다."

또한 기업들은 자신들이 경쟁하기로 한 나라에 더 깊이 관여해야 한다. 다자간 무역 협정에 공통된 경쟁 규칙이 명시되어 있는 세상에서는 글로벌 기업이 중앙 집중화된 기업 본사에서 공통된 글로벌 비즈니스 모델과 비용 최적화된 공급망을 주도할 수 있는데, 그렇게 하는 게 실리적이고 효율적이기도 하다.

21세기 들어 경제와 지정학적인 분열이 증가하고 자국 경제에서 경제적 가치를 추출하는 데 반대하는 민족주의자들이 생겨나면서, 일류 기업들은 이제 효율성을 높이기 위해 모든 나라에 표준적인 운영 방식을 적용하는 게 합리적이지 않다는 걸 깨닫게 되었다. 그보다는 어느 대기업 부회장이 우리에게 말한 것처럼, 기업은 스스로를 글로벌 기업 내부에 있는 지역 기업의 집합체라고 생각하면서 국가 우선적인 태도를 키워야한다.

또한 이런 지역 기업들을 연결하고(5장) 글로벌 규모의 기능과 프로세스를 제공하기(6장) 위해서는 기술에 의지해야 한다. "우리는 (새로운 시장에서 성장하기 위해) 기술과 제품의 효율적인 배치를 통해 성장을 촉진하는 작업을 매우 성공적으로 해냈다." 중국의 한 기술 기업 리더는 2019년에 이렇게 말했다. "이제 각국은 우리 같은 글로벌 기업들이 다양한 지역의 요구를 충족시킬 최선의 방법을 강구하기를 원한다."

현 시대를 상징하는 글로벌 불안정성과 복잡성에도 불구하고 성장은 여전히 글로벌 기업 CEO들의 최우선 과제다. 그러나 성장으로 가는 길은 두드러지게 변했다. 1990년대와 2000년대에 월스트리트에서 일하는 애널리스트들이 가장 좋아했던 질문은 "귀사의 신흥 시장에서의 성장 전략은 무엇인가?"였다. 이 질문은 이제 완전히 시대에 뒤떨어졌다. 승리하고자 하는 리더들은 최대한 빨리 더 많은 시장으로 확장하겠다는 이전의 집착을 버리고, 다소 모순적이더라도 더 현명하고 공세적이고 탄력적인 새 전술을 효율적으로 사용해야 한다.

이 장 끝부분에서는 우리가 글로벌 성장에 대한 고객의 생각을 완전히 변화시켜서 리스크를 줄이고, 현재 이용 가능한 기회를 최대한 활용하기 위해 던지는 질문을 몇 가지 소개할 것이다.

자산 경량화, 어떻게 해낼 것인가

새로운 자산 경량화 모델에는 여러 가지 방법이 있다. 첫 번째이자 가장 명확한 방법은 기업들이 디지털 플랫폼과 데이터 주도형 비즈니스 모델을 통해 물리적 제품과 이를 제공하는 데 필요한 값비싼 인프라 없이 시장에 진입하고, 점유율을 확보하는 것이다. 닌텐도Nintendo가 혁신적인 위Wii 콘솔을 출시했을 때, 미국의 비디오 게임 애호가들이 가장 먼저 그 장치를 손에 넣었고 다음 달에는 영국의 게임 애호가들이 그 뒤를 이었다.[10] 이 장치가 인도, 한국, 대만의 상점을 강타하기까지 2년이라는 긴 시간이 걸렸고, 홍콩에서는 3년 뒤에야 출시되었다.[11] 오늘날의 기준으로 볼 때, 이런 식의 제품 출시는 시대착오적이고 믿을 수 없을 정도로 느린 듯하다.

2016년에 샌프란시스코에 거점을 둔 신생기업 나이앤틱Niantic이 또 하나의 혁신적인 비디오 게임 제품인 〈포켓몬 고Pokémon Go〉라는 증강현실 게임을 출시했다. 나이앤틱은 원래 구글 사내에서 창업되어 구글 맵스Google Maps의 전 대표인 존 행키John Hanke가 이끌던 회사다. 나이앤틱은 자신들이 글로벌 기업이라고 주장하지는 않았지만, 〈포켓몬 고〉는 출시되자마자 55개국에서 가장 많이 팔린 비디오 게임이 되었다. 2017년에는 129개국의 소비자들이 〈포켓몬 고〉 앱을 다운로드받았고 나이앤틱의 금고에는 10억 달러 가까운 돈이 쌓였다.[12]

앞서 살펴본 것처럼 넷플릭스가 200여 개국에서 사업을 하게 되기까지 겨우 7년밖에 안 걸렸다. 미디어 콘텐츠 회사들이 낡은 세계화 방식을 사용했다면 이런 위업을 올리는 데 수십 년은 걸렸을 것이다.[13] 마찬가지로, 2008년에 설립된 에어비앤비Airbnb는 10년도 채 안 되어 세계 거의 모든 나라에서 5백만 개 이상의 숙소를 확보해서, 메리어트Marriott 그룹과 이들이 보유한 130만 개의 호텔 객실, 수십 년에 걸쳐 만든 이 자산 포트폴리오를 왜소해 보이게 만들었다.[14]

에어비앤비의 모델은 매우 탁월한 자산 경량화다. 이 회사는 소유한 숙박시설이 없지만, 에어비앤비 플랫폼에 자신의 부동산을 등록하고 투숙객을 묵게 해주는 지역 부동산 소유주와 투숙객들에게 수수료를 받아 수익을 올린다. 디지털 모델은 일반적으로 글로벌 성장을 위한 자산 경량화 전략에 해당하고, 디지털 기업은 비슷한 규모의 해외 매출을 올리기 위해 필요한 해외 자산이 훨씬 적다.

샤오미처럼 물리적인 제품을 판매하는 기업도 인프라에 대한 대규모 투자를 포기하고 대신 현지에서 인정받는 업체와의 파트너십을 활용하거나 전자상거래 및 물류 플랫폼을 통해 소비자와 직접 연결하는 방식으로 시장에 더 빠르고 지능적, 경제적으로 진입할 수 있다.

미국의 웨어러블 기기 제조업체 핏빗Fitbit은 2009년에 첫 제품인 핏빗 트래커Fitbit Tracker를 출시한 이후,[15] 글로벌 자산 경량화 모델을 도입해 86개국에서 7천 6백만 대 이상의 제품을 판매했다.[16] 뒤이어 2017년 10월에는 아이오닉 스마트워치Ionic Smartwatch 출시했다. 핏빗은 처음에는 상대적으로 투자를 많이 하지 않아도 되는 소비자 직접 판매 모델을 이용해 시장에 진입했다. 그러다가 더 강력한 소매 유통망이 필요하다는 사실을 깨달은 이 회사는 자체 매장과 유통망을 만들어서 운영하는 대신 세계 각국에서 파트너십을 체결했다.[17] 미국의 경우만 해도 베드 배스 앤 비욘드Bed Bath & Beyond부터 코스트코Costco와 색스 피프스 애비뉴Sak's Fifth Avenue에 이르기까지 수십 개의 파트너사를 모집해서 자사 제품을 판매하고 있다.[18]

핏빗은 2018년 12월에 자체적인 핏빗 앱 갤러리Fitbit App Gallery를 통해 아이폰이나 파트너사 플랫폼에서 피트니스 관련 앱을 제공할 수 있는 핏빗 OS 3.0이라는 새로운 운영 체제를 발표하는 등 자산 경량화 글로벌 비즈니스 모델을 계속 강화하고 있다.[19] 2019년 말에 구글은 핏빗을 21억 달러에 매입할 것이라고 발표했다.[20]

인도의 오토바이 제조업체인 바자즈 오토Bajaj Auto도 비록 방식은 다르지만 자산 경량화를 택했다. 이 회사는 세계에서 가장 큰 오토바이 공급 업체 중 하나이자 삼륜차업계를 이끌고 있을 뿐만 아니라, 높은 성장률을 보인 해외 사업 덕에 가장 빠르게 성장 중인 회사이기도 하다.

바자즈 오토는 2005년에 이 사업에 집중하기 시작하면서[21] 많은 자회사를 운영하는 과정에서 생기는 요식적인 문제를 피하고 제품과 브랜드 관리 능력에만 초점을 맞추기를 바랐다. 그래서 샤오미처럼 바자즈도 자산을 경량화하는 프랜차이즈 기반의 비즈니스 모델을 구축하고 자신들의 기술적 지식과 제조 우수성을 활용해 채널 파트너를 지원했다. 이런 전략에 따라 외국 시장의 유통업체들이 물류를 처리하고 제품 현지화를 도왔으며, 바자즈의 해외 지사는 유통업체들을 긴밀히 지원하고, 기업 업무팀은 브랜드, 제품, 가격 등에 대한 통제권을 유지했다.

10년 뒤, 바자즈는 이 모델을 이용해 매우 성공적인 글로벌 확장을 이뤘다.[22] 이사인 라케시 샤르마Rakesh Sharma의 말에 따르면, 이 시점에서 경영진들은 전통적으로 자동차 회사들이 이익을 늘리기 위해 해왔던 것처럼 자기네 회사도 대규모 투자를 통해 세계 각지 시장에서 자산을 구축할 준비가 되었는지 궁금해했다. 경영진은 현재의 경영 방식을 통해 거의 모든 시장에서 점유율을 확보했고 세계적인 대기업들과 경쟁하면서 회복력도 높았으니 굳이 이 방식을 바꿀 필요가 없다는 결론을 내렸다. 대신 바자즈는 자산 경량화를 더 강하게 추진하면서 디지털 기술과 플랫폼을 활용해 현지 파트너를 잘 지원하고 더욱 공고한 고객 관계를 구축했다.

현재 이 회사는 디지털 플랫폼을 사용해 현지 팀에게 교육, 진단, 모범 사례를 제공하며 현지에 고객 서비스 담당자가 없어도 고객 문의에 효과적으로 대응할 수 있다. 나이지리아의 작은 마을에 사는 고객의 인력거 엔진에 문제가 생겼는데 지역 서비스 기술자가 근본적인 문제를 진단할 수 없다면, 기술자가 연기 나는 엔진 사진을 찍어 온라인으로 고장 보고서를 제출한다. 고객 지원 전문가들로 구성된 회사 글로벌팀은 인도 푸네Pune에서 문제를 진단하고 여섯 시간 안에 가상으로 해결책을 제시한다.

2019년 현재 바자즈는 79개국에서 사업을 운영하면서 그중 21개국에서 1, 2위를 차지하고 있고, 새로운 시장에 계속 진출하고 있다.[23]

2018~2019년에는 매출의 40퍼센트를 차지하는 해외 사업이 20퍼센트 성장해서 16억 4천만 달러에 달했다.[24]

제3자 전자상거래, 물류, 라스트마일last-mile(상품이 목적지에 도착하기까지의 전 과정) 배송 네트워크가 크게 성장한 덕에 기업들은 목적에 부합하는 일시적인 협력 관계를 통해 투자를 줄이고 신흥 시장 소비자에게 접근하기가 훨씬 쉬워졌는데, 이는 기존의 일대일 합작 투자나 장기 협력과는 전혀 다르다. 이런 수많은 글로벌 네트워크를 만든 성공적인 플랫폼 기업 중 하나가 알리바바Alibaba 그룹이다. 이 그룹의 B2B 온라인 마켓플레이스인 알리바바닷컴은 2019년에 미국 중소기업들이 글로벌 B2B 전자상거래 네트워크에 가입해서 즉시 영업을 시작하고, CRM과 커뮤니케이션 및 디지털 마케팅 도구를 이용해 190개 이상의 나라와 지역에 사는 1천만 명의 적극적인 비즈니스 구매자를 확보할 수 있었다.[25] 알리바바 그룹에서 일하는 한 임원의 말처럼 "다국적 기업이 갖춘 도구나 기술 없이도 그들처럼 행동하고 경쟁할 수 있다."[26]

기존 파트너들과의 쌍무적 협정 때문에 새로운 관계를 맺을 수 없는 기존 대기업과 달리, 오늘날의 신생 기업들은 신속하게 파트너 네트워크를 구축해서 국경을 넘어 확장할 수 있다. 이에 대해서는 4장에서 살펴볼 것이다. 이들은 국경을 초월한 알리바바의 전자상거래 플랫폼인 티몰 글로벌Tmall Global 같은 서비스를 이용할 수 있는데, 이 플랫폼은 국제적인 브랜드와 중소기업들이 중국에서 사업을 시작하지 않고도 중국 시장을 테스트하거나 7억 이상의 중국 소비자와 거래할 수 있게 해준다. 지금까지 92개 나라와 지역에서 활동하는 2만 5천 개 이상의 브랜드와 소매업체가 이 플랫폼에 합류했는데, 이들 중 80퍼센트 이상이 중국 시장에 처음 진출한 것이다.[27]

알리바바는 현지 파트너십과 투자에 기반한 전략을 통해 자산 경량화 글로벌 확장을 이룬 전형적인 기업이다. 알리바바는 2036년까지 전 세계 20억 명의 소비자들에게 서비스를 제공하고, 1천만 개의 중소기업이 수익성 있는 운영을 하도록 도우며, 1억 개의 일자리를 창출하는 걸 목표로 하고 있다. 경쟁사인 아마존이 종종 대형 자산을 구매하고 해외 시장에 대규모 관리팀을 배치하는 것과 달리, 알리바바는 현지 파트너들과 활발한 디지털 경제를 구축하면서 사업 영역을 넓혔다. 이미 알리바바의 물류 네트워크인 차이니아오Cainiao는 전 세계 224개 국가와 지역을 망라하는 국제 물류 서비스를 제공하기 위해 100개의 파트너사와 협력하고 있다. 또한 알리바바는 처음부터 자체 인프라를 구축하는 대신 인도와 동남아시아에서 입지를 넓히기 위해 페이티엠Paytm, 라자다Lazada 같은 현지 플랫폼에 투자했다.

투자 과정에서 알리바바는 이 파트너들과 기술을 공유해 인프라를 업그레이드하고 사업을 보다 투명하고 효율적으로 운영하면서 재무 실적을 개선할 수 있게 했다. 이런 전략을 통해 알리바바는 전 세계에 주요 사무소를 14개만 운영하는 등 물리적인 입지를 작게 유지하고 있다. BCG 동료인 프랑수아 캉드롱François Candelon, 팡치 양Fangqi Yang, 대니얼 우Daniel Wu는 이런 투자를 '활성화enabler' 전략이라고 표현하면서 텐센트 같

은 다른 유명 중국 기술 기업들도 이 전략을 따르고 있다고 말했다.[28]

　국경을 넘어 전개되는 자산 경량화 전략은 기업들이 새로운 시장에 진입할 수 있게 도와줄 뿐만 아니라 산업 기업들이 기존의 자산 집약적인 글로벌 인프라와 글로벌 고객 기반을 통해 더 많은 가치를 창출할 수 있게 해준다. 폭발물 제조업체인 오리카Orica의 서비스화 오퍼링인 블래스트IQBlastIQ는 전 세계 고객의 채광 작업 데이터를 가져와 광산의 안전과 생산성, 효율성을 높이기 위한 통찰을 제시한다. 오리카는 이런 개별 시장에 대한 추가 투자를 매우 제한한 상태에서 오퍼링을 제공한다. 오리카는 블래스트IQ를 독립된 서비스로 제공할 수도 있고, 아니면 로컬 시장의 저가 경쟁업체와 자신들을 차별화하고 이윤을 늘리기 위해 폭발물 판매와 결합할 수도 있다.

　지멘스 가메사Siemens Gamesa와 캐터필러 같은 제조업체도 각각 풍력 터빈과 트랙터에 대해, 이와 유사한 국가 간 자산 경량화 디지털 솔루션을 전개하면서 기존의 물리적 입지를 통해 전 세계에서 새로운 가치를 창출하고 현지 투자는 조금씩만 늘리고 있다. 대개 이런 전략은 실제로 창고와 재고 같은 현지 자산과 현지 유지관리팀에 대한 투자를 감소시켜서 비용을 낮추고 이윤을 높인다. 일반적으로 서비스 기반의 가치 오퍼링은 투자 금액당 창출되는 가치가 더 많기 때문에 자산 경량화 글로벌 확장 전략에 해당한다. 기업이 서비스 사업에서 얻는 수익 비율이 높을수록 매출 총 이윤이 커지는 경향이 있다.

　자산 경량화 모델의 다양함에서 알 수 있듯이 세계화는 여전히 많은 기업에게 매력적인 옵션이며, 이를 통해 빠른 확장이 가능하고 국가별 입지가 큰 기업들은 거기서 더 큰 가치를 얻을 수 있다. 하지만 새로운 시장에 진출할 때는 기꺼이 생각을 열고 디지털 기술이 제공하는 새로운 도구와 기능을 어떻게 활용할지 고려해야 한다. 마찬가지로, 이미 상당한 글로벌 입지를 보유하고 있다면 그 크기를 조정할 것인지 여부나 방법을 정할 때 열린 사고방식과 성숙한 태도를 보여야 한다. 이에 대해 지금부터 더 자세히 살펴보겠다.

다방면 성장에서 스마트 성장으로

기업들이 새롭고 더 불안정해진 시대 환경에 적응함에 따라 글로벌 입지의 형태와 범위가 변하고 있다. 우리는 자동차와 금융업 같은 산업계 전반에서 이런 일이 일어나는 걸 목격했다. 금융업을 생각해보자. 글로벌 대형 은행의 경우, 과거에는 수익성 높은 글로벌 성장을 이루려면 전 세계 수십 개국에 수천 개의 물리적 지점을 설치해야 했다. 오늘날에는 금융 업무도 디지털화, 모바일화되고 있는데 특히 젊은 소비자들 사이에서 그런 추세가 강하다. 미국에서는 현재 핀테크 대출업체가 전체 신규 개인 대출의 약 40퍼센트를 차지하고, 중국에서는 모바일 결제 앱인 위챗페이weChat Pay의 월간 활성 사용자 수가 거의 10억 명에 달한다.[29]

자산 경량화 디지털 모델 때문에 발생한 이런 혼란 속에서, 전통적인 오프라인 금융기관은 기껏해야 특정 지역에서나 제 역할을 하고 있고 은행들은 가장 호의적인 시장에서 기존 고객 기반에 서비스를 제공하면서 신흥 시장에서의 오프라인 입지를 줄이는 데 힘쓰고 있다. 씨티은행 Citibank은 한때 50개국에서 지점을 운영한 적이 있지만, 2018년에는 겨우 19개국에만 지점이 남아 있는 상황이다. 그래도 이 은행은 100개 가까운 시장에서 지리적 입지를 유지하고 있다.[30] HSBC는 2016년까지 총 7년에 걸쳐, 그동안 영업 활동을 벌이던 나라와 지역을 88개에서 70개로 줄이면서 직원 20퍼센트를 해고했다.[31] 씨티그룹 Citigroup 전 CEO인 비크람 판디트 Vikram Pandit는 "은행들은 모든 국가의 모든 고객에게 모든 제품과 서비스를 제공하는 게 잘못된 일이라는 사실을 깨닫고 있다"고 말했다.[32]

글로벌 은행들은 글로벌 입지를 줄이면서 다양한 요인에 대응했다. 많은 금융기관은 2008~2009년 글로벌 금융 위기 이후에 수익성과 성장을 유지하기 위해 운영을 축소했다. 최근에는 자금 세탁이나 은행 비밀 등에 관한 개별 시장의 규제 요건에 따라 은행의 이자율 구조와 세계화 범위가 달라지기 때문에, 이를 통해 은행이 판매하는 제품과 서비스가 결정된다.

특정 국가에서는 카타르 국립은행이나 그루포 아발 Grupo Aval 같은 지역 은행들이 거대 글로벌 은행들을 위협하는 등 현지 시장의 격동세도 더 커지고 있다. 《파이낸셜 타임스 Financial Times》의 기사 내용처럼, 은행들이 경쟁력을 유지하려면 이제 "브랜드를 지원하기 위해 '깃발만 꽂아두는' 허술한 전초기지를 만드는 게 아니라는 각국의 수익력에 더 집중해

야 한다."[33] 시티은행 일본 지점은 수익성이 매우 높았지만 규제 때문에 결국 철수했다.[34]

전통적인 은행들이 오프라인 입지를 줄이는 동안, 일부 은행은 아직 서비스가 부족한 시장이나 인구통계 집단을 대상으로 디지털 기반의 자산 경량화 전략을 펼치면서 해외로 사업을 확장하고 있다. 어떤 은행은 기존 상품을 디지털화하고, 어떤 은행은 완전히 새로운 브랜드 서비스를 개시해서 핀테크나 대형 디지털 회사들과 경쟁하고 있다.

싱가포르에 본사가 있는 유나이티드 오버시즈 뱅크UOB: United Overseas Bank는 2019년에 동남아시아 지역의 밀레니얼 세대를 겨냥한 디지털 은행 TMRW를 출범했다.[35] UOB는 젊은 소비자들의 마음을 끄는 오퍼링을 만들기 위해, 기술과 소비자 인사이트를 이용해 고객 참여를 강화하기 위한 사내 팀을 구성하고 인지 기반 금융회사 같은 외부 업체들과 협력했다.[36] 그 결과 인앱 챗봇, AI 기능, 소비자들이 저축을 하도록 도와주는 재미있는 게임형 경험을 제공하는 사이트를 만들게 되었다.[37] 2019년에 태국에서 처음 사업을 시작한 TMRW는 인도네시아, 싱가포르, 말레이시아, 베트남 등 주변의 다른 주요 시장으로 확장할 예정이다. UOB는 이 지역 인구가 비교적 젊다는 점을 감안해, 이곳에서 강력한 기반을 확보하고 5년 안에 최대 500만 명의 사용자 기반을 구축하겠다는 희망을 품고 있다.[38]

업계 전반에 걸쳐, 기업들은 경쟁 장소를 정할 때 그 어느 때보다 기존의 접근 방식에서 벗어나려고 한다.

최근 수십 년 사이에 관세와 무역 장벽이 감소하고 신흥 시장이 빠르게 성장하면서 기업들은 세계 곳곳에 거대한 발자취를 많이 남기게 되었다. 이제 기업들은 경쟁력이 매우 뛰어난 자산 경량화 업체들이 목표로 삼는 새로운 가치 풀뿐만 아니라 새로운 도전 과제에 직면해 있다. 기업들은 아시아 전략을 추구하거나 남미 진출을 모색하는 등 지역적인 측면에서 확장을 고려하곤 했다.

　그러나 이런 시장의 전반적인 성장률이 둔화하고 그 사이에서도 엄청난 불균형이 나타나고 있기 때문에, 리더들은 이제 개발도상국 시장에 대한 투자를 통해 성장을 견인할 수 있을 거라고 생각하기 어렵다. 2019년에 《파이낸셜 타임스》에 실린 한 기사는 "신흥 시장에 대한 투자가 여전히 타당한지" 물으면서 "높은 상품 가격은 이제 희미해진 기억이다. 무역이 정체되고 글로벌 공급망이 붕괴되고 있다. 많은 신흥 시장이 선진국을 따라잡기는커녕 성장 속도가 느려지고 있다"고 지적했다.[39]

　지역 내 경제 변동성과 불안정성이 커짐에 따라, 기업들은 개별 국가의 전망에 대해 보다 정교하고 현실적인 시각을 갖게 되었다. 남아메리카의 경우 브라질은 경제가 가장 불안정하고 최근에 가장 성장이 뒤처진 반면, 페루, 칠레, 콜롬비아 같은 나라들의 경제는 평균 이상의 성장률을 기록했다.[40]

　한 국가 내에서도 성장률이 고르지 못하다. 멕시코에서는 지난 10년 동안 비누와 세제, 가전제품, 가정용 오디오와 비디오라는 3개 산업 분야의 성장률이 국가 GDP 성장률을 계속 앞질렀다.[41] 태국에서는 가정용 오디오·비디오 장비와 의료 서비스 산업이 그런 추세를 보인다.[42] 글로벌 진출을 계획하는 기업은 자사 제품이나 서비스 특성을 고려할 때 현지 경제 상황을 업계별로 분석해서 판매가 타당한지 판단해야 한다.

치솟는 관세와 보호주의 정책 때문에 개별 국가에 대한 선호도가 낮아지고 있다. 미국과 중국의 무역 전쟁 때문에 고생하고 있는 두 나라 기업들, 아니면 브렉시트Brexit의 영향을 고려 중인 유럽과 영국 기업들에게 물어보기만 해도 알 수 있다. 국내 경쟁업체들의 강력한 위협도 성장 계획을 짜는 많은 기업의 계산에 변수로 작용한다. 주로 제품 제공을 중심으로 경쟁이 벌어졌던 20세기 후반에는 대형 글로벌 기업들이 그 커다란 규모 때문에 덩치가 작은 현지 기업들보다 비용 면에서 우위를 누렸다. 하지만 디지털 기반 서비스로 이동하는 산업이 늘어나고 알리바바 같은 파트너가 소규모 신생 기업들에게 세계적인 수준의 역량을 제공함에 따라 이런 이점은 점점 줄어들고 있다.

한편 지역 경쟁자들은 현지 정책을 잘 파악하고 이를 유리하게 활용할 수 있다. 안면 인식, 인공지능, 머신 비전machine vision으로 유명한 중국 기업 메그비Megvii는 시스템 개발과 R&D 활동에 사용할 수 있는 개인 데이터에 대한 접근 권한이 서구 경쟁사들보다 크다.[43] 특히 메그비는 솔루션을 개발할 때 정부 신분증명서의 공식 사진에 액세스할 수 있는 반면, 서구 경쟁사들은 그러지 못 한다.[44] 또 메그비 같은 현지 경쟁업체들은 서구의 다국적 기업과 달리 오랫동안 끌어온 혁신이나 글로벌 의사 결정 프로세스에 지장을 받지 않기 때문에 계속 변화하는 고객 요구에 보다 신속하게 대응할 능력이 있다.

물리적 규모는 글로벌 기업이 전반적인 비용과 관리비를 감당하고 혁신 자금을 지원하는 데 여전히 도움이 된다. 그런데도 대형 은행들처럼 일부 시장에서 철수하고 다른 시장에 선별적으로 진출하거나 집중하는 글로벌 기업이 많다. 2007년에 멕시코의 거대 콘크리트 회사인 시멕스Cemex는 50개국에서 사업을 운영하면서 217억 달러의 매출을 올렸다.[45] 최근에는 매출은 계속 증가하는데도 자산 규모와 지리적 도달 범위를 줄이고 있다. 2016년에는 미국에 있는 공장을 매각한다고 발표했고, 2018년에는 장기 성장 전망이 가장 큰 시장에 집중하기 위해 최대 20억 달러의 자산을 매각할 거라고 발표했다.[46]

세계화가 절정에 달했던 1990년대부터 2000년대 사이에, 인도 철강 업체인 타타 스틸Tata Steel은 2004년에 싱가포르의 낫스틸NatSteel을 시작으로 2005년 태국의 밀레니엄 스틸Millennium Steel, 2007년에 코러스Corus 등을 잇달아 인수하면서 세계적으로 규모를 확장했다.[47] 타타 스틸의 확장 전략은 글로벌 규모의 철강회사를 만들고 여러 지역의 회사들을 통합하는 것이었다. 코러스 인수를 통해 세계 철강업계 순위 56위였던 타타 스틸은 6위로 올라섰다.[48]

하지만 2008년에 발생한 글로벌 경제 위기 때문에 성장이 둔화되고 철강 시장이 큰 타격을 입으면서 글로벌 규모를 중심으로 한 경쟁 우위 기반이 극적으로 달라졌다. 이제 글로벌 입지 규모는 중요성을 잃고, 가격과 수요가 감소하는 상황에서 특정 시장의 공급망이 얼마나 경쟁력을 갖췄는지에 따라 우위가 결정됐다.

이런 상황을 고려한 타타 스틸은 자기들이 어느 정도 규모를 갖추고 경쟁을 벌일 수 있는 시장에만 주력하는 쪽으로 확장 전략을 바꾸게 되었다. 그래서 경쟁에서 선두를 차지하지 못한 나라에서는 발을 빼고, 시장을 선도하고 있는 인도에서의 입지를 다지는 데 전념했다.[49] 영국에서의 사업을 축소하고, 싱가포르와 태국에서 하던 사업을 중국 철강 회사인 HBIS 그룹에 매각하기로 했으며, 유럽에 남은 사업 운영을 위해 티센크루프thyssenkrupp 철강 사업 부문과 합작 투자를 시작했다.[50] 하지만 안타깝게도 HBIS와 티센크루프와의 거래는 감독 기관의 승인이 나지 않는 바람에 무산되었다.[51] 이 글을 쓰고 있는 2019년에, 타타 스틸은 여전히 글로벌 확장을 꿈꾸면서도 국가 전략은 매우 지역적이다. 핵심 시장의 수익성에 초점을 맞추고, 선별적인 폐쇄를 추구하며, 해외 사업 운영과 관련해서는 표적 투자만 한다.[52]

시멕스와 타타 스틸이 얻은 교훈처럼, 글로벌 확장과 대규모 국가 입지를 다지는 것만으로는 각 시장의 수익성을 보장하는 데 충분하지 않으며 갑작스러운 경기 침체로부터 기업을 보호하지도 못한다. 내구 소비재 사업을 하는 대기업 클라이언트를 위해 규모 중심의 접근 방식이 여전히 효과가 있는지 확인하기 위한 국가별 분석을 실시했을 때 이와 유사한 사실을 발견했다. 입지를 제대로 굳히고 개선해나가면 경쟁력을 잃거나 리스크를 증가시키지 않고도 수익성을 3~5퍼센트 높일 수 있다는 걸 알고 클라이언트는 매우 놀랐다. 또한 이런 움직임을 통해 회사는 새로운 수익 풀에 투자할 수 있는 좋은 위치를 차지하게 될 것이다.

이 사례에서 살펴본 것처럼, 글로벌 스케일이 아닌 개별 시장에서의 기업 규모와 시장 점유율이 수익성의 가장 큰 원동력이다. 규모에 맞는 수익성 있는 성장이 가능한 개별 국가의 포트폴리오를 신중하게 조합하면, 전체적으로 리스크가 조정된 가장 큰 성장을 이룰 수 있다.

기업들이 글로벌 시장의 복잡함과 변동성, 리스크에 대처하기 위해 활용하는 또 하나의 전략은 경제가 성장하거나 쇠퇴하는 데 따라 자원을 국가 안팎으로 신속하게 이동할 수 있는 유연한 비즈니스 모델을 구축하는 것이다. 사탕류 제조업체인 마스Mars는 지역 전체 혹은 규모가 큰 국가 시장에서 큰 비용을 들여 제품을 광범위하게 출시하는 대신, 남아메리카의 칠레나 유럽 발트 3국처럼 비교적 초기 투자 비용이 적은 소규모 신흥 시장에서 제품을 테스트한다. 해당 제품에 대한 수요를 파악하면 그때부터 더 큰 투자를 쏟아붓는 것이다. 마스는 일반적으로 세계 각지의 기존 공급업체들에게 신제품 출시를 맡기기 때문에 경쟁이 심한 제과업계에서 시장에 빠르게 진출해 허시Hershey 같은 경쟁업체로부터 점유율을 빼앗아올 수 있다.

마스는 최근에 미국에서 몰티서스Maltesers를 출시하면서 더욱 유연하고 위험도가 낮은 접근 방식을 취했다.[53] 유럽 소비자들은 오래전부터 마스 제품을 즐겨 먹었으므로 이 회사는 유럽에 제조 기반이 있었다. 기존의 제조 기반을 이용해서 시장에 제품을 공급했기 때문에, 미국에 새로운 제조 시설을 마련하기 위해 수천만 달러를 투자할 필요가 없었다. 몰티서스를 인터넷과 영화관에서만 판매한 이 회사는 이렇게 제품을 제한적으로 공급하면서도 그 즉시 상당한 이윤을 올릴 수 있었다. 마스는 미국인들도 정말 몰티서스를 원한다는 사실이 증명된 뒤에야 비로소 북미 지역에서 이 제품을 생산했다. 2019년 현재에는 캐나다 온타리오 주 뉴마켓Newmarket에 있는 공장에서 생산하고 있다.⁵⁴

글로벌 시장에서 승리하려면 현지로 파고들어라

기업들이 글로벌 입지를 구축할 때 대상을 선정하는 과정이 점점 까다로워짐에 따라, 진출해서 사업을 운영하기로 결정한 시장에서도 운영 방식과 전망을 전보다 훨씬 현지화했다. 문화적 이해도를 높이고 현지 인재들과 관계를 맺는 등 그곳에 깊이 파고들기 위한 노력도 점차 강화하고 있다. 이는 경제적 혼란에 대처하기 위한 네트워크 회복력을 높이는 데도 도움이 된다.

시장에서 승리하기 위해 현지에 깊이 파고드는 이런 전략은 글로벌 조직의 최상부에서 시작된다. 예로부터 글로벌 기업은 일반적으로 회사의 기원과 문화를 반영하는 경영 리더십팀을 구성해서 이들이 본사에서 거대 기업을 운영했다. 하지만 경제 민족주의와 디지털로 연결된 다문화 글로벌 소비자들이 만들어낸 세상에서는 이런 방식이 더 이상 통하지 않는다.

세계 최대의 타이어 회사인 브리지스톤Bridgestone의 CEO 겸 회장인 마사아키 쓰야Masaaki Tsuya가 말한 것처럼, 10년 전에는 그 회사의 고위 간부들이 대부분 일본 출신이었다. 하지만 현지 시장의 고객 요구와 정부 기대가 변함에 따라, 브리지스톤은 생각과 전략을 보다 다양하고 문화적으로 민감하게 바꿀 필요가 있다는 걸 알게 되었다. 그래서 이 회사는 사업부에 일본인이 아닌 임원들을 임명하기 시작했고, 이를 통해 과감한 리더십 변화를 이끌어냈다. 디지털, R&D, 제조, 물류, 공급망 등의 업무 기능을 위해 비일본인 리더가 이끄는 분과 위원회가 구성되었다. 각 사업 단위와 기능을 책임지는 최고 임원들은 전략과 운영 방식을 일관성 있게 조정하고 유지하기 위해 2주에 한번씩 열리는 CEO 주재 회의 외에도 매년 분기별 리더십 회의에 참석해야 했다.

현재는 사업 부문들 간의 의사소통이 급격히 증가했고, 회사의 글로벌 경영 협의회에는 6개 국적의 임원들이 포함되어 있다. "많은 시행착오를 겪었지만 덕분에 정말 다문화적이고 세계적인 사고방식을 키우게 되었고, 이것이 지역 사업에도 도움이 됐다"고 쓰야는 말했다.[55]

운영적인 면에서 이제 기업들은 새로운 시장에 진입할 때 과거에 사용하던 표준화된 글로벌 접근 방식을 뛰어넘어 현지 업체처럼 생각하면서 행동하고 있다. 이를 글로벌 진출을 위한 현지화 전략이라고 부를 수 있을 것이다. 150년 넘게 발전, 산업 자동화, 의료 기술 같은 분야에서 사업을 운영한 지멘스는 세계 각지에서 매우 성공적이고 긴밀히 통합된 입지를 구축해왔다. 그동안 지멘스는 우수한 엔지니어링과 제품 혁신이라는 독일의 전통을 존중했고, 세계 곳곳에 있는 공장들의 기술과 품질을 엄격히 통제했으며, 촘촘히 연결된 글로벌 공급망을 통해 전 세계에서 판매되는 제품의 상당수를 독일 공장에서 수출했다. 이 회사의 뮌헨 본사에서 일하는 경영진들이 상황을 잘 통제하고 있다는 걸 의심하는 사람은 아무도 없었다.

하지만 최근 글로벌 시장의 분열로 인해 이 전략이 한계를 맞고 있다. 최고 전략 책임자인 홀스트 카이서Horst Kayser 박사가 2019년도 인터뷰에서 설명한 것처럼, 글로벌 무역 제한이 발생할 가능성 때문에 기업들이 제품을 설계할 때 각지 다른 기술 표준을 준수해야 하는데, 이런 추세는 해가 갈수록 더 심해질 전망이다.[56] 국내 커뮤니티들도 기업이 훌륭한 기업 시민으로서의 역할을 다하면서 자국 경제 발전에 도움을 주고 국내에 일자리를 마련하라고 요구하고 있다. "가치가 있거나 가치가 높은 것들은 항상 지역사회를 돕고 지역 경제를 발전시켜야 한다는 지정학적 관심을 불러일으킨다"고 카이서는 말한다. 결국 지멘스도 각 나라의 경제 발전을 위해 많은 투자를 하는 현지 기업처럼 생각하고 행동하는 게 중요했다.[57]

지멘스의 중국 진출은 이 회사가 성공을 위해 채택한 글로벌 진출을 위한 현지화 전략의 전형적인 예다. 2019년 현재, 지멘스는 이 중요한 시장에서 3만 3천 명이 넘는 직원을 고용하고 현지 요구에 맞는 제품을 맞춤 제작했다. 마이크로소프트의 애저Azure 나 아마존 웹 서비스Amazon Web Services 대신 중국의 거대 전자상거래 업체 알리바바의 클라우드 서비스를 이용했다.[58]

이 회사는 중국 산업계에서 광범위한 협력을 허용하는 계약을 중국 정부와 체결한 뒤, 중국 기업들과 많은 합작 투자를 진행했다. 지멘스는 중국에 21개의 R&D 허브를 설립해서 5천 명 가까운 직원을 고용했고, 90개 이상의 대학과 제휴를 맺었으며, 거의 1만 3천 개에 달하는 특허를 보유하거나 출원한 상태다.[59] 중국 기관들과 함께 7백 개가 넘는 첨단 기술 프로젝트에 참여했고, 유학생들의 박사 과정 연구도 후원했다. "우리는 사업을 운영하는 지역, 특히 신흥 시장에서는 사회적인 역할도 수행한다"고 카이서는 설명했다. "우리가 하는 사업의 성격과 정부 기대치 때문에 지역에 밀착해서 일할 필요가 있을 때는 더 그렇다."[60]

대규모 시장에서 글로벌 기업에 속한 헌신적인 현지 기업처럼 운영한 덕에 지멘스는 새로운 가치를 실현하게 되었다. 이 회사의 중국 사업 매출은 약 90억 달러로 증가했고, 2005년 이후 해마다 거의 10퍼센트의 성장률을 기록했다.[61] 유럽이나 다른 지역의 사업이 둔화하더라도 중국 현지에 깊게 뿌리 내린 사업은 비교적 피해를 덜 입을 것이므로 회사 전체의 회복력이 높아질 것이다. 지멘스가 중국 시장에 깊게 파고든 데는 국내 기업을 선호하는 중국 정부의 정책이 부분적으로 영향을 미치긴 했지만, 이 전략은 요즘처럼 분열된 세상에서 기업들이 대규모 시장에 진출해 강력한 경쟁자들과 싸워 이기는 방법에 대한 본보기가 되어준다.

알리바바는 글로벌 확장에 성공하기 위해 지역 시장에 깊이 파고드는 이 전략을 지멘스와는 다른 방향으로 접근했는데, 이들이 말레이시아에서 사업을 진행하는 방식을 보면 바로 알 수 있다.[62] 이 글을 쓰고 있는

2019년 현재, 알리바바는 말레이시아 정부와 협력해서 쿠알라룸푸르에 '전자 세계무역 플랫폼' 허브인 eWTP를 구축했다. 이 허브는 말레이시아의 중소기업들이 해외 전자상거래 플랫폼에서 제품을 판매하고 마케팅과 물류, 클라우드 컴퓨팅, 모바일 결제 등을 위한 인프라를 구축하는 데 도움이 될 것이다. 그동안 알리바바의 계열사인 앤트 파이낸셜Ant Financial은 말레이시아 현지 은행들이 이들 기업에 소액 대출을 제공하도록 도울 것이다.

알리바바의 물류 부문인 차이니아오 물류 스마트 네트워크는 지역 무역을 촉진하기 위해 해당 지역의 파트너들과 협력해 스마트 물류 서비스를 제공하는 'e-허브'를 만들었다. 알리바바 클라우드Alibaba Cloud는 쿠알라룸푸르에 데이터 센터를 두 개 설립하고, 세나 트래픽 시스템Sena Traffic Systems과 협력해 말레이시아에 스마트 트래픽 관리 시스템을 만들기 위한 인프라를 구축했다. 또한 알리바바가 20년간 쌓은 경험을 바탕으로, 말레이시아의 디지털 기업가를 양성하는 알리바바 경영대학원을 설립해서 자국 시장에서도 유사한 성장 기회를 만들고자 한다.

글로벌 사업에 성공하기 위해 지역 시장에 깊이 파고드는 전략은 리더들의 사고방식이 크게 달라졌음을 보여준다. 기존 기업들은 전통적으로 글로벌 사업이란 본사가 맨 위에 있고 지역 국가는 그 아래에 있는 피라미드 형태라고 생각했다. 기업 리더들이 높은 곳에서 지시를 내리면 각 지역 사업부가 세계적인 형식에 맞춰 지시를 실행한다.

새로운 이윤 풀을 목표로 하는 새로운 기업들, 그리고 고객과 규제 변화에 훨씬 빠르고 유연하게 대응하는 강력한 현지 기업들을 상대로 갈수록 불안정하고 분열되는 글로벌 경제에서 성공하려면, 브리지스톤의 경우처럼 리더들이 이런 멘탈 모델을 뒤집어야 한다. 지역 비즈니스 모델을 운영하는 국가들이 피라미드 꼭대기에 있고 본사는 그 밑에서 국가 팀을 지원하는 역할을 한다고 생각해야 한다. 생각을 이렇게 뒤바꾸는 건 쉽지 않은 일이지만, 6장에서 살펴볼 내용처럼 새로운 글로벌 전략을 실현하기 위해 지금까지와는 완전히 다른 조직 모델을 도입하는 일류 기업이 많다.

리더는 어떤 선택을 해야 하는가

글로벌 성장 전략을 수정해야 한다는 절박함은 한때 스쳐 가는 유행이 아니다. 선진국에서 발생한 깊은 경제적, 사회적 격차를 감안하면 보호주의 정책이 조만간 사라지고 세계 경제가 수십 년 전과 같은 개방적인 무역 형태로 되돌아갈 것 같지는 않다. 사실 코로나19 대유행 같은 위기는 이런 경제적, 사회적 차이를 악화시킬 가능성이 있다. 보다 근본적인 문제는 산업 전반이 디지털 기반 서비스에서 파생된 가치 풀 쪽으로 돌이킬 수 없이 이동함에 따라 자산 경량화 전략의 중요성이 더 커질 것이라는 점이다.

곧 도래할 신기술은 글로벌 발자국을 한층 더 가볍게 할 것이다. 증강현실 기술을 이용하면 직급이 낮은 직원들도 세계 어딘가에 있는 글로벌 전문가에게서 유지보수나 수리 문제에 대한 지침을 실시간으로 받을 수 있다. 기업들은 현지 공장마다 숙련된 정비 인력으로 구성된 대규모 팀을 두기보다, 각 공장에 소규모 팀을 배치한 뒤 전 세계에서 디지털로 연결된 글로벌 전문가들을 이용해 그들을 지원할 것이다. 그러면 기업은 지금과 동일하거나 더 뛰어난 수준의 유지보수 및 수리 역량을 더 낮은 비용으로 유지할 수 있다. 이는 기업들이 국경을 초월한 성장 비용을 절감하기 위해 도입할 수 있는 수많은 신기술 중 하나일 뿐이다.[63]

글로벌 상황이 얼마나 빠르고 심하게 변하고 있는지 생각하면, 이제 시장 선택과 진입에 대한 기존의 접근 방식을 재고해야 한다. 먼저 새로운 글로벌 운영 모델에 영향을 미칠 수 있는 일반적인 질문을 몇 가지 던져보자.

1 지난 수십 년 사이에 여러분이 속한 업계의 기업들이 세계화를 진행한 이유는 무엇이고, 이런 성장을 뒷받침하는 경제적 동인은 어떻게 진화하고 있는가? 경쟁 환경이 변하고 있는 상황에서도 과거의 세계화 전략이 여전히 유효한가? 진입하거나, 철저히 방어하거나 발을 빼야 하는 시장은 어디이고, 그 이유는 무엇인가?

2 현재 여러분 회사의 가치 사슬 전반에 확장성과 경쟁력, 수익성을 제공하는 것은 무엇인가? 제공하는 제품이나 서비스에 따라 확장 경로가 달라지는가?

3 제품 유형별 가치 사슬 전체에서, 그리고 가치 사슬의 각 단계에서 개

별 제품에 대한 지역 규모와 글로벌 규모의 효과를 어떻게 계산할 수 있는가?

4 오늘날의 새로운 운영 모델을 실행하기 위해서는 어떤 투자가 필요하고 거기서 발생하는 위험은 무엇인가? 그것이 매출과 연평균 성장률, 수익, 선행 투자와 리스크, 잠재적 평가 등에 미칠 수 있는 영향을 모델링해보자.

위의 질문을 곰곰이 생각할 때 이 장에서 논의한 일류 기업들을 살펴보면 영감과 실제적인 지침을 얻을 수 있다. 어떤 시장을 공략할지 결정할 때는 신중하게 대상을 고르고 현지 업체와 경쟁해서 수익성 있는 시장 점유율을 확보할 수 있는 국가, 지역, 부문, 고객 집단을 찾아내야 한다. 전체적인 GDP 성장률이나 특정 국가에서의 자사 제품 및 서비스 보급률에 마음이 흔들려서는 안 된다.

샤오미와 바자즈 오토처럼 타사 제휴와 리소스 경량화팀 혹은 이 둘을 모두 활용하는 자산 경량화 전략에 특히 주의를 기울이자. 또 지역 공급망을 재편해서 마스처럼 필요할 때 자원을 시장 안팎으로 신속하게 이동시키는 방법도 생각해보자. 그리고 회사 내 운영에 누구의 관점이 우세한지 생각을 바꿔서 국가와 그들의 고유한 요구를 피라미드 맨 아래가 아닌 맨 위에 올려놓아야 한다. 이런 전략을 모두 합치면 보다 탄력적인 성장 경로를 구축할 수 있다.

조직의 글로벌 성장 경로를 재고하는 건 쉽지 않은 일이다. 오늘날 글로벌 상거래의 역동성을 생각하면, 과거에 수익성이 입증된 시장의 영업 규모를 축소하거나 완전히 철수하는 불쾌한 조치를 취해야 할 수도 있다. 시장의 매력을 새로운 방식으로 평가하는 걸 탐탁지 않아 하는 조직 내 일부 사람들은 이런 조치에 소외감을 느낄지도 모른다. 또 자산 경량화 전략을 실행할 때 다른 업체들과 협력하면 브랜드와 제품 제공에 대한 전체적인 제어 능력을 잃게 되며, 자산 경량화팀을 운영하기가 힘들어지고 제어도 어려워질 수 있다.

이런 어려움이 있긴 하지만, 성장 방식을 재고한다고 해서 기존의 글로벌 입지를 완전히 버리고 국내 시장으로만 되돌아올 필요는 없으며, 현재 이용하는 시장 진입 전략의 모든 측면을 포기해야 한다는 얘기도 아니다. 새로운 관행과 운영 모델을 기존의 것과 겹치면서 합리적인 변화를 모색해야 한다. 이 책 2부에서 살펴보겠지만, 전략을 운영 전반에서 실행하고 고객에게 새로운 가치를 제안해야 이와 유사한 진화를 이루면서 위대한 수준을 넘어선 기업이 될 수 있다. 다음 장에서는 일부 기업이 기존 공급망을 뛰어넘어 새로운 가치 네트워크로 이를 보완하면서 놀라운 디지털 솔루션과 미래의 경험을 신속하게 구축하는 방법을 알아볼 것이다.

KEY INSIGHT

- 지난 세기에 세계화를 주도한 기본 신념 가운데 일부는 더 이상 효과가 없다. 기업들은 기존의 규모와 자산 중심의 성장 전략을 뛰어넘는 수익성 있는 글로벌 확장을 위해 모순처럼 보이는 전략을 채택해 글로벌 입지를 다듬고 최적화하고 있다.

- 샤오미, 알리바바, 바자즈 오토 같은 다양한 기업들이 비용을 많이 들여 새 인프라를 구축하거나 대규모 팀을 동원하지 않고도 자산 경량화를 통해 신속하고 광범위한 글로벌 확장을 추구하고 있다. 디지털 기술과 로컬 파트너에게 의지하면 이런 위업이 가능하다.

- 새로운 비즈니스 모델을 도입하는 게 아니라 기존에 대규모로 쌓아둔 물리적 입지를 관리해야 하는 경우, 타타 스틸과 시멕스 같은 기성 기업들은 모든 주요 시장에서 경쟁을 벌이는 게 여전히 타당한지 재고하고 있다. 경제 상황 변화에 따라 시장을 빠르게 드나들 수 있는 전략을 채택하는 기업들도 있다. 핵심은 모든 곳에서의 성장이 아니라 스마트한 성장이다.

- 기업이 참여하고자 한다면 이젠 더 깊이 파고들어야 한다. 경제적, 지정학적 분열이 커지고 있는 상황에서 표준 운영 원칙을 모든 국가에 적용해서 효율성을 높이려는 건 무의미하다. 대신 브리지스

톤, 지멘스, 알리바바와 같은 회사들은 국가를 우선하는 사고방식과 글로벌 확장을 위한 현지화 전략을 택하고 있다.

PART 2

위대한 기업은
어떻게 기술로 혁신하는가 　│ 운영 전략 │

강한 파트너십으로 디지털 생태계를 구축하라

많은 글로벌 기업은 기존의 공급망뿐만 아니라 고객이 갈망하는 솔루션과 결과, 경험을 창출하고 제공하기 위한 새로운 시대의 가치 네트워크로 디지털 생태계를 구축하고 있다. 그런데 선도적인 기업들이 깨달은 것처럼, 일부 생태계는 다른 생태계보다 잘 작동한다.

앞서 얘기한 획기적인 디지털 서비스 및 경험과 글로벌 성장 전략을 제공하기 위해, 기업들은 기존의 공급망을 넘어 산업 간 파트너들로 구성된 동적인 공급 네트워크 혹은 생태계를 구축하고 있다. 과거에는 글로벌 대기업들이 공급망을 공급업체들과의 장기적이고 고도로 조직화된 상호 협력 관계의 집합체라고 생각했다. 이런 파트너십은 여전히 많은 기업에 필수적이지만, 어떤 기업은 복잡한 새로운 생태계 혹은 가치 웹을 구축하고 관리해서 이런 파트너십을 보완하고 있다. 이런 방식은 11개 이상의 업계와 14개 이상의 국가에서 30개 이상의 파트너가 참여하는 등 규모가 상당히 클 수도 있고, 기업들이 혼자서는 절대 관리할 수 없었던 방법으로 경쟁할 수 있게 해준다.[1]

가장 성공적인 생태계는 이미 산업을 교란하면서 사회 전체를 변화시키고 있다. 그 중요한 예가 거대 기술 기업인 알리바바의 계열사이며 알리페이Alipay의 운영사인 앤트 파이낸셜Ant Financial이다. 2019년 현재, 앤트는 소비자 대출 상품인 화베이Huabei와 세계 최대의 머니 마켓 펀드인 위어바오Yu'e Bao를 비롯해 여러 개의 성공적인 사업으로 구성되어 있다. 그러나 이 회사의 핵심 사업은 여전히 중국 최대의 온라인 결제 플랫폼인 알리페이인데, 2018년에 알리페이의 시장 점유율은 거의 54퍼센트에 달했다.[2] 특히 앤트 파이낸셜은 모든 일을 자체적으로 처리하기보다 강력한 생태계를 구축해 전 세계적으로 성장했다.

이 회사는 2004년부터 대규모 파트너 네트워크를 구축했고 2014년에 알리바바에서 분사한 이후 계속해서 새로운 글로벌 파트너를 추가하고 있다.[3] 앤트는 국내 시장 바깥에서 견인력을 얻기 위해 해외 소매업체, 항공사, 호텔, 은행 등과 제휴를 맺어 그들의 현지 거래 관계를 활용하는 한편, 9개 해외 시장에서 현지 전자지갑 업체, 예컨대 인도의 페이티엠Paytm, 한국의 카카오페이KakaoPay, 방글라데시의 비캐시bKash 등과 제휴를 맺고 그들의 디지털 결제 인프라를 사용한다. 2016~2017년에 앤트는 아시아에서 사업을 확장하기 위해 스타벅스와 제휴를 맺어 말레이시아 지역 스타벅스에서 알리페이를 받게 했고, 캐세이 퍼시픽Cathay Pacific

과 제휴해 항공사 기내 거래에서 알리페이를 쓸 수 있게 했다.

유럽에서는 바클레이즈Barclays, BNP 파리바BNP Paribas, 유니크레딧UniCredit 같은 매입사나 은행 파트너들과의 제휴를 통해 영국, 프랑스, 이탈리아의 현지 상인들이 알리페이를 받을 수 있게 했다. 또 앤트 파이낸셜은 병원과 제휴를 맺어서 병원들이 앤트 플랫폼을 이용해 결제를 받거나 다양한 앱과 서비스를 이용할 수 있게 했다. 모두 합치면, 이 회사는 전 세계에 1만 6천 개의 병원 파트너와 380개의 금융 파트너, 약 4천만 개의 상인 파트너를 보유하고 있으며, 이들 모두가 대규모 네트워크의 일부다.[4]

앤트 파이낸셜은 이 네트워크를 구성할 때 전 세계의 소외된 중소기업과 개인에게 금융적 포용성을 제공한다는 자신들의 임무를 뒷받침하기 위해 다양한 형태의 전략적 파트너십에 의존했다. 앤트는 인도로 사업을 확장하기 위해 인도 현지의 전자지갑 서비스인 페이티엠에 전략적 투자를 했고, 해당 시장의 선도적인 핀테크 사업자의 소수 지분도 매입했다. 앤트는 태국, 파키스탄, 필리핀, 그리고 기타 지역의 전자지갑에도 이와 유사한 전략적 투자를 했다.[5]

앤트는 회사 지분을 인수할 때 그 회사를 핵심 파트너로 간주하면서 금전적, 기술적 지원을 제공한다. 이 전략에 대한 한 관찰자의 설명처럼 "모든 시장에서 앤트 파이낸셜 스타일의 접근 방식에 익숙한 것처럼 보이는 적절한 파트너를 고르고, 소수 지분을 매입하고, 그 파트너가 이미 보유하고 있는 라이선스와 브랜드의 혜택을 누리고, 앤트의 자체 기술을 백 엔드back end에 주입한 뒤 자금이 유입되는 모습을 지켜보는 것이다."[6]

한편 앤트가 고객 경험을 강화하고 확장하기 위해 맺은 동맹 관계는 비핵심적이고 지분과 관계없는 상업적 파트너십으로 간주된다. 앞서 언급한 유럽 은행들과의 제휴는 스타벅스나 캐세이와의 거래와 마찬가지로 동맹 관계였다. 앤트는 지분 인수와 제휴 외에 합작 투자를 비롯한 다른 종류의 계약도 맺었다. 또 생태계에 참여하려는 상점들의 신청을 처리하기 위해 표준화된 신청 프로세스를 구현했다.[7]

앤트 파이낸셜은 철저하고 지속적인 생태계를 구축하는 노력을 통해 막대한 이익을 얻었다. 앤트 파이낸셜의 알리페이는 글로벌 전자지갑 파트너까지 전부 합쳤을 때 2019년에 1일 활성 사용자 수가 2억 3천만 명이 넘고, 고유 사용자도 12억 명이 넘었다.[8] 앤트 파이낸셜은 50개 이상의 시장에서 사업을 운영하면서, 현지 전자지갑 업체와 제휴를 맺고, 중국 알리페이 사용자의 글로벌 소비력과 현지 상인들을 연결하는 두 갈래 전략으로 빠르게 확장했다.[9]

2019년 현재 앤트 파이낸셜은 세계에서 가장 가치 있는 핀테크 기업이 되었는데, 이 회사의 가치는 씨티은행, 골드만 삭스Goldman Sachs, 블랙록Blackrock 같은 금융 대기업을 능가한다.[10] 더 넓게 보면 앤트 파이낸셜은 광범위한 사회 변화, 즉 중국의 현금 없는 경제 성장을 주도한 원동력이었다.[11] 2017년에는 이미 중국 소비자 대부분이라 할 수 있는 75퍼센트 이상이 디지털 방식으로 거래를 진행했고, 현금 결제에서 모바일 결제로 도약했다.[12] 한 뉴스 보도에서는 "중국이 현금 없는 사회를 건설하

는 방법을 전 세계에 보여주고 있다"고 주장했다.[13]

앤트 파이낸셜 같은 생태계의 성공은 글로벌 기업 리더들에게 새로운 소식이 아닐 것이다. 2018년에 기업 경영진을 대상으로 실시한 설문조사에 따르면, 경영진들 대다수가 이런 생태계를 업계를 교란하는 수단으로 꼽았으며, 거의 50퍼센트가 생태계를 구축해서 업계 혼란에 대응해왔다고 답했다.[14] 하지만 전문가나 조언자들이 생태계에 쏟아부은 많은 관심은 피상적이기 때문에 기업 리더들은 생태계를 어떻게 추구하는게 가장 좋은지, 혹은 심지어 추구해야 하는지조차 확신하지 못하는 상태다. 생태계를 교란시키는 일이지만 상당히 매력적이며, 그걸 실행하는건 여전히 미친 듯이 어렵다. 큰 성공을 거둔 몇몇 네트워크는 헤드라인을 장식하지만, 성과를 올리지 못하는 네트워크가 더 많다.

리더들은 생태계 구축 노력의 어려움에 겁만 먹고 있을 수는 없다. 업계가 서비스화된 오퍼링 및 디지털 지원 비즈니스 모델로 전환함에 따라 유연한 파트너 네트워크(가치 웹)는 수조 달러의 가치를 창출할 준비가 되어 있으며, 기업이 더 탄력적으로 돌아가도록 도울 수 있다. 독자적인 기업들의 느슨한 파트너십에서는 공급망 안에서 계약으로 이어진 기업들처럼 위험을 남에게 넘기는 게 아니라 공유한다. 금융부터 의료, 가전제품, 산업 장비에 이르기까지 거의 모든 업계의 기업들이 고도로 복잡하고 통합된 디지털 솔루션을 제공할 수 있는 생태계에 참여할 것이다. 우리가 '생태계 관리의 새로운 기술'이라고 부르는 완전히 새로운 게임을 배우고 익혀야 할 때가 왔다.[15]

이 장에서는 수십 개의 선도적인 생태계에 대한 철저한 연구를 바탕으로 이 새로운 기술 형태를 알아보고, 지금까지 다른 회사들이 실패한 생태계에서 성공한 기업들은 어떻게 그럴 수 있었는지 살펴볼 것이다.

생태계의 5가지 기본 원칙

생태계에 대한 온갖 광고가 난무하지만, 이런 협력적 협약이 무엇이고 전통적인 공급망과 어떻게 다른지는 여전히 불분명하다. 관찰자들은 이 새로운 협력적 협약이 공급망이 발휘할 수 있는 것보다 훨씬 뛰어난 속도와 혁신, 적응성뿐만 아니라 통합 솔루션을 제공할 수 있는 능력을 위해 설계되었다는 점에 주목했다. 그러나 기존 생태계의 뚜렷한 특성을 관찰하기 위해 체계적으로 검토해본 사람은 거의 없다.

우리는 생태계를 디지털 방식으로 통합된 고객 가치 제안을 제공하기 위해 협력하는 기업 그룹이라고 정의한다. 이 정의를 활용해서 다양한 업계에 존재하는 이런 네트워크 중 40개 이상을 분석했는데, 여기에는 기성 기업과 디지털 기업이 모두 포함되었다. 그리고 분석을 통해 생태계의 본질을 규정하는 5가지 주요 특징을 문서화할 수 있었다.

첫째, 이런 네트워크는 '참가자들 사이의 다각적인 관계'로 구성된다. 전통적인 공급망에서는 회사들 간의 관계가 상호적인 경향이 있다. 어떤 회사가 다른 회사의 공급업체 역할을 하고 그 회사는 공급받은 부품을 다시 제3의 회사에 공급하는데, 이런 과정은 공급받은 부품으로 완제품을 조립하는 OEM(주문자 상표 부착 제조업체)까지 계속 이어진다. 하층 공급업체는 최종 고객과 거래하지 않고 오직 OEM만 상대한다. OEM은 가격, 설계 사양, 납품 기준 등에 대한 규칙을 정해놓고, 이 수직 공급망에서 공급업체의 성과를 면밀히 관리하고 모니터링한다. 이런 엄격함 때문에 공급망 전체에서 비용, 품질, 공급의 최적화가 가능해진다.

이와 달리, 디지털 생태계는 업계 전반에 걸쳐 있고 시간이 지남에 따라 발전하고 확장되는 다자간 파트너십으로 구성된 훨씬 유동적인 구조다. 일례로 자동차 산업을 살펴보자. 디지털 모빌리티 생태계는 OEM을 중심으로 다양한 업계의 공급업체들이 모여 있는 거미줄 형태라고 생각할 수 있다. 기술 및 시장 수요와 함께 발전하는 이런 생태계에는 소프트웨어와 운영 체제, IoT와 클라우드 플랫폼 기능, 자동차 플랫폼, 하드웨어 기술, 앱, 통신 연결 등을 통해 운전자에게 특정한 서비스를 제공하는 파트너들이 있다. 이들이 모두 함께 모여서 소비자에게 자동차와 결합한 다양하고 흥미로운 서비스를 제공하는 커넥티드 카를 만든다.

폭스바겐은Volkswagen 투게더 2025+Together 2025+ 전략에서 "최고의 차량뿐만 아니라 흥미롭고 우수한 디지털 제품과 서비스를 제공하겠다"고 선언했다.[16] 이 비전을 실현하기 위해 폭스바겐은 현재 확장성과 상호 연결된 다양한 기능을 포함한 위 커넥트We Connect라는 디지털 모빌리티 플랫폼을 제공하기로 했다. 보안 서비스, 고급 내비게이션, 예방 서비스 및 유지관리, 자동차를 원격으로 제어할 수 있는 기능 등이 모두 위 커넥트라는 브랜드로 제공되는 것이다.[17]

그러나 이 회사는 혼자 힘으로 이 일을 해낼 수 없었다. 디지털 기술과 소비자에게 신속하게 서비스를 제공하기 위한 기민한 사고방식이 부족했다. 그래서 폭스바겐은 전통적인 공급망을 보완하기 위해 파트너들의 생태계를 구축했다. 소프트웨어 기능(운영 체제, AI 등)을 이용하기 위해 마이크로소프트(미국), 아르고Argo(미국), 앤비디아Nvidia(미국), 피보탈Pivotal(미국), 사이모티브 테크놀러지Cymotive Technologies(이스라엘), 와이어리스카WirelessCar(스웨덴), 몹보이(중국) 등 여러 회사와 제휴를 맺었는데 이들은 모두 폭스바겐 네트워크 전체에서 가치를 창출한다.

또한 폭스바겐은 구동계를 전기화하고 디지털화하기 위해 노스볼트Northvolt(스웨덴), 퀀텀스케이프QuantumScape(미국), SK 이노베이션(한국), CATL(중국) 등과 제휴했다. IoT 및 클라우드 기능 액세스를 위해, 폭스바겐은 마이크로소프트(미국), 아마존(미국), SAP(독일)와 제휴를 맺었다. 그리고 디지털 모빌리티 플랫폼을 활성화하는 최첨단 제품 플랫폼의 규모를 늘리기 위해 포드Ford(미국)와 JAC(중국)와 동맹을 구축했다.[18]

이 회사는 2019년까지 최소 11개 나라와 6개 산업 분야에 걸쳐 약 60개의 파트너로 구성된 상호 연결 네트워크를 구축했는데, 이 모든 게 기존의 자동차 제품에 디지털 모빌리티 계층을 추가하고 다임러Daimler나 BMW, GM 같은 경쟁업체와 보조를 맞추기 위해서다. 전통적인 공급망과 달리, 폭스바겐의 생태계는 소비자의 실제 자동차 구매와 별개로 존재하는 다양한 참여자에게 수익원을 만들어줬다. 예를 들어, 소비자가 지속적인 디지털 서비스를 위해 돈을 지불하는 경우 등이 있다. 생태

그림 4 | 폭스바겐이 다자간, 다국간, 다산업간 파트너십을 통해 디지털 모빌리티 생태계를 구축하는 방법

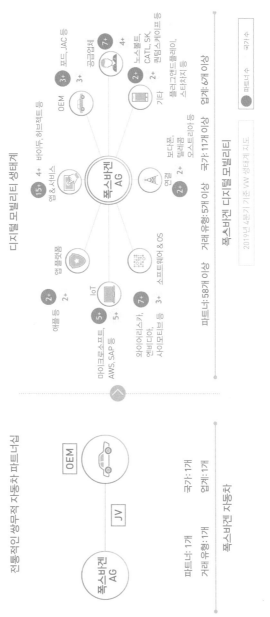

자동차 산업의 협업 모델은 크게 발전했다

전통적인 쌍무적 자동차 파트너십

폭스바겐 자동차

파트너: 1개
거래 유형: 1개
국가: 1개
업계: 1개

디지털 모빌리티 생태계

폭스바겐 디지털 모빌리티

2019년 4분기 기준 VW 생태계 지도

파트너: 58개 이상   거래 유형: 5개 이상   국가: 11개 이상   업계: 6개 이상

● 파트너수   ◉ 국가 수

참고: 협업은 M&A, JV, 소액투자, 다중 제휴 등 다양한 유형으로 이루어진다.
출처: 자동차 회사 생태계에 대한 BCG의 외부 분석

Copyright ⓒ 2020 by Boston Consulting Group. All rights reserved.

계 조정자인 폭스바겐은 "생태계를 구성하고 관리하며, 전략을 정의하고, 잠재적 참여자를 파악하기 위해 노력하고 있다"고 말했다.[19]

우리가 연구한 생태계의 두 번째 공통점은 '지리적 범위'다. 연구한 거의 모든 생태계, 90퍼센트의 생태계에 최소 5개국 이상의 참가자가 포함되어 있고, 대부분 선진국과 개발도상국에 걸쳐 있었다. 삼성의 스마트싱스SmartThings 스마트홈 플랫폼은 12개 이상의 국가에서 100개 이상의 파트너가 참여했다.[20] 샤오미의 플랫폼은 중국, 미국, 인도, 영국 및 기타 국가에서 최소 70개의 파트너가 참가했다. 이런 지리적 팽창은 기업이 문화적 장벽을 해소하고 생태계 지역에 따라 법률이 크게 다를 수 있지만 지적 재산을 보호하기 위한 조치를 취해야 한다는 걸 의미한다. 이런 단계에는 지적재산권IP 접근 제한, 전문 인력 보유, 직원들에게 IP 보호의 중요성 교육, 지역 IP 조직 구축, 현지 국가에서의 IP 보호 체계 강화(특허 신청 등을 통해), 위반 여부를 감시하고 필요한 경우 소송 제기, 지방정부가 선호하는 회사 지위 획득(이를 통해 강력한 IP 보호가 가능하다) 등이 포함될 수 있다.

또한 생태계는 '업계 전반을 가로지르는 경향'이 있다. 이 기능이 우리가 문서화한 세 번째 핵심 기능이다. 샘플의 절반 이상에서 생태계가 최소 5개 업종에서 참여자를 모았고, 거의 모든 생태계, 즉 83퍼센트가 최소 3개 업종에 걸쳐 있었다. 진공청소기 제조업체인 다이슨Dyson은 로봇청소기 제품을 만들기 위해 겨우 6개 파트너가 참여하는 비교적 작은 생태계를 구성했다. 그러나 이 업체들은 5개 산업에 걸쳐 있다. 다이슨은 스마트홈 솔루션을 제공하기 위해 아마존 알렉사Amazon Alexa와 제휴했다.[21] 또 샌프란시스코에 본사를 둔 디지털 에이전시 에이케이큐에이AKQA)에 진공청소기를 작동시킬 스마트폰 앱 개발을 요청했고, 전반적인 R&D 작업을 돕기 위해 런던의 임페리얼 칼리지Imperial College와 제휴했다.[22]

디지털 생태계의 네 번째 중요한 특징은 '잘 변하는 거래 구조'다. 전통적인 상호 공급망 관계는 대부분 장기적인 합작 투자인 반면, 이와 같은 기업은 관련 업체들을 하나로 묶기 위해 다양한 잠재적 거래 구조를 구현할 수 있다. 소규모 투자, 플랫폼 파트너십 또는 단기 계약으로 거래를 구조화하면 생태계 조정자들이 기회를 활용하고 위협이 발생했을 때 이를 막기 위해 민첩하게 움직일 수 있다.

스위스의 선구적인 기술 리더인 ABB는 산업 로봇 생태계를 구축하기 위해 주로 선진 시장과 중국 출신의 참여업체 44개로 이루어진 생태계를 소집했다. 로봇 하드웨어를 얻기 위해 ABB는 예컨대 스웨덴 기업 SVIA와 스페인 신생 기업인 NUB3D 등과 같은 대규모 및 소규모 인수와 미국 기업 그래빗Grabit 등에 대한 소액 투자를 모두 진행했다. 강력한 클라우드 기능을 구축하기 위해 기업을 인수하고, 중국 고객에게 산업 클라우드 솔루션을 제공하기 위해 중국 기업 화웨이Huawei와 제휴하는 등 투자 및 제휴를 진행했다. 또 ABB는 마이크로소프트와 파트너십을 맺고 이 거대 기술 기업의 애저 클라우드 서비스를 이용해 인더스트리얼 IoTIndustrial IoT 플랫폼과 ABB 어빌리티ABB Ability 디지털 오퍼링을 만들었다. ABB는 또한 교육, 연결 그리고 선호하는 파트너 IBM의 AI 솔루션 같은 다른 생태계 역량 확보를 위해 다양한 거래 유형을 활용했다.

중요한 사실은, 기업은 네트워크가 가치를 창출하면 '모든 사람이 이익을 얻을 수 있는 생태계를 구축하는 경향'이 있다는 것이다. 이것이 우리가 관찰한 다섯 번째 주요 특징이다. 기존의 공급망은 때로 기업들이 공급업체를 희생시켜서 최대의 가치를 창출하려고 하는 제로섬 로직을 만들어낼 수 있다. 공급자들을 쥐어짜는 게 모범적인 관행은 아니지만 그런 일이 실제로 일어난다.

네트워크로서의 디지털 생태계는 참여자 수가 늘고 참여자의 능력이 확장됨에 따라 더 많은 가치를 제공하는 경향이 있으며, 이는 모두가 공유하는 더 큰 파이를 낳는다. 그 대표적인 예가 2008년에 출시된 이후로 약 500만 개의 앱이 포함된 애플의 앱 스토어App Store다.[23] 앱의 수와 다양성이 증가하면서 애플 생태계가 소비자에게 더욱 중요해지고, 그러자 더 많은 앱을 끌어들이고 시스템에 유입되는 가치가 높아지며, 이는 다시 더 많은 앱과 더 나은 앱의 개발로 이어진다. 애플의 매출 공유 계획은 앱 개발을 매력적인 제안으로 만든다. 애플의 운영체제 iOS에서 일하는 개발자들은 그들의 앱에서 발생하는 수익의 최대 85퍼센트를 받는다. 개발자들이 벌어들인 수입은 2017년에 30퍼센트, 2018년에 28퍼센트, 2019년에 22퍼센트 증가했다.[24]

코로나19 대유행으로 인해 그 어느 때보다 관련성이 높아진 의료 플랫폼에서도 보상을 공유하려는 비슷한 의지를 확인했다. 중국 보험사인

핑 안Ping An은 굿 닥터Good Doctor 건강관리 플랫폼에서 발생하는 모든 환자 등록비를 파트너 병원들이 갖도록 한다. 참여 의사들은 원격으로 진료하는 환자에 대해 70퍼센트의 수수료를 받고 핑 안이 나머지를 받는다. 핑 안은 5~10퍼센트 정도의 적은 수수료만 받고 나머지는 약국과 제약회사에 준다.[25] 이와 유사하게, 유럽에서 인기 있는 온라인 의료 예약 플랫폼인 닥터립Doctolib은 플랫폼에 가입한 의사들이 진료비를 전부 갖고 월 회비만 내면 된다. 플랫폼이 성장하면서 (사용료를 지불하지 않는) 환자를 많이 끌어들일수록 의사들에게 수익원으로서 가치가 더 높아진다.[26] 그리고 네트워크에 가입한 의사 수가 증가하면 그것이 환자들에게 더 매력적으로 작용해 성장의 선순환을 만들어낸다.

생태계의 3가지 유형

본질적인 핵심 특징 5가지에 더해, 디지타이저 네트워크, 플랫폼, 슈퍼 플랫폼이라는 3가지 유형의 생태계가 있다.

'디지타이저 네트워크Digitizer network'는 관리 복잡도를 크게 키우지 않고 기존의 물리적 제품에 디지털 계층을 제공하도록 설계된 생태계다. 앞에서 설명한 다이슨이 좋은 예다. 일반적으로 디지타이저 네트워크에는 기술 또는 지적 재산에 액세스하거나 새로운 서비스를 추가할 수 있도록 조정자가 속한 업계 외부의 파트너가 포함되어 있다.

더 발전되고 복잡한 '플랫폼 Platforms'은 수많은 소비자나 스마트 기기를 단일 네트워크에 연결한다. 조정자와 기여자 간의 표준화된 관계를 통해 플랫폼은 네트워크 전체에 높은 수준의 서비스를 보장하고 불편함이나 마찰 발생을 제한한다. 이런 플랫폼의 조정자는 이걸 수익원으로 개발할 수 있으며, 이 플랫폼에서 생성하는 데이터를 사용해 인접 비즈니스를 지원할 수도 있다. 삼성의 스마트싱스 같은 스마트홈 오퍼링이 플랫폼 생태계의 좋은 예이며, 시스코Cisco의 커넥티드 마인Connected Mine 과 머스크Maersk의 디지털 거래 문서 플랫폼, 이베이eBay나 에어비앤비 같은 디지털 기업의 산업 생태계도 마찬가지다.

가장 복잡한 생태계인 '슈퍼플랫폼Superplatforms'은 다른 플랫폼을 단일 사용자 인터페이스로 통합한다. 조정자는 플랫폼에서 생성된 데이터를 수집하고 이를 이용해 인접 비즈니스를 활성화함으로써 수익을 창출한다. 아마존의 알렉사Alexa는 소노스Sonos, 우버, 필립스 휴Philips Hue 같은 플랫폼으로 구성된 슈퍼플랫폼으로, 수백만 개의 다양한 파트너로 이루어져 있으며 전략적 파트너 역할을 하거나 알렉사에 통합된 특정 기술을 제공한다.[27]

생태계는 한 번에 여러 가지 기능을 제공할 수 있다. 알렉사는 슈퍼플랫폼으로 기능할 뿐만 아니라, 물리적 스테레오 스피커에 디지털 기능을 추가하는 디지타이저이며, 알렉사를 통해 피자를 주문하거나 긴급 상황에 처했을 때 도움을 요청하는 등 특정한 기능을 추가하기 위해 파트너를 소집하는 플랫폼이기도 하다. '스마트 철의 시대'라는 전략의 일환으로 개발된 캐터필러의 스마트 광산 생태계는 CAT 장비를 서비스하고 분

그림 5 | 3가지 유형의 디지털 생태계와 그 특성

디지털 생태계의 주요 유형 - 각각 고유한 특징 제공

	기존 제품	디지털에지	플랫폼 (생태계)	슈퍼플랫폼 (생태계)
목적	• 비용을 최소화하면서 고품질 제품 엔지니어링 및 제조	• 관리 복잡성을 낮추면서 파트너의 도움을 받아 기존 제품 디지털화	• 높은 서비스 수준을 보장하고 마찰을 제한하는 동시에 플랫폼에서 스마트한 제품/커넥티드 사용자를 원활하게 연결	• 여러 플랫폼을 하나의 안전한 통합 서비스 오퍼링으로 함치는 동시에 통합된 슈퍼플랫폼에서 사용자 데이터 수집
기회	• 프리미엄 제품 • 소비자 프리미엄 확보	• 새로운 기능 • 소비자 프리미엄 확보 • 디지털 서비스 매출	• 플랫폼 사용을 통한 수익원 • 데이터를 사용하는 인접 비즈니스 및/또는 서비스 모델	• 광범위한 사용자 데이터 세트 • 인접 비즈니스 모델을 통한 데이터 수익화
특성				
새로운 파트너에 대한 개방성	🔒	🔒	🔓	🔓
파트너 수	최소 2	20~100	500만~1천만	1천만 이하*
업종 수	~1	~5	5 이상	10 이하

* 직접적인 플랫폼 파트너 및 관련 기여자를 포함한다. 소규모 플랫폼은 플랫폼 생태계를 통합한 슈퍼플랫폼의 경우, 파트너 수가 현저히 감소할 수 있다.

참고: 파트너와 업종 수는 예시일 뿐이다. 출처: 40개 이상의 글로벌 플랫폼 생태계에 대한 BCG 독점 분석

석을 제공하는 플랫폼 역할을 한다. 이는 CAT 제품을 중심으로 구축된 폐쇄형 플랫폼이며 분석, 소프트웨어, 로봇공학 및 스마트 기기 분야에서 CAT가 선정한 약 30개의 파트너를 포함하고 있다. 그와 동시에, CAT 생태계는 디지타이저 기능도 한다. 이 회사는 달에서 이용할 가능성을 비롯해 네트워크를 사용해 위험한 상황에서 인간이 운전하지 않고 원격으로 작동할 수 있는 자율 채굴 트럭을 운영하기 때문이다.[28]

모든 유형의 생태계에서 기업은 조정자 또는 참여자로 운영될 수 있다. 기업은 하나의 역할만 선택하거나 하나의 생태계에서만 사업을 운영할 필요가 없다. 소노스는 자체적인 플랫폼 생태계를 가지고 있지만, 우리가 본 것처럼 알렉사 슈퍼플랫폼에도 참여하고 있다. 중국 배달 서비스 회사인 SF 익스프레스SF Express도 마찬가지로 자체 생태계의 조정자 역할을 하면서 여러 분야에서 활동하고 있다. 이 회사 임원의 말처럼, SF 익스프레스는 알리바바, 텐센트, 바이두 같은 특정 생태계 조정자에게 너무 의존하지 않기 위해 참여를 확대하고 있다.

성공적인 생태계의 5가지 비밀

생태계는 전통적인 공급망과 너무 많이 다르기 때문에 리더들은 예전과 같은 방식으로 생태계를 관리하면서 성공하기를 바랄 수 없다. 지난 세기에 공급망 주변에 엄격한 과학이 생겨난 것은 그들이 기업의 글로벌 운영 모델의 일부가 되었기 때문이다. 이와 달리, 생태계 설계와 관리는 여전히 힘든 기술이며, 산업계 현직자들이 특히 숙달하기 어렵다고 생각하는 기술이다. 이 기술 형태에 더 많은 체계를 도입하기 위해,[29] 우리는 각 생태계의 재정적 성과와 이용자 사이의 인기, 그리고 그 크기에 비례한 특허 수를 추적했다. 또 각 산업계 전문가들도 인터뷰했다. 그러자 성공적인 생태계를 특징짓는 5가지 요소가 등장했다.

첫째, 전략이 속도보다 중요하다. 여러분은 업계 최초로 생태계를 구성한 회사가 상을 차지할 거라고 생각할지도 모르지만, 꼭 그렇지만은 않다. 고객의 요구는 계속 진화하는데, 생태계를 갖춘 첫 번째 기업이 고객과 파트너를 유치하기 위한 가치 제안에서는 부족할 수도 있다. 애플 카플레이Apple CarPlay와 안드로이드 오토Android Auto는 GM(2007년), BMW(2008년), 폭스바겐(2011년)이 독자적인 서비스를 시작한 지 몇 년이 지난 2014년까지도 디지털 자동차 플랫폼을 출시하지 않았다. 하지만 애플과 안드로이드는 그들의 플랫폼에 빠른 속도로 파트너를 추가했고, 2019년에 애플은 63개의 파트너를 가지고 있는데 이건 모든 서비스 중에서 가장 많은 것이다. 속도는 물론 생태계 구축에 도움이 되지만, 그보다 성공 전략이 훨씬 더 중요하며, 늦은 시작을 보상하는 것 이상의 일을 해낼 수 있다.

성공한 생태계를 다른 것들과 차별화하는 다른 2가지 특성은 상당한 글로벌 입지와 파트너십 전문 지식의 깊이다. 지금까지 살펴본 바와 같이 모든 디지털 생태계는 전 세계에 걸쳐 있고 산업 전반에 걸쳐 있지만, 그중 최고는 40개 이상의 파트너가 최소 10개 국가에 분산되어 있어 특히 광범위하다. 샤오미의 광범위한 디지털 생태계는 아시아, 유럽, 미국, 남미 전역에 걸쳐 수십 개의 파트너를 보유하고 있다. 삼성의 스마트싱스 생태계에는 12개국에 있는 100개 이상의 파트너들이 모여 있어서 소비자들은 식기 세척기, 냉장고, 텔레비전 그리고 다른 가전제품들을 연결할 수 있다.

보다 광범위한 생태계는 경쟁업체보다 시장 상황에 쉽게 적응하는 동시에 국경을 넘어 오퍼링을 더 효과적으로 확장하는 경향이 있다. 그렇다고 소규모의 지역 생태계는 작동하지 않는다는 뜻은 아니다. 다이슨의 예에서 볼 수 있듯이 제대로 작동한다. 대규모 생태계가 관리하기가 어렵지 않다는 뜻도 아니다. 실제로 관리가 어렵다. 하지만 재정적인 측면과 경쟁적인 관점에서 볼 때 생태계는 클수록 좋다.

성공적인 생태계가 공유하는 네 번째 속성은 다수의 고객을 보유한 강력한 기성 업체라는 것이다. 우리가 연구한 대부분의 성공적인 생태계는 이미 자기가 속한 업계의 지휘권을 차지하고 있는 조정자들이 만들었기 때문에 내재한 이점을 누리고 있다. 중국판 구글로 통칭되는 검색엔진 회사 바이두가 2017년에 하드웨어, 소프트웨어, 클라우드 데이터 서비스를 포함한 자율주행 차량 오픈 소스 플랫폼인 아폴로Apollo를 만들겠다고 발표했을 때 이 회사는 이미 세계 2위의 검색엔진이었다.[30]

바이두는 중국의 '인공지능 챔피언'으로 선정되는 등 중국 정부의 지원을 계속 받았고,[31] 기존의 인공지능 기반 가상 비서 기술을 구동 시스템에 구현할 수 있는 능력도 있었다.[32] 2018년 7월에 바이두는 자동차 회사, 공급업체, 정부 부서, 기술 회사 등 130개 이상의 파트너들과 함께 생태계를 만들었다.[33] 2019년까지 바이두의 자율 주행 시스템은 중국 도시 지역에서 100만 마일 이상을 기록할 것으로 추정되며,[34] 그해 말에는 창사시에서 자율 택시를 운행할 예정이다.[35] 여러분이 어떤 업계에서 활동 중인 기성 운영자라면, 확립된 규모와 자원 덕분에 번영하는 생태계를 형성하는 데 있어 뚜렷한 우위를 점하고 있는 셈이다. 이건 직접 디지털 플레이를 시도하거나 단순히 경로 변경 기술을 구입하는 게 아니라 다른 사람들과 보다 개방적이고 자유로운 협업을 발전시켜야 하는 또 하나의 이유다.

우리가 발견한 마지막 성공 요인은 디지털 생태계를 구성하는 복잡한 관계망을 관리할 수 있는 회사의 능력과 관련된 것이다. 대부분의 생태계에는 거래 유형이나 지역, 산업이 너무 많아서 탐색하기가 어렵다. 성공하려면 기업은 현명하고 전략적으로 파트너를 선택하고 관리해야 한다. 기술 기업은 처음부터 명확한 전략을 개발하고 생태계 참여자를 끌어들이고 관리하는 업무를 전담하는 팀을 꾸리는 등 더 나은 성과를 거두는 경향이 있다.

아마존은 알렉사 개인 비서를 개발할 때 전담팀이 개발자들을 도와 시스템을 위한 앱을 만들었다. 알렉사 스킬 키트Alexa Skills Kit를 사용하면 개발자들이 알렉사를 위한 기술을 더 쉽게 개발해서 발표할 수 있고, 1억 달러 규모의 알렉사 기금은 매력적인 신기술을 만들겠다고 약속한 새로운 신생 기업들을 지원했다.[36] 구글 플레이와 애플 앱 스토어 같은 앱 스토어도 개발자들과 협력하기 위해 유사한 전략을 구현했다. 이와 달리, 기성 기업들은 거의 우연한 기회에 생태계를 발전시켜가는 경향이 있다. 보다 신중하고 조직적으로 접근하는 기업이 생태계 파트너를 개발하고 관리하는 부분에서 더 나은 성과를 거둘 수 있다.

리더는 어떤 선택을 해야 하는가

조정자 또는 파트너로서 하나 이상의 생태계에 참여할 것인지 아직 고민해본 적이 없다면 지체하지 말자. 기업은 제품 기능을 추가하기 위해 디지털 인터페이스에 더 많이 의존하기 때문에 수년이 아닌 수개월 내에 파트너십과 전체 네트워크를 구축해야 한다. 노키아의 전 CEO인 스티븐 일롭Stephen Elop은 직원들에게 보낸 내부 메시지에서 이렇게 말했다. "기기 전쟁이 이제 생태계 전쟁이 됐다. (…) 경쟁사들은 기기를 이용해 우리의 시장 점유율을 가져가는 게 아니라 전체 생태계를 통해 시장 점유율을 가져가고 있다. 우리도 생태계를 만들거나 촉진시키거나 합류할 방법을 결정해야 한다는 뜻이다."[37] 이 메모는 2011년에 회람된 것이다. 오늘날에는 '생태계 전쟁'이 더욱 치열하게 전개되고 있다.

기존 또는 신규 비즈니스를 위한 디지털 생태계를 개발해야 할지 파악하려면 다음 질문을 고려해보자.

- 시장에 출시하고자 하는 디지털 제품과 사내 역량 사이에 중요한 차이

가 있는가?

- 현재 업계 내 협업이 단일 제품 제공이 아닌 원활한 고객 전환을 위한 통합 솔루션을 제공하는 방향으로 확대되고 있는가?
- 생태계 파트너에 대한 소액 투자, 개방형 협업, 다자간 파트너십 등 업계에서 협업할 수 있는 혁신적인 방법을 찾을 수 있는가?
- 외부 업체가 여러분 업계에 진출하고, 경쟁업체가 디지털 방식으로 해당 업계에 진출하고 있는가?
- IP 및 비화폐성 자산, 예컨대 파트너십 네트워크가 여러분 업계에서 가장 성공적인 자산이 되고 있는가?
- 지속적으로 새로운 파트너를 유치하고 제품을 더 빨리 적응시켜야 하는 상황에서 민첩하고 유연한 파트너십을 지향하는 움직임을 발견할 수 있는가?
- 혁신과 시장 진출 속도가 비즈니스의 중요한 경쟁력 차별화 요소로 기능하고 있는가?

디지털 생태계를 추구해야 할지 고민하다 보면 어떤 생태계를 추구하고 또 어떻게 참여해야 할지 고민하게 될 것이다. 3가지 유형의 생태계는 특정 목표를 달성하는 데 적합하다. 기존 제품을 디지털 방식으로 향상시키려면 디지타이저 플랫폼이 가장 좋을 수 있다. 플랫폼 생태계는 플랫폼 사용을 통해 수익 흐름을 창출하거나 다른 비즈니스에 공급할 데이터를 생성할 수 있다. 다른 보완적 비즈니스를 통해 수익을 창출할 수 있는 방대한 양의 데이터를 수집하려면 슈퍼플랫폼 설정을 살펴보자. 물론 이 3가지 옵션에는 협력업체에 대한 다양한 개방성이 필요하다. 개방이 어렵다면 슈퍼플랫폼은 아마 여러분에게 적합한 옵션이 아닐 것이다. 디지타이저 플랫폼은 크기가 작고 덜 복잡하기 때문에 조정자에게 최대한의 제어 능력을 안겨준다.

여러분 회사의 전략적 요구에 맞는 플랫폼이 무엇인지, 새로운 생태계를 구축할지 아니면 다른 사람이 만든 기존 생태계에 합류할 것인지 생각해보자. 앞으로 몇 년 동안, 모든 회사는 이 문제를 근본적인 전략적 문제로 다루어야 할 것이다. 결정적인 요소는 최종 고객과 직접 접촉할 것인지 아니면 다른 업체를 통해 접촉할 것인지 여부다.

결정을 내렸으면 다른 업체보다 다른 업체들보다 고객과 그들의 니즈에 대한 이해가 깊다면 생태계를 조정하는 역할을 시도해야 한다. 그렇지 않다면 참여자의 역할을 고려해야 한다. 항상 가장 큰 회사가 생태계를 조정하는 건 아니라는 사실을 명심하자. 자동차 제조업체들은 규모가 더 큰 업체들이지만 바이두가 만든 자율주행 생태계의 파트너다. 목표는 고객의 요구와 행동을 깊이 이해하고, 최종 고객을 위한 가치를 창출하고 포착할 수 있는 능력을 극대화하는 생태계를 구축하는 것이다.

자신의 생태계를 직접 조정할 생각이 있다면, 처음에는 어떻게 생태계를 구성할지 고려해보는 게 도움이 된다. 다음의 실행 질문을 통해 생각해보자.[38]

- 생태계 참여를 통제하기 위해 어떤 규칙이나 프로세스를 정하고, 그 성과를 측정하기 위해 어떤 기준을 적용할 예정인가?
- 생태계는 어떻게 가치를 창출하고, 파트너 유치 및 유지를 위해 어떤 가치를 어떻게 배분할 것인가?
- 생태계 가치를 극대화하는 데 가장 도움이 되는 파트너를 어떻게 유치할 것인가?
- 생태계의 유연성과 적응성을 극대화하고 탄력성을 높이기 위해 파트너 관계를 어떻게 구성할 것인가?
- 파트너의 IP를 사전에 보호해서 문제를 완화하고 적극적인 참여를 보장하려면 어떻게 해야 할까?
- 생태계 구성원 간의 유대 관계를 강화하고 정기적이고 지속적인 협업과 실험을 어떻게 발전시킬 수 있는가?

　이런 질문에 답한 다음, 기존 비즈니스와 관련해 생태계를 어떻게 운영할 것인지 생각하자. 생태계를 기존 비즈니스의 또 다른 부분으로 운영하는 경우에는 생태계를 성공적으로 운영하기가 어렵다. 디지털 신생기업은 비즈니스 기능 전반에 걸쳐 신속하게 의사 결정을 내릴 수 있어서 신속한 실행이 가능한데, 기존 기업의 환경도 이처럼 민첩해야 한다. 이런 이유 때문에, 첨단 글로벌 기업은 자사의 생태계를 관리하기 위해 다양한 내부 규칙과 프로세스를 배치하고, 다양한 보고 구조를 허용하며, 종종 디지털 생태계 관리자를 기존 비즈니스에서 물리적으로 분리한다. 생태계를 통해 성공하기 위해 기업이 해야 하는 협상은 문화나 인재 관리 같은 분야로도 확장되는데, 이 문제는 책은 뒷부분에서 다루겠다.

디지털 생태계는 현재 가치가 높아지고 있지만 기존의 공급망을 대체하는 게 아니라 오히려 그 생태계를 보완하는 중요한 요소다. 궁극적으로 기업이 혁신적인 서비스를 제공하려면 이 2가지를 결합해야 한다. 기업은 전통적인 공급망과 관련된 경직되고 폐쇄적인 사고방식을 벗어나 유연하고 역동적인 협업 방식을 수용해야 한다. 그러나 제품과 서비스 제공을 위한 공급망은 여전히 중요하며, 기업은 이를 잘 관리할 수 있는 역량을 보유해야 한다.

다음 장에서 보게 되겠지만, 미래의 공급망은 최근 수십 년간 수많은 글로벌 기업의 성공을 촉진한 공급망과 같지 않을 것이다. 일류 기업들은 변화하는 시장에 잘 대응하고, 관세와 기타 보호주의 조치를 잘 헤쳐나가며, 현재 산업 생산과 서비스 제공을 혁신하는 기술을 최대한 활용할 수 있도록 인력, 공장, 서비스 제공 센터 같은 생산 자산을 재배치하기 시작하고 있다. 이런 기업은 효율성에 초점을 맞춘 저비용 제공 모델을 넘어 우리가 유연한 제공이라고 부르는 방안을 받아들이고 있다. 한번 살펴보자.

KEY INSIGHT

- 앞서 설명한 획기적인 디지털 서비스 및 경험과 글로벌 성장 전략을 제공하기 위해, 기업들은 기존의 공급망을 넘어 업계 간 파트너들의 동적 제공 네트워크 혹은 생태계를 구축하고 있다.

- 이전에는 생태계에 대한 많은 관심이 표면적이었기 때문에 비즈니스 리더들은 생태계를 어떻게 추구해야 하는지, 아니면 과연 추구해야 하는 건지 확신하지 못했다. 생태계가 업계 교란의 근거로써 매혹적이긴 하지만, 실행하는 건 여전히 어렵다.

- 우리는 이런 네트워크 중 40개 이상을 다양한 산업계에서 면밀히 분석했는데, 기성 기업과 디지털 기업을 모두 포함했다. 분석을 통해 생태계의 본질을 규정하는 5가지 주요 특징을 문서화했다.

- 5가지 핵심 특징 외에도, 더 복잡한 생태계가 있다는 사실을 발견했다. 특히 디지타이저 네트워크, 플랫폼, 슈퍼플랫폼이라는 3가지 유형의 생태계가 존재한다는 걸 알아냈다.

- 성공적인 생태계의 비결은 강력한 전략의 존재, 중요한 글로벌 입지 창출, 깊이 있는 파트너십 전문 지식의 존재, 다수의 고객과 강력한 기존 비즈니스를 소유하는 능력, 디지털 생태계를 구성하는 더 복잡해진 관계망을 관리하는 능력 등이다.

고객의
바로 옆에서
생산하고 공급하라

CHAPTER 5

기업들은 상품을 생산하고 서비스를 제공할 때 드는 총 비용을 최소화하기 위해 전 세계에 최적화된 배송 모델을 구축했다. 비용은 여전히 중요하지만 오늘날의 배송 모델은 빠른 속도와 대응 능력 그리고 혼란이 발생했을 때의 회복력이 중요하다.

기업들이 개발하고 있는 새로운 디지털 서비스와 경험은 언론의 많은 관심을 받았다. 그에 비해 기업이 판매하는 제품을 만들고 제공하는 방식에 대해서는 비교적 조용하지만, 여기에서도 그에 못지않게 흥미로운 혁명이 진행되고 있다. 1980년대와 1990년대에 인터넷이 성장하면서 글로벌 기업은 멀리서도 생산을 통제하고 장거리를 이동하는 상품을 추적할 수 있게 되었다.

기업들은 이런 기능을 이용해 제조 공간을 근본적으로 다시 설계했다.

비용을 최소화하기 위해 중국이나 인건비가 싼 다른 나라에 거대한 공장을 짓거나 현지 회사와 하청 계약을 맺었다. 현지 기업들이 공급한 자재를 사용해 이런 공장에서 생산한 제품을 전 세계 시장에 배송했다. 나이키Nike, 월마트Walmart, IBM도 그렇게 했고 무수히 많은 다른 회사들도 그렇게 했다.

고객들은 낮은 가격으로 이득을 보고 주주들은 더 높은 이익을 거뒀다. 1990년에는 세계 제조업체의 약 7퍼센트만이 저비용 국가인 수출 상위 20개국에서 제품을 생산했는데, 2010년에는 그 숫자가 33퍼센트 이상으로 증가했다. 섬유, 가죽, 의류 같은 일부 노동 집약적인 산업 분야에서는 저비용 국가가 글로벌 생산에서 차지하는 비중이 훨씬 더 크다.[1]

오늘날 소위 말하는 저가형 글로벌 공급 모델, 즉 글로벌 통합 공급망은 갈수록 구식이 되어가고 있다. 생산과 배송 네트워크를 관리하는 건 이제 비용 최소화뿐만 아니라 기업의 유연성과 속도, 회복력을 높이기 위한 작업이기도 하다.

일류 기업들은 인건비가 저렴한 지역에 있는 대규모 글로벌 제조 공장을 넘어서 기술 수준이 높고, 규모가 작으며, 수가 많고, 지역적이며, 고객에게 더 가깝고, 유연성이 뛰어나서 끊임없이 변화하는 소비자 요구를 반영한 맞춤형 상품을 신속하게 생산해서 배송할 수 있는 공장을 설립하고 있다. 또 기업들은 부품과 원자재를 조달하는 방법과 생산 장소를 결정할 때 비용 이상의 것을 고려하며, 고객의 니즈를 보다 유연하게 충족시킬 뿐만 아니라 관세나 극단적인 기후 사건, 심지어 팬데믹 등으로 인한 충격에 더 탄력적으로 대처할 수 있는 조치를 취하고 있다.

마지막으로, 제품이 지능화되고 고객이 더 뛰어난 성능을 추구함에 따라 기업들은 제품 업그레이드를 훨씬 빠르게 제공하기 위해 몇 년이 아니라 몇 달 혹은 몇 주 이내에 공급망에 새로운 소프트웨어 기능을 구축하고, 업그레이드 기능을 물리적인 방식이 아닌 제품에 내장된 소프트웨어를 통해 디지털 방식으로 제공한다.

우리는 이걸 새롭고 '유연한 접근법flex approach'이라고 부르는데, 이건 제품에만 적용되는 게 아니다. 서비스와 경험을 판매하는 기업들도 이를 구현하고 있다. 이 책의 맨 첫머리에서 언급한 TCS와 IT 서비스 산업의 예를 살펴보자. 당시 TCS의 COO였고 현現 타타 그룹 회장인 찬드라세카란은 2000년대에 회사가 더 높은 성장을 이루고 더 많은 가치를 제공하면서, 동시에 당시 약화하고 있던 회사의 비용 우위를 유지해서 높은 이윤을 지킬 수 있는 새로운 전략을 구현하기로 했다.[2] 그 전략 중 하나는 인도의 저비용, 대규모 시설뿐만 아니라 선진 시장의 고객들과 가까운 곳에 있는 중고가 시설에서도 고객에게 서비스를 제공하면서, 이들을 모두 클라우드로 연결한 새롭고 유연한 글로벌 공급 모델을 개척하는 것이었다.

TCS는 기존의 저렴한 해외 공급 역량에 새로운 기능을 접목해 미국과 유럽의 고객에게도 다른 지역과 동일한 가치 제안을 제공하면서도 상대적으로 높은 이윤을 유지할 수 있게 되었다. TCS는 소프트웨어 코딩과 기타 기술 작업을 전부 인도 소프트웨어 공장에 맡기기보다 비용이 많이 드는 현지 팀과 인도 및 다른 저비용 국가에 상주하는 팀을 함께 활용해 전 세계 고객들과 더 가까운 곳에 공급 센터를 설립했다. 이런 유연한 공급 방식은 시스템 전체의 회복력을 높이고, 지정학적 위험이나 공급 역량을 한 지역에만 집중시켰을 때 생기는 문제를 줄인다. 중요한 점은 TCS가 IP 생성, 새로운 기술과 관련된 서비스, 우수한 디지털 센터 구축처럼 고가치, 고기능, 맞춤형 오퍼링을 제공하기에 더 좋은 위치에 올랐다는 것이다.

2000년대 초반에 TCS는 글로벌 네트워크 공급 모델을 도입해서 회사가 전 세계에 IT 서비스를 제공하는 방식을 바꿨다. 이 모델은 도메인 지식의 저장소가 되는 수직화된 사업부 구성, 회사 전체의 기업가적 에너지 방출, IP 창출에 대한 집중, 디지털 기술에 대한 초기 투자, R&D 집중 증가 등 포괄적이었다. 하지만 그중 핵심은 유연한 공급이었다. 2019년까지 TCS는 미국과 유럽 같은 가장 큰 시장과 헝가리, 중국, 아르헨티나, 칠레처럼 비용이 저렴하거나 인재가 풍부한 국가 등 15개가 넘는 나라에 약 200개의 공급 센터 네트워크를 구축했는데, 가장 규모가 큰 센터는 계속 인도에 남아 있었다.[3]

이 센터는 다양한 표준 기술을 갖춘 고도로 자동화된, 대규모 SAP 서비스와 같은 대규모 저비용 시설, 또 헝가리, 브라질, 우루과이 같은 지역에서 특정한 전문 기술과 능력을 갖추고 지역 고객에게 서비스를 제공할 수 있지만 언어와 문화적인 요건이 따르는 지역 공급 센터, 마지막으로 미국 뉴저지와 애리조나, 영국 피터버러 같은 지역에서 고객과 인간적으로 접촉하면서 소규모로 뛰어난 기술 서비스를 제공하는 현지 또는 근해 공급 센터 등 역량과 기술이 3가지 수준으로 나뉜 글로벌 통합 공급 네트워크 형태로 운영된다.[4]

이 시설들은 모두 최첨단 협업 툴을 갖춘 글로벌 기술 인프라와 연결되어 있기 때문에 회사는 글로벌 공급 네트워크의 바람직한 위치에서 원활하고 유연하게 서비스를 제공해 엄청난 경쟁 우위를 확보할 수 있다. 그리고 글로벌 센터 전체의 납품팀과 그들의 역량을 원하는 대로 조정할 수 있다. 이 회사는 최고의 소프트웨어 엔지니어링 프로세스를 이용해 일관된 품질을 유지했다. 네트워크는 비용, 인력, 속도, 맞춤화, 회복 능력을 제공한다. 그렇게 지난 10년 동안 TCS의 놀라운 성장을 뒷받침하면서 매우 성공적이라는 사실이 입증했다. 2020년 현재 이 회사는 가장 가치가 높은 글로벌 IT 서비스 기업 중 하나다.[5] 경쟁사들은 10퍼센트 초반대의 이윤을 남기는 반면, TCS의 이윤은 25퍼센트가 넘는다.[6]

TCS의 사례에서 알 수 있듯이, 20세기 후반에 이용하던 생산과 서비스 공급의 중심축(저비용 국가에 세운 대규모 해외 생산 및 배송 센터)이 갑자기 구식이 되는 건 아니다. 글로벌 기업들은 저비용 국가의 제조와 배송 기능을 계속 활용하는 한편, 중요한 고비용 시장과 지역 센터에서는 최저 비용뿐만 아니라 속도와 유연성, 대응 능력을 추구하는 등 다양한 국가의 역량을 골고루 활용하고 있다. 전통적인 공급망을 뛰어넘는 이런 유연한 공급망은 늘어나거나 불확실한 관세와 비관세 장벽 증가 등으로 생기는 문제에 더 적응력 있고 탄력적인 모습으로 대처할 수 있다.

또한 이들은 새로운 소프트웨어 기능을 추가해서 성능 개선과 향상된 제품 경험에 대한 고객의 요구를 충족시키는 지능형 제품을 제공한다. 본 장의 마지막 부분에서는 사람들의 관심을 끄는 새로운 가치 제안을 만들 때 사용하는 것과 동일한 창의성과 혁신을 이용해서 회사에 이익을 안겨주는, 유연한 공급 기능을 구축하는 방법을 알려줄 것이다.

당신의 바로 옆에서 유연한 생산이 시작된다

이제 기업들이 왜 매우 유연한 생산과 배송뿐만 아니라 가장 저렴한 배송 비용까지, 생산과 공급 방식에서 더 많은 걸 추구하는지 이해하기 위해, 운동화 산업의 제조 발전에 대해 잠시 생각해보자.

당신이 19세기 영국에 사는 영주인데 다가오는 런던 무도회 때 신을 새 무도화를 원한다면, 그 지역 구두장이를 자기 집으로 불러서 어떤 스타일과 색상을 염두에 두고 있는지 설명할 것이다. 구두장이는 여러분 발 치수를 잰 뒤 작업장으로 돌아가 여러분이 선호하는 디자인에 따라 가죽을 자르고, 크기를 정하고, 꿰맨다. 그리고 며칠 혹은 몇 주 뒤에 당신이 신어볼 수 있도록 그 신발의 초기 버전을 가지고 찾아올 것이다. 만약 그게 당신 마음에 든다면 좋은 일이다. 그렇지 않은 경우에는 구두장이는 작업장으로 돌아가 당신이 원하는 대로 필요한 부분을 고친 다음, 완제품을 집으로 배달해주고 돈을 받았다.

산업 혁명은 무도화를 비롯한 대부분의 다른 소비재가 만들어지는 방식을 변화시켰다. 대형 공장과 증기 기관이 지역 장인들을 대체해, 더 넓은 시장을 위해 값싼 상품을 대량으로 생산했다. 운송 방식이 개선되고 컨테이너의 출현으로 비용이 절감되자, 이 대형 공장들은 대량 생산한 상품을 전 세계에 수출하기 시작했다.

나중에 인터넷이 등장하고 화물 운송비가 더 하락하자, 기업들은 공장을 신흥 국가로 이전해서 훨씬 저렴한 인건비의 이점을 활용하기 시작했다. 2000년대 중반까지 아시아의 대규모 공장과 여러 제품 분야에서 전 세계 신발의 80퍼센트 이상을 생산했다.[7] 특히 중국은 그곳에 세워진 수많은 대규모 공장들 때문에 '세계의 공장'으로 알려지게 되었다. 비록 기업은 한때 장인들이 우리 귀족 선조를 위해 그랬던 것처럼 각자의 개인 사양에 맞춰주지는 않지만, 대부분의 소비자 입장에서는 상품이 훨씬 저렴해지고 접근하기 쉬워졌다.

이제 이 그림이 4가지 이유 때문에 다시 한 번 바뀔 준비를 하고 있다. 첫째, 소비자들의 기대치가 높아지고 있다. 이 책 앞부분에서 설명한 것처럼, 디지털 생활에서 아주 작은 부분까지 맞춤 구현하는 데 익숙해진 새로운 글로벌 소비자들은 이제 오프라인에서도 그렇게 하기를 기대하고 있다. BCG의 한 연구에 따르면 "쇼핑 경험이 고도로 개인화되면 고객이 계획했던 것보다 많은 품목을 장바구니에 추가할 가능성이 110퍼센트 높아지고, 예정보다 돈을 많이 쓸 가능성도 40퍼센트 높아진다."[8] 소비자들은 최신 신발 디자인, 경험, 결과를 원하는데, 아디다스Adidas나 나이키 같은 회사들은 자신들의 웹사이트를 통해 이걸 개인화해서 제공하고 있다.

둘째, IoT와 인더스트리 4.0 기술이 발전한 덕분에 신발 회사들은 소비자의 기대를 충족시키면서도 여전히 이익을 남길 수 있다. 이런 기술은 생산에 수반되는 운송비가 더 비싼데도 불구하고 저임금 국가에서의 생산을 선호했던 낡은 방식을 변화시키고 있다. 기업들이 노동 집약적인 대규모 공장에서 생산을 시작하도록 만들었던 가파른 비용 곡선은 평평해졌다. 고비용 시장에 위치한 고도로 자동화된 공장의 실용성이 높아짐에 따라, 유연성은 커지고 맞춤형 주문을 할 수 있는 생산 로트lot가 작아졌으며 생산 시간까지 단축되고 있다. 게다가 1980년대에 30만 달러였던 3D 프린터는 이제 속도와 성능이 크게 향상되었지만 가격은 200달러 미만으로 떨어졌다. IoT 기술 비용이 계속 하락하면 고비용 시장의 자동화 공장이 더 매력적으로 보일 것이다.[9]

셋째, 기업들이 고객 솔루션이나 경험을 다운로드한 소프트웨어를 통해 전자적으로 제공하는 경우가 갈수록 늘고 있다. 디지털 기술이 부상하면서 전자 제품과 소프트웨어는 제품의 구성 요소로서 더 중요해지고 있다. 예를 들어, 나이키는 소비자들이 자사 신발을 통해 더 많은 건강상 이점을 얻을 수 있도록 전체적인 디지털 생태계를 도입했고, 자동차는 점점 바퀴 달린 컴퓨터가 되어가고 있다.

실제로 BMW 7 시리즈 같은 정교한 차량에는 최대 150개의 전자 제어 장치(창문, 좌석, 자동차의 정교한 엔진 같은 시스템을 작동시키는 전자 하드웨어 메커니즘)가 포함될 수 있으며, 이를 작동시킬 1억 줄 이상의 소프트웨어

코드가 필요하다. 비교를 위해 말하자면, 페이스북은 약 6천만 줄의 코드를 사용한다.[10]

자동차 같은 일상용품을 만드는 기계와 공장도 점점 전자 제품과 소프트웨어에 의해 제어되고 있다. 이런 소비재와 산업용 제품을 구입하는 고객들은 공급업체가 소프트웨어 업데이트를 통해 제품을 자주 업그레이드해서 성능과 기능을 개선하기를 기대한다. 사람들이 스마트폰에 기대하는 바를 생각해보라. 수명 주기가 몇 년씩 되는 물리적 제품과 다르게, 매주 또는 매달 업그레이드해야 하므로 기업이 이런 업그레이드를 신속하게 설계하고 제공할 수 있도록 숙련된 고비용 기술 인력을 더 많이 확보해야 한다는 얘기다. 그러나 구식 공급 모델로는 이런 일이 불가능하다. 이 말은 실제 상품이 글로벌 무역에서 차지하는 비율이 과거보다 낮아지고, 디지털 방식으로 지원되는 서비스 비율이 높아졌다는 뜻이다.

마지막으로, 경제 민족주의의 성장과 다자주의의 약화는 국가 간 일반 관세와 종량 관세의 증가로 이어졌다. 이 때문에 높은 수입 관세가 부과되는 글로벌 공급 센터에서 시장으로 제품을 수입하지 않고 현지에서 제품을 생산하는 기업들이 추가적인 인센티브를 누리고 있다. 프랑스의 에너지 및 자동화 회사인 슈나이더 일렉트릭의 최고 혁신 책임자인 에마누엘 라가리그Emmanuel Lagarrigue는 "예전에는 기업들이 서로 다른 시장에서 동일한 비즈니스 모델을 복제할 수 있었고, 리더들은 높은 관세는 과거의 유물이 되었다고 생각했다. 하지만 오늘날 세계가 분열되면서 관세가 다시 돌아왔다"고 말했다.[11]

이런 힘에 대응해, 신발업계 기업들은 제조 네트워크를 재고하고 새로운 공장 개념을 시험하기 시작했다. 아디다스는 독일과 미국의 몇몇 지역에서 혁신적인 스피드팩토리SpeedFactories, 즉 로봇 공학과 3D 프린팅, 기타 인더스트리 4.0 기술을 이용해 생산을 개선하고 현지 소비자에게 맞춤 설계된 제품을 신속하게 제공하는 완전히 자동화된 공장을 테스트했다. 직원을 수천 명씩 고용하는 전통적인 신발 공장은 전 세계 시장에 신발을 내놓기까지 최대 18개월이 걸릴 수 있는 반면, 아디다스의 실험적인 공장 개념을 이용하면 200명 미만의 직원을 고용해서 4개월 안에 근처 상점에 최신 고급 패션 디자인을 들여올 수 있다.[12] 아디다스의 전 CEO인 헤르베르트 하이너Herbert Hainer는 이런 시범적인 시설의 출범에 대해 이렇게 말했다. "스피드팩토리는 스포츠용품 설계와 개발을 자동화되고 분산된 유연한 제조 공정과 결합한다. 이런 유연성 덕분에 우리는 시장과 소비자가 있는 곳에 훨씬 가까이 다가갈 수 있다."[13]

회사가 스피드팩토리를 대규모로 운영한다면, 한때 부유층들만 누리던 하이터치 신발 제조 서비스를 수백만 명의 소비자들도 즐길 수 있을 것이다. 아디다스는 새로운 기술의 모든 기능을 활용해서, 소비자들이 온라인으로 세상에 하나뿐인 신발을 디자인하면 가장 가까운 스피드팩토리에서 그걸 만들 수 있게 할 것이다. 언젠가는 드론이 스피드팩토리에서 만든 신발을 소비자의 집까지 배달해줄 거라고 상상할 수도 있다. 이제 회사의 제조 네트워크는 저비용 국가에 있는 소수의 대규모 공장에만 일을 다 맡기는 게 아니라, 인건비가 낮은 국가의 대규모 공장과 주요 시장의 소비자들과 가까운 곳에 위치한 소규모 첨단 공장들로 구성된 다국가 형식이 될 것이다.

2019년 말에 아디다스는 스피드팩토리를 폐쇄하고 그 콘셉트를 베트남과 중국의 시설로 이전한다고 발표했다.[14] 이 회사는 오늘날의 기술 비용을 고려해서, 주요 시장이나 그 근처에 위치한 제조 시설을 경제적으로 실행 가능하고 확장 가능하게 만들려고 노력했다. 아디다스는 파일럿 공장을 통해 많은 교훈을 얻었다. 이 회사는 향후 5~10년 안에 생산량 대부분을 서구 국가로 옮기지는 않을 것이다. 이는 단지 기술이나 경제적인 확장 문제 때문이 아니라 서구 국가들의 공급업체 생태계가 침식되었기 때문이다.

하지만 아디다스는 중국, 인도네시아, 베트남, 인도 같은 국가의 기존 공급 네트워크에 스피드팩토리 기술 요소를 집어넣어서 비용을 개선하고 유연성을 높일 것이다. 이 회사에서 가장 높은 성장률을 보이는 시장이 아시아에 있기 때문에, 유연한 제조를 통해 이 시장에 가장 빨리 서비스를 제공할 수 있었다. 신발 제조는 자동차나 제약 같은 산업에 비해 여전히 상당한 수작업이 필요하다. 비용을 줄이는 한 가지 해결책은 이런 대규모 양산 공장에 더 많은 자동화를 도입해서 작업을 보다 효율적이고 유연하게 진행하는 것이다.

독창적인 모습의 스피드팩토리는 시대를 앞서 나온 것 같다. 자동화 기능 개선과 자동화 비용 하락 덕분에 아디다스는 제조 기술을 더 정교하게 만들어 보다 저렴하고 효율적인 생산을 할 수 있게 될 것이다. 향후

10년 동안은 이런 개선 덕분에 스피드팩토리 같은 유연 생산을 통해 프리미엄 제품과 맞춤형 제품을 더 비용 효율적인 방법으로 만들 수 있고, 신발 회사들은 이를 여러 시장에서 대규모로 판매할 수 있다. 보다 광범위하게 생각하면, 특히 3D 프린팅 같은 기술 비용이 저렴해짐에 따라 향후 20년 동안 유연한 제조가 전 세계 공급 모델 내에서 보편화될 것이다.

폐쇄형 공급망을 다시 구상하다

다국가 네트워크는 기업들이 '공급'을 더 유연하고 대응력 있고 탄력적으로 만드는 데 도움을 주지만, 그것만으로는 충분하지 않다. 기업들은 전통적인 '폐쇄형 공급망 모델'에 대한 광범위한 접근 방식을 재고하고 있다.

기업들은 글로벌 공급망을 구축할 때 항상 2가지 중요한 점을 매우 명확히 했다. 첫째, 이들은 업무의 핵심적인 부분, 즉 앞으로도 계속 회사 내부에서 운영해야 하는 설계, 제조, 배송 프로세스의 주요 단계를 정해 놓았다. 이런 단계에 대해서는 품질이나 관련 IP에 대해 완전한 제어권을 유지하려고 한다. 그래야 경쟁 우위를 확보하고 자사 제품을 차별화할 수 있다고 믿기 때문이다. 둘째, 비핵심 활동에 대한 공급업체의 역할을 명시해서 OEM이 제품이나 서비스를 최저 비용과 최고 품질로 개발하고 공급할 수 있도록 철저하게 관리한다. 공급망은 상당히 엄격한 규칙을 가진 폐쇄형 시스템이다.

하지만 이런 현실이 빠르게 변하고 있다. 변화하는 고객의 요구에 신속하게 대응하려면 제조 및 배송 프로세스를 업그레이드해서 아직 보유하지 않은 새로운 기능, 특히 디지털을 신속하게 온라인 상태로 전환해야 한다. 이런 기능을 내부적으로 개발하려면 시간이 걸리기 때문에 기업들은 과거보다 개방적인 접근 방식을 취하면서 이전 장에서 설명한 디지털 생태계와 유사한 방식으로 공급망에 접근하고 있다. 전 세계적으로 무역 불확실성이 확산하고 다른 혼란이 잦아짐에 따라, 기업들이 공급망을 보다 탄력적으로 만들고, 위험을 줄이고, 관세와 총비용을 최적화하기 위해 폐쇄적이고 고도로 통제된 공급망 전략을 재고해야 하는 상황도 점차 늘고 있다.

통합 공급망에 대한 2가지 새로운 생각이 여기서 하나로 합쳐진다. 첫째, 기업들은 공급업체의 기술과 능력을 활용하는 새로운 형태의 파트너십을 수용하고 있다. 둘째, 이전에는 비즈니스의 핵심으로 여겼던 제조 프로세스에 대해서도 이런 작업을 수행하고 있다. 포드 사의 전 글로벌 조달 책임자였던 BCG 선임 고문 피터 로젠펠드Peter Rosenfeld의 말처럼, 기업들은 최종 고객에게 더 많은 가치를 제공하기 위해 점점 더 공급망에 의지하고 있다. 이제 핵심적인 제조 부문에 대한 완전한 통제력을 유지해야 한다고 생각하는 게 아니라 "우리의 전문 지식을 투입해서 공급 기반을 활용하려면 어떻게 해야 하느냐고 묻는다." 로젠펠드는 이제 기업들은 "성공을 위한 최고의 제품을 제공할 수 있는 확장된 엔터프라이즈 안에서 제품을 설계하는 방법을 택하고 있다"고 설명했다.[15] 그들은 이제 시장에서 가장 큰 제조업체일 필요가 없다고 생각한다. 그보다는 전체적으로 최고가 되는 게 훨씬 더 중요하다.

로젠펠드는 수직 통합을 가장 중요시했던 자동차 산업을 예로 들었다. 이제 이 회사들은 한때 최종 제품에서 성스러운 부분으로 여겼던 엔진이나 파워트레인 등을 만들기 위해 수평적 파트너에게 의지하고 있다. 로젠펠드의 말에 따르면 기업들은 "공급업체와 연속체적인 관계를 맺고 있다"고 한다.[16] 어떤 경우에는 고객들과 팀을 조직해서 해결책을 만들어 내기도 한다. 또 어떤 경우에는 과거에 불평등한 관계를 맺고 관리했던 공급업체와 파트너십을 체결하기 시작한다.

존슨 앤드 존슨Johnson&Johnson은 의료 분야에서 3D 프린팅을 이용해 혁신적인 수술 도구와 장치를 개발하기 위해 혁신적인 파트너십을 구축했다. 이 회사는 더블린 트리니티 칼리지의 연구원들과 함께, 처음에는 정형외과 연구에 초점을 둔 새로운 재료 과학 연구소를 설립했다.[17] 존슨 앤드 존슨은 또한 애스펙트 바이오시스템스Aspect Biosystems와 협력해 3D 프린팅 무릎 조직을 개발하고 있다.[18]

TCS의 CEO이자 전무이사인 라지시 고피너선Rajesh Gopinathan은 TCS가 세계 최고 수준의 설계와 데이터 처리 능력 덕분에 무릎관절 치환술 분야에서 비전통적인 공급망 파트너로 자리 잡고 있다고 말한다. 미국의 한 의료용 임플란트 공급업체 고객인 미국 병원 외과의사는 교체해야 하는 무릎관절의 3D 스캔을 업로드해서 TCS에 보낸다. 그러면 TCS는 인공 무릎관절 제작을 위한 금형을 설계하고, 3D 프린터로 금형과 인공 무료관절을 만들 수 있는 세부적인 소프트웨어 지침을 설계한다. TCS는 고객인 미국에 있는 인공 무릎관절 제조업체에 소프트웨어 지침을 전송하고, 고객은 인공 무릎관절을 프린트해서 병원 외과의사에게 보낸다.

TCS는 기존 공급 모델에서 인공 무릎관절 제조업의 핵심인 제조 공정의 데이터 집약적인 부분을 인수하고, 전 세계 고객에게 다양한 유형과 복잡성을 지닌 금형의 상세 설계도를 신속하게 제공할 수 있는 역량과 규모를 구축함으로써, 공급망의 민첩성과 대응 능력을 향상하고 세계 최고 수준의 기술을 제공한다. 이 같은 비정통적인 공급업체 파트너십의 성장을 지켜본 존슨 앤드 존슨의 공급망 담당 임원은 "외부 파트너들은 고객의 요구를 충족시키고 엔드 투 엔드end-to-end 공급망을 개선하는 데 보다 민첩하고 유연하고 빠르게 대응할 수 있기 때문에 그들과의 통합 수준이 높아지고 있다"고 말했다.[19]

새로운 공급망을 통해 더 큰 유연성과 대응력을 갖추게 되었지만, 기업들은 관세나 다른 지정학적 위험 앞에서 공급망을 더 탄력적으로 만들기 위해 이를 재설계하고 있다. 특히 기업들은 공급망에 더 많은 옵션을 포함하고, 무역 전쟁의 진행 상황에 따라 공급업체들 사이의 소싱sourcing과 전환 순서를 정해두고 있다. 한 글로벌 알루미늄 회사의 최고 전략 책임자는 "전 세계에서 진행되는 다국가 운영과 판매의 복잡한 매트릭스 가치 사슬 때문에, 무역 정책과 관련된 관세 및 비관세 장벽 등 일련의 가정에 따라 시장과 소싱 공장을 매핑할 수 있는 동적 모델을 갖추는 게 중요해졌다"고 말했다. 이 임원은 이런 분석에 기초해서 "다양한 시나리오에서 내 비용을 경쟁업체와 비교할 수 있어야 하고, 현재의 관세 하에서 가능한 최고의 공장-판매 국가의 조합을 찾아내야 한다"고도 말했다.

미국의 한 공구 제조업체는 관세에 대응하기 위해 인도네시아, 인도, 베트남 등 여러 지역을 고려하면서 정밀 분석을 실시한 결과 멕시코에 새로운 생산 시설을 건설할 계획이다. 이 업체가 다른 지역을 선택할 경우 절대 비용은 낮출 수 있겠지만 위험 조정 비용이 더 높았다. 아디다스도 국가 위험을 줄이기 위해 최근 몇 년 동안 다른 신발 제조업체와 마찬가지로 소싱 국가를 다각화해서 공급망에 유연성을 더하는 데 집중해왔다.[20] 2019년 현재 이 회사 신발 생산량 중 가장 큰 43퍼센트는 최대 소싱 국가인 베트남에서 생산되고 중국은 16퍼센트를 차지한다.[21]

삼성 같은 회사들은 미국과 중국 사이의 무역 긴장에 대응해 생산 기지를 옮기고 있다. 중국 내 일부 제조 시설을 폐쇄하고 주요 시장에 공장을 증설하거나 신설하고 있다. 2020년 현재 삼성은 인도의 새로운 스마트폰 디스플레이 제조 시설에 5억 달러를 투자할 계획이라고 밝혔고, 2018년에도 인도의 다른 공장에 7억 달러를 투자한 적이 있다.[22] 그리고 가전제품 생산을 위해 사우스캐롤라이나에 3억 8천만 달러를 들여 공장도 지었다.[23] 이런 공급망 재구성 전략은 관세나 다른 장애로 인해 상품 원가가 급변하는 위험을 최소화하면서 앞서 말한 다국가 모델도 강화한다. 북유럽 산업 기업의 최고 경영자의 말에 따르면, 그의 회사는 모든 주요 시장에 위치한 공장과 공급업체를 이용해 새로운 다국가 공급망을 구축했는데 이는 이들 국가 사이에 갑작스럽게 관세가 생길 경우에 대비해 회사를 격리하기 위한 조치다.

기업의 회복력을 높이기 위해 사용하는 전략은 관세가 높은 지역에서 낮은 지역으로 생산을 전환하고 공급망에 더 많은 옵션을 집어넣는 것뿐만이 아니다. 그들은 변덕스러운 관세라는 '뉴 노멀new normal'에 대처하기 위해 계속해서 단기적인 조치도 취하고 있다. 이윤 타격을 감수하거나 공급업체들과 타격을 나누는 것을 비롯해, 어떤 제품이 관세 때문에 타격을 받는 나라에서 만들어지지 않았다고 주장하거나 관세가 적용되는 범주에 속하지 않도록 제품을 재분류하는 등 규제상 허점을 이용하는 것도 그런 조치에 포함될 수 있다.

주거 개선 분야에서 일하는 한 고객은 관세 조치와 기타 보호주의 조치 때문에 비용이 10억 달러나 증가할 것으로 예상했다. 우리는 이에 대응해, 제품 카테고리 전반에 걸쳐 관세가 미치는 영향을 상세하게 분석하고, 즉각적인 관세 위협에 대응하고 회사의 장기적인 취약성을 줄이기 위한 종합적인 전략을 수립하는 통제실을 만들었다. 통제실에서는 단기적으로 가격 조정, 공급업체와의 재협상, 무역 정책의 허점 파악 등이 포함된 계획을 수립했다. 그리고 장기적으로 이 회사는 관세가 낮은 지역에서 조달한 저렴한 부품을 사용해 자사 제품 디자인을 변경할 가능성이 크다.

공급망의 새로운 기준, 소프트웨어

갈수록 모든 물리적 제품과 서비스가 어떤 형태로든 디지털 가치 제안이 되고 있다. 이런 서비스를 제공하고 유연한 공급 모델의 성능을 개선하기 위해, 기업들은 과거에 공급망 주변에 있던 소프트웨어 센터를 이전해서 이들을 기본 조직으로 만들고 있다.

20세기 후반에는 산업, 소비자 제품, 소매업 같은 분야에서 활동하는 대기업들은 대부분 소프트웨어 개발을 별로 하지 않았고 기껏해야 조직의 경계에 존재하는 이색적인 기능 정도로 간주했다. 이런 기업은 개발자들을 세계의 잘 알려지지 않은 지역에 숨겨두고 IT 팀도 그쪽에 함께 배치했다.

요즘에는 이런 기업도 수천 명의 인력으로 구성된 고도로 정교하고 중앙 집중화된 디지털 기능을 공급망의 일부로 편입해서 온라인으로 제공하고 있다. 오늘날의 가치 제안이 예전과 많이 달라졌기 때문이다. 2장에서 얘기한 현상처럼, 제품들이 지금껏 본 적 없는 수준으로 디지털화되고 있다. 물리적인 제품을 만드는 회사도 소프트웨어 업데이트를 이용해 서비스 문제를 해결할 수 있을 뿐만 아니라 새로운 가치 풀을 목표로 하는 솔루션을 개발하는 데도 신속하게 대응할 수 있다. 예전의 산업 기업들은 물리적 공장만 있으면 충분했지만, 21세기에는 다양한 종류의 소프트웨어 기능이 포함된 디지털 센터가 제품과 서비스를 제공하는 데 필수적인 존재가 되어가고 있다.

우리가 조사해서 알아낸 바에 따르면, 한 글로벌 패션 소매업체는 소프트웨어 개발·디지털 센터를 유연한 글로벌 공급 모델의 필수 부분으로 만들고 자사 역량을 활용해 전 세계 매장에서 실시간으로 가격과 프로모션을 최적화할 수 있게 했다. 기존 소매업체들도 매장과 공급망 전체에서 막대한 양의 데이터를 수집하지만, 매일 또는 매시간 데이터를 분석해서 가격을 책정하거나 판촉 활동을 진행하는 역량이 오랫동안 부족했다.

그 결과, 소매업체들은 재고를 정리하거나 새로운 패션 디자인을 홍보하기 위해 불필요하게 상품 가격을 인하하는 바람에 수백만 달러의 손실을 봤다. 이 특정 업체에서 만든 데이터 센터는 온라인과 오프라인 채널에서 방대한 양의 데이터를 수집하고 이를 분석하기 위한 강력한 알고리즘을 구현한다. 덕분에 이 회사는 적절한 시기에 적절한 가격으로 제품을 판매해서 수익을 극대화할 수 있었다. 또 판촉 행사를 개인화하는 등의 방법으로 소비자의 쇼핑 경험도 향상시켰다.

이 패션 소매업체는 주로 내부 운영비를 낮추고 속도와 유연성을 향상하기 위해 유연한 공급 모델의 테두리 안에서 디지털 센터를 구축했다. 슈나이더 일렉트릭은 고객 및 외부 파트너와 함께 새로운 디지털 제품과 솔루션을 공동 개발할 수 있는 디자인 랩lab을 만들어 공급망을 더 확대했다. 전통적인 방식으로 제품을 개발하려면 수년이 걸리지만, 이런 새로운 디자인 랩을 이용한 슈나이더 일렉트릭은 몇 주 혹은 몇 개월 만에 새로운 제품을 출시할 수 있다. 2019년 현재 이 회사는 미국, 유럽, 아시아의 8개 랩에서 매년 150개 이상의 제품을 설계하고 있으며 그 수는 앞으로 더 늘어날 것으로 보인다.[24] 지멘스도 이와 유사하게 전 세계에 수십 개의 마인드스피어 애플리케이션 센터MindSphere Application Center를 열어서 고객을 위한 '새로운 비즈니스 모델, 디지털 솔루션과 서비스'를 개발하는 임무를 맡겼다. 데이터 과학자와 소프트웨어 개발자들이 일하는 이런 시설은 팀원들이 '고객 문제에 대해 배우고 해결'할 수 있도록 '고객과 가까운 곳'에 위치해 있다.[25]

일류 기업들은 유연한 공급 모델 안에 글로벌 소프트웨어와 디지털 역량을 구축할 때 다양한 경로를 택한다. 어떤 경우에는 이런 자산을 처음부터 새로 만들기도 한다. 또 이전에 단편적으로 흩어져 있던 기존 자산을 재구성해서 실리콘 밸리, 베를린, 텔아비브, 벵갈루루처럼 인재가 풍부한 곳에 하나 이상의 디지털 허브를 만들기도 한다. 기업들은 이런 허브에서 디지털 방식으로 통합된 새로운 제품과 서비스를 제공하는 데 필요한 디지털 기능을 만들며, 이런 곳에는 인재가 집중되어 있기 때문에 여러 기능 간의 강력한 협업이 가능하다. 책 뒷부분에 자세히 나오겠지만, 기업들은 이런 허브를 이용해서 팀의 작업 방식을 바꾸고 더 민첩하고 대응력 있는 제품과 서비스 개발을 촉진하고 있다.

새로운 소프트웨어 기능은 단순히 최종 사용자를 위한 제품 개발과 공급, 관리에만 혁신을 일으키는 게 아니다. 미래에는 소프트웨어가 이런 제품을 만드는 기계와 공장을 통제하게 되므로, 기업이 공장이나 배송센터를 설립하고 관리하는 방식이 근본적으로 바뀔 것이다. 소위 디지털 트윈 기술digital-twin technology이라고 하는 기술이 여기서 두드러지게 부각할 것이다. 디지털 트윈은 설계 및 소프트웨어 엔지니어가 만든 공장, 제품 또는 프로세스의 가상 모델이다. 이런 모델을 사용하는 엔지니어는 과거 작업에 대한 데이터를 사용해서 실제 물리적 공장, 제품 또는 프로세스의 성능을 시뮬레이션해서 미래의 성능을 향상할 수 있다.

오늘날에는 공장이나 제품을 관리하는 지역의 팀들이 대부분 디지털 트윈을 이용해서 성능을 모니터한다. 이론적으로 디지털 트윈 기술은 글로벌 기업이 원격 및 실시간으로 성능을 설정, 모니터링, 개선할 수 있게 해줘야 한다. 기업은 모든 기계와 공장의 가상 소프트웨어 모델을 구축해서 이를 서로 연결하고, 중앙 집중화된 하나 또는 여러 개의 장소에서 전체 네트워크를 모니터링하고 제어한다. 탄력적이고 유연한 공급 모델의 다음 진화는 우리 손에 달려 있다.

그리고 사실 이미 그런 상태다. GE는 전력 회사를 위한 풍력 발전 단지를 지을 때, 먼저 디지털 트윈digital twin을 만들어서 발전소가 실제로 위치하게 될 정확한 장소에서 풍력 발전 단지를 모델링한다. 엔지니어는 터빈을 맞춤 설계해서 그것이 건설될 장소에서 제대로 기능하도록 최적화한다. 실제로 터빈이 작동하기 시작하면 소프트웨어가 터빈 성능을 원격으로 모니터링하면서 조정한다. 이 기술은 에너지 생산량을 20퍼센트 증가시켜서 100메가와트 풍력 발전 단지에서 얻을 수 있는 평생 가치를 1억 달러까지 끌어올린다.[26] 이런 부가가치 잠재력 때문에 세계 디지털 트윈 기술 시장은 기하급수적으로 팽창해서 2025년에는 358억 달러 규모에 이를 것으로 예상된다.[27] 한 추정에 따르면, 2021년까지 대기업의 절반이 디지털 트윈 기술을 채택해서 운영을 대폭 강화할 것이라고 한다.[28]

리더는 어떤 선택을 해야 하는가

이 장에서 살펴본 것처럼, 21세기의 글로벌 기업은 제조 및 서비스 제공에 있어 기존 기업들과는 매우 다른 접근 방식을 취하게 될 것이다. 결국 기업들은 여러 나라에 자동화된 유연한 공장 네트워크를 보유하게 될 것이다. 공장마다 자체적인 지역 공급망이 있고, 디지털 트윈 기술을 이용해 서로 연결되고 원격으로 제어된다.

이런 네트워크는 하룻밤 사이에 불쑥 나타나는 게 아니다. 글로벌 기업이 기존 공장과 서비스 제공 센터에 한 대규모 투자와 규모 확장과 관련된 기술적인 문제를 감안하면, 이들 기업이 이 장에서 설명한 차세대 글로벌 제조 및 공급 모델을 구축하기까지 수십 년이 걸릴 것이다. 이렇게 회복력이 뛰어난 모델에는 속도, 맞춤화, 새로운 인재에 대한 접근성을 제공하는 첨단 기술과 다국가 현지 공장 및 배송 센터가 포함될 것이다. 그리고 비용과 유연성을 향상시키는 기술과 통합되긴 하겠지만, 기존의 저비용 대량 생산 시설도 포함된다.

이런 새로운 현실에 대비하기 위해 리더는 유연성이 매우 뛰어난 고속 네트워크로 전환하고, 적절한 곳에 비용이 저렴한 기존 시설을 유지하는 2가지 작업을 동시에 진행해야 한다. 리더는 제품과 서비스를 효율적으로 제공하는 방식을 최적화하면서 대응력과 속도, 회복력을 높이는 방법도 고려해야 한다. 또 리더는 공급업체 전략을 보다 유연하고 개방적인 방향으로 수정하기 시작해야 한다. 제품과 서비스가 점점 지능화되면서 리더는 물리적인 제품 공급 네트워크와 통합된 소프트웨어 기능을 갖춘 디지털 허브를 구축해야 한다. 그리고 판매하는 제품을 만들고 공급하기 위한 더 유연한 역량을 구축할 때, 리더들은 공급망을 더 비용 효율적이고 빠르게 만들 뿐만 아니라 갑작스러운 경제 및 지정학적 변화에 직면했을 때 회복력을 높일 방법도 고려해야 한다.

기업의 제조 및 서비스 제공 방식을 다시 설계하기 시작할 때, 리더는 다음의 4가지 전략적 질문에 집중해야 한다.

1 속도와 맞춤화에 대한 고객의 요구는 어느 정도인가? 일부 고객이 이 서비스를 중요하게 여기면서 기꺼이 할증 요금을 지불할 용의가 있다면, 이런 고객에게 제품과 서비스를 더욱 신속하게 제공하기 위해 제조와 배송 네트워크를 어떻게 조정할 수 있을까?

2 여러분 회사 제품과 서비스의 인공지능화 비율이 얼마나 빠르게 증가하고 있으며, 새로운 가치 풀은 얼마나 되는가? 이런 가치 풀을 활용하려면 어떤 소프트웨어 인재가 필요하고, 이런 인재를 어떻게 유치, 고용, 유지할 수 있는가?(이에 대한 자세한 내용은 뒷부분을 참고하기 바란다.) 내부 소프트웨어와 디지털 기술을 보완하기 위해 외부 공급업체와 어떤 파트너십을 체결할 수 있는가? 예전부터 가지고 있었지만 지금까지 활용도가 낮았던 데이터를 최대한 활용하려면 어떤 중앙 집중식 디지털 기능이 필요한가?

3 고객의 기대치가 변하는 상황에서도 여러분 회사의 경쟁 우위의 기반

이 되는 핵심 활동은 무엇인가? 파트너십을 통해 다른 이들에게 제공할 수 있는 비핵심적 활동은 무엇인가? 보다 일반적으로 볼 때, 고객 대면 기업이 더 이상 가치 사슬의 많은 부분을 소유하지 않아 가치 사슬이 점점 그들과 멀어지는 상황에서 공급업체와의 관계가 어떻게 변해야 하는가?

4 무역 체제가 갈수록 불확실해지는 가운데, 비용과 위험 사이의 균형을 유지하면서 회복력을 키우려면 어떤 전략 혹은 전략들의 조합을 이용해야 하는가? 예를 들어, 공급망 충격으로부터 회사를 보호하기 위해 시장과 가까운 곳에 공장과 배송 센터를 만들어야 하는가? 위험 완화를 위해 공장들끼리 생산 능력을 원활하게 전환할 수 있도록 하는 비용을 어느 정도까지 감수해야 할까?

많은 조직은 이런 질문에 대한 토론을 거부할 수도 있다. 일부 리더들의 입장에서는, 역사적으로 유용성이 입증된 글로벌 공급 및 제조 구조를 바꾸자고 제안하는 게 어리석어 보일 것이다. 또한 제조와 공급을 현지화 혹은 지역화하려면 상당한 계획이 필요하며, 부실하게 실행할 경우 손해를 볼 수도 있다. 제조와 제품 기능을 위해 디지털 기술에 투자하려면 비용과 시간이 많이 소요된다. 또 제품의 소프트웨어 구성 요소를 만들기 위해 생산과 서비스 업무를 조정해서 디지털 인력을 많이 배치하면 기존 인력의 중요도가 낮아져 그들이 거부감을 가질 수 있다. 마지막으로, 시장 불확실성에 대처하기 위해 실행하는 모든 공급 전략은 조직이 이해하거나 정량화하기 쉽지 않은 절충안과 위험을 수반한다. 그리고 이런 전략을 제대로 실행하지 않으면 기존의 제조와 공급 네트워크에 혼란이 발생할 수 있다.

이런 도전들이 만만치 않게 보일 수 있지만, 리더들은 조심스럽게 발걸음을 내디디면서 극복해나갈 수 있다. 직원, 파트너, 고객에게 의견을 구해 조직과 오퍼링에 대한 비전을 수립하자. 계획이 구체화되기 시작하고 공급망이 차례로 변경되면 이해 관계자들이 이를 받아들일 수 있도록 공동 비전을 제시한다. 이런 전략은 서둘러선 안 된다. 제조와 서비스 제공 기능에 생길 수 있는 구체적인 변경으로 인해 발생하는 상충 관계를 시간을 들여 충분히 평가해야 한다. 지금까지 강조한 전술이 모든 상황이나 모든 회사에 다 효과가 있는 건 아니라는 사실을 기억하자. 난기류와 변동성에 대비한 공급망을 마련하려면 조직의 위험 허용 범위를 평가하고 가능한 시나리오를 모델링해서 리더가 합리적으로 동의할 수 있는 전략이 뭔지 제대로 알고 있어야 한다.

지금까지 이 책에서 살펴본 5가지 주요 전략, 주주 이익 극대화에 그치지 않고 모든 주주에게 이익 제공, 새로운 디지털 가치 제안 수용, 더 스마트한 방식을 이용해 전 세계로 확장, 디지털 생태계 엔지니어링, 유연한 제조와 공급 수용은 중요한 특성을 공유하고 있다. 전부 데이터 흐름에 의존한다는 것이다. 기업이 제공하는 새로운 서비스와 경험은 글로벌 데이터와 디지털 플랫폼을 동원한다. 이런 디지털 오퍼링을 통해 창출된 새로운 이익 풀은 기업의 기존 지리적 확장 전략에 부담을 주므로 일부 기업은 광범위한 글로벌 입지를 포기하기도 한다.

글로벌 데이터 공유, 낮은 연결 비용 그리고 가상으로 연결된 고객의 존재가 생태계를 가능하고 바람직하게 만든다. 그리고 제조업에 혁명을 일으킬 유연한 공장은 이들을 하나로 묶어서 중앙 제어 시설과 연결할 글로벌 데이터 고속도로를 필요로 한다. 데이터는 실제로 이 책에서 우리가 강조한 모든 전략의 중심에 있다. 다음 장에서 얘기하겠지만, 21세기의 기업들은 정교하고 전략적인 글로벌 데이터 아키텍처를 구축하기 위해 기존의 단편적인 데이터 수집을 넘어서야 한다. 앞으로는 데이터가 글로벌 기업이 성장하는 데 대체 불가능한 새로운 연료 역할을 할 것이다. 조직이 그 연료를 확보해서 동원하기 위한 조치를 아직 취하지 않았다면 당장 시작하는 게 좋다.

- 소위 말하는 과거의 글로벌 공급 모델, 즉 저렴한 인건비 중심의 글로벌 공급망은 갈수록 구식이 되고 있다. 생산 관리는 이제 비용을 최소화하는 것뿐만 아니라 기업의 속도와 유연성, 회복력을 높이기 위해 애써야 한다.

- 신발 산업 외에도 대기업들 사이에서 더 유연한 제조를 위한 비슷한 움직임이 일어나기 시작했다.

- 다국가 네트워크는 기업의 비용을 낮춰줄 뿐만 아니라 유연하고 대응력이 뛰어난 공급에도 도움이 되지만, 이제 그것만으로는 충분하지 않다. 기업들은 광범위한 공급망도 대대적으로 재고하고 있다.

- 디지털화된 제품과 서비스에 대한 증가하는 요구를 충족시키기 위해 글로벌 기업들은 공급 모델에 디지털과 소프트웨어 개발이라는 완전히 새로운 차원을 빠르게 추가하고 있다.

글로벌 데이터 아키텍처를 구축하라

기업들은 오랫동안 데이터를 사업 운영 과정에서 배출되는 배기가스처럼 취급했고, 측정해서 개선해야 할 일이 생기고 난 뒤에야 비로소 데이터를 활용했다. 오늘날의 일류 기업들은 이런 전통적인 접근 방식을 넘어 데이터, 특히 전 세계에서 수집해 저장, 분석한 정보를 이용해 미래의 성과나 소비자 행동을 예측할 뿐만 아니라 글로벌 고객을 위한 가치 제안을 성공적으로 추진하기 위한 핵심 요소로 삼고 있다.

글로벌 제품 및 서비스 회사들은 예전부터 물리적 공급망과 원자재 확보 능력을 통해 경쟁 우위를 점하려고 노력했지만, 상황이 빠르게 변하고 있다. 물리적 공급망과 원자재도 여전히 중요하지만, 이제 데이터가 많은 글로벌 기업에게 똑같이 중요한 새로운 원자재가 되었다. 기업들이 디지털로 연결된 글로벌 고객에게 제공하는 개인화된 반응형 동적 솔루션은 대량의 데이터를 지속적으로 생성, 공급, 분석하는 방식에 의지한다. 따라서 이제 글로벌 기업에게 필요한 건 새로운 소프트웨어 개발 역량, 빠르고 유연한 제조 공장과 배송 센터로 이루어진 글로벌 네트워크, 업계와 지역 전반에 걸친 외부 파트너 생태계뿐만이 아니다. 이들에게는 여러 지역에서 대규모 데이터 흐름을 처리할 수 있는 새로운 글로벌 디지털 아키텍처global digital architecture가 필요하다.

일류 기업들은 디지털 정보라는 연료를 보다 효율적인 프로세스, 좋은 가격, 더 가치 있는 제품과 서비스, 경험으로 전환할 수 있는 강력한 글로벌 데이터 아키텍처를 구축해 타사들을 넘어서고 있다. 사용자들을 전 세계 플랫폼이나 파트너들과 원활하게 연결하는 이런 데이터 아키텍처는 21세기 기업들의 성장을 촉진하고 막대한 가치를 창출하도록 전략적으로 설계된 새로운 공급망을 제공한다.

예전의 글로벌 제품 및 서비스 기업들은 단편적인 데이터를 여기저기 따로 보관해두고 제품과 공급망, 파트너와의 협업을 점진적으로 개선하는 데만 사용했다. 데이터는 상업 활동의 배기가스였고, 수집한 뒤 한참 뒤에 연구해서 제품이나 서비스 공급망의 성능을 향상시키는 데 사용했다. 예를 들어, 글로벌 산업 기업은 데이터가 아니라 자동차나 증기 터빈 같은 물리적 제품을 설계, 제조, 판매, 정비해서 돈을 벌었다. 기업들은 자사 제품에 대한 대량의 성능 데이터를 보유하고 있었지만, 이런 데이터가 전 세계 서비스 센터에 분산되어 있었기에 회사 내부 팀이 실시간으로 이용할 수 있는 경우는 거의 없었다. 자동차 디자이너는 자기가 디자인한 자동차 모델이 처음 생산되고 몇 주, 길게는 몇 달이 지난 뒤에야 겨우 해당 자동차 모델의 성능과 관련된 단편적인 데이터를 요약본으로 받아보았을 것이다.

예전의 글로벌 서비스 회사들은 주로 지역별로 서비스를 설계하고 판매해서 돈을 벌었다. 예를 들어, 글로벌 은행들은 지역별 지사를 통해 대출 상품을 판매한다. 이런 대출 상품을 설계, 제작, 판매, 사용하는 과정에서 생성된 데이터는 해당 지역에서 수집해 아마도 직원이나 관리자가 볼 수 있도록 월별 보고서에 요약해놓았을 것이다. 전 세계에서 실시간으로 데이터를 수집하고 분석해서 가격과 기타 결정 사항에 대한 정보를 전달하거나 고객에게 서비스를 제공하는 일은 없었다.

당시에 기업들이 데이터를 제대로 이해하지 못한 이유는 기술력이 부족했기 때문이다. 그러나 최근 몇 년 사이에 이루어진 수많은 사회적, 기술적 발전 덕분에 마침내 기업들이 데이터를 글로벌화하고 그걸 사업의 연료로 활용할 수 있게 되었다. 앞서 살펴본 것처럼, 전 세계 소비자들은 갈수록 긴밀히 연결되어 온라인상에서 더 많은 시간을 보내면서 엄청난 양의 데이터를 생성하고 있다.

지난 10년 사이에 데이터를 클라우드에 저장하고 처리하는 비용이 크게 줄었다. 서비스 형태의 디지털 인프라 laaS를 판매하는 아마존 웹 서비스 같은 기업들 덕분에, 글로벌 기업들은 직접 인프라를 구축하지 않고도 필요한 인프라를 임대할 수 있게 되었다. 물론 일부 기업은 글로벌 데이터를 보관하기 위해 자체적으로 방대한 데이터 센터를 만들어 투자하고 있다. 2017년 현재, 페이스북의 데이터 센터 공간은 거의 1,500만 평방피트까지 확장되었다.[1] 정교한 데이터 과학과 데이터 분석을 제공하는 새로운 스타트업들이 생겨났고 오라클 Oracle과 여러 기존 IT 기업들도 데이터 분석 역량을 키웠다. 그리고 마침내 기계 학습과 AI 같은 기술 발전이 기업 운영이나 상업적인 면에서 글로벌 데이터를 완전히 새로운 방식으로 사용할 수 있는 길을 열어주었다.

한눈에 보는 데이터 혁명

- 2020년에는 전 세계 데이터 흐름이 초당 6만 기가바이트를 넘어 2015년 보다 3배 이상 많아질 것이다. 최소 2025년까지는 국가 간 데이터 흐름도 2년마다 2배씩 증가할 것으로 예상된다.[2]

- 2013년부터 2020년 사이에 인터넷에 연결된 장치 수가 400퍼센트 증가했다.[3]

- 2020년에는 세계 인구의 3분의 2가 인터넷을 활발하게 사용하고 있다.[4]

- 지난 10년 사이에 고정 광대역 바스켓 basket 비용이 40퍼센트 이상 감소했다.[5]

- 지난 10년 사이에 센서 평균 가격이 50퍼센트 이상 하락했다. 2022년에는 데이터를 생성하는 연결 장치가 약 290억 개에 달할 것으로 예상된다.[6]

- 지난 10년 사이에 클라우드 인프라 비용이 66퍼센트 감소했다.[7]

- 전 세계에서 생성되는 데이터 양이 2011년 이후 3년마다 2배씩 증가

했으며, 2025년에는 175조 기가바이트에 달할 것으로 예상된다.[8]

- 2018년에는 93억 달러 이상의 자금이 AI 기업으로 유입되었는데 이
  는 사상 최대 규모다.[9]

글로벌화된 데이터의 수집과 전파가 쉬워짐에 따라, 데이터가 기업을 내부에서 외부로 변화시키기 시작했다. 내부적으로는 글로벌 데이터 흐름을 통해 직원과 계약직 사원, 파트너가 여러 지역에서 쉽게 협업할 수 있게 되었다. 기업들은 글로벌 운영을 실시간으로 모니터링하면서 모든 문제에 신속하게 대응할 수 있게 되어, 시장이 급변해도 회복력이 높아진다.

또한 자산 배치를 최적화해서 비용을 절감하고 생산성을 높이며 환경 부담을 줄일 수 있다. 인력에 관한 데이터를 수집해서 직원들을 능동적으로 참여시키고, 인재 보유율을 높이며, 성과를 향상시킬 수 있다. 상업적으로는 글로벌 데이터를 이용해 개별 고객을 위한 고유한 공간을 만들어서 개인화된 마케팅과 제품 전략을 구현할 수 있다. 또 기업은 소셜 미디어 활동, 제품 후기, 고객 만족도 조사 등을 통해 얻은 전 세계 수백만 고객의 피드백 데이터를 이용해서 계속 변화하는 경험과 솔루션을 구축할 수 있다.

이런 경험의 가장 유명한 사례 중 하나가 바로 전 세계 수백만 사용자의 데이터 흐름에 따라 동적으로 진화한 에픽 게임즈Epic Games의 인기 비디오 게임 〈포트나이트Fortnite〉다.[10] 〈포트나이트〉는 최대 100명의 플레

이어가 서로 경쟁하거나 팀을 짜서 최후의 승자를 가릴 수 있는 게임 환경을 제공한다. 소프트웨어 개발자들이 새로운 게임을 만들 수 있는 프로그래밍 환경인 에픽 게임즈의 언리얼 엔진 Unreal Engine처럼 컴퓨팅과 인터넷 속도의 발전 덕에 이런 모든 일이 가능해졌다. 언리얼 엔진의 기술을 이용하면 모든 게임 플랫폼에서 게임이 실행되므로 진입 장벽을 낮출 수 있다(사용자는 모바일, 휴대용 단말기, PC, 맥Mac 장비를 이용해 〈포트나이트〉를 플레이할 수 있다). 언리얼 엔진은 또 게임에 대한 사용자들의 피드백을 이용해서 엔진과 게임 경험을 더 개선할 수 있게 해준다. 2018년까지 포트나이트의 2가지 게임 중 하나인 〈배틀 로얄Battle Royale〉은 전 세계에서 2억 명 이상의 사용자를 확보해 약 30억 달러의 수익을 올렸다.

에픽 게임즈는 디지털 형태로 태어나 전 세계에서 데이터를 수집, 분석하여 경쟁 우위를 차지한 수많은 기업 중 하나일 뿐이다. 그러나 다른 분야에서 제품과 서비스를 제공하는 기성 기업들도 이런 작업을 시작하면서, 데이터가 사업에 제공하는 고유한 기회를 포착할 수 있기를 바라고 있다. 디지털 기업들은 설립 첫날부터 데이터 흐름에 따라 전략과 운영 모델을 구축했지만, 데이터를 배기가스처럼 취급하던 기성 기업들은 더 힘든 과제에 직면해 있다.

이 책 뒷부분에서 다룰 직원들의 숙련도 향상 문제 외에도 글로벌 데이터 활용의 전략적 목표가 경쟁업체로부터 시장 지위를 보호하는 것인지, 새로운 수익 풀을 만들거나 새로운 효율성을 추구하는 것인지, 아니면 그 밖의 다른 목표가 있는 건지 명확히 해야 한다. 그리고 이런 목표를 달성할 수 있는 디지털 아키텍처나 공급망을 디지털 운영 모델의 일부로 설계해야 한다. 두 작업 모두 어렵지만 필수적이다. 이 문제를 해결할 방법을 살펴보기 전에, 데이터를 배기가스가 아닌 연료로 대한 기존의 글로벌 기업 하나가 어떻게 글로벌 데이터를 이용해서 전략적 우위를 달성했는지 자세히 알아보자.

데이터로 농산업을 재해석하다

농업은 인간의 모든 산업 가운데 가장 오래된 산업 중 하나다. 그리고 농부의 성공과 실패가 예상할 수 없는 날씨와 토양 조건, 작업 과정에서 내리는 수많은 결정에 달려 있는 가장 복잡한 산업 중 하나이기도 하다. 현대의 농부들이 내려야 하는 결정에는 비료를 얼마나 많이 줄지, 씨앗을 얼마나 깊이 심을지, 물을 얼마나 줄지, 어떤 살충제를 뿌릴지 등도 포함된다. 다행히 데이터가 이런 결정의 많은 부분에 도움을 줄 수 있고 오늘날에는 대부분 그렇게들 하기 때문에, 농부는 경작 면적당 수익을 최적화할 수 있다. "오늘날의 농장은 데이터와 센서, GPS 위성, 드론, 로봇 같은 다양한 장치와 기술을 이용해서 운영된다"고 한 관찰자는 썼다.[11]

그리고 데이터의 역할은 계속 확대되고 있다. 몇몇 추정에 따르면, 5년 전만 해도 5억 8500만 달러 규모에 불과했던 농업 부문의 분석 시장이 2023년에는 12억 달러에 달할 것으로 예상된다.[12] 세계 농업 분야에서 분석과 인공지능을 통해 연간 약 2500억 달러의 비용이 절감되고 새로

운 수익 기회가 생길 것으로 전망되는 등 잠재적인 영향이 엄청나다.[13]

농업과 다른 부문의 업체들은 이런 엄청난 잠재력을 감안해서, 농부들이 데이터를 이용해 보다 나은 결정을 내리고 수익을 최적화할 수 있는 솔루션을 설계했다. 농부는 휴대전화의 간단한 앱을 통해 날씨 패턴, 토양 상태 등을 추적할 수 있고, 농작물에 대한 위험을 줄이면서 생산성을 향상시킨다. 만약 여러분이 농기구나 씨앗, 혹은 농부에게 도움이 되는 다른 제품이나 서비스를 판매한다면, 이제 최상의 제품이나 서비스를 제공하는 것만으로는 경쟁에서 이길 수 없을 것이다. 그보다는 생산성과 관련된 솔루션을 지속적으로 제공하는 주요 공급원이 되기 위한 싸움에서 이겨야 한다. 즉 면적당 최고의 수익을 올리는 솔루션을 제공하기 위해 최고의 데이터 활용형 운영 모델을 구축해야 하는 것이다.

업계에서 이런 변화의 원동력을 이해한 최초의 기업 가운데 하나가 세계 최대의 농기구 제조업체인 존 디어였다. 이 회사는 2012년에 농부들이 장비를 더 효율적으로 관리하고 운영할 수 있는 디지털 플랫폼인 마이존디어MyJohnDeeer를 출시했다.[14] 업데이트와 성능 강화를 거쳐 존 디어 운영 센터로 이름이 바뀐 마이존디어는 농부들이 스마트폰과 다른 디지털 장비를 통해 농장의 각 부분에서 진행되는 일들을 확인하고 운영 지표를 관리할 수 있게 해준다. 이 시스템은 존 디어의 장비에 내장된 센서를 통해 들어오는 데이터뿐만 아니라 타사가 제공하는 '기후와 토양 상태부터 작물 특징에 이르기까지 모든 것에 대한 과거 데이터'를 활용하고 있다.[15]

이 회사의 전략 책임자인 알레한드로 사야고Alejandro Sayago는 "우리의 목표는 재배 농가가 정밀 농업을 시행하는 데 도움이 되는 도구와 부가 가치 솔루션을 제공하는 것"이라고 말한다. 이런 솔루션을 제공하기 위해 인터넷에 연결된 기계와 디지털 솔루션 등 모든 기술 스택stack을 동원한 존 디어는 농부들이 개별 작물 수준까지 세세하게 밭을 관리할 수 있게 해줌으로써 농장의 수익성을 극대화하는 동시에 회사가 얻는 가치도 늘어나기를 기대한다.[16]

이런 전략에 따라 존 디어의 농기구에 내장된 데이터 생성 디지털 레이어의 기능이 점점 더 뚜렷해지고 있다. 현재 이 회사의 S 시리즈 콤바인에는 7가지 자동화 기술을 이용한 액티브비전ActiveVision 카메라가 장착되어 있다. 장비를 조작하는 사람은 이 카메라를 통해 콤바인에서 처리되어 나오는 곡물을 확인하고 곡물 품질과 이물질, 기타 성능 요소들을 실시간으로 분석할 수 있다.[17]

콤바인은 이 데이터를 존 디어 운영 센터로 전송하는데, 이 온라인 농장 관리 시스템은 농부들이 자기 밭과 관련된 데이터를 확인하고, 이를 상담자나 판매업체, 다른 이들과 공유하고, 농작물 수확량을 늘리거나 비용을 절감할 수 있는 결정을 내릴 수 있게 해준다.[18] 더 좋은 계획을 세울 수 있는 소프트웨어 도구와 이런 계획을 정확히 실행할 수 있는 첨단 전기 구동 장치와 기계적 요소를 갖춘 장비를 결합함으로써 존 디어의 고객들은 더 짧은 시간에 더 넓은 면적을 경작할 수 있다.[19]

한편 기계에 부착된 센서 기능도 최적화되어, 문제가 생기면 농부와 장비 판매자에게 그 사실을 알린다.[20] 회사는 농부들이 운영과 관련된 결정을 내리는 걸 돕기 위해 컴퓨터 비전과 다른 첨단 기술을 배포하는 데 앞장서 왔다. 예를 들어, 컴퓨터 비전·AI 시스템은 잡초를 식별하고 잡초마다 적절한 양의 제초제를 뿌릴 수 있다. 예전에는 농부들이 작업 현장마다 돌아다니면서 이런 결정을 내렸다.[21] 존 디어의 지능형 솔루션 그룹ISG SVP인 존 스톤John Stone은 존 디어가 "인공지능, 컴퓨터 비전, 기계학습에 매우 많은 노력을 기울이고 있다"고 말한다. "놀라운 점은 이 모든 기술이 농업에 매우 적합하다는 것이다."[22]

농부들에게 이런 부가가치를 제공하기 위해, 존 디어는 전통적인 사업부서 내에서 새 시대의 기술 스타트업 같은 모습으로 기능하는 인텔리전트 솔루션 그룹Intelligent Solutions Group이라는 디지털 사업부를 만들었다. 일리노이 본사에 있는 별도의 시설 외에도 존 디어는 실리콘 밸리에 존 디어 연구소를 설립하고 블루 리버 테크놀로지Blue River Technology라는 신생 기업을 인수해서 디지털 인재를 영입하고 최신 혁신 기술과의 지속적인 연결 통로를 마련했다. 이 결합 덕분에 존 디어는 혁신적인 통찰력과 애플리케이션을 손에 넣을 수 있었다.[23]

여기서 한 걸음 더 나아가, 존 디어는 글로벌하게 데이터를 유지 및 처리할 때 고객의 개인정보를 보호하도록 하는 법률인 유럽연합의 세계 정보 보호 규정을 준수하는 데이터 아키텍처를 채택했다. 이 회사는 고객들이 플랫폼에서 데이터를 컴파일compile하고, 원할 경우 존 디어가 구축한 인터페이스를 통해 외부 데이터를 추가할 수 있도록 설계했다. 또한 이 플랫폼을 이용해 신뢰할 수 있는 조언자의 도움을 받아서 농장을 위한 맞춤형 계획을 수립할 수 있게 해준다. 그런 다음 이 계획이 특정한 작업에 대한 지시를 내리면, 그 지시가 개별적인 농기구로 전송되어 아주 정밀하게 실행된다. 존 디어는 이런 식으로 전 세계 농부들과 완전히 통합된 파트너가 되어 그들이 식재, 살포 같은 분야에서 최대한 정확하고 효율적으로 계획을 수립하고 실행할 수 있게 도와주었다.[24]

아마존 웹 서비스를 디지털 아키텍처를 위한 플랫폼으로 사용한 존 디어는 전 세계적으로 균일한 사용자 경험을 만들어서 자사 기계를 쉽게 연결 및 작동시키고 여러 지역으로 확장할 수 있게 했다.[25] 또 (원하는 경우) 고객이 데이터 보안과 거버넌스 기준을 충족하는 몇몇 타사와 데이터를 공유할 수 있는 인터페이스도 개발했다. 이렇게 하면 고객은 통합 솔루션을 제공하는 토양 센서, 드론, 기상 데이터 분석 등과 관련된 기술에 액세스할 수 있다.[26] 존 디어는 2019년에 여러 회사에서 만든 장비가 실시간으로 서로 통신할 수 있도록 다른 장비 제조업체들과 계약을 체결했다.[27] 덕분에 농부들은 존 디어의 운영 센터나 경쟁 브랜드에서 운영하는 포털을 이용해 모든 기계를 한꺼번에 추적하고 운영할 수 있게 되었다.[28]

디지털 솔루션 전략과 새로운 운영 모델을 구축하려는 노력 덕분에, 존 디어는 전 세계 농부들이 선호하는 파트너가 되어 미래의 성장을 위한 토대를 마련했다. 고객들 사이의 브랜드 충성도가 높아지면서 소규모 시장의 점유율이 확대되고 북미 지역 같은 주요 시장에서 리더십을 강화했으며 수익성도 높아졌다. 이 회사의 영업 인력과 딜러 네트워크는 기계와 디지털 솔루션을 별도로 판매하기보다 하나로 통합된 솔루션을 판매한다. 회사 내부에서는 디지털 기술력을 갖춘 리더들의 지위가 높아졌다. 2019년에 회사의 새 CEO로 취임한 존 메이John May는 예전에 최고 정보 책임자였고, 소프트웨어 기반의 지능형 솔루션을 담당하는 부서의 책임자로도 근무했다.[29]

존 디어는 글로벌 데이터를 유리한 방향으로 활용하는 유일한 회사가 아니다. 캐터필러도 이제 대형 산업용 기계에 대한 예측 정비를 실행하기 위해 관련 데이터를 수집한다. 스타벅스는 고객 경험을 개인화하고 현지 날씨와 이전에 구입한 음료 정보를 바탕으로 고객에게 잘 어울리는 음료를 권하거나 판촉 행사를 진행하기 위해 데이터를 수집한다. 세계에서 가장 글로벌화된 산업 중 하나인 자동차업계의 많은 업체도 혁신적인 디지털 제품과 서비스를 제공하는 데 필요한 데이터 공급망을 구축하고 있다.

기존 전략과 IT 시스템이 구식이고 레거시 데이터가 여러 지역에 단편적으로 흩어져 있는 회사들도 데이터를 경쟁 우위를 점하기 위한 발판으로 삼을 수 있다. 그 첫 번째 단계는 사업에 적합한 데이터 활용형 운영 모델을 구축하는 것이다.

데이터를 활용하는 운영 모델을 구축하라

기존 운영 모델에 디지털과 데이터를 겹쳐 쌓기 위한 전략을 수립하는 게 어려워 보일 수도 있다. 기성 기업인 여러분은 어디에서부터 시작할 것인가?

시장조사와 고객 연구 과정에서, 데이터를 연료로 전환할 때 추구할 수 있는 4가지 플랫폼 경로를 발견했다. 이 경로를 이해하면 회사가 나아갈 방향을 정하고 자체적인 강력한 디지털 공급망을 구축하려는 노력을 구체적으로 추진할 수 있다.

여러분의 회사는 이미 고객과 관련된 고유한 자산과 역량, 가치 사슬에서의 위치 등을 보유하고 있다. 다음의 경로 가운데 하나를 선택하면 회사에서 이용할 수 있는 글로벌 데이터의 이점을 극대화하는 가치 제안, 운영 전략, 파트너십을 구축할 수 있다. 데이터를 연료로 전환하기 전에 먼저 회사와 고객의 이익을 위해 그 연료를 소비하는 방법을 전반적으로 이해해야 한다.

플랫폼 경로 #1 : 글로벌 데이터를 활용해 내부 운영 방안 재구성

4가지 경로 중 가장 일반적인 방법은 글로벌 데이터를 활용해서 회사의 운영 부문 가운데 하나 이상을 개선, 최적화 혹은 재구성하는 것이다. 여기에서는 사실상 기회가 무궁무진하며, 리더의 창의성과 그들이 사용하는 데이터 종류에 의해서만 제한될 뿐이다. 기성 기업들은 글로벌 데이터를 이용해 제품과 서비스의 설계 및 개발 방법부터 재료 공급 방법, 제품 제조 방법과 장소, 제품 운송, 저장, 홍보, 가격 책정, 판매 방법에 이르기까지 거의 모든 업무를 혁신했다. 기업 가치 사슬의 모든 부분은 글로벌 데이터를 이용한 수백 가지 개선 기회를 제공하는 동시에 기업이 새로운 환경에 적응할 수 있는 기회도 줄 수 있다.

세계에서 가장 규모가 큰 화장품 회사인 로레알은 현지의 여러 접점이나 파트너십을 통해 소비자의 동의하에 수집한 데이터를 브랜드 전체를 아우르는 글로벌 데이터 플랫폼으로 정리해서 고객 개개인에 대한 포괄적인 뷰를 생성하는 고객 데이터 플랫폼Customer Data Platform(이하 CDP)을 구축했다.[30]

이 플랫폼도 소비자의 동의를 받아 여러 데이터 소스의 정보를 종합한다. 여기에는 아마존, 세포라Sephora 같은 판매업체 또는 구글, 페이스북 같은 파트너 데이터, 익명의 소비자들이 타깃 광고나 메시지에 보이는 반응과 상호작용 같은 미디어 데이터, 회사 자체 CRM, 전자상거래 웹사이트, 앱에서 얻은 데이터 같은 퍼스트 파티 데이터, 고도로 맞춤화되고 브랜드화된 디지털 콘텐츠 저장소 같은 콘텐츠 허브가 포함된다. 이 데이터를 인구 통계와 각 브랜드에 대한 소비 습관에 따라 세분화하면, 회사는 구매자 각각의 요구를 정확하게 파악하고 예측하고 충족시킬 수 있다. 예를 들어, 로레알의 CDP를 통해 더 젊어 보이는 경향이 있는 로레알의 브랜드, 닉스Nyx의 고객이 로레알 제품도 사용하는지 확인할 수 있다. 그런 다음 회사는 이 통찰력을 이용해서 다른 브랜드들의 마케팅 대상을 정하고, 관심도가 높은 고객과 관계를 맺으며, 효과적으로 판매를 촉진할 수 있다.[31]

이 회사는 또한 내부 데이터를 활용해서 제품을 혁신하거나 개선한다.

로레알과 이들의 데이터 통합 파트너인 탤런드Talend는 새로운 제품을 구상하고 만들기 위해, 제품 성분 및 원료와 관련된 데이터를 수집한 뒤 이를 제품 성능에 대한 소비자의 인식 데이터와 결합했다.[32] 이들이 처리한 정보 양은 막대해서, 매일 약 5천만 개 데이터 포인트를 시스템에서 실행했다.[33] 지금도 로레알은 이 시스템을 이용해서 재무부서가 KPI를 추적하고 연구원들이 피부 관리와 관련된 다양한 주제를 연구하도록 한다. 이렇게 빅 데이터를 활용한 덕분에, 2019년에는 로레알의 전자상거래 매출이 49퍼센트 증가해서 전체 글로벌 매출의 10퍼센트 이상을 차지했다.[34]

소매 의류업계에서는 H&M 같은 디지털 리더가 글로벌 데이터를 이용해 수백 가지의 운영 개선을 이루었고, 컬렉션 조합 방식과 매장 재고 보관 방식을 혁신해서 매출을 극대화하고 비용은 최소화했다. 또 데이터 분석에 많은 투자를 하고, 맞춤형 마케팅을 대규모로 도입해 매출을 늘리고 있다. 우버와 아마존 같은 디지털 회사들도 각 산업 분야에서 글로벌 데이터를 이용해 가격 책정 및 판촉 방식에 혁명을 일으키고 있다. 10년 전만 해도 기업들의 글로벌 데이터 역량이 부족하고 글로벌 데이터를 비즈니스의 원동력으로 삼는 방법을 몰랐기 때문에 이런 개선이 전혀 불가능했다.

일부 업계에서는 주요 업체들 전부 혹은 대부분이 글로벌 데이터를 활용해서 운영을 개선하고 있는데, 이들은 내부 프로세스만 개선하는 게 아니라 회사 경계 너머까지 재편하려 하고 있다. 제약업계를 예로 들어보자. 대형 제약회사들은 전통적으로 사내 자원을 이용해 신약을 개발하면서 생명과학을 연구하고 제품 개발 파이프라인을 구축한 다음 새로운 약을 선보였다. 최근에는 많은 대형 제약사들이 R&D 과정을 수정해서 신생 기업이나 학술 연구소와 새로운 연구 파트너십을 체결하고, R&D를 가상화해서 다른 기업에 아웃소싱하며, R&D 조직을 더 작고 민첩하게 만들고, 크라우드소싱도 도입하고 있다. 예전에는 제약회사의 내부 R&D 연구소가 모든 신약 개발의 62퍼센트를 책임졌지만, 오늘날에는 출시되는 신약의 78퍼센트를 제약과 생명공학 분야의 스타트업들이 만들고 있다.[35]

기업들은 R&D 개방의 일환으로, 외부 연구원들이 공동 연구를 위해 이용할 수 있는 개방된 데이터 레이크data lake를 만들어 유지하고 있다. 여기에서는 엄청난 양의 데이터가 오가기 때문에, 기업과 외부 관계자들이 협력해서 기업 혼자 힘으로는 도저히 생각하거나 개발할 수 없는 상업적으로 실행 가능한 솔루션과 경험을 시장에 내놓을 수 있다.

대형 제약회사들은 전통적인 R&D 모델을 오픈 모델로 대체하지 않고 있다. 외부 스타트업들은 신약을 개발해도 값비싼 임상 실험을 진행할 방법이 없거나 약을 의사와 환자 손까지 전달할 마케팅과 영업 능력이 부족하기 때문에 협업 강화의 혜택을 누릴 수 있다. 대형 제약사들은 외부 회사와의 협업을 통해 전문 지식을 확장하고, 더 유망한 새 아이디어에 접근하고, 시장에 빨리 진출하면서 동시에 R&D 비용까지 절감할 수 있기 때문에 좋다. 그리고 물론 환자들은 이용 가능한 획기적인 약들이 늘어난다는 점에서 이익을 얻는다. 2019년에 나온 한 보고서에서 밝혀진 것처럼, 최근에 정부 승인을 받은 신약의 거의 3분의 2를 외부 기업(스타트업과 소규모 벤처기업)들이 생산했다.[36] 개방형 혁신 모델은 또 제약 회사들이 충격에 직면했을 때 회복력을 더 높여준다. 코로나19 위기 동안, 제약회사들은 백신과 치료법을 개발하기 위해 공동 데이터 플랫폼과 개방형 R&D 모델을 효율적으로 사용해서 전보다 훨씬 빠른 진전이 가능해졌다.

데이터를 연료로 전환하기 좋은 위치를 차지하기 위해, 대형 제약사들은 R&D 연구소를 주요 생명공학 허브와 가까운 곳으로 이전해 협업을 용이하게 하고 있다. 또 직원들의 소규모 약품 개발 프로젝트 추진을 장려하는 내부 벤처 프로그램을 개발하고, 외부 연구원들과 협력할 수 있는 개방형 혁신 포럼도 만들고 있다. 내부의 위계질서를 타파하기 위한 우수 연구 센터도 설립하고, 과학자들의 발견을 장려하는 새로운 방법을 고안하며, 유용한 데이터 세트를 개발한 다른 기업들과의 R&D 파트너십을 구축한다.

거대 제약 회사인 글락소스미스클라인GlaxoSmithKline(이하 GSK)은 제품 파이프라인을 강화하기 위해 많은 외부 R&D 파트너십을 체결했다.[37] GSK는 새로운 데이터에 접근하기 위해 세계 최대의 소비자 유전학 연구 회사인 23앤드미 23andMe 와 협업 계약을 맺고 새로운 치료법을 공동 개발하기로 했다. 이 계약의 일환으로, GSK 연구원들은 23앤드미의 유전자 데이터베이스와 데이터 분석 자료에 포함된 수백만 명에 달하는 익명 고객의 데이터를 이용할 수 있게 된다.[38] GSK는 그전에도 다른 대형 제약사와 제휴해 오픈 타깃 Open Targets 컨소시엄에 참여했는데, 이 컨소시엄의 웹 플랫폼은 연구진들이 공개적으로 이용할 수 있는 다량의 데이터에 액세스하여 질병에 대한 유망한 약제 표적을 찾을 수 있게 도와준다.[39] 이 회사는 50만 명의 참가자들에게서 수집한 데이터가 포함된 의료 자원인 영국 바이오뱅크 Biobank 와도 협력했다.[40]

이 첫 번째 경로가 강력하긴 하지만, 이건 빅 데이터를 이용해서 할 수 있는 일들의 표면만 살짝 건드린 정도다. 21세기에 번창하려는 기업들은 여기서 더 나아가 완전히 새로운 경쟁 우위를 만들고, 고도로 보호받는 새로운 가치 흐름을 창출할 방법을 고민해야 한다. 다음 3가지 경로를 통해 기업들은 바로 그런 일을 할 수 있다.

플랫폼 경로 #2 : 보유하고 있는 전문 지식을 활용하라

대부분의 기성 기업들은 사업을 운영하는 분야에 대해 깊이 있는 기술적 전문 지식을 보유하고 있다. 일부 기업은 이제 글로벌 데이터를 활용해 전문 지식을 체계화하고 이를 고객의 글로벌 운영에 대한 상세한 지식과 결합해서 고객의 실제 비즈니스 문제를 규모에 맞게 해결하는 새로운 솔루션을 만들고 있다.

독일의 엔지니어링 대기업인 지멘스를 예로 들어보자. 20세기 말까지 이 회사는 휴대전화부터 보청기, 통신망, 대중교통 시스템에 이르기까지 뭐든지 다 만드는 거대 산업 기업으로 알려져 있었다.[41] 하지만 그런 모든 기술적 전문 지식에도 불구하고 지멘스가 항상 신기술의 선두에 서 있는 건 아니었다. 2000년대 초에 이 회사는 일반 소비자 제품으로 자리 잡은 휴대전화의 출현을 놓쳤다(그전까지 기업들은 주로 비즈니스 사용자를 위해 기술을 설계하고 마케팅했다). 결국 지멘스는 2005년에 수익성이 없는 휴대전화 사업부를 매각하면서 4억 5천만 달러의 손실을 입었다.[42]

기술적으로 앞서가기로 결심한 지멘스는 2014년에 디지털화, 전기화, 자동화를 회사의 핵심적인 비즈니스 우선순위로 삼은 비전 2020 전략을 발표했다. 그러나 지멘스는 이런 영역들 가운데 하나인 디지털화에서 어려운 과제에 직면했다. 이 회사는 본인들이 설계, 제작, 정비하는 기계와 관련된 광범위하고 심도 깊은 기술 지식을 보유하고 있었지만, 이 단편적인 전문 지식을 규모에 맞게 활용하면서 이를 고객의 비즈니스 운영과 연계해 상업적으로 활용 가능한 새로운 솔루션을 만들 효과적인 방법이 없었다.

지멘스는 앞에서 얘기한 마인드스피어 플랫폼을 구축해서 이런 격차를 해소했다. IoT 애플리케이션을 위한 개방형 클라우드 플랫폼인 마인드스피어는 열차나 풍력 터빈 같은 장치의 운영 데이터를 저장해두고 디지털 애플리케이션을 통해 액세스할 수 있도록 한다. 이 데이터에 액세스한 지멘스는 방대한 기술 지식을 바탕으로 여러 지역에서 사업을 운영하는 고객들에 대하여 지금껏 몰랐던 통찰을 얻었고, 이를 흥미로운 신제품과 서비스로 전환할 수 있었다.

지멘스는 마인드스피어 플랫폼 외에도 앞에서 설명한 마인드스피어 애플리케이션 센터MAC를 설치했다. 이 센터에서는 지멘스의 기술 전문가가 고객팀뿐만 아니라 데이터 과학자, 분석가, 사용자 경험 전문가 등의 디지털 전문가들과 함께 일한다. 지멘스는 세계 각지에서 사업을 벌이면서 광범위한 전문 지식을 쌓았기 때문에, 마인드스피어를 전 세계로 빠르게 확장해서 새로운 알고리즘과 분석 기능, 통찰력, 솔루션을 개발했다. MAC에서는 고객의 중요한 비즈니스 과제와 기회를 고려해서 함께 새로운 솔루션을 만들어낸다. 지금까지 이런 솔루션은 지멘스 고객들에게 엄청난 가치를 제공하는 동시에 지멘스를 위한 새로운 수익원을 창출하거나 기존 수익원을 보호했다.

일례로 지멘스의 전력 진단 서비스는 대량의 데이터를 활용해서 전 세계에 있는 발전용 풍력 터빈의 작동을 개선한다. 지멘스는 풍력 터빈을 만들어서 현장에 설치하고, 각 풍력 터빈에 내장된 센서를 통해 수천 개의 데이터 포인트를 수집한다. 지멘스는 풍력 터빈 설계 및 운영에 관한 전문적인 이해를 바탕으로 데이터를 분석해서 대규모로 조언을 제공해, 고객이 풍력 터빈의 신뢰성과 성능을 개선하고 수명을 연장할 수 있도록 지원한다. 현재 이 회사는 8천 개에 가까운 풍력 터빈을 모니터링하면서 매일 200기가바이트의 데이터를 처리한다. 2008년 이후로 잠재적인 터빈 고장의 97퍼센트를 예방해왔고 풍력 터빈에 대한 서비스 방문 횟수가 85퍼센트 줄었다.[43]

지멘스는 발전소와 대중교통 시스템에 대해서도 이와 비슷한 일을 해냈다. 각 공장에서 온도, 압력, 터빈 속도 등 매일 약 10만 개의 데이터 포인트를 수집해 터빈에 문제가 발생하기 전에 미리 진단해서 고객이 예방 조치를 취하고 성능을 개선할 수 있게 한다. 또 이 회사는 독일, 스페인, 러시아 등지에 공급한 고속열차에서도 대량의 데이터를 수집하고, 알고리즘을 이용해 특정한 문제가 발생하기 전에 미리 찾아내서 장비를 최상으로 유지하는 방법을 제안한다. 앞으로 지멘스는 전 세계 모든 열차에서 수집한 데이터와 날씨, 선로 조건 같은 외부 데이터를 통합해, 고객이 차량 성능을 개선하고 비용을 절감할 수 있는 통찰력을 제공할 예정이다.[44]

2019년 현재, 지멘스는 디지털 산업 운영 회사를 통해 160억 유로 이상의 매출을 올렸는데 앞으로 그 수치는 크게 증가할 것으로 예상된다.[45] 회사의 최고 전략 책임자인 홀스트 카이서는 "소프트웨어로 이동하는 가치가 늘어남에 따라 MAC의 수익성도 점점 커질 것이다"라고 말했다.[46] 자신들의 전문 지식을 대규모로 활용하기 위해 데이터를 이용하는 회사는 지멘스만이 아니다. 네덜란드의 페인트 제조업체인 아크조노벨AkzoNobel은 인터랙비전InteracVision이라는 컨설팅 서비스를 개발했는데, 이는 이 회사가 데이터와 기술 노하우를 활용해서 운송업계 고객들이 선박 선체에 공업용 도료를 바를 경우 연료를 얼마나 절약할 수 있는지 예측해주는 서비스다. 핀란드의 크레인 제조업체인 코네크레인Konecranes도 글로벌 데이터를 분석해서 자사 크레인이 세계 각지의 업무 현장에서 어떤 성능을 발휘할지 예측하고, 건설용 크레인의 작동 방식에 대한 심층적인 지식을 활용해서 예측 정비를 수행한다.

플랫폼 경로 #3 : 데이터를 통해 글로벌 비즈니스의 새로운 기회를 찾아라

글로벌 데이터 아키텍처와 클라우드 기반의 데이터 플랫폼을 통해, 기업들은 과거에는 손길이 닿지 않았던 영역이나 지역에서 즉시 새로운 솔루션을 구현할 수 있다. 글로벌 데이터에 의해 생기는 기회를 포착하기 위해서 기업들이 추구하는 세 번째 경로는 이런 플랫폼을 사용해 데이터에서 패턴을 찾고, 특정 고객에게 이익이 될 만한 잠재적인 혁신 기술을 파악한 다음, 필요한 솔루션을 개발해 전 세계의 특정 고객 그룹에게 신속하게 배포해서 기하급수적인 가치를 실현하는 것이다. 이런 클라우드 기반의 플랫폼을 사용하는 건 커뮤니티 기반의 완전히 새로운 문제 해결 방법이다. 이건 다양한 분야의 전문가들이 서로의 능력을 바탕으로 혁신적이고 우아하며 효율적인 솔루션을 만드는 것인데, 어느 누구도 혼자 힘으로는 절대 해낼 수 없다.

프랑스 에너지 회사인 슈나이더 일렉트릭은 클라우드 플랫폼을 이용해 신속하게 새로운 솔루션을 만든 뒤 대규모로 배포한 회사다. 예전에 이 회사는 제품과 서비스 혹은 운영 지역에 따라 데이터를 구분해서 단편적으로 취득, 저장, 사용했다. 또 데이터를 배기가스로 취급해, 일부 경우에만 데이터를 수집해서 사후 분석을 통해 운영을 최적화했다. 하지만 최근에는 디지털 솔루션 쪽으로 가치가 이동함에 따라, 다양한 솔루션을 신속하게 대규모로 구축해서 배포할 수 있는 역량을 개발하려고 애썼다.

이 회사가 취한 첫 번째 조치는 상호 운용과 확장이 가능한 개방형 IoT 아키텍처인 에코스트럭처_{EcoStruxure} 플랫폼을 만드는 것이었다. 이 플랫

폼을 이용하면 "슈나이더 일렉트릭과 그 파트너 그리고 최종 사용자인 고객이 조직이나 기업의 모든 수준에 혁신을 전달하는 확장 가능하고 통합된 IT/OT 솔루션을 개발할 수 있다."[47] 이 아키텍처는 슈나이더 일렉트릭이 생태계의 다양한 참여자들과 협력하고 장치에서 데이터를 수집할 수 있게 해줬다. 또 고객들은 이 플랫폼의 소프트웨어를 이용해 구입한 장비를 더 효율적으로 사용할 수 있고(회사 측에서는 이를 '스마트 운영'이라고 부른다) 클라우드를 통해 슈나이더 일렉트릭의 애플리케이션, 서비스 등에 액세스할 수 있다.[48]

2018년 현재 약 65만 명의 현지 파트너가 이 플랫폼을 사용하면서 슈나이더 일렉트릭과 협력해 새로운 솔루션을 개발하고 있다. 2018년에는 전 세계에 있는 약 2백만 개의 자산을 플랫폼에서 관리하면서 에코스트럭처를 통해 고객이 CO_2 배출량을 줄일 수 있도록 지원했다. 이 회사는 2020년까지 배출량을 1억 2천만 톤 줄이겠다는 목표를 순조롭게 달성했다.[49]

슈나이더 일렉트릭은 에코스트럭처 외에도 2019년에 슈나이더 일렉트릭 익스체인지Schneider Electric Exchange라는 또 다른 플랫폼을 선보이면서, 이를 '실제적인 지속 가능성과 효율성 문제를 해결하기 위해 전념하는 세계 최초의 산업간 개방형 생태계'라고 홍보했다.[50] "우리 회사는 항상 파트너 생태계와 네트워크를 유지해왔다." 슈나이더 일렉트릭의 최고 디지털 책임자인 에르베 코헤일Herve Coureil은 이렇게 말했다. "과거에는 이것이 아주 강력한 자산이었다. 디지털 방식으로 전환할 때도 동일한 체계를 유지하고 싶었기 때문에, 여러 파트너가 플랫폼을 활용해 협업하면서 고객을 위한 솔루션을 구축할 수 있는 슈나이더 일렉트릭 익스체인지를 만들었다. 우리가 원한 건 생태계의 중심에 있는 게 아니라 이를 세심하게 조직하는 것이었다."[51] 코헤일은 또 이런 말도 덧붙였다. "모든 고객의 효율성과 지속 가능성 사례와 관련된 측면들을 모두 처리할 수 있는 기술 스택을 보유한 회사는 없다. 고객 중심의 R&D를 위해 혁신을 가속화할 수 있는 생태계, 즉 기술이 아닌 구체적인 문제를 해결할 수 있는 기술을 개발해야 한다."[52]

슈나이더 일렉트릭 익스체인지는 사실 다양한 업계와 지역에 속한 수많은 참가자 간에 협업을 가능케 하는 에코스트럭처의 문을 연 것이나 마찬가지다. 이는 효율성과 지속 가능성을 위한 디지털 시장으로, 여러 분야의 전문가들이 슈나이더 일렉트릭이 제공하는 기술 도구와 리소스를 사용해서 솔루션을 설계할 수 있다. "슈나이더 일렉트릭 익스체인지는 기술과 직무별 전문 지식을 결합해 고객의 실제 과제를 해결한다"고 코헤일은 말했다. 고객이 겪는 문제를 사이트에 게시하면 플랫폼 참가자들 간의 대화가 촉발하고, 각자 자신의 구체적인 전문 지식을 제공해서 그 고객이 솔루션을 개발할 수 있게 도와준다. 그리고 기존 고객이 동의하면 다른 고객들도 그 솔루션을 이용할 수 있다. 슈나이더 일렉트릭의 고객은 이렇게 다양한 인재들을 활용해서 혁신을 가속화할 수 있다.[53]

에코스트럭처가 지원하는 글로벌 데이터 아키텍처와 클라우드 기반 플랫폼 덕에, 어떤 지역의 고객이 개발한 솔루션이 버튼 클릭 한 번으로 거의 동시에 다른 지역 고객들에게 전파될 수 있다. 기업들은 데이터 자체, 분석, 분석을 통해 얻은 특정한 통찰력이나 조치, 사용자가 통찰력을 활용해서 얻을 수 있는 이점 등을 판매해 에코스트럭처나 슈나이더 일렉트릭 익스체인지 같은 플랫폼을 수익화할 수 있다. 슈나이더 일렉트릭은 지금까지 이런 통찰력에서 나온 구체적인 조치를 판매하고 이를 고객에게 제공하는 서비스로 패키지화함으로써 에코스트럭처와 슈나이더 일렉트릭 익스체인지를 통해 이익을 얻었다.

초기 징후만 보면 슈나이더 일렉트릭 익스체인지가 성공할 것으로 보인다. 출시 몇 달 만에 3만 명 이상의 참여자들이 플랫폼에 합류해 1천 개가 넘는 새로운 솔루션을 개발했다.[54] 슈나이더 일렉트릭의 최고 혁신 책임자인 에마뉘엘 라갸리그Emmanuel Lagarrigue의 말에 따르면, 이 회사는 익스체인지를 극도로 복잡한 에너지 관련 문제에 대한 해결책을 찾는 고객들에게 경쟁 우위를 발휘할 독자적인 원천으로 본다.[55] 코헤일은 "파트너 중심적인 회사가 되려면 생태계 전체의 GDP를 성장시켜야 한다는 걸 아는데, 우리는 디지털 방식을 이용해 대규모로 그렇게 하고 싶다"고 말한다.[56]

플랫폼 경로 #4: 대규모 가치 풀을 공략해 새로운 비즈니스 구축하라

데이터를 글로벌화하고 연료로 전환해서 이익을 얻을 수 있는 건 기성 기업뿐만이 아니다. 시장에 새로 진입한 이들도 기존 업체를 교란하고 가치를 포착하기 위한 전략으로 데이터를 활용해서 이익을 얻을 수 있다. 해

운업계를 생각해보자. 지금까지 살펴본 것처럼, 20세기에 진행된 세계화는 부분적으로 저렴한 운송비 때문이었고 덕분에 기업들은 비용이 저렴한 국가에서 제품을 생산해 전 세계 시장으로 보낼 수 있게 되었다.

하지만 이런 모든 이점에도 불구하고 약 5조 달러 규모에 이르는 전 세계 물류 산업은 효율성과는 거리가 멀었다.[57] 고객들은 공급망 안에서 배송 현황을 실시간으로 추적할 수 없었기 때문에 수요 변화에 따라 적절한 수의 창고 인력을 배치하는 등의 운영 최적화를 하지 못했다. 기업들은 화물 처리, 적재, 운송을 위해 각기 다른 회사와 계약을 맺어야 했기 때문에 각 단계에서 이들 업체 간의 조정이 쉽지 않았고 이들이 자신의 업무 성과에 대한 책임을 항상 지게 하는 것도 힘들었다. 실제 제품을 발송하려면 관료적인 요구사항이 많기 때문에 거래가 지연되었고, 물건을 하나 발송할 때마다 동일한 정보를 담은 종이 문서가 30개 이상 생성되었다.

2013년에 샌프란시스코에서 설립된 소규모 화물 운송 스타트업인 플렉스포트Flexport는 최첨단 데이터와 분석 플랫폼을 통해 이런 여러 가지 문제를 해결하려고 노력했다. 이 회사 제품인 오션매치OceanMatch에 기업이 고객 구매품에 대한 데이터를 업로드하면, 화물을 통합해서 먼저 비워진 컨테이너 자리를 차지할 수 있게 해주므로 운송 회사는 비용을 절감할 수 있다. 고객은 전 세계에서 화물이 움직이는 상황을 계속해서 추적할 수 있으므로 화물이 언제 도착할지 정확히 알 수 있다. 데이터 분석 덕분에 공급망도 더 가시화되었다. 고객은 자기가 실제로 사용하는 컨테이너 양, 운송 중에 발생하는 탄소 배출량, 총 운송 비용 등을 알게 되므

로 결과적으로 더 많은 정보에 입각한 결정을 내릴 수 있다.[58]

한 배관 장비 회사의 경우 플렉스포트를 통해서 얻은 운영 효율과 유연성 덕분에 운송비가 10퍼센트나 감소했고, 유럽의 한 스마트 여행 브랜드는 재고가 소진되는 일 없이 월 35퍼센트의 성장률을 달성했다.[59] 2020년 현재, 플렉스포트는 116개국에 거의 1만 명의 고객과 공급업체를 확보한 상태다. 2018년에 이 회사는 4억 4100만 달러의 매출을 올렸다.[60]

대기업들도 기존의 가치 풀을 공략하거나 업계 도전자로 새로운 가치를 창출하기 위해 글로벌 데이터로 눈을 돌리고 있다. 2017년에 영국과 네덜란드의 석유 가스 대기업인 쉘Shell은 '스마트 센서와 차세대 분석 기능'을 이용해 고객이 보유한 차량을 최대한 활용하도록 도와줄 수 있는 가능성을 확인했다.[61] 여러분이 수십 대의 굴착기와 트럭, 기타 다양한 기계 장치를 운용하는 건설 회사라고 가정해보자. 쉘의 아이디어는 기계에 자석으로 부착할 수 있는 작은 블랙박스를 제공하는 것이었다. 이 블랙박스 안의 센서가 정보를 수집하면, 그 정보를 분석해서 기계가 공회전하는 시간을 줄이고 유지관리 방식을 개선하고 다른 조치를 취할 수 있다. 그러면 고객들의 효율성이 향상되고 비용은 절감된다. 몇 달 뒤에 쉘은 영국에서 이런 가치 제안을 상업적으로 제공하는 머신맥스MachineMax라는 벤처 기업을 설립했다.[62]

새로운 디지털 아키텍처를 구축하라

글로벌 데이터를 전략적으로 활용해서 비즈니스를 활성화하는 방법을 생각해봤다면, 다음 단계는 디지털 아키텍처나 공급망을 설계해서 디지털 운영 모델을 완성하는 것이다.

디지털 공급망에는 고객과 기업의 양방향 연결, 데이터와 소프트웨어 애플리케이션을 위한 클라우드 데이터·스토리지 용량, 분석 기능, 데이터를 사용해 디지털 솔루션을 개발하는 전문가들로 구성된 가상 글로벌 팀, 솔루션 개발에 도움이 되는 타사 개발자, 오퍼링과 관련된 모든 물리적 제품을 제공하는 물류업체 등 다양한 핵심 요소가 포함되어 있다.

디지털 공급망을 구축하는 과정에서 기업이 전 세계 현장에서 생성된 데이터를 모두 통합해서 전체적인 비즈니스 그림을 그리는 게 어려울 수도 있다. 데이터 중심의 운영 모델을 구축하는 기업들이 늘어남에 따라 데이터 소스와 유형도 기하급수적으로 증가하면서 더 다양해지고 있다.[63] 한편 기술의 빠른 진보 덕분에 더 많은 통합이 가능해졌다. 아마존, 스포티파이, 넷플릭스 같은 디지털 기업들은 처음부터 글로벌 디지털 아키텍처를 구축했기 때문에 데이터를 통합해서 완전히 글로벌화하는 작업이 매우 쉽다. 그에 비해 기성 기업들은 이미 보유하고 있는 기존 IT 인프라 위에, 혹은 거기에 추가로 글로벌 아키텍처를 구축해야 한다. 기존 IT 인프라는 글로벌하게 통합되는 경우가 거의 없기 때문이다. 하지만 이것은 결코 간단한 작업이 아니다.

게다가 글로벌 데이터 아키텍처가 모두 동일하게 생성되는 건 아니다. 개인정보 보호법과 기업이 추구하는 전략적 목표 때문에 저마다 다른 방식으로 데이터를 수집, 저장, 분석, 공유, 전송, 시각화, 쿼리, 업데이트해야 할 수도 있다. 뿐만 아니라 기성 기업들은 데이터 아키텍처를 만들 때 기존 IT 자산의 특성, 회사가 생성해서 저장할 데이터의 구조, 데이터와 관련된 회사 내부의 기존 문화 규범 등도 모두 고려해야 한다. 자체적인 아키텍처를 구축하기 시작한 여러 회사와 논의하는 과정에서, 데이터를 기술적으로 처리하는 방법을 고안할 때 경영진이 3가지 결정을 내려야 한다는 걸 알게 되었다.

첫째, 기업은 데이터를 위한 플랫폼을 구축하는 방법, 특히 이전의 레거시 데이터 시스템을 통합할 것인지를 결정해야 한다. 보다 광범위한 레거시 데이터 시스템을 보유한 기성 기업들의 경우에는 이런 시스템을 통합하는 데 엄청난 비용과 시간이 소요된다. 다행히 효과적인 지름길이 있으니 바로 분산 데이터 및 디지털 플랫폼을 구축하는 것이다. 이는 마스터 데이터와 일부 기본적인 트랜잭션 데이터만 기존 코어 시스템에 보존하고 분석에 적합한 다른 데이터는 전 세계에서 액세스할 수 있는 최신 플랫폼으로 이동시키는 방식이다.

일단 기업이 플랫폼을 구축해서 데이터를 정리하고 나면 플랫폼으로 흘러 들어오는 데이터를 정리할 방법을 정해야 한다. 내부 데이터와 소셜 미디어 혹은 다른 제3자에게서 얻은 외부 데이터를 결합하는 개방형 아키텍처를 구축해야 할까? 아니면 내부 데이터만 사용할 테니 외부와 연결되는 인터페이스를 포함할 필요가 없는 폐쇄형 아키텍처를 구축해야 할까? 그 답은 기업이 추구하는 전략과 제공하려는 솔루션에 달려 있다. 월풀은 생태계를 조성하고 다른 플랫폼과 협력해 다양한 부가가치 서비스를 제공하기 위해 자사의 글로벌 데이터 플랫폼을 위한 개방형 아키텍처를 구축했다.[64] 이와 대조되는 지멘스의 마인드스피어는 독점적인 데이터를 수집하고 이를 기술적인 전문 지식과 결합해 고객을 위한 고유한 솔루션을 생성하도록 설계된 반폐쇄형 플랫폼이다. 2가지 전략 모두 데이터의 이점을 끌어낼 수 있으므로, 기업들은 자신이 처한 경쟁 상황을 고려해서 가장 합리적인 방법을 신중하게 선택해야 한다.

기업들이 선택할 수 있는 세 번째 설계 방안은 인력과 관련된 것이다. 다른 업체를 통해 액세스할 때와 달리 기술 인재를 몇 명이나 고용해야 일을 처리할 수 있을까? 갈수록 아웃소싱은 매력적인 옵션으로 떠오르고 있다. 데이터 아키텍처는 750억 달러 규모의 산업이 되었고 지금도 빠르게 성장하고 있다.[65] 다른 업체에 의존하는 걸 선호하는 기업들도 많지만, 어떤 기업은 보안상의 이유뿐만 아니라 데이터 소스를 보다 효과적으로 통합하고 사용자들이 하나의 패스워드로 여러 시스템에 로그인할 수 있도록 아키텍처 대부분을 사내에 도입하는 걸 선호한다. 어떤 부분을 사내에 둘 것인지 고려할 때, 리더는 현재 혹은 미래에 경쟁 우위를 확보할 수 있는 데이터 아키텍처 요소를 보호해야 한다.

리더는 어떤 선택을 해야 하는가

향후 몇 년간 전 세계 기업들은 데이터를 글로벌 경쟁 우위를 확보하기 위한 뛰어난 원천이자 회복력 증대를 위한 수단으로 여겨야 한다. 고객 데이터를 많이 수집해서 회사 운영에 이용할수록 앞서 설명한 혁신적인 디지털 가치 제안을 쉽게 제공할 수 있다. 직원과 팀의 데이터를 많이 보유할수록 내부를 보다 효율적이고 민첩하게 운영하면서 성과를 최적화할 수 있다. 데이터 전문가의 말에 따르면, 수많은 디지털 접점을 통해 소비자를 자세히 파악하고 맞춤형 서비스를 제공할 수 있는 아마존의 능력이 소매점에서 소비자들의 쇼핑 패턴만 추적하는 월마트와 다른 소매업체들에 비해 엄청난 이점을 제공한다고 한다. 넷플릭스와 우버도 처음부터 데이터를 수집할 수 있도록 비즈니스를 설계했기 때문에, 시간이 지날수록 소비자에게 더 많은 타깃 제품을 제공할 수 있게 되었다.

본 장과 이 책의 다른 부분에서 제시한 사례에도 불구하고, 많은 기업의 경우 데이터를 제대로 작동하는 하나의 디지털 공급망에 통합하기까지는 아직 갈 길이 멀다. 한 연구에 따르면 기업 데이터의 4분의 3 이상이 "사일로에 저장되거나 드문드문 산재해 있거나 조직의 IT 시스템 전체에 사본이 여러 개씩 저장된" 파편화 상태인 것으로 드러났다.[66]

일부 데이터 전문가의 말처럼, 조직 내부의 파편화된 데이터와 균일하지 못한 데이터 품질 때문에 귀중한 인공지능 솔루션을 온라인으로 제공하려는 노력이 늦춰지고 있다. 누군가의 말처럼 페라리를 가지고 있는데 적절한 연료가 부족한 것과 비슷한 상황인 것이다.[67] 이런 '대규모 데이터 조각화' 현상에 대해 한 전문가는 다음과 같이 경고했다. "개인 장비나 데이터 센터의 가장 거대한 스토리지 어레이 혹은 아마존 같은 인기 있는 클라우드 스토리지 서비스에는 IT 리더와 조직, 심지어 소비자에게도 알려지지 않은 기업과 개인 데이터가 쌓인 거대한 협곡이 존재한다."[68]

제대로 기능하는 글로벌 데이터 아키텍처를 개발하려면 이 장에서 논의한 네 가지 플랫폼 경로를 고려해 어떤 걸 우선적으로 도입할지 결정해야 한다. 그리고 다음 질문도 고려해보자.

1 여러분 회사에서 데이터를 이용해 가치를 창출할 수 있는 가장 큰 기회는 어디에 있는가? 또 비용과 현재의 능력을 고려할 때, 어떤 앱이나 활용 사례가 가장 실현 가능성이 높고, 어떤 게 가장 유망한가?

2 여러분 회사가 이런 기회를 잘 추구하려면 어떻게 해야 하는가? 어떤 데이터가 필요한가? 필요한 인프라를 구축하려면 얼마나 투자해야 하는가? 회사에서 액세스 가능한 데이터는 무엇이고, 다른 회사에서 얻어야 하는 데이터는 무엇인가? 데이터를 어디에, 어떤 형태로 저장할 것인가?

3 글로벌 데이터와 관련해 현재 보유하고 있는 역량과 전문 지식은 어떤 게 있고, 부족한 건 무엇인가? 여러분의 조직은 업무와 기능 전반에서 디지털적으로 얼마나 성숙해 있는가? 직원들은 글로벌 데이터

세트를 이해하고 관리하고 조작하는 데 충분한 경험이 있는가?

4 고객이 데이터 보안을 신뢰할 수 있는 강력한 데이터 거버넌스 기능을 어떻게 구축할 수 있는가? 사업을 운영하는 지역에 어떤 데이터 현지화 및 보안 관련 법규가 있는가? 조직의 데이터 수집, 저장, 이용을 통제하는 기존 규칙은 무엇이고, 글로벌 데이터 아키텍처를 구축할 때 이를 어떻게 수정해야 하는가?

본 장과 이전의 두 장에 걸쳐, 글로벌 기업들이 21세기에 번영을 이루기 위해 모아야 하는 완전히 새로운 운영 자산을 살펴보았다. 그러나 리더들이 조직을 내부에서부터 변화시키지 않는다면 이런 자산을 제대로 설계해서 활용할 수 없다. 팀을 지금까지와는 다르게 조직하고, 다른 유형의 인재를 영입하고, 직원들을 새로운 방식으로 참여시켜야 한다. 또 단순히 주주들의 이익을 극대화하기보다 전체적인 사회적 영향력을 강화하기 위해 더 큰 틀에서 사업을 운영해야 한다. 이제 가장 중요한 이해관계자인 고객을 중심으로 구성된 민첩하고 대응력이 뛰어난 팀을 만드는 것부터 시작해, 앞서 나가는 기업들이 빠르게 받아들이고 있는 내부 진화에 대해 살펴보겠다.

KEY INSIGHT

- 뛰어난 기업들은 디지털 정보라는 연료를 보다 효율적인 프로세스, 보다 나은 가격 책정 방식, 더 가치 있는 제품과 서비스, 경험으로 전환할 수 있는 강력한 글로벌 데이터 아키텍처를 구축해서 경쟁자들을 능가하고 있다. 데이터 아키텍처는 사용자들을 전 세계 플랫폼이나 파트너와 원활하게 연결한다. 또한 성장을 촉진하고 막대한 가치를 창출하도록 전략적으로 설계된 21세기 기업을 위한 새로운 공급망을 구성한다.

- 기존 전략과 IT 시스템이 오래되고 레거시 데이터가 여기저기 흩어져 있더라도 데이터를 경쟁 우위를 점하기 위한 발판으로 삼을 수 있다. 그 첫 번째 단계는 업무에 적합한 데이터 활용형 운영 모델을 구축하는 것이다.

- 시장조사와 고객 연구 과정에서, 기업이 데이터를 연료로 전환할 때 추구할 수 있는 4가지 플랫폼 경로를 발견했다. 이 경로를 이해하면 회사가 나아갈 방향을 정하고 자체적으로 강력한 디지털 공급망을 구축하려는 노력을 구체화할 수 있다. 4가지 경로는 다음과 같다. 첫째, 글로벌 데이터를 활용해 내부 운영 방안을 재구성하는 것. 둘째, 보유하고 있는 전문 지식을 활용하는 것. 셋째, 데이터

를 통해 글로벌 비즈니스의 새로운 기회를 찾는 것. 넷째, 대규모 가치풀을 공략해 새로운 비즈니스를 구축하는 것이다.

- 글로벌 데이터를 전략적으로 활용해서 비즈니스를 활성화하는 방법을 생각해봤다면, 다음 단계는 디지털 아키텍처나 공급망을 설계해서 디지털 운영 모델을 완성하는 것이다. 이를 위해선 경영진이 데이터를 위한 플랫폼을 어떻게 구축할 것인지, 데이터 흐름은 어떻게 정리할 것인지, 여기에 필요한 기술 인재는 어떻게 영입할 것인지 3가지 판단과 결정을 내려야 한다.

PART 3

위대한 기업은
어떻게 움직이는가 │ 조직 전략 │

민첩하고 기민한
날쌘 코끼리로 변신하라

글로벌 기업은 기존의 IT 조직뿐만 아니라 관료주의에 빠져 변화하는 고객 요구에 대응하는 데 더딘 조직 형태 때문에 여전히 어려움을 겪고 있다. 21세기에 성장을 이루려는 기업들은 익숙한 매트릭스 구조를 넘어서 좀 더 유연하고 유동적인 방식으로 자신을 재구성해야 한다.

리더들이 혁신적인 디지털 전략을 받아들이면 조직도 함께 진화해야 한다. 우리는 온라인상에서 연결된 고객들이 그 어느 때보다 요구가 많고, 가장 혁신적인 최신 제품뿐만 아니라 보다 복잡한 통합 솔루션과 경험까지 기대한다는 걸 알게 되었다. 하지만 대부분의 조직은 신속한 고객 대응이 아니라 효율성을 위해 설계되었다. 따라서 오늘날의 글로벌 대기업은 변화하는 고객의 니즈를 충족시킬 만큼 신속하게 움직일 수 없다.

이런 기업들이 경쟁력을 유지하려면 공식적인 조직 전반에 걸쳐 새로운 수준의 조정과 협업 방식을 개발해야 한다. 또 고객 곁에 가까이 머물면서 그들의 본질적인 목적이나 존재 이유에 맞는 서비스(이는 다음 장에서 다루겠다)를 제공하기 위해, 팀 구성이나 자원 할당과 관련해 좀 더 역동적이고 유동적이며 심지어 아메바 같은 조직으로 전환해야 한다.

전통에서 벗어난 조직 모델은 어떤 모습을 띠는지 알아보기 위해 중국의 인터넷 기술 스타트업인 바이트댄스ByteDance를 살펴보자. 인기 있는 콘텐츠 플랫폼인 틱톡TikTok과 터우탸오Tutiao로 유명한 바이트댄스는 공격적인 세계화 전략에 힘입어 2019년 현재 74억 5천만 달러를 벌어들였다(2019년 11월까지 바이트댄스의 제품은 75개 언어로 번역되어 150개국 이상에서 제공되고 있다).[1] 이런 놀라운 성장의 기반은 처음부터 속도와 고객 대응력 그리고 바이트댄스 경영 연구소의 모지아 리Mojia Li가 '스타트업 정신'이라고 부르는 걸 제공할 수 있도록 설계된 조직 구조였다.[2]

바이트댄스는 여러 개의 책임 라인이 각 단계를 통과하도록 되어 있는 경직된 피라미드 계층 구조 대신, 100명 이상의 임원진이 CEO 밑에서 상위 2개의 경영진 층을 이루는 평면 구조를 유지한다. 이 회사의 환경은 민주적이고 비관료적이며, 모든 직급의 직원들이 개방형 사무실에서 일하고, 대화할 때 존칭이나 격식 차린 칭호를 사용하지 않으며, 서로의 공식 직함을 모르는 상태로 회사를 운영한다. 뒤에서 설명하겠지만, 매우 협조적인 애자일agile 업무 방식과 함께 계층 구조를 전처럼 강조하지 않는 이런 분위기 덕분에 직원들은 프로젝트에 대한 주인 의식을 느끼면서 상사의 승인을 구하지 않고 일을 추진할 수 있다. 바이트댄스의 설립자 겸 CEO인 장이밍Zhang Yiming의 설명처럼, 이 회사는 직원들과 현명한 결정을 내릴 수 있는 그들의 능력을 믿기 때문에 "일상 업무에서 관료주의를 피하는 데 전념하고 있다."[3]

고객 대응 능력을 한층 더 강화하기 위해, 바이트댄스의 직원들은 회사 플랫폼 관리나 새로운 앱의 글로벌 출시 같은 특정 이니셔티브나 프로세스에 전념할 수 있도록 자체적으로 구성한 유동적인 다기능 팀에서 일한다.[4] 바이트댄스의 수평 구조 때문에 직원들은 회사 업무 전반에 대해 고유한 통찰력을 가지고 있으며, 자신들의 바람이나 회사의 요구에 따라 순환 근무가 가능하다. 지역에 상관없이 협업이 진행되며, 해외 시장의 현지 팀과 관리자들이 중국에서 일하는 개발자들과 원격으로 협력한다. 목표와 핵심 결과 툴tool은 각 개인의 목표를 공개하여 조직을 단결시키고, 정보 효율성을 높이기 위해 2개월마다 정보를 업데이트한다.

신제품 개발과 관련해, 바이트댄스는 조직 내에서 일반적으로 진행되는 비공식 대화의 중간 영역을 적극적으로 활용한다. 직원들이 내부 커뮤니케이션 플랫폼을 이용해 신제품에 대한 아이디어를 제시하면 비공식적인 가상 팀을 구성해서 제품을 개발하는데, 이때도 협업을 위한 웹 기반의 커뮤니케이션 도구를 사용한다. 결국 이 팀들은 제품 출시를 위해 전념하는, 보다 정교한 다기능 그룹으로 성장하게 된다. 그리고 일이 후반부에 접어든 뒤에야 비로소 이 팀들을 공식화해서 기존 부서에 배치한다. 중간 영역을 강조하면 직원들이 일상적인 업무에서 벗어나 혁신을 이룰 수 있기 때문에 기업 전체가 새로운 기회에 주의를 기울이면서 신

속하게 대응할 수 있다.[5]

　직원 수가 5만 명에 달하는 강력한 조직인 바이트댄스의 가변성과 유연성은 대부분의 기존 글로벌 기업들과 크게 다르다. 그러나 몇몇 일류 기업들은 전보다 훨씬 빠른 속도와 고객 대응력을 위해 스스로를 재구성하기 시작했다. 이들은 고객 중심 팀, 애자일 업무 방식, 경계를 넘나드는 협업을 강화하고 조직 전체에 지식을 전파하며, 기업의 적응력을 높이고 기업이 규모의 이점을 최대한 활용할 수 있도록 하는, 데이터, 기술, 프로세스를 포함하는 수평적 지원 플랫폼의 3가지 상호 보완적이고 긴밀하게 연결된 영역에서 실험을 진행하고 있다.

　기업들은 과거에도 고객 중심의 일선 팀을 꾸리려고 했지만, 새롭게 추진하는 사업 같은 특정 프로젝트에 대해서만 일회성으로 시도했다. 애자일 방법론을 도입한 것도 단지 IT 관련 프로세스에 대해서였다. 기업은 이제 민첩하게 돌아가는 고객 중심 팀을 조직 내에 영구적으로 고정시켜야 하고, 지원 플랫폼을 구축해서 이 팀을 지원해야 한다. 또 일선 팀에게 결정을 내릴 수 있는 권한과 재무적 책임까지 부여해서 팀원들이 고객 문제를 신속하고 종합적으로 해결하려는 동기를 느끼게 해야 한다. 기업은 이렇게 대응력이 뛰어난 고객 중심 조직을 강화하기 위해, 리더에게 새로운 기술과 행동을 제공하고 새로운 작업 방식을 주입해서 지원하는 강력한 디지털 문화를 만들어야 한다.

　기성 기업들이 향후 몇 년 안에 조직을 업데이트해서 고객 중심 팀, 애자일 업무 방식, 지원 플랫폼처럼 서로 연계된 3가지 실험적 방법과 직원들을 뒷받침하는 리더십 기술 및 문화를 받아들이지 않는다면 이 책에서 다룬 다른 전략을 실행할 수 있는 능력이 저하될 것이다.

그러나 유동성과 유연성이 향상된 기업은 새로운 디지털 가치 풀을 활용할 수 있는 혁신의 선두 주자로 변신하게 된다. ING 은행 독일 사업부 CEO인 닉 주이Nick Jue의 비유를 빌리자면, 이렇게 개편된 글로벌 조직은 여전히 큰 '코끼리'의 모습을 유지하면서도 '그레이하운드처럼 빠르고 유연해져서' 가장 날렵하고 혁신적인 디지털 기업들과 경쟁할 수 있을 것이다.[6] 이 장 마지막 부분에서는 조직을 혁신적인 성장 전략을 지원할 수 있는 빠르고 대응력이 뛰어난 코끼리로 전환하기 시작하는 방법을 알려줄 것이다.

제품을 넘어 고객 중심으로

일류 기업들이 고객 중심 팀을 실험하는 첫 번째 영역을 살펴보기 위해, 잠시 ING 얘기를 계속하겠다. 이전 장에서 살펴본 것처럼, 자산을 경량화한 디지털 뱅킹 솔루션이 대형 시중은행을 빠르게 교란하고 있다. 2010~2017년에 미국 디지털 은행의 개인 예금 증가율은 연평균 11.3퍼센트로, 전국 은행의 증가율인 6.3퍼센트와 지역 은행의 증가율인 3.3퍼센트를 크게 앞질렀다.[7] 2018년에 대규모로 진행된 한 조사에서는, 소비자들 가운데 절반 이상이 테크 기업이 은행 기관보다 돈을 잘 관리할 것이라고 믿는다는 결과가 나왔다.[8] 한 은행 임원은 "고객의 기대치는 우버와 스카이스캐너_{SkyScanner}가 정한다"고 말했다. "사람들이 다른 업종에서 그렇게 일을 빨리 처리하는 방식이 우리가 은행 업무를 처리하는 방식에도 영향을 미친다."[9] 핀테크도 앞으로 훨씬 많은 사업을 집어삼킬 태세다. 현재 디지털 도전자들이 차지하는 매출 비율은 업계 전체의 3~5퍼센트 정도지만, 2025년에는 그들이 매출의 절반을 차지할 것으로 BCG는 예상한다.[10]

고객의 기대치를 높이는 역할을 한 디지털 혁신가들의 위협에 직면한 ING 네덜란드의 리더들은 회사의 탄탄한 재무 실적을 지적하면서 변화의 필요성을 무시했을 수도 있다. 하지만 그들은 ING 그룹 전체의 야심에 발맞춰 대담한 행동을 선택했다.

2014년에 이 회사는 금융 분야에서 '글로벌 디지털 리더십'을 달성하겠다는 새로운 비전을 채택했다.[11] ING CEO인 랄프 해머스_{Ralph Hamers}는 나중에 "우리는 은행 면허를 가진 기술 회사가 되고 싶다"고 설명했다.[12] 리더들은 이런 변화가 빠르게 이루어지지는 않을 것이며 중대한 조직 변화를 수반할 것임을 인식했다. 당시 ING 은행의 네덜란드 사업부 CEO였던 닉 주이가 지적한 것처럼, 이런 변화는 조직 내부의 업무 특성을 근본적으로 변화시켜서 협업, 직원들의 권한 강화, '조직의 모든 세부 사항'으로까지 확장된 문화적 변화를 포함하게 될 것이다.[13] 이 책의 마지막 장에 나오겠지만, 21세기의 변화에 대한 요구는 끝이 없으며 기업들은 앞으로 몇 년간 ING 네덜란드가 노력한 것과 같은 상시 전환에 능숙해져야 한다.

은행이 가장 노력한 부분 중 하나는 매트릭스 조직 구조에서 벗어나 현지 시장과 계속 접촉할 수 있는 고객 중심의 소규모 팀을 구성하는 것이었다. 1970년대와 1980년대의 매트릭스는 업무 책임과 보고가 사업 분야, 지역, 직무 기능 등 여러 라인에 걸쳐 이루어지는 피라미드식 계층 구조였다. 이런 매트릭스 구조를 채택한 이후, 리더들은 조직 혼란과 과도한 관료주의와 관련된 의도치 않은 결과에 맞닥뜨리게 되었다.[14]

그러나 글로벌 기업들은 세계화로 인해 운영 범위가 점점 커지고 복잡해지는 상황에서 매트릭스 구조가 효율성과 통제력을 유지할 수단이라고 여겼기 때문에 계속 매트릭스를 고수했다. 여러 국가에서 사업을 운영하는 경우, 특정 국가나 지역에 진출할 때마다 기존의 조직 구조를 복제하면 어느 정도 표준화가 이루어지므로 의사 결정이 용이해진다. 또 지역, 기능, 제품 조직 내에서 계층 수준을 유지하면 운영 상황을 계속 감독할 수 있다. 글로벌 입지가 사방으로 뻗어나가는 상황에서는 정보가 여기저기 분산되고 단편적일 수밖에 없다. 따라서 지역이나 제품 조직 내에 이런 정보를 보고서에 담고, 해당 보고서를 지휘 계통 위쪽으로 올려보낼 관리 계층이 있어야 고위 경영진이 관리자들에게 책임을 묻고 정보에 입각한 결정을 내릴 수 있었다.

하지만 이런 모든 장점에도 불구하고, 매트릭스는 조직의 관심을 고객과 그들의 요구에 집중하도록 설계되지 않았다. 대부분의 매트릭스 조직에서는 고객에 대한 지식이 마케팅, 영업, 서비스 그리고 기타 분야 운영자들 사이에 흩어져 있다. 예전에는 손익 계산서를 제일 중시했지만 이제는 제품이나 지역, 기능이 주된 관심사가 되었다. 사일로silo와 관료주의 때문에 고객을 이해하려는 노력은 더욱 지연되었다.[15] ING 네덜란드에서도 리더와 팀이 고객을 진정으로 알고 이해하는 데 사일로가 걸림돌이 되었다. 이 회사 직원들은 서로 다른 공간, 건물, 도시에 위치한 기능적 사일로로 구성되어 있었다. 인센티브는 다기능 팀이 아닌 기능적인 전문 분야에 맞춰 조정되었고, 직원들은 각자의 개인적인 성과 목표를 추구했다.

이런 문제를 해결하기 위해, 회사는 3년에 걸쳐 수천 명의 전문가와 영업 직원, 콜센터 직원을 재구성해서 특정 고객 관련 프로젝트를 처음부터 끝까지 담당하는 소규모 팀인 '분대'를 수백 개 만들었다. 그리고 이 분대는 더 광범위한 임무를 추구하는 '부족'에 소속되었고, 분대원들은 각자의 전문 기능 분야에 따라 해당되는 '지부'에 속하게 되었다. 개인은 여전히 자기 지부장과 분대장 등 여러 명의 상사에게 업무 보고를 했지만, 이제 매년 개인별 목표를 추구하는 게 아니라 직원들에게 단기적인 팀 목표를 지정해줬다. 또 360도 평가로 측정하는 그룹 성과에 대한 개인의 기여와 지부장들이 평가하는 개인의 기술 수준을 높이는 능력을 기준으로 평가를 받았다.[16]

ING의 전환은 처음에는 글로벌 소매 금융 사업의 약 40퍼센트를 차지하는 네덜란드 소매 금융 사업에 초점을 맞췄다.[17] 그러다가 나중에 다른 지역과 사업부에도 애자일 업무 방식과 고객 중심 팀을 도입했다. 대규모로 배치된 다분야 팀은 사일로를 허물고 여러 기능 분야에서 일하는 직원과 리더들이 고객 가치에 각별히 집중할 수 있게 했다. IT 같은 백 엔드 기능에서도 고객 중심으로 업무를 처리했다. 직원들은 특정한 문제가 발생했을 때도 서로에 대한 높은 신뢰와 축소된 계층 구조를 바탕으로 보다 신속하게 대응할 수 있었다.

고객 중심 팀을 도입하려는 ING의 노력은 주로 특정 시장의 지사 단위에서 진행되었지만, 유니레버는 보다 신속한 의사 결정과 계속 변하는 소비자 요구에 잘 대응하기 위해 여기서 한 걸음 더 나아가 전 세계적인 조직 개편을 시작했다. 최근 수십 년 동안 몇몇 대규모 다국적 기업들은 주로 글로벌 시장을 중심으로 사고하고 행동하면서 지역 시장에서 강력한 글로벌 브랜드와 제품을 구축하고 활용하는 데 주력해왔다.

하지만 유니레버 같은 일부 기업들은 글로벌하게 생각하면서 행동은 지역 상황에 맞추려고 노력했다. 즉 그들은 새로운 제품과 서비스를 위한 중요한 아이디어를 발굴하고, 몇몇 시장을 대상으로 그게 효과가 있는지 시험해본 다음, 그걸 세계 시장에 소개하면서 지역별 니즈와 취향을 어느 정도 반영해서 현지화하려고 애썼다. 빠르게 변화하는 소비자 니즈에 적절히 대응하는 요령 있고 민첩한 현지 스타트업들 때문에 자사 브랜드가 어려움을 겪고 있다는 걸 깨달은 유니레버는 이 친숙한 모델을 버리고, 소비자의 변화하는 니즈에 대응하기 위해 현지에 맞춰 생각하면서, 규모의 이점을 활용할 수 있도록 글로벌하게 행동하게끔 *스스로를* 재정비했다.[18] 이 회사는 '성장을 위한 연결'이라는 프로그램의 일환으로 240개의 국가별 비즈니스팀Country-Category Business Team(이하 CCBT)을 만들었는데, 이는 완전한 의사 결정 권한이 있고 본인들이 직접 손익에 대

한 책임을 지는 다기능적인 지역 기업 단위다.[19]

힌두스탄 유니레버의 회장 겸 전무이사이고 유니레버 남아시아 지부 사장이기도 한 산지브 메타 Sanjiv Mehta는 이 새로운 조직 개념을 설명하면서 CCBT가 '미니 이사회' 기능을 한다고 말했다.[20] CCBT는 일상적인 운영의 모든 측면을 담당하므로, 현지 시장의 변화에 보다 신속하게 대응하면서 현지 상황에 적합한 혁신을 빠르게 추진할 수 있다.[21] 예를 들어, 힌두스탄 유니레버에는 젊은 다기능 팀 관리자들이 이끄는 CCBT가 16개 있다.[22] 리더들은 이 팀들을 활성화하는 데 중점을 두고, 그들이 현지 시장에서 스타트업처럼 일하면서 성공하는 데 필요한 자원을 제공한다. 그리고 이들에게 일상적인 책임을 위임한 리더는 장기적인 목표, 비유기적인 기회, 파괴적 혁신 관리에 집중할 수 있다.[23] 현지 소비자들의 니즈에 대한 이해가 발전하면, 이 팀들은 전 세계에 퍼져 있는 유니레버의 힘을 활용해서 조직 전체에서 최상의 솔루션을 찾을 수 있다.

인도의 문화적, 지역적 이질성에 대해 잘 알고 있는 산지브 메타는 이 나라를 14개의 지역 클러스터로 나누는 WiMI Winning in Many India 전략을 개시했다.[24] 각 클러스터는 제품 제안, 공급망, 미디어 배포 방식을 맞춤화해서 해당 지역의 경쟁 브랜드들보다 빠른 의사 결정, 긴밀한 소비자 연결, 신속한 대응 능력을 갖추게 된다. WiMI 클러스터는 지역 비즈니스 팀처럼 기능하면서 CCBT와 협력해 힌두스탄 유니레버의 민첩성과 기민함을 높인다. 이런 구조 덕분에 회사는 의사 결정을 서두르고 혁신을 더 빠르게 진행할 수 있었다.

유니레버 리더들은 대응력을 높이기 위해 두 가지 추가적인 조치를 취했다. 첫째, 조직을 수평화해서 CEO와 최일선 직원 사이에 존재하던 13개의 관리 계층을 단 6개로 줄이고, 앞으로 더 수평적인 구조로 만들 계획이다. 이 회사는 20세기 다국적 기업의 특징이었던 지역 경영을 없앴다. 주요 국가의 책임자들은 이제 중간 단계에 있는 지역 관리자가 아니라 글로벌 COO인 니틴 파란지페Nitin Paranjpe에게 직접 보고한다. 그는 현지 팀에게 필요한 자원을 요식적인 절차 없이 보다 빠르고 효율적으로 이동시킬 수 있다. "동남아처럼 넓은 지역에서의 자원 할당 방식만 최적화하는 게 아니라, 이제 전 세계의 자원 분배도 최적화할 수 있다. 우리는 이를 '글로벌 방식'이라고 부른다." 파란지페의 설명이다.[25]

둘째, 유니레버는 핵심적인 비즈니스 기능 중 일부를 분산시켰는데, 이는 이런 기능을 현지 팀이나 소비자와 더 긴밀하게 접촉시키기 위해서다. 유니레버는 전 세계적인 운영 규모를 통해 얻는 이점을 계속 누리고 있으며, 여러 분야에서 글로벌 플랫폼을 채택하고 있다(이 주제는 조금 뒤에 다룰 것이다). 하지만 한편으로는 글로벌 본사에 상주하던 전자상거래와 마케팅 같은 일부 기능을 조직 내에서 해당 기능이 가장 중요한 지역으로 이전하는 전략적인 움직임도 보이고 있다.

이런 재배치를 통해 이 회사는 해당 기능을 대규모로 운영하는 동시에 관련 업무를 하는 직원들은 본사 중심적인 사고방식에서 벗어날 수 있었다. 혁신이나 공급망 같은 기능이 글로벌 카테고리팀으로 통합되면서 현지 기업과 시장에 더 근접하게 되었다. 매트릭스 모델에서 벗어나 현지 국가들이 R&D 예산의 일부를 공식적으로 통제하게 되자, 지역 소비자들이 원하는 제품과 서비스를 더 빨리 시장에 내놓을 수 있게 되었다. 파란지페가 지적한 것처럼, 데이터와 거버넌스 같은 글로벌 기능도 "그게 현지 시장에 어떤 이득을 안겨줄 것인가를 생각하면서 구축해야 한다."[26]

종합해보면, 이런 조정을 통해 유니레버의 대응력이 크게 향상되었다. 2018년 기준으로, 유니레버의 제품 출시 시간이 2016년보다 40~50퍼센트 빨라졌고 더 많은 실험과 협업이 이뤄졌다.[27] 2016년에 유니레버의 영업 마진은 14.8퍼센트였던 반면, 2019년에는 16.8퍼센트를 기록했다.[28]

애자일 방식으로 일하기

제품 중심 팀에서 고객 중심 팀으로의 전환은 새로운 애자일 업무 방식을 수용하는 것과 밀접한 관련이 있다.

수십 년 전에 BCG의 전 CEO였던 고故 존 클락슨John Clarkeson은 21세기 기업들은 오케스트라가 아니라 소규모 재즈 밴드를 닮아야 한다고 말했다. 구성원들은 엄격하게 정해진 악보를 따르기보다 공동의 목표를 달성하기 위해 신속하고 즉흥적으로 연주하는 데 익숙해져야 한다.[29] 항상 선견지명이 있었던 클락슨의 말이 옳았다. 오늘날의 글로벌 기업들이 변화하는 기술과 소비자의 요구, 정치적 상황, 사회적 기대보다 앞서 나가려면 재즈 밴드 같은 역량을 갖춘 팀을 구성해서, 끊임없이 움직이면서 빠르게 중심점을 바꾸고 실험하고 반복해야 한다. 재즈 음악가들은 예기치 못한 도전에 직면했을 때의 유연한 대처 능력을 의인화한 사람들이다. 기업도 그렇게 될 수 있다.

애자일 업무 방식은 바로 이런 능력을 확보할 수 있게 해준다. 최근 수십 년 사이에 소프트웨어 개발자들이 혁신을 극대화하기 위해 도입한 애자일 철학은 규모가 작은 학제 간 팀을 활용해서 짧은 주기 혹은 스프린트sprint 안에 새로운 제품과 서비스 아이디어를 신속하게 반복하고 발전시켜야 한다는 과제를 안고 있다.[30] 기존의 매트릭스 조직에 속한 팀은 출시 전에 제품을 철저하게 테스트한 반면, 애자일 팀은 최소한의 실행 가능한 제품에 신속하게 도달하기 위해 페일 패스트fail fast(장애나 오류를 나타낼 가능성이 있는 모든 상태를 인터페이스에서 즉시 보고하는 시스템) 사고방식을 채택한다. 또한 애자일은 고객과 함께 제품이나 서비스의 초기 버전을 시험해보거나 팀원들을 공동 배치하는 등의 전술을 통합한다.[31] 소규모로 긴밀하게 구성되어 적진 뒤에서 은밀하게 공작을 벌이는 미군의 특수 작전 팀을 생각해보라. 이런 팀들은 민첩성이 뛰어나고, 문제가 발생할 경우 현장에서 신속하고 즉흥적으로 해결책을 마련하는 데 필요한 다양한 기술과 작업 프로세스를 갖고 있다. 기업들이 새로운 글로벌 고객을 위한 혁신적인 솔루션을 구축하려면 이런 고성능 팀이 필요하다.

오늘날 많은 대기업이 민첩성을 높이기 위해 고군분투하고 있다. 그러나 민첩한 기업들 중에서도 극적인 결과를 얻는 기업은 비교적 적다.[32] ING 네덜란드에서는 리더들이 애자일 업무 방식을 채택해서 팀들이 빠르고 반복적인 스프린트 방식으로 일하도록 장려했다. 이 방법을 쓰면 새로운 오퍼링을 확대하기 전에 결점을 제거할 수 있다. 2014년 이후로 ING 네덜란드가 새로운 아이디어를 시장에 내놓는 데 걸리는 시간은 점점 짧아지고 있다. 예전에는 1년에 제품과 서비스를 몇 개밖에 못 내놓 았는데, 이제 이 은행은 몇 주마다 하나씩 새로운 제품과 서비스를 쏟아 내고 있다.[33]

1만 명 이상의 직원이 근무하는 네덜란드의 간호 서비스 회사인 뷔르 트조르흐Buurtzorg는 특정 지역에서 근무하는 다분야 간호사 수십 명으로 구성된 고도로 자율적인 소규모 일선 팀을 조직했다.[34] 이 회사는 중간 관 리자 그룹 대신 다양한 팀들을 대상으로 모범 사례를 전파하고 의사결 정에 도움이 되는 훈련과 도구를 제공하는 코치들에게 의존한다.[35] 중요 한 건 팀을 관료주의에서 해방시켜, 대략적인 경계 내에서 스스로 관리할 수 있게 하는 것이다.[36] 이 시스템은 최근 몇 년간 상당한 성공을 거둬서, 이 회사는 2011년부터 2015년 사이에 4년 동안 네덜란드에서 가장 일 하기 좋은 회사로 선정되었다.[37] "우리는 더 자유롭고 인정받는다고 느끼 며, 고객에게 최상의 의료 서비스를 제공하는 방법도 완전히 통제하고 있 다." 한 직원의 말이다. "이제 우리는 많은 좌절감을 안겨주는 요식 체계 에 시달릴 필요 없이 좋아하는 일, 즉 고객을 보살피는 일을 할 수 있다."[38]

일부 일류 기업들은 애자일 방법론을 이용해서 내부 고객뿐 아니라 외 부 고객과도 가깝게 지내고 있다. 금융 서비스 회사인 피델리티Fidelity는 2017년에 '금융 서비스 업계에서 최고의 고객 경험'을 제공하기 위한 지속적인 노력의 일환으로 애자일 방식을 시험 도입했다.[39] ING와 마찬가지로 이 회사도 작고 민첩하고 자율적인 팀을 동원해 고객 경험을 개선하는 보다 유연한 조직 구조를 만들었다. 애자일 방식을 추진한 결과, 고객의 의견을 수렴하고 외부 트렌드에 대응해 새로운 제품과 서비스를 더 빨리 개발하기 위한 광고에 반복적인 노력을 기울이면서 회사의 마케팅과 혁신 기능이 향상되었다.

하지만 리더들은 최종 사용자 경험과 효율성을 개선하기 위해 내부적으로 애자일 방식을 구현하기도 했다. 피델리티의 내부 감사팀은 감사를 받는 업무 그룹과 함께 2주간 스프린트 방식으로 일하는 소규모 전담 감사팀을 조직해서 애자일 방식을 실험하기 시작했다. 애자일 방식을 실행하기 위해서는 업무 그룹이 평소보다 빨리 빈번하게 정보를 제공해야 했지만, 그들도 애자일 방식이 감사 과정을 가속화하고 투명성을 높이며 감사가 끝난 뒤에 놀랄 일이 없다는 것을 깨닫고는 이 변화를 뒷받침해 주었다. 애자일 실험 덕에 업무 부서와 내부 감사 부서 사이의 신뢰가 돈독해지고 감사관들에게는 경력을 개발할 기회를 줘서 사기를 높이는 등 감사 그룹이 보여준 리더십도 인상 깊었다. 2019년 초에는 내부 감사 그룹 전체가 애자일 방법론을 받아들여서, 현재 새로운 업무 방식을 가장 잘 뒷받침하는 KPI가 뭔지 파악하는 작업을 진행하고 있다.[40]

기존의 글로벌 기업들은 민첩성을 높이려고 노력할 때 글로벌 규모의 이점을 그대로 유지하면서 그렇게 해야 한다는 문제가 있다. 애자일 업무 프로세스는 모든 팀원이 물리적으로 같은 장소에 있을 때도 지속하기가 매우 어렵다. 직원들이 전 세계에 흩어져 있어서 가상 수단을 통해 상호 작용해야 할 때는 이 문제가 훨씬 커진다.

이 문제를 해결하기 위해, 일류 기업들은 애자일 방식과 글로벌 규모의 이점을 모두 얻을 수 있는 분산형 애자일이라는 방법을 실험하고 있다. 글로벌 자동차 회사부터 투자 은행, IT 대기업에 이르기까지 많은 기업들이 분산형 애자일을 성공적으로 활용했다. 유럽의 한 항공기 제조업체는 개발 과정에서 분산형 애자일 방식을 대규모로 구현했는데, 팀의 3분의 2(소프트웨어 개발자)는 인도에서, 그리고 나머지 3분의 1은 유럽에서 각자 맡은 제품 중심의 역할을 수행했다. 처음에는 모든 사람이 직접 모여서 분산형 애자일 계획을 세우고, 나중에는 디지털 스크럼 보드, 가상 회의, 클라우드 기반의 개발 플랫폼 같은 디지털 툴을 사용해 협업했다. 팀원들이 실제 있는 위치에 상관없이 비공식적으로 정보를 공유할 수 있도록 실습용 커뮤니티도 만들었다. 이런 변화 덕분에 대규모 해외 소프트웨어 개발팀의 비용 이점을 그대로 유지하면서도 제품 출시까지 걸리는 시간이 50퍼센트 단축되고 결함은 20퍼센트 빨리 제거할 수 있었다.

수평적 플랫폼을 구축하라

고객 대면 팀과 애자일 업무 방식을 통해 기업들은 기존의 경계와 사일로에서 벗어나 고객의 요구를 보다 신속하게 해결할 수 있게 되었다. 고객 대면팀과 애자일 업무 방식을 갖춘 조직에도 여전히 넘기 힘든 경계가 존재하지만, 이제 제품이나 지리적 위치가 아닌 고객의 여정을 기준으로 특정 팀을 정의하고 서로 분리할 수 있다.

고객 대면팀을 지원하기 위해 조직 경계를 넘어 협업이 이루어지도록 하고 대형 조직의 규모에 따르는 이점을 활용하기 위해, 선도적인 기업들은 데이터와 기술, 프로세스를 아우르는 새로운 수평적 지원 플랫폼을 구현하고 있다.[41]

브라질에서 가장 큰 화장품 회사인 나투라를 생각해보자. 나투라는 화장품업계에서 소매 역량을 키우고, 글로벌 입지를 넓히고, 지역 인재와 지식, 경험을 얻기 위해 과감한 인수 전략에 착수했다. 그리고 지속 가능성에 대한 나투라의 가치관과 상당히 비슷한 생각을 가지고 있는 호주 소매업체 이솝과 영국 소매업체 바디 숍을 인수했다. 최근에는 에이본 인수까지 마무리되면서 세계에서 네 번째로 큰 뷰티 그룹인 나투라 앤드 코가 탄생했다. 나투라 앤드 코의 회장 겸 그룹 CEO인 호베르투 마르케스는, 그룹 리더들이 이렇게 새로 인수한 기업들을 통합하는 과정에서 "(거버넌스와 운영 구조를) 처음부터 새롭게 구축할 수 있는 기회를 얻었다"고 말했다.[42]

리더들은 인수된 회사를 인수한 회사와 거의 구분이 안 되는 수준으로 합병하는 극히 평범한 다국적기업Multinational Corporation(이하 MNC)은 되지 않기로 결심했다. 그들은 대안을 만들 때 3가지 우선순위를 두었다. 첫째, 리더들은 이해 관계자들과 강력한 개인적 협력 관계를 구축하는 회사의 오랜 전통을 기반으로 하는 조직 스키마schema를 만들고 싶었다.

둘째, 리더들은 기업가정신을 더 많이 허용하고, 부담스러운 구조와 프로세스를 갖추어 중앙 집중식으로 움직이는 대기업의 느낌에서 벗어난 조직을 추구했다. 셋째, 전통적으로 중앙 본사에서 내린 지침에만 집중하는 MNC의 모습에 도전하고자 했다. 대신 그들은 회사의 개별 사업을 중심으로 자원을 배치해 무게 중심을 만들려고 했다. 요약하자면 이들은 글로벌 조직이 각 브랜드의 고유한 경쟁 우위를 존중하고, 각 브랜드에 상당한 자율성을 부여하며, 관료주의를 최소화하는 동시에 브랜드들끼리 강력한 유동적 협업이 가능하길 원했다.

리더들은 그룹 구조를 정하고, 각 구성 기업이 자율적으로 운영되도록 하는 그룹 브랜드(나투라 앤드 코)를 만들었다. 규모의 경제를 활용하고 구성 기업들끼리 경계를 넘나드는 협업을 보장하기 위해, 구성 기업들을 서로 연결하고 지원하는 3가지 수평적 협업 플랫폼을 만들었는데 플랫폼마다 통합된 정도가 다르다.

- '우수 네트워크Networks of Excellence'는 그룹에 대한 특정한 기능적 우선순위가 생기고 그룹 전체의 역량 강화에 초점을 맞출 때 만들어진다. 원래 이런 네트워크는 지속 가능성, 디지털, 소매의 3가지 영역에 존재했다. 임원 한 명을 정해서 회사 전체의 임원들을 조직해 공통된 집단 의제를 구체화하도록 했다. 이런 네트워크에 참여하기 위해 필요한 시간은 한 달에 2~4일 정도였다.
- '기능 네트워크Functional Network'는 시너지 효과가 존재하고 팀이 그룹

전체의 정책을 정하기 시작한 조달, 인력, 투자 관계 같은 영역에서 만들어졌다. 이 회사의 기능 책임자는 특정 분야에서는 그룹 리더 역할까지 했는데, 일례로 이솝의 최고 인사 책임자는 인사 그룹 리더기도 했다. 이들은 이것을 '이중 감투'라고 불렀다. 기능 네트워크는 크고 엄격한 중앙 기능을 만들지 않고도 그룹 전체에 규모의 경제와 표준화를 제공하도록 설계되었다. 이 네트워크는 매달 8일~10일 정도의 기간이 소요되는 짧은 스프린트 단위로 특정 프로젝트를 수행했다.

- 가장 통합된 협업 형태인 '그룹 허브Group Hubs'는 재무나 법률 같은 특정 기능을 그룹 전체에 통합해서 그룹 프로세스를 통합 실행하고 성능을 모니터링한다. 나투라 앤드 코는 경계를 넘나드는 협업을 보장하기 위해 각 회사의 고위 경영자로 구성된 그룹 운영 위원회GOC를 만들었다. 이 그룹은 분기마다 이틀씩 회의를 열어 애자일 방식으로 협업하면서, 혁신처럼 모두에게 영향을 미치는 주제와 관련해 그룹 내 모든 회사의 의견이 일치하도록 조율했다.

이런 요소 중 일부는 여전히 구현되고 있지만, 초기에 드러난 징후만 봐도 더욱 유연하고 유동적인 플랫폼 기반의 조직 간 구조가 아이디어 교류를 지원하고 생산적인 협업을 촉진한다는 걸 알 수 있다.

나투라의 경우처럼 지원 플랫폼이 특정 기능이나 업무 프로세스를 포함할 수도 있지만, 새롭게 부상한 소비자 요구를 충족시키는 데 필요한 기본적인 기술과 데이터를 포함할 수도 있다. 예전에는 감독과 통제의 필요성 때문에 기업들이 수평적인 일선 고객 중심의 팀을 구성하지 못했지만, 새로운 데이터와 기술 플랫폼은 이를 가능하게 해준다. 현지 팀은 방대한 양의 글로벌 데이터를 활용해서 새로운 솔루션을 설계할 수 있을 뿐 아니라, 이런 플랫폼을 통해 리더들은 일선 직원들의 성과 데이터에 실시간으로 액세스할 수 있다.

알고리즘은 놀랍도록 다양하고 불연속적인 정보를 일관되고 논리 정연한 데이터 스트림으로 변환해 의사 결정을 도와준다. 이런 데이터와 알고리즘으로 무장한 리더는 관리 계층을 우회해서 멀리 떨어진 지역의 운영 상황을 추적할 수 있다. 고객과 고객의 니즈 중심으로 재편되고 리더들이 직접 일선 운영에 관여하는 기업은 더 단순하고 수평적인 구조로 바뀔 준비가 되어 있다.

알리바바의 고객 대면팀은 기술과 프로세스 혹은 마케팅, 콘텐츠 제작, 가맹점 모집 등의 기능적 역량과 관련된 중간 플랫폼을 통해 역량을 강화하는데, 이 플랫폼은 알리바바의 업무상 필요에 따라 맞춤 구현할 수 있다. 기업은 표준화된 구성 요소를 기반으로 개별 플랫폼을 구축하거나 자체적인 구성 요소를 개발해서 추가한다. 미들 오피스middle office 라고 하는 행정 부서는 새로 개발된 구성 요소들을 다른 사업부가 사용할 수 있도록 표준화하는 작업을 한다. 각각의 기능 플랫폼은 소규모 팀에서 일하는 수십 명의 직원으로 구성된다. 이 회사의 미들 오피스는 다양한 사업을 통해 얻은 고객 통찰을 통합하고, 생태계 파트너는 이를 활용해서 가치를 창출할 수 있다. 기업은 이를 통해 정보 사일로를 허물고,

데이터 패턴을 파악하며, 리더들의 의사 결정을 개선할 수 있다.[43]

업계 전체의 일류 기업들이 채택한 협업 기술은 고객 피드백 데이터 통합, 팀 성과 추적, 서비스 관련 지식 공유 등 다양한 기능을 지원한다. 뷔르트조르흐의 자율적인 간호사팀은 정보 조정과 공유를 위해 비공식적인 간호사 네트워크뿐만 아니라 그들이 '뷔르트조르흐 웹'이라고 부르는 인트라넷에도 의존한다.[44] 이전 장에서 살펴본 것처럼 산업 분야의 대기업인 지멘스나 항공기 엔진을 만드는 롤스로이스 같은 산업 기업들은 정교한 기술 플랫폼을 이용해서 고객 기계의 성능을 실시간으로 모니터링하고 배포해서 분석한다. 일선 팀은 이 기술을 활용해 중앙의 전문가 팀과 소통하고 의견을 조율하면서 수리를 할 수 있다.

데이터, 기술, 프로세스 관련 플랫폼은 조직을 넘어 더 광범위한 참여자 네트워크를 구축하려는 일류 기업들의 노력에서 두드러진 역할을 한다. 민첩하게 움직이는 고객 중심 팀도 3장에서 설명한 생태계나 가치 네트워크처럼 같은 생각을 가진 외부 파트너와의 관계를 바탕으로 할 때 더욱 강력해진다. 2장에서 설명한 롤스로이스의 R2 데이터 랩에서는 학제 간 전문가들로 구성된 소규모 팀이 롤스로이스의 다른 팀들과 협력해서 고객이 가치를 얻을 수 있는 새로운 데이터 기반 서비스를 개발한다.

R2 팀들은 애자일 방법, 예컨대 모든 작업이 90일 미만의 짧은 스프린트 단위로 구성되는 방식을 채택했을 뿐만 아니라 대규모 파트너 생태계에도 의지한다. 회사 웹사이트의 설명에 따르면 이 생태계에는 'OEM 파트너, 기술 공급업체, 최첨단 데이터 혁신 스타트업, 학계 관계자' 등이 포

함되어 있다고 한다.[45] 이 글을 쓰는 2018년을 기준으로, 이 생태계는 전 세계적으로 500명 이상의 참가자를 보유하고 있으며 마이크로소프트 및 TCS와 협력해서 만든 기술 플랫폼을 기반으로 한다.[46] 기업들은 고객 대응 방안을 모색하고 그 기반이 되는 기술 플랫폼은 거리와 국경을 넘어 다양한 생태계 참여자들을 한자리에 모으는 등, 이런 생태계들이 세상을 완전히 변화시키고 있다.

지원 플랫폼이 글로벌 조직들이 전통적으로 구축했던 우수성 센터 Centers of Excellence(이하 CoE)와 어떻게 다른지 궁금할지 모르겠다. 가치 사슬의 일부를 소유한 사업부와 무관하게 존재했던 CoE와 달리, 지원 플랫폼은 일선 팀의 성공에 대한 책임을 공유하고 그들이 제공하는 걸 혁신하고 확장해 가치를 추가하는 능력을 통해서만 존재 의의가 생긴다. 팀들은 이런 플랫폼을 사용할 필요가 없다. 플랫폼이 가치를 제공하지 않으면 기업은 플랫폼에 대한 자금 지원을 거부한다.

직원들은 일선 팀과 플랫폼을 모두 이해하기 위해 이들 사이를 자주 오간다. 플랫폼은 혁신적이기 때문에 직원들은 일선 팀 못지않게 기업가 정신을 발휘해 빠르게 움직이며, 조직 내의 야심 찬 인재들을 매료한다. CoE는 프로세스와 기능을 중앙에 집중해서 소유하도록 설계되었고 종종 개별 사업을 점검하는 역할도 한다. 반면 플랫폼은 데이터 모델과 운영을 표준화해서 속도와 자율성을 높이는 역할을 한다. 유동적이고 역동적인 플랫폼은 전 세계에 배포되는 경우가 많으며, 고객 중심의 조직이 단순히 주어진 기능만 수행하는 게 아니라 빛을 발할 수 있도록 도와주는 유연한 척추 역할을 한다.

결국 플랫폼은 글로벌 기업이 직면한 오래된 문제, 즉 글로벌 지향 사업과 현지 지향 사업 양쪽 모두에서 이익을 얻는 방법에 대한 21세기의 새로운 해결책이라고 할 수 있다. 글로벌 기업들은 예전부터 전문 지식과 규모를 늘리기 위해 모든 기능을 본사에 집중시키거나, 아니면 지역 혹은 국가 단위로 기능적 역량을 분산시키는 경향이 있었다. 첫 번째 경우에는 기업들이 지역 고객과의 근접성과 그들의 요구에 대응하는 능력을 희생했다. 후자의 경우에는 규모의 이점과 심층적인 전문 지식을 쌓을 수 있는 능력을 희생했다.

지원 플랫폼을 이용하는 기업들은 분산되고 단편화된 프런트 엔드 고객팀과 글로벌 수준의 기능적 전문성을 연결할 수 있다. 사실 이런 플랫폼은 현지 대응 능력과 글로벌 규모의 가장 바람직한 조합을 실현하기 위해, 필요에 따라 현지 고객팀과 글로벌 플랫폼 사이에 의사 결정을 분산하는 데 도움이 된다.

의사 결정권은 엄격하게 규정되어 있지 않다. 시스템에 내장된 재량권과 약간 모호함 덕에 리더들은 계속 진화하는 비즈니스 요구를 충족시킬 수 있는데, 이는 기존의 다국적 기업 운영 방식에 비해 큰 이점이다. 조직에 모두를 지원하는 협업 문화와 이런 문화를 이해하고 뒷받침해주는 리더가 있어서 직원들이 보고 라인을 거치기만 하는 게 아니라 그사이에서 일할 수 있다면, 조직은 이런 모호함을 생산적으로 유지할 수 있다.

미래에는 많은 글로벌 기업이 기본적으로 지원 플랫폼을 중심으로 하는 플랫폼 조직이 될 것이다. 이런 조직에는 뛰어난 역량을 갖춘 거의 혹은 완전 자율적으로 운영되는 소규모 애자일 팀이 많으므로, 시장 수요에 대응해서 신속하게 혁신을 이룰 수 있다. 대규모 지원 플랫폼은 이런 팀들을 지원하면서 기능을 모듈화 및 표준화하고 자원을 모으고 공유 툴과 지원을 제공하는 공유 서비스 센터를 마련한다. 프런트 엔드와 백 엔드의 운영 프로세스를 모두 처리하는 이런 플랫폼은 프런트 엔드 팀의 필요에 따라 자원을 할당하고 의사 결정 권한을 보유하며 모듈식 기능 요소를 필요에 따라 맞춤화한다. 우리 동료들의 말처럼, 이런 플랫폼은 인간과 기술이 결합된 '바이오닉bionic'이 될 것이다.[47] 중요한 점은 이 플랫폼이 주변 생태계에서 외부 파트너를 지원해 그들이 창출하는 가치를 향상시킨다는 것이다.

기업 문화와 리더십의 본질적 역할을 고민하라

매트릭스를 벗어나 고객 중심 팀과 애자일 업무 방식, 지원 플랫폼을 도입해 보다 유동적으로 변신한 기업들은 '기업 문화 변화'와 '리더십 개발'이라는 2가지 필수적인 지원 영역에 관심이 있는 기업들이다.

현재 조직 내부에서 나타나고 있는 소규모의 민첩한 고객 중심 팀은 매우 강력한 힘을 발휘한다. 이런 팀과 더 광범위한 조직의 구성원들이 혁신, 개방성, 대담함, 고객 집중과 관련된 사고방식과 행동을 받아들이고, 리더들은 고객을 위한 신속하고 효과적인 솔루션 개발에 필요한 기술과 행동을 활용하고 있기 때문이다.

변화하는 고객의 니즈를 충족시키기 위해 서두르는 과정에서 글로벌 기업의 리더들은 사람과 문화에 구애받지 않고 조직 구조를 업데이트하고 싶은 유혹을 느낄 수 있다. 그건 큰 실수다. 외부 고객 중심의 성향을 개발하려는 기업은 직원을 움직이고 참여시키고 방향을 잡아주기 위해 매우 다른 문화가 필요하다. 간단히 말해서, 디지털 문화가 없다면 디지털 혁신이 아니다.[48] BCG의 연구를 통해 기업들이 문화에 집중할 때 디지털 혁신 성과가 훨씬 뛰어나다는 사실이 드러났다. BCG가 디지털 혁신을 추구한 기업들을 추적해본 결과, 문화에 초점을 맞춘 기업들의 다수, 즉 80퍼센트 가까이가 '뛰어나거나 획기적인 성과를 유지한' 문화에 집중했고 문화의 역할을 무시한 기업은 없었다.[49]

기성 기업들이 디지털 세상에서 승리하기 위해 통합해야 하는 문화적 특성에 대한 글이 많다. 기업은 조직의 목적, 산업 분야, 전략 등에 따라 다양한 문화를 유지하고 있겠지만, 다음과 같은 5가지 핵심 요소를 기존 문화에 접목하려고 할 것이다.

- 회사 내부 프로세스의 우선순위보다 고객에게 공감하고 이해하는 데 중점을 둔다.
- 세밀한 부분까지 관리하면서 명령과 통제 없이 권한을 위임한다.
- 정체를 초래하는 지속적인 계획이 아닌 신속한 조치를 추구한다.
- 결정을 내릴 때 지나치게 신중하기보다 과감하게 위험을 감수한다.

- 폐쇄적이고 고립된 사고방식을 버리고 협업한다.

　빠르게 움직이는 디지털 스타트업에서 일한 경험이 있는 사람이라면 누구나 이런 요소들에 익숙할 것이다. 하지만 규모가 큰 기존 글로벌 기업 내부의 업무 환경은 이와 다르다. 따라서 변화가 필요하다. 이런 문화적 요소들은 고객 중심의 팀이 변화하는 고객 니즈를 파악하여 신속하고 단호하게 대응하는 데 도움이 된다. 만약 팀들이 기업가적이고 변화 지향적이며 고객 중심적인 사고방식과 행동을 받아들이지 않는다면, 조직 구조를 적절히 변화시켜도 별 효과를 얻지 못할 것이다.

　ING 네덜란드는 새로운 업무 방식으로 전환할 때 처음부터 문화적인 변화를 우선시했다. 예를 들어, 이 은행은 고객 중심의 애자일 업무 방식에 적합한 문화를 제공하기 위해 업무에 참여 중인 모든 직원을 대상으로 3주간의 적응 프로그램을 실시하고, 그중 적어도 일주일은 고객 충성도 팀의 콜 센터에서 고객들의 전화를 받는 데 할애하도록 했다. 이 회사는 또 개방형 사무실을 마련해서 IT 기업의 캠퍼스와 유사한 환경을 조성하고 보다 유동적인 P2P\ :sub:`peer-to-peer` 채용 프로토콜을 도입했다. 대화와 비공식적인 상호 작용을 장려하는 조직 문화 덕분에 직원들 간의 커뮤니케이션이 더 빈번해지고 개방적으로 이루어졌다. 고위 경영진은 조직 혁신을 주도하는 팀과 함께 많은 시간을 보내고 평소에도 열린 공간에 놓인 큰 탁자에서 일하면서 기업 문화를 바꾸기 위한 분위기를 조성했다. 이런 모습이 당연한 것이다. 우리 동료들의 말처럼 "애자일은 최상부에

서 시작되거나 거기서 중단된다."⁵⁰

　이런 원칙을 마음 깊이 새기고 있는 선도적인 기업은, 경영진들이 고객 중심의 유연한 조직을 이끄는 데 필요한 기술과 행동을 갖추도록 한다. 우리 동료들이 지적한 것처럼, 성공한 글로벌 조직의 리더는 '고착된 조직 구조나 프로세스, 규칙의 통제자'가 아니라 "재즈 지휘자처럼 직원들이 주도권을 쥐고 함께 협력해서 조직의 목표를 달성할 수 있는 유연하고 역동적인 시스템 조건을 설정해줘야 한다."⁵¹ 이 책에 등장하는 많은 모범적인 조직의 리더들은 명령하고 통제하기보다 직원들에게 권한을 부여하고 필요한 코치를 해주는 데 더 집중한다. 이런 리더들은 필요한 결정을 상부로 보내 해결하지 않고, 팀에게 더 많은 운영 자율성을 주면서 회사 목표와 조율되도록 한다. 또 팀이나 조직의 규모에 따라 성공을 정의하는 게 아니라 팀이나 조직이 제공하는 가치를 기준으로 성공 여부를 판단한다. 그리고 천천히 움직이면서 위험을 피하기보다 속도와 지속적인 개선을 중시한다.

리더는 어떤 선택을 해야 하는가

조직과 문화, 리더십을 업데이트하는 건 힘든 일이며, 대부분의 기성 글로벌 기업들은 이 과제를 해결할 엄두도 못 내고 있다. 그러나 앞서 살펴본 것처럼, 기업들이 이 책에서 소개한 다른 전략들을 이용해 성공하려면 그렇게 하는 게 필수적이다. 기업은 최전방 팀을 조직 내에 영구적으로 고정해야 한다. 이들은 애자일 업무 관행을 조직 전체에 확산시켜야한다. 또 내부와 외부의 경계를 넘어서 협업을 촉진하는 지원 플랫폼을 구축해야 한다. 그리고 대응 능력을 부드럽게 활성화하는 문화와 리더십도 갖춰야 한다.

이런 변화 중 일부만 실험하는 것도 아예 안 하는 것보다는 낫지만, ING 같은 기업은 단번에 그 대부분 혹은 전부를 받아들인 덕에 향후 시장을 선도할 수 있는 위치에 올라서게 되었다. BCG 선임 고문이자 킴벌리클라크Kimberly-Clark의 전 임원인 밥 블랙Bob Black은, 기업들이 조직을 구성하고 설계할 때는 대부분의 권력이 상층부에 몰려 있는 전통적인 상명하달 방식이 아니라 '최일선에서 시작해 앞에서 뒤로' 진행되는 근본적으로 다른 접근 방식을 취해야 한다고 말한다.[52]

고객에게 신속하게 대응할 때 발생하는 고충을 고려하면서 현재의 조직을 비판적으로 살펴보자. 거기서부터 시작해 새로운 조직 구조를 만들 때 해결해야 하는 중요한 설계 원칙을 정의하면서 조직을 어떻게 쇄신할 수 있을지 폭넓게 상상해보자. 많은 기업이 성장 촉진, 서비스 수준 향상, 비용 절감 같은 목표를 달성할 수 있는 조직을 선택한다. 그런 다음 우리가 설명한 몇 가지 실험을 적용하기 위해 진행할 수 있는 구체적인 조직 변화에 대해 생각한다. 다음 질문을 곰곰이 생각해보자.

- 현지에 고객 중심 팀을 구현할 때 유연성과 일선 현장의 자율성 그리고 통제와 리스크 관리 사이에서 어떻게 균형을 맞출 수 있을까? 지역

팀들 사이에 균일하게 유지되어야 하는 건 무엇이고, 지역 팀들이 다른 팀에게서 빌려와 자기 나름의 방식대로 적응해야 하는 것은 무엇이며, 지역 팀들이 전부 독자적으로 운영해야 하는 건 무엇인가?

- 어느 팀을 같은 장소에 배치해야 하고, 어느 팀을 가상으로 유지할 수 있는가?

- 조직 전체에서 지식과 전문 기술을 이전하고 공유하려면 어떤 지원 플랫폼이 필요한가? 조직이 필요한 곳에 적절한 전문 지식을 활용하고 있는지 확인하려면 어떻게 해야 하는가?

- 유동적인 조직에서 자본, 인재, 기술 등의 자본을 가장 잘 할당하거나 재할당하는 방법은 무엇인가?

- 기업 문화를 강화할 때 조직의 대응력을 높이는 데 필요한 구체적인 가치관과 행동을 통합했는가? 만약 그렇지 않다면, 구체적으로 어떤 격차가 발생했고 그 공백을 어떻게 메울 수 있을까?

- 이 장에서 설명한 조직 변화의 규모를 감안할 때, 이를 실현하기에 충분한 변화 관리 역량을 갖추고 있는가? 특히 리더와 관리자에게 고객 중심 팀, 애자일 업무 방식, 지원 플랫폼을 가장 확실하게 지원하는 방법을 알려주고 필요한 준비를 시켰는가?

더욱 유연하고 대응력이 뛰어난 조직으로 전환하는 일이 부담스럽다면, 한 번에 모든 걸 해낼 필요가 없다는 점을 기억하자. 조직적인 혁신이든 다른 어떤 것이든, 21세기의 혁신은 일회성 제안이 아니라 꾸준히 진행되는 발전이다. 우리 회사와 함께 일하는 테크업계의 한 클라이언트는 회사가 조직 개편을 단행할 때 새로운 조직이 생겼다가 폐기되기까지의 유효 기한이 18개월밖에 안 되는 것으로 추정한다고 말했다. 이것을 혁신 노력을 유기적으로 진화하는 프로세스, 처음에는 낡은 조직 구조를 보완하다가 시간이 지나면서 완전히 대체하는 프로세스라고 생각하자.

그리고 이와 관련해, 새롭고 민첩하게 움직이는 업무 분야가 기존의 매트릭스 모델에 종속된 다른 분야와 맞물리는 현실을 어떻게 헤쳐 나가는 게 가장 좋을지 생각해보자. 우리 동료들의 주장처럼 "리더들은 스타트업이 사용하는 애자일 업무 방식을 융통성이 부족한 기존 기업 업무 방식과 결합해야 한다."[53] 은행 업무의 일부는 앞으로도 계속 전통적인 방식으로 운영될 거란 사실을 아는 ING 네덜란드의 리더들은 애자일 팀이 비애자일 팀과 협업할 수 있는 메커니즘을 만들었다. 은행의 비애자일 팀들도 애자일 팀이 만든 혁신을 받아들여서 운영의 연속성이 보장되도록, 다양한 회의와 비공식적인 포럼을 마련했다. 애자일 팀과 협력하는 기존 팀의 핵심 구성원을 배치해서 분대의 성공을 보장하고, 팀의 기능과 관련된 독자적인 결정을 내릴 수 있게 했다.[54]

리더들이 조직 변화를 고려할 때 저지르는 실수는 조직 변화를 너무 냉정하게 분석하는 것이다. 조직에서 중요한 건 합리적인 구조와 프로세스만이 아니다. 사람이 중요하고 그들이 원하는 결과를 얻기 위해 어떻게 협력하고 조정할 것인지도 중요하다. 문화에 집중하는 게 매우 중요해지긴 했지만 이 책에서 소개한 21세기의 성장과 운영 전략을 완전히 실행하려면 기업들이 디지털 경제에서 승리할 수 있는 새로운 세대의 직원들을 고용하고 유지하는 일에 더 직접적으로 참여할 필요가 있다.

요즘에는 많은 기성 기업이 디지털 인재를 차지하기 위해 디지털 기업들과 치열한 경쟁을 벌이고 있기 때문에, 디지털 인력을 찾아내 유치하고 고무하면서 역량을 강화한다는 건 매우 어려운 과제다. 기성 기업들도 이 분야에서 승리할 수 있지만, 그러려면 기존의 인재 관리 방식을 넘어 새로운 전략을 수용해야 한다. 이것은 글로벌 기업이 위대함 너머의 성공을 거둘 수 있는 또 하나의 방법이다.

KEY INSIGHT

- 기업이 경쟁력을 유지하려면 공식적인 조직을 넘어 새로운 수준의 조정 및 협업 방식을 개발해야 한다. 또 본질적인 목적이나 존재 이유에 맞게, 조직을 보다 역동적이고 유동적인 아메바 같은 조직으로 만들어야 한다.

- 기성 기업들이 향후 몇 년 안에 조직을 업데이트해서 고객 중심 팀, 애자일 업무 방식, 지원 플랫폼 등 서로 연계된 3가지 실험적 방법을 받아들이지 않는다면, 이 책에서 다룬 다른 전략을 실행할 수 있는 능력이 저하될 것이다.

- 매트릭스를 벗어나 고객 중심 팀과 애자일 업무 방식, 지원 플랫폼을 도입해 더욱 유동적으로 변신한 기업들은 기업 문화 변화와 리더십 개발이라는 2가지 필수적인 지원 영역에 관심이 있는 기업들이다.

인재를
사고 빌리고 연결시켜라

CHAPTER 8

글로벌 기업들은 인재를 기껏해야 부차적인 비즈니스 자산 정도로 간주하면서 오랫동안 인재의 중요성을 과소평가해왔다. 오늘날에는 인재의 본질이 바뀌고 적임자를 찾기 위한 경쟁이 치열해졌기 때문에, 기업들은 새로운 세대의 직원이 원하고 필요로 하는 것에 더 신경 써야 한다. 전통적인 인재 관리 방식을 넘어서 21세기 인재를 찾고, 고무하고, 개발하는 방법을 근본적으로 바꿔야 한다.

세계 경제를 재편한 인기 있는 디지털 스타트업들은 신기술과 선견지명만 가진 게 아니다. 그들은 이전 장에서 설명한 변화를 이행할 수 있는 고도로 숙련되고 참여도 높은 인력을 보유하고 있다.

글로벌 기성 기업에도 이런 인재가 필요하다. 새로운 글로벌 소비자를 이해하고 소비자를 유인할 수 있는 새롭고 흥미로운 가치 제안을 고안할 수 있을 만큼 창의적이고, 강력한 디지털 솔루션을 구축하기 위한 기술적 능력을 발휘하고 코드 작성에 직접 관여하지 않더라도 디지털 사고방식을 갖추고 있으며, 사일로 전체에서 원활하게 협업을 진행하고 애자일 업무 프로세스에 편안하게 기여할 수 있는 직원이 있어야 한다. 무엇보다도 기성 기업에는 시장이나 특정 기술과 행동에 대한 요구가 진화함에 따라 계속해서 스스로를 재창조하고 완전히 새로운 역량을 개발하려는 직원이 필요하다. 그리고 이 모든 것에 더해, 코로나 이후 시대의 기업들에게는 원격 작업 환경에서 서로 협력하며 일하면서 번창할 수 있는 인재가 필요하다.

안타깝게도 기성 기업들은 기존의 인재 관리 전략으로는 이런 기준을 충족하는 인재들을 모아서 업무에 참여시키기가 힘들다는 걸 깨닫고 있다. 이건 성공적인 대규모 인재 관리 역량을 갖춘 기업이나 업계의 경우도 마찬가지다.

유니레버는 설립한 지 150년 된 글로벌 소비재 회사로 런던과 로테르담에 본사가 있고, 위프로Wipro는 40년 된 인도의 IT 서비스 회사다. 업계 최고의 인사 관행으로 유명한 유니레버는 세계 최상급의 교육 프로그램[1]을 만들고 지역 및 기능별로 직원들을 순환 배치해서 강력한 관리자 그룹을 키워냈다. 이 회사의 인도 사업부인 힌두스탄 유니레버에는 한때 500여 명의 기업 임원들이 근무했을 정도라서, 다른 기업들은 이곳을 'CEO 공장'이라고 부른다.[2]

위프로의 경우 1990년대와 2000년대에 해마다 수만 명의 졸업생들을 채용해 신규 교육을 하면서 스스로 대규모 인재 엔진을 개척했다. 특히 위프로는 맞춤형 교육과정을 갖춘 사내 대학을 이용해 2019 회계연

도에 1800만 시간의 교육을 실시하고 내부 취업 시장을 유지했다.[3] 인도 IT업계에서 일하는 위프로의 동료 회사들도 이와 유사한 전략을 선택했고, 유니레버나 위프로와 마찬가지로 우수한 인재를 유치해서 적재적소에 배치하고 보유할 수 있는 검증된 능력 덕분에 성장했다. 하지만 본 장에서 차차 살펴보겠지만, 유니레버와 위프로도 전통적으로 인재 유치에 능한 다른 회사들처럼 최근에 인재에 대한 접근 방식을 대폭적으로 혁신해서 업데이트하고 있다.

이런 변화를 부추기는 핵심 요인이 2가지 있다. 첫째, 디지털 솔루션을 개발하고 제공하는 데 능숙하고 애자일 환경에서 일할 수 있는 직원에 대한 엄청난 수요 때문에 글로벌 기술 인재 부족 현상이 심각하다. 2019년에 언론에서 자주 보도한 것처럼, 많은 기업이 상당한 수의 중요 직책을 채우지 못해서 결과적으로 수백만 달러의 생산성 손실이 발생했다.[4] 2030년까지 전 세계 기업들은 8천 5백만 개의 전문직 일자리를 채울 직원을 확보하지 못할 것이고 결국 심각한 경제적 손실로 이어질 것이다.[5]

설상가상으로 교육 시스템은 많은 고용주가 필요로 하는 기술과 지식을 학생들에게 제공하지 못하므로, 기업들은 신입 사원을 채용한 뒤에 추가 교육을 실시해야 하는데 이것이 생산성에 영향을 미친다. 이런 글로벌 기술의 불일치는 OECD 국가에서 일하는 직원의 약 40퍼센트에게 영향을 미친다.[6] BCG의 전무이사 겸 시니어 파트너인 글로벌 인재 동향 전문가 래이너 스트랙Rainer Strack은 "조만간 전 세계가 전체적인 노동력 부족과 기술 불일치로 인한 글로벌 인력 위기에 직면하게 될 것이다. 모든 기업이 인력 전략을 세우고 즉시 조치를 취해야 한다"고 이 상황을 요약했다.[7]

전통적인 인재 전략은 다음과 같은 두 번째 이유 때문에 압박을 받고 있다. 글로벌 인력 수요와 욕구가 급격하게 변하는 상황에서, 기업들은 직원의 참여도를 높이고 일에서 행복과 영감을 얻을 수 있게 하는 방법을 재고해야 하는 것이다. 기존의 인재 관리는 급여나 승진 같은 주로 외적인 동기를 이용해서 생산성을 극대화하려고 했다. 하지만 젊은 세대 직원들은 기업의 사다리를 올라감에 따라 점점 책임과 재정적 보상이 증가하는 고도로 구조화된 경력을 추구하지 않는다. 그들은 직장에서 꾸준히 경험을 하며 배우고 의미 있는 일을 하고 사회를 변화시키고 업무 외적인 부분에서 성취감을 느낄 수 있는 기회를 원한다.

연구에 따르면, Z세대 구성원들은 근무시간이 단축되면 그 대가로 급여가 10퍼센트 줄어도 기꺼이 받아들이고, 이 연령대의 근로자들 가운데 경력 성장을 우선시하는 사람은 겨우 3분의 1 정도라고 한다.[8] 2008년에 BCG가 200개 나라에서 36만 6천 명을 대상으로 실시한 조사에서는 응답자들은 '일과 생활의 균형'과 '학습 및 훈련 기회'를 '재정적 보상'보다 훨씬 중요하다고 평가했다. 이런 결과는 조사 대상자들 가운데 '디지털 전문가'에 속하는 사람들에게서 특히 두드러졌다.[9] 미국 전문가들을 대상으로 진행한 한 연구에서는, 조사에 참여한 10명 중 9명이 보다 의미 있는 직업을 가질 수만 있다면 수입의 일부를 기꺼이 포기하겠다고 했다.[10]

이런 2가지 변화에 직면한 상황에서 인재들을 통한 이점을 얻기 위해, 기업들은 새로운 전술을 받아들일 뿐만 아니라 인재 관리를 포괄적으로 혁신하고 있다. 일례로 유니레버의 최고 인사 책임자인 리나 나이르Leena Nair의 말에 따르면, 이 회사는 6가지 광범위한 조치를 취했다고 한다. 이들은 다음과 같은 작업을 수행했다.

- '더 나은 나, 더 나은 비즈니스, 더 나은 세상'이라는 기업 목표를 인재 채용 과정에 포함해서 최고의 잠재적 입사자들에게 회사가 더 매력적으로 보이도록 노력했다. 이 회사는 또 "목적이 있는 회사는 오래가고, 목적이 있는 브랜드는 성장하며, 목적이 있는 사람은 번창한다"는 슬로건도 전달했다.
- 인재 접근 방식을 확대해서 이른바 4B라는 걸 도입했다. 인재를 개발(인재 구축building)하거나 인재 확보 비용을 내기만(구입buying) 하는 게 아니라 단기 고용(대여borrowing)과 새로운 일자리로의 이동(연결bridge)도 지원한다.
- 인재 양성에 필요한 시스템, 기업 문화, 리더십 역량 구축을 목표로 삼는다.
- 직원들을 애자일 팀으로 재구성한다.
- 직원들의 지속적인 학습을 촉진한다.
- 모든 직원의 디지털 기술을 향상시킨다.[11]

앞으로 번창하고자 하는 글로벌 기업들은 유니레버의 예를 따라서 기본적인 사고방식을 바꾸고 조직 맨 위부터 아래까지 전략과 전술을 새롭게 구상해야 한다. 인재 관리에서는 전통적으로 직원을 목적 달성을 위한 수단, 즉 비즈니스 가치 창출 수단으로 간주했다. 기업은 인재를 발굴해서 회사에 유리하게 배치하고 관리하려고 했다.

앞으로 기업은 인재와 함께 번성할 수 있는 조치를 취해야 하며, 직원을 활용 가능한 자원으로만 여기지 말고 그들의 요구를 우선적으로 고려해야 한다.

마이크로소프트의 최고 인사 책임자인 캐슬린 호건Kathleen Hogan "사람을 우선적으로 고려해야 다른 모든 것이 제자리를 찾는다"고 했다.[12] 호건의 말에 따르면, 리더와 기업 모두 필요한 인재의 안정적으로 공급하는 것뿐만 아니라 "사람들이 최선을 다할 수 있는 환경, 즉 자신의 진정한 자아를 자랑스럽게 드러내고 욕구를 충족시킬 수 있는 환경"을 조성하는 걸 목표로 삼아야 한다.[13] 여러분 회사가 이런 목표를 달성할 수 있도록 선도적인 기업들이 어떻게 인재를 유치하고, 고무시키며 그들의 숙련도를 향상시키는지 기업들의 새로운 전술을 살펴보자.

인재 유치를 위한 파이프라인을 구축하라

기업들은 오랫동안 최고의 학력과 업계 관련 경험을 가진 사람들을 모집한 다음 이들을 물리적으로 재배치해 필요한 시설에서 일하도록 하는 방법으로 인재를 확보하려고 노력했다. 하지만 오늘날에는 이런 방식만으로는 충분하지 않다. 첫째, 요즘에는 인재를 찾는 게 과거보다 더 까다롭다. 한 최고 기술 책임자는 "(특정 기술을 가진 사람들의) 풀이 매우 작을 때는 사방에서 인재를 물색해야 한다"고 말했다.[14]

상황을 좀 더 긍정적으로 보자면, 비전통적인 배경을 지닌 사람 중에도 기업이 파괴적 혁신에서 앞서 나가는 데 필요한 지식을 갖춘 이들이 많다. 그건 업계 교란이 멀리 떨어진 산업에서 시작되는 일이 많기 때문이기도 하지만, 한편으로는 21세기 들어 사람들이 새로운 기술을 습득하는 방식이 더 다양해진 까닭이기도 하다. 야심 찬 전문가들은 단순히 공식적인 학위나 인증 프로그램에 등록하는 대신, 온라인 강좌를 이용하거나 개방형 디지털 플랫폼에서 공동 프로젝트를 완료하는 등의 방법으로 해당 직무에 대해 배운다.

이런 현실을 깨닫고 인재 확보와 관련해서 보다 폭넓은 관점을 취하는 리더가 늘고 있다. 한 조사에서는 고용주들이 직원을 채용할 때 전통적인 학력 기준에서 점점 벗어나려는 경향이 있다는 걸 알아냈다. 채용 관리자의 40퍼센트 이상이 입사 후보들을 평가할 때 코딩 '신병 교육대boot camp'가 곧 대학 학위만큼이나 좋은 자격증이 될 것이라고 예상했다.[15]

오늘날 최고의 인재들이 꾸준히 유입되는 파이프라인을 만들려면 취업 박람회, 캠퍼스 홍보 프로그램, 경력직 채용 같은 기존의 전술을 뛰어넘어, 인재 선별 방법이나 그들을 찾는 장소, 어필하는 방법 등과 관련해 훨씬 창의적이고 개방적인 태도를 취해야 한다.

우리는 유니레버의 4B 프레임워크를 빌려서 일류 기업들이 신세대 직원을 유치하기 위해 이용하는 전술을 조사했다. 유니레버를 비롯한 다른 일류 기업들이 인재 구축, 구입, 대여, 연결을 어떻게 수행하고 있는지 간략히 살펴보겠다.

새로운 인재풀을 구축하다

기업들은 신입사원을 채용하고 능력을 개발해 인재 파이프라인을 구축하는 데 오랫동안 집중해왔다. 이는 지금도 인재 유치를 위한 중요한 수단이지만, 기업들은 이제 흥미롭고 새로운 방법으로 직원을 찾아서 고용하고 있다.

우리가 대화를 나눈 한 인도 기술 회사는 새로 체결한 계약을 이행하기 위해 신속하게 인력을 충원해야 하는 문제를 겪은 적이 있다고 했다. 리더들은 필요한 전문 기술을 확보하기 위해 기존의 구직 방식을 우회해서 그들이 다루는 비즈니스 문제를 설명하는 글로벌 콘테스트를 열어 프로그래머들에게 잠재적인 해결책을 제안하도록 했다. 승자는 후한 보상을 받고 이 회사에서 일할 기회도 얻는다. 리더들은 이 전술에 별로 기대를 걸지 않았지만, 실제로 큰 도움이 되었다. 그리고 그들은 콘테스트 참가자들이 상금보다 흥미로운 문제를 해결할 기회에 더 큰 의욕을 느꼈다는 걸 알았다.

또 다른 글로벌 기술 기업에서는 마케팅 부서 임원들이 경쟁업체와 차별화하는 전략을 근본적으로 재고할 수 있는 새로운 인재 접근 방법에 대해 논의하고 있었다. 한 리더가 말하기를, 최고의 디지털 마케팅 전략가들은 회사가 일반적으로 직원을 채용했던 일류 경영대학원 출신이 아니었다. 그들은 대부분 게임업계에서 활약하던 사람들이었다. 고도로 복잡하고 역동적인 게임 환경에서 경쟁하면서 뛰어난 실력을 발휘하기 위해 필요한 기술을 감안하면, 최고의 플레이어들은 대부분의 사람이 인식하지 못하는 수준까지 전략적인 사고에 능했다.

이런 인재들은 회사가 일반적으로 고용하는 사람들과 문화적으로 많이 달랐다. 예를 들어, 최고의 게이머들 가운데 일부는 대학 중퇴자였고 대낮이 되어서야 일을 시작했다. 리더들은 처음에는 그들을 어떻게 활용해야 할지 잘 몰랐다. 이 회사는 결국 게임 공동체를 복제한 뒤 그 안에서 참가자들이 실제 문제를 해결하도록 하는 게임 연구실을 만드는 실험을 했다. 한 리더가 전한 말에 따르면, 소위 부적응자라고 불리던 이들이 마케팅 문제에 대해 매우 창의적이고 훌륭한 해결책을 즉석에서 제시했다고 한다.

기업들은 신입 사원을 배치하고 인재풀을 구축하기 위해 여러 가지 혁신적인 전략을 전개하고 있다. 사용자가 구글에 특정한 소프트웨어 관련 용어를 입력하면 코딩 과제가 나오고, 이걸 성공적으로 완료하면 회사에서 채용 면접 기회를 제공한다. 기업들은 또 뮤즈Muse(밀레니얼 세대), 에인절리스트AngelList(스타트업 인재), 깃허브(프로그래머) 같은 온라인 커뮤니티와 플랫폼을 통해 색다른 인재들을 접하고, 대학과 손잡고 학생들을 대상으로 고용주 브랜드를 구축하기도 한다.

디지털 인재 풀에 액세스하기 위해 전략적인 장소에 글로벌 기술 센터를 설립하는 기업도 많다. 디지털 인재가 전통적인 인재들과 같은 곳에 모이지는 않지만, 그렇다고 실리콘 밸리나 이스라엘, 에스토니아 같은 곳에만 집중되는 것도 아니라는 게 밝혀졌다. BCG가 전 세계 80개의 디지털 핫스폿을 추적해보자, 많은 사람이 일반적으로 디지털 인재와 관련시켜서 생각하지 않는 모스크바, 상하이, 멜버른 같은 지역으로까지 확대되었다. 이런 핫스폿 중 어디에 진출할 것인지 고민할 때 일류 기업들은 기존 입지나 이 지역에서 새로운 벤처 사업을 시작하는 게 얼마나 쉬운지, 지역 경제 상황은 어떤지 등 다양한 요소를 고려한다.[16]

기업들이 새로운 방식으로 채용 예정자를 찾을 때는 심사 과정도 함께 개편하는데, 기존의 심사 방식은 적응력이나 고객 중심적 태도 같은 인기 있는 자질을 측정하는 데 효과적이지 않다는 게 입증되었기 때문이다. 일부 일류 기업들은 온라인 자율 학습 플랫폼 평가를 포함하거나 시험 프로젝트를 완료하도록 하는 등의 방법으로 채용 후보들을 평가한다. 예를 들어, 강의실 교육과 실제 프로젝트를 결합한 마이크로소프트의 LEAP 프로그램은 비전통적인 배경을 지닌 참가자들이 회사에서 한 학기 동안 인턴십을 할 수 있도록 한다.[17]

우버, 스택익스체인지StackExchange, 깃허브 같은 사이트의 고객 리뷰와 온라인 평점도 전통적인 심사를 보완하거나 대체하고 있다. 오랫동안 표준화된 적성 검사를 실시하는 것보다 실제 문제를 해결하는 데 관심이 많은 세대에 어필하기 위해, 앞서 얘기한 온라인 대회와 해커톤hackathon을 통해 인재를 선별하고 발굴하는 기업들이 늘고 있다. 기업들이 이용하는 다른 비전통적인 심사 방법으로는 전문 면접관, 지원자 자동 선별 장치, 피플 애널리틱스_{people analytics} 등이 있다.[18]

인재는 어떻게 구입하는가

기업들은 오랫동안 인수합병을 통해 새로운 인재를 사들였고, 최근에도 그런 경향은 계속되고 있다. GM은 새로운 디지털 모빌리티 서비스를 구축하기 위한 노력의 일환으로 최고의 인재를 유치하고 유지하기 위해 고군분투해왔다. 그런데 어떤 엔지니어는 "현재 GM의 문제는 (…) 엔진 관련 일을 하려는 사람은 아무도 그 회사에 가지 않는 것"이라고 말했다고 한다. 대신 "좋은 후보들이 그곳에 가서 사무실과 팀 체계를 보고는 테슬라, 메르세데스, 구글 등으로 직행한다."[19] GM은 2016년에 사이드카 Sidecar라는 승차 공유 업체를 인수해 이 회사의 가장 중요한 자산임이 틀림없는 직원들을 확보함으로써 이 문제를 해결했다. 이 전술은 널리 퍼져서 이제 '인수 채용_{acquihiring}'이라는 이름까지 생겼고, 어떤 기자는 이를 '인재 확보의 새로운 표준'이라고 부르기까지 했다.[20]

공격적인 인수 전략을 추구한 또 다른 회사로는 인도의 IT 서비스 회사인 위프로가 있다. 2005년에 '진주 목걸이'라는 별명이 붙은 성장 전략에 착수한 이후, 위프로는 24개 정도의 회사를 인수했다.[21] 이런 인수는 다양한 전략적 목적에 도움이 되었지만, 최근 몇 년 동안은 특정 분야의 숙련된 직원을 확보한 것이 거래를 성사시키는 중요한 계기가 되었다. 2019년에는 디지털 엔지니어링 회사인 인터내셔널 테크그룹

International TechneGroup을 인수했는데, 이는 "업계의 핵심 서비스에 가치를 더하기 위한 것"이었다.[22]

위프로는 2016년에 IT 기술 회사인 아피리오Appirio를 인수해서 클라우드 기술과 관련된 새로운 역량을 확보했다. 아피리오와의 거래를 통해 위프로 인력에 수천 명의 직원이 추가되었을 뿐만 아니라 새로운 인재 관리 지식, 특히 직원과 고객 간의 긍정적 강화인 '선순환'이라는 개념까지 도입되었다.[23] 그전 해에는 덴마크의 전략 디자인 회사인 디자인잇Designit과 300명이 넘는 직원들까지 인수해서 디지털 전략 및 아키텍처 같은 영역에서 위프로의 자체 역량을 보완하는 설계와 사용자 경험 역량을 확보했다.[24]

선도적인 기업들은 인수 외에도 신생 기업에 대한 초기 단계 투자를 통해 인재를 사들이고 있다. 2014년에 유니레버는 스타트업과의 협업을 체계적으로 진행하기 위한 플랫폼인 파운드리Foundry를 개설했다고 발표했다.[25] 2020년에, 유니레버는 이 플랫폼을 통해 스타트업에 2천만 달러를 투자했다.[26] 유니레버는 파운드리를 통해 혁신적인 비즈니스 개념에 접근하고, 정식으로 회사를 인수하지 않고도 외부 디지털 인재를 활용할 수 있게 되었다. 쉘, 나이키, 프록터 앤 갬블, IBM 같은 다른 대기업들도 기업 인큐베이터를 설치한 것으로 알려져 있다.[27] 2016년을 기준으로, 세계 30대 기업 중 44퍼센트가 인큐베이터나 액셀러레이터를 활용하고 있다.[28]

인재를 어떻게 빌려 쓰는가

기업들은 과거에 인재를 활용하기 위해 정규직 직원을 채용하거나 확보하려고 노력했다. 오늘날에는 계약업체에 의지해서 단기간 혹은 프로젝트 단위로 인재를 빌려 쓰는 기업들이 늘고 있다. 인재 대여는 기업을 더욱 탄력적으로 만든다는 이점이 있다. 직원을 채용해서 교육하는 비용을 부담하지 않고도 긴급한 과제를 신속하게 해결할 수 있다. 계약업체 이용의 중요한 동인은 글로벌 크라우드소싱 플랫폼의 부상과 광범위해진 긱gig 경제다.

2018년 현재 선진국 근로자 가운데 긱 경제에 의존하는 이들의 비율은 비교적 적은 편이지만, 전 세계 1만 1천 명의 직원들을 대상으로 진행한 조사에 따르면 중국, 인도네시아, 인도, 브라질과 같은 나라에서는 상당한 비율의 근로자들이 긱 경제에 의지하고 있다. 중국의 경우 응답자의 거의 절반이 1차 소득 혹은 2차 소득을 긱에 의지하고 있고, 인도도 그 비율이 40퍼센트에 달한다.[29] 2018년에 임원들을 대상으로 한 설문조사에서는, 응답자의 5분의 2가 자기 회사도 향후 몇 년 안에 긱 경제 근로자들에게 더 많이 의존할 것이라고 예상했다.[30]

미디어업계에서는 일류 영화 스튜디오나 콘텐츠 제작자들이 전통적으로 작가, 감독, 기타 전문가들로 구성된 친숙한 인재 풀만 주로 이용했기 때문에, 검증되지 않은 젊은 인재들은 이 업계로 뚫고 들어가는 데 큰 어려움을 겪었다. 콘텐츠 제작자들은 인재에 대한 접근성을 높이기 위해 특정 프로젝트에 크라우드소싱 솔루션을 도입하기 시작했고, 디지털 플랫폼에 있는 프리랜서 커뮤니티로 눈을 돌렸다. 그런 플랫폼 중 하나인 통걸Tongal은 168개국에서 일하는 16만 명의 프리랜서를 보유하고 있으며, 20세기 폭스20th Century Fox, 내셔널 지오그래픽National Geographic, 디즈니Disney, 마텔Mattel 등이 이들의 고객이다.[31]

이들의 작업 과정은 간단하다. 창의적인 인재와 기업 고객이 사이트에서 연결되면, 고객은 곧 진행될 프로젝트에 대한 개요를 보여주고 크리에이터들은 자신의 독창적인 아이디어를 제시한다. 고객은 합의된 작업을 실행하기 위한 비용을 크리에이터에게 지불한다.[32] 기업들은 통걸에서 구한 인재로 정규직 직원들을 대체하는 게 아니라, 짧은 기간 동안 특정한 필요에 따라 재능을 빌리는 것이다.

인재는 어떻게 연결되는가

일류 기업들은 필요한 인재를 확보하기 위해, 직원들이 내부에서 계속 새로운 기회로 옮겨갈 수 있도록 지원하면서 인재들을 연결하는 새로운 방법을 이용하고 있다. 유니레버는 2019년에 인공지능을 활용한 내부 인력 시장인 FLEX 익스피리언스FLEX Experience를 개설해서 현 직원들이 자신의 고유한 기술과 목표에 맞는 일자리를 찾을 수 있도록 도왔다. 유니레버 HR의 한 임원이 말한 것처럼, 이 회사는 "내부와 외부에서 이용할 수 있는 최고의 기술과 비즈니스 아이디어에 빠르게 접근할 수 있는 새로운 작업 방식을 추진하고 있다." FLEX 익스피리언스는 회사가 자체적인 필요를 충족시키는 데 도움이 될 뿐만 아니라 직원들이 성장과 학습 기회에 많이 접근할 수 있도록 도와준다. "우리는 직원들이 자기 직책 이상의 능력을 지닌 존재라고 생각한다"고 이 임원은 말했다. "직원들이 번창하면 사업도 번창한다."[33]

이 마지막 예에서 알 수 있듯이, 인재 유치는 단순히 채용할 사람이나 계약을 체결할 사람을 찾는 게 다가 아니다. 사람들이 여러분 회사에서 일하고 싶어지도록 매력적인 기회를 창출해야 한다. 일류 기업들은 기존의 인재 소싱sourcing 방식에서 벗어나 새로운 세대의 인재들에게 어필할 수 있는 훨씬 매력적인 직원 가치 제안을 내놓고 있다. 예를 들어, 답답한 사무실에서 일해야 한다는 생각에 움츠러드는 젊은이들이 많다는 건 비밀이 아니다. 글로벌 기업들은 젊은 디지털 네이티브 세대 직원들을 유혹하고 고무시키기 위해 더욱 개방적이고 비기업적인 환경을 조성하고 있다. 세계적인 소프트웨어 회사인 크로노스Kronos는 최근 보스턴 지역에 에스프레소 바와 농구 코트가 완비된 화려한 본사 건물을 마련했다.[34] 링크드인LinkedIn은 직원들이 함께 연주할 수 있는 음악실을 갖추고 있으며,[35] 영국의 네슬레 사무실은 직원들이 개를 데리고 출근할 수 있도록 허용한다.[36]

극단적으로, 디지털 인재를 유치하기 위해 기존 운영 방식과 동떨어진 별도의 환경을 조성하는 기업들도 있다. 자동차 제조업체인 르노Renault는 산업 기업으로서의 정체성이 직원을 유치하고 디지털 센터를 신속하게 개설하려는 노력을 저해한다고 생각했다. 그래서 유명 외부 업체와 제휴해서 '구축, 운영, 이전' 모델에 따라 주요 조직과 별도로 관리되는 센터를 만들었다. 이 센터는 불과 6개월 만에 젊고 야심 찬 인재를 끌어 모았고, 르노는 남들이 부러워할 만한 디지털 역량을 쌓게 되었다.

시간이 흐르면 이 신입 사원들은 르노의 글로벌 팀으로 옮겨가게 된다. 존 디어나 지멘스 같은 기업들도 기존 운영 체계와 물리적, 조직적으로 분리된 우수 디지털 센터를 설립하기로 했다. 존 디어는 본사에 인텔리전트 솔루션 그룹Intelligence Solutions Group(이하 ISG)을 설립하고 샌프란시스코의 디지털 연구소와 베이 지역에서 인수한 정밀 농업 스타트업을 이용해 역량을 확장했다. ISG의 업무 환경은 회사의 다른 부서보다 훨씬 격식에 얽매이지 않으며, 성과 관리나 보상 구조 같은 정책도 디지털 인재들의 관심을 끌기 위해 고안되어 여러 가지 차이가 있다.[37] 한 직원의 표현처럼 ISG는 '소프트웨어 기업의' 환경을 갖추고 있다.[38]

중요한 건, 물리적인 직장 환경은 수요가 많은 기술을 지닌 직원들 눈에 매력적인 직장이나 고용주를 만드는 수많은 요소 가운데 하나일 뿐이라는 것이다. 기업들은 직원들에게 동기를 부여하고, 업무에 적극적으로 참여시키고, 경력을 성장시킬 수 있는 일터의 중요한 요소에도 관심을 기울이고 있다. 이에 관해 한번 살펴보자.

인재들의 재능 고취와 역량 강화

기업은 오랫동안 직원들의 사기 진작을 위해 임금 인상이나 상여금 같은 외적인 인센티브에만 집중해왔다. 새로운 인재들에게도 이런 인센티브가 여전히 중요하지만, 선도적인 기업들은 회사 업무가 의미 있는 일이 되도록 하는 데도 애쓰고 있다.

직원들은 자기가 하는 일이 의미가 있다고 생각할 때, 그 직장에 더 오래 머무르는 경향이 있다. 한 연구에 따르면, 이런 직원들은 6개월 이내에 직장을 그만둘 가능성이 70퍼센트 정도 낮고 의미가 없는 직장에서 일하는 직원들에 비해 같은 직장에서 머무르는 기간이 평균 7개월 이상 긴 것으로 나타났다.[39]

이런 현실을 의식한 글로벌 기업들은 업무 목적을 강조하는 방향으로 기업 문화를 바꾸고, 전략적인 의사 결정 과정에 목적 의식을 주입하며, 기업의 목표를 이해하고 본인의 신념과 목표가 그와 잘 맞는 신입 사원을 선별하기 위해 애쓴다. 이런 기업들은 직원을 채용한 뒤에도 그 목표를 지속적으로 강화하고, 직원들이 자기 업무를 매우 의미 있고 회사의 중요한 존재 이유와 관련이 있는 것으로 이해하도록 인재 정책을 수립하고 있다.

직원들을 고무하고 힘을 실어주기 위한 유니레버의 노력에서 매우 중요한 요소가 바로 많은 존경을 받는, 목표에 대한 집중이다. 리나 나이르 최고 인사 책임자는 회사가 인력을 관리하는 방식을 비롯해 "우리가 하는 모든 일의 중심에 그 목표가 자리 잡고 있다"고 확언한다.[40] 이 회사는 직원을 채용할 때 '더 나은 나, 더 나은 비즈니스, 더 나은 세상'이라는 슬로건을 따르며, 더 나은 세상을 만드는 데 열정적이지 않은 사람들은 고용하지 않는다. 회사 글로벌 웹사이트의 경력 페이지에서는 회사의 목표와 그것이 하는 역할을 강조한다. "그가 인간 점화기든, 재능 기폭제든, 디지털 교란자든 상관없이, 우리는 직원들이 날마다 자신의 목표에 따라 살아가도록 독려한다."[41]

이 회사에 입사한 직원들은 자신의 개인적인 목표를 발견하기 위한 '인생 목표 워크숍'에 참여하게 된다.[42] 또한 각 브랜드의 정체성에도 목표를 부가했는데, 이는 고객에게 어필할 뿐만 아니라 직원들을 유치하고 참여시키는 데도 도움이 되는 전술이다. 예를 들어, 이 회사의 도브Dove 브랜드는 '모든 여성이 보편적으로 접할 수 있는 아름다움에 대한 긍정적인 경험'을 만드는 데 전념한다. 이는 고정관념에 맞서서 모든 여성이 미의 세계에서 눈에 띄게 표현되는 느낌을 받도록 하기 위한 것으로, 직원들에게 활력을 불어넣는 목표이기도 하다.[43]

나이르는 "우리는 목적이 있는 기업은 오래가고, 목적이 있는 브랜드는 성장하며, 목적이 있는 사람은 번창한다는 걸 안다"는 말도 했다.[44] 이 회사의 목표 강조는 확실히 인재 파이프라인에 지대한 영향을 끼쳐서 채용 비용이 90퍼센트 줄고, 신입 사원 채용에 소요되는 평균 시간도 16일 단축됐다.[45] 나이르는 "사람들이 유니레버에 지원하는 가장 큰 이유는 우리가 더 나은 세상을 만드는 걸 돕고 있다는 걸 알기 때문"이라고 말했다. 유니레버는 2019년 현재 30개가 넘는 채용 시장에서 가장 매력적인 고용주로 선정되었다.[46] 젊고 기술에 정통한 전문가들 사이에서의 인기를 가늠할 수 있는 척도를 살펴보자면, 유니레버는 2019년에 링크드인에서 가장 팔로워 수가 많은 10대 조직 중 하나로, 600만 명이 넘는 팔로

위를 보유하고 있다.[47]

목표를 이용해서 직원들의 참여도를 높인 또 다른 회사로 브라질의 글로벌 화장품 기업 나투라가 있다. 업계에서 비콥B Corporation 인증, 즉 수익 외에도 사회와 환경에 유익한 상품을 공급하기 위해 노력하는 기업이 받는 국제 인증을 받은 나투라는 지속 가능성을 보장하고 생물 다양성을 강화하는 데 중점을 둔 비즈니스 모델을 채택해, 현지 생산업체에서 지속 가능한 방식으로 원료를 조달받고 제조 부문에서도 산소 중립 인증을 받았다.[48]

나투라의 지속 가능성 책임자인 케이번 마세두의 말에 따르면, 직원 보너스의 상당 부분은 환경과 사회적 조치에 대한 각자의 성과를 반영한다. 나투라가 목표를 중심으로 일상 업무를 조직하는 것이 인재를 영입하는 데 상당한 도움이 되는 것으로 입증되었다. 경영진들의 경우에도, "임원들이 나투라에 입사한 이유는 이런 회사에서 일하면서 지속 가능한 비즈니스 모델에 대한 공통된 이해를 나누고 싶었기 때문"이라고 마세두는 지적한다.[49] 이 회사의 목표는 영업 담당자들을 고무시키고 참여를 유도하는 데도 도움이 되며, 심지어 어떤 이들은 회사가 목표를 달성하도록 돕기 위해 자신을 희생하기도 한다. 마세두의 말처럼 "제품을 판매하는 주된 이유가 더 높은 직급으로 올라가기 위해서가 아니라 우리 브랜드와 이것이 상징하는 바를 좋아하기 때문인 컨설턴트가 많다. 어떤 이들은 심지어 그 대의를 홍보하기 위해 더 높은 이윤을 포기하기도 한다."[50]

기업은 목적 외에 협업, 다양성, 민첩성, 학습 같은 문화적 가치를 촉진하여 직원들을 고무하기도 한다. 이런 가치관은 21세기 비즈니스 모델을 뒷받침하는 동시에 젊은 직원들의 감성에 호소한다. 다양성을 예로 들어보자. 기업들이 수평적인 구조의 애자일 팀으로 전환함에 따라 다양성을 반기는 문화가 점점 더 중요해질 것이다. 현지 팀에서 일하는 직원들이 전 세계 다른 곳에 있는 동료들과 긴밀히 협력해야 하기 때문이다. 젊은 직원들도 다양성을 강조하고 존중하며 환영하는 직장을 원하며, 그런 일터에서 일하는 직원들은 전반적으로 참여도도 높다.[51]

선도적인 기업들은 일터를 더 따뜻한 곳으로 만들고 직원들과 예비 입사자들에게 그런 따뜻하고 포용적인 문화를 알리기 위해 적극적으로 움직이고 있다. 예를 들어, 인텔은 여성과 소수자를 고용하기 위해 야심 찬 목표를 세웠고,[52] SAP는 미국 흑인 대학HBCU에 다니는 학생들을 채용하고, 신경적인 문제가 있는 입사 지원자들을 훈련해 회사 내에 배치했으며, 매년 여성 임원을 1퍼센트씩 늘리겠다고 약속했다.[53]

선도적인 기업들이 직원들을 고무하고 힘을 실어주는 또 하나의 중요한 방법은 경력 개발 기회를 강화하고 업무에서 뛰어난 성과를 올릴 수 있는 자율성과 도구를 제공하는 것이다. 디지털에 정통한 젊은 직원들은 학습과 경력 개발을 중요시한다. 2만 7천 명에 달하는 디지털 전문가를 대상으로 한 연구에서 응답자들은 '학습 및 훈련 기회'와 '경력 발전 가능성'을 직업의 가장 중요한 요소로 꼽았으며 그보다 순위가 높은 건 '일과 삶의 균형'뿐이었다.[54]

이 집단에 속한 사람들은 학습에도 많은 시간을 할애한다.[55] BCG 선임 고문이자 킴벌리클라크의 임원을 역임한 밥 블랙은 밀레니얼 세대와 Z세대 직원들은 공식적인 '경력'보다 풍부한 현장 학습 경험을 원하는 경향이 있다고 지적했다. 그들은 지속적인 학습과 업무에 변화를 가져올 기회를 중요시한다. 그는 "기업들이 생각하지 않는 건, 시간이 지나 이 세대가 정착해서 가정을 꾸리기 시작하면 확실성도 추구하게 될 것이라는 사실이다. 따라서 기업은 확실성에 대한 요구와 경험을 풍부하게 하려는 욕구를 조화시킬 수 있도록 도와야 한다"고 지적했다.[56] 이 분야에서 가장 뛰어난 기업들은 직원을 유인하고, 확보하고, 적응시키고, 개발하고, 승진시키는 방법을 체계적으로 분석하면서 고객 여정을 고민하듯이 전체적인 직원 여정도 고민하고 있다.

젊은 직원 중에는 자기 주도 학습을 선호하는 이들이 많다는 걸 염두에 둔 기업들은 주문형 학습, 가상 교육, 피드백, 코칭, 멘토링, 경험적 학습 등을 통합해서 학습과 개발에 점점 광범위하게 접근하고 있다. 일류 기업들은 젊은 인재들이 흥미로운 프로젝트에 참여하는 기회를 많이 제공하고 기업가정신과 실험, 빠른 실패 문화를 장려한다. 월마트는 대규모 혁신 행사를 주관하는 내부 인큐베이터를 만들었다.[57] 구글의 경우 지생스gThanks 툴을 통해 직원들이 다른 사람의 좋은 아이디어를 인지할 수 있고 약간의 금전적 보상을 제공할 수도 있다.[58]

6장에서 얘기한 것처럼, 선도적인 기업들은 애자일 업무 방식을 내재화하고 디지털 기술을 활용해 작업 환경을 개선함으로써 업무를 더욱 활기차고 매력적이며 풍요로운 경험으로 만들고 있다. 코로나 위기가 발생하기 전에는 일부 기업들이 메시징, 콘텐츠 공유, 그룹 토론 호스팅 같은 디지털 협업 도구를 사용했다. 팬데믹이 닥쳐오자 많은 인력이 집에서 일을 하게 되면서 이런 도구가 널리 확산되었다. 향후 몇 년 동안 기업들은 활동과 '대면 시간'보다 결과를 측정하고 보상해서 직원들에게 더 힘을 실어줘야 한다.

원격 업무와 현장 업무를 모두 포함하고 기술을 활용해서 원활한 협업과 팀 구성을 지원하는 하이브리드 방식에는 여러 가지 이점이 있다. 이 방식을 최대한 활용하려면 기업들은 새로운 행동과 기대를 정의하고 새로운 형태의 인정과 보상으로 이를 강화해야 한다. 일상적인 대면 접촉보다 디지털 도구를 이용해서 관계를 맺고 직원들을 발전시킬 수 있는 새로운 방법을 고안해야 한다.

하지만 협업 도구는 시작에 불과하다. 분석 소프트웨어 회사인 휴머나이즈Humanyze는 결과 데이터와 통찰력을 이용해서 협업, 시간 활용, 생산성과 관련된 다른 요소들을 개선하기 위해 직원들에게 사회성 측정 배지를 발급한다. VM웨어VMware라는 다른 회사는 예측 분석을 사용해서 회사를 떠날 위험이 있는 직원을 찾아내고 관리자에게 알려서 사전 조치를 취할 수 있게 한다. GE는 직원들이 스마트폰 앱을 통해 실시간으로 성과를 모니터링할 수 있게 해서 표준적인 연간 성과 검토를 보완한다. 킴벌리클라크 같은 회사는 분석 기능을 이용해 직원의 다양성을 높이고 있다.

이런 도구는 근로자들의 참여도를 높이는 데도 중요하지만, 일류 기업들은 업무 방식을 개선하고 보다 만족스럽고 활기차고 풍요로운 작업 환경을 만들기 위한 중요한 방법으로 이것을 받아들이지 않는다면 잘못된 길로 가게 될 거라는 걸 알고 있다. 이런 기업에서 리더는 기술적 수단과 비기술적 수단을 모두 동원해 인재를 제대로 양성한다. 이렇게 키운 인재는 주변적인 존재에서 비즈니스 전략의 핵심으로 변신한다.

인재 교육을 아끼지 말 것

재능 있는 젊은 직원들을 끌어들여서 고무시키는 것만으로는 기업의 인재 요구를 충족시키기에 부족할 것이다. 기업은 기존 인력에게 새로운 기술과 행동을 가르치기 위한 조치를 취해야 하는데 이를 업스킬링 upskilling이라고 한다.

세계경제포럼은 "2022년까지 전체 직원의 54퍼센트 이상이 상당한 수준의 재교육 혹은 업스킬링이 필요할 것"이라고 관측했다.[59] 직무에 필요한 기술과 행동이 극적으로 변하게 될 텐데, 그중에서도 분석적 사고, 창의성, 기술 설계, 감성 지능, 문제 해결 등이 새롭게 강조될 것이다.[60] 안타깝게도 기업들은 아직 인력 업스킬링이라는 과제에 제대로 대처하지 못하고 있다. 따라서 이런 교육이 필요한 직원들 대부분이 교육을 받지 못하고 있다.[61]

여러분 회사에서 중요한 업스킬링 계획에 착수하지 않았다면, 지금은 비즈니스 성과를 올릴 수 있는 기술과 태도를 가지고 있을지 몰라도 5~10년 후의 비즈니스는 오늘날과 크게 다를 것이라는 사실을 명심해야 한다. 앞으로 디지털과 애자일 방식에 익숙한 직원이 아주 많이 필요하게 될 것이므로, 업스킬링은 인력 대부분을 교체하는 것보다 더 비용효율적인 방법이 될 수 있다. 또한 기존 직원들은 조직의 임무, 비전, 가치, 목표에 익숙하다는 점에서 이점이 있다. BCG 조사 결과에 따르면, 대다수의 근로자는 자기 직무와 관련된 새로운 기술을 배우는 데 개방적이라고 한다.[62] 우리 동료 중 한 명은 이 상황을 다음과 같이 표현했다. "우리 조사 결과는 다가올 변화를 알고 있고, 도전에 응할 준비가 되어 있는 글로벌 인력의 모습을 보여준다."[63]

이런 고민이 있고 기존 직원 대다수가 기술 발전 때문에 자기 업무의 중요도가 떨어질 것이라는 사실을 알고 있기 때문에,[64] 일류 기업은 물론이고 심지어 업계 전체가 적극적인 업스킬링 프로그램에 착수해야 하는 상황이다. 인도 IT업계의 분석가들은 가상현실, 블록체인, 클라우드 기술 같은 분야로 기술 추세가 이동하고, 규제와 세계화 때문에 일이 점점 더 복잡해지며, 업무가 갈수록 자동화되는 현 상황에서는 전체 인력의 약 40퍼센트에게 새로운 기술 교육이 필요할 것으로 예측했다.[65]

2019년에는 디지털 기술을 갖춘 전문가 약 80만 명이 IT업계에서 일했지만, 업계 동업자 단체인 인도소프트웨어산업협회NASSCOM의 예상에 따르면 2023년에는 기업들이 필요로 하는 인력이 270만 명으로 늘어날 것이라고 한다.[66] 해마다 인도의 공학 계열 졸업생들 가운데 일부만이 적절한 기술을 갖추고 있다는 걸 생각하면, IT업계에 기술 인력이 부족할 것으로 예상된다. 이 문제를 해결하려면 기업들이 기존 인력을 대규

모로 업스킬하는 수밖에 없다.[67]

NASSCOM은 2025년까지 여러 개의 핵심 기술 분야에서 400만 명의 인력을 업스킬링하는 것을 목표로 삼아, 퓨처스킬FutureSkills이라는 대규모 업스킬링 프로그램을 시작했다.[68] 다른 여러 가지 요소들 중에서, 퓨처스킬은 수십 개의 특정 직무에 필요한 기술과 연결된 교육 과정을 만들어서, 선도적인 IT 기업들이 이를 개방형 마켓플레이스 플랫폼 형태로 이용할 수 있게 했다. 이 교육 과정의 목표는 "10가지 신기술에 대한 발견, 지속적인 학습, 심층적인 기술 연마를 가능하게 하는 것"이다.[69] 2018년에 인도의 나렌드라 모디Narendra Modi 총리는 전 세계 IT업계 리더와 대표단이 참석한 행사에서 NASSCOM을 공식 출범했다.[70]

동료 업체들 가운데 위프로는 NASSCOM의 퓨처스킬 이니셔티브에서 중요한 역할을 하는 등 업스킬링에 매우 적극적이다.[71] 위프로는 최첨단 교육 프로그램을 보유하고 있는데도, 빠르게 진화하는 디지털 혁신으로 인해 증가하는 수요를 충족시킬 만큼 충분한 디지털 인재를 찾지 못했다. 젊은 직원들은 전통적인 강의실 교육에 잘 반응하지 않았다. 그들은 보다 유연하고 빠른 결과를 제공하는 교육 경험을 원했다. 그래서 이 회사는 사업부 전반에 걸쳐 직원들을 재교육하기 위한 야심 찬 프로그램을 시작했다.

그러나 비즈니스팀들은 이런 신기술과 관련된 프로젝트 경험이 있는 직원을 찾고 있었다. 직원들 수천 명이 새로운 기술을 배우는 동안, 어떤 기술에 대해서는 너무 많은 직원이 교육을 받고 어떤 기술은 교육받은 직원이 너무 적은 등 불균형이 발생했다. 위프로의 비즈니스팀들은 실제 프로젝트 경험이 풍부하고 관련된 신기술을 배운 직원들로 구성된 신뢰할 수 있는 파이프라인을 원했다.

위프로는 단기 프로젝트를 진행하는 동시에 장기적인 인재 기반을 구축할 수 있도록 적시에 디지털 인재를 찾아 필요한 곳에 매칭할 수 있는 새롭고 보다 역동적인 접근 방식이 필요했다. 이 회사는 뛰어난 실무 경험과 함께 다양한 분야에서 심층적인 기술을 보유한 인력을 키우는 것을 목표로 삼아 재교육 프로그램을 다시 구상했다. 새로운 프로그램은 4단계 방법론을 전개하여 여러 개의 채널을 통해 교육 과정을 제공하고, 실습 과제를 통해 학습할 수 있게 하며, 평가와 코딩 과제를 이용해 직원들에게 자격증을 주고, 라이브 프로젝트 경험을 제공해 학습을 구체화했다.

이런 새로운 프로그램을 설계하면서, 위프로는 먼저 각 역할에 예상되는 기술 요구를 매핑해 미래의 기술 목록을 만들었다. 그런 다음 업스킬링 프로그램에서 어떤 기술과 행동을 우선시해야 하는지 파악해서, 가치가 높고 많이 사용되는 기술을 교육하는 데 중점을 뒀다. 위프로는 AI 알고리즘을 이용해 직원과 기술 요구를 연결했다.

또한 직원들이 업스킬링을 매력적으로 느껴야 한다는 걸 깨달은 위프로는 게임 형식의 역량 프레임워크와 몰입형 디지털 프로그램을 통해 중요한 역량을 키울 수 있도록 지원했다. 크라우드소싱 플랫폼을 활용한 새 프로그램은 라이브 프로젝트에 대한 실무 경험을 제공하고, 직원들에게 동기를 부여하며, 성장 마인드를 키우고, 직원들을 더 폭넓은 학습 생태계에 포함했다. 사려 깊고 효과적인 프로그램을 설계하려는 노력은 결실을 맺었다. 2020년 3월까지 이 프로그램은, 회사에 필요한 인재의 75퍼센트를 내부에서 자원한 직원들로 채우는 데 중요한 역할을 했다.[72]

이렇게 야심 찬 업스킬링 프로그램을 공개한 건 위프로만이 아니다. 로레알은 2014년에 최고 디지털 책임자라는 직책을 만든 뒤부터 업무 기능 전반에 걸쳐 디지털 전문 지식을 쌓기 위해 디지털 업스킬링 이니셔티브를 시작했다. 2018년 현재, 약 2천 명의 전문가가 회사 전체의 디지털 프로그램을 지원했고 2만 1천 명 이상의 직원들이 디지털 업스킬링을 받았다.[73]

AT&T는 2020년까지 직원 10만 명을 대상으로 수요가 많은 기술을 재교육하겠다는 목표를 세운 이니셔티브에 10억 달러를 투자했다.[74] 이 프로그램에는 직원들이 다양한 직업, 급여 수준, 필요한 기술을 탐색하는 데 사용할 수 있는 온라인 플랫폼과 자신의 현재 기술을 평가하고 원하는 목표를 달성하려면 어떤 기술을 습득해야 하는지 진단하는 도구도 포함되어 있다. AT&T는 교육 기관과 제휴를 맺고 단기 온라인 강좌와 인증 프로그램도 제공한다.[75] 1년 뒤 AT&T는 이 프로그램을 통해 충원이 필요한 자리의 40퍼센트 이상을 기존 직원들로 채울 수 있게 되었다.[76] 예전에 프로젝트 매니저로 일하던 한 직원은 이 프로그램을 통해 선임 스크럼 마스터senior scrum master가 되었다.[77]

네트워크 운영자에서 데이터 과학자로 변신한 사례도 있다.[78] 구글, 액센츄어, 카그너전트Cognizant 같은 회사들도 최첨단 업스킬링 프로그램을 개발했다. 2020년에는 미국 제조업체들이 기존 직원과 신규 직원을 업스킬링하는 데 260억 달러 이상을 지출할 것으로 예상된다.[79]

이런 사례들은 주요 기업들이 업스킬링 프로그램을 개발할 때 따르고 있는 몇 가지 전략적 모범 사례를 연상시킨다. 그러나 일류 기업들은 새로운 인재들에게 기술과 태도에 대한 교육을 실시할 때 정서적인 차원도 고려한다. 기업들이 디지털 문화와 애자일 업무 방식을 받아들임에 따라 학습 속도도 빨라졌다. 그래서 직원들이 기존 기술과 행동에 숙달되기도 전에 새로운 기술과 행동을 배우게 되는 경우가 종종 있다. 이 과정이 직원들을 당황하게 하고 심지어 좌절시킬 수도 있다는 걸 깨달은 일류 기업들은 학습 문화를 개발하고, 학습할 수 있는 시간을 충분히 주는 등 직원이 업무를 통해 배울 수 있는 안전한 공간을 제공하며, 직원들이 가장 편하게 느끼는 방식으로 지식을 전달하고, 직원들이 느끼는 감정을 관리할 수 있도록 도와준다. 이들은 모든 기존 직원이 '새로운 인재'로 변신할 수 있는 건 아니라는 사실도 인식하고 있다.

리더는 어떤 선택을 해야 하는가

앞 장에서는 디지털 시대에 적합한 가치 제안, 디지털 생태계, 인더스트리 4.0을 갖춘 공장, 데이터 아키텍처, 기술 플랫폼 등 21세기 글로벌 비즈니스의 기술적 측면에만 집중했다. 하지만 세계경제포럼 연례 회의의 일환으로 발표된 기사 헤드라인에서 말한 것처럼 "디지털 미래에서 성공하기 위한 열쇠는 기술이 아니라 재능이다."[80] 우리 동료들도 마찬가지로, 기술로 중무장한 미래의 '바이오닉' 기업들은 "인간이 창의력을 더 많이 발휘하는" 데서 힘을 얻고 "기계는 단지 조력자일 뿐"이라고 주장한다.[81] 그들의 말이 옳다. 글로벌 기업들은 관련된 기술과 행동 방식을 가진 인력이 없다면 이 책에서 소개한 다른 여러 가지 전략을 실행할 수 없다. 그리고 이 장에서 살펴본 것처럼, 전통적인 인재 관리를 넘어 새로운 방법으로 사람들을 끌어들이고, 고무시키고, 기량을 높이지 않는다면 그런 인재를 활용할 수 없을 것이다.

이 장에서 설명한 전술은 기업이 수요가 많은 기술과 행동을 보유한 인력을 안정적으로 공급할 수 있게 해줄 뿐만 아니라 기업에 광범위한 추가적 이점을 제공한다. 갤럽 Gallup이 파악한 바에 따르면, 인력 개발에 투자하는 조직은 다른 조직보다 수익성이 높고 직원 유지율도 높다.[82] 목표를 부여하면 생산성에 영향을 미치고 인건비도 낮출 수 있다. 자기 일에서 의미를 찾은 직원은 더 장시간 일하고 해당 직장에 오래 다니는 경향이 있기 때문이다.[83] 또 비즈니스 속도가 계속 빨라지는 상황에서는, 목적과 가치를 전달하고 업무에 내재시키는 기업이 신입 사원들을 보다 신속하게 적응시킬 수 있다. 이 장에 설명한 전술에 주의를 기울이면, 많은 경우 직원 참여도가 높아지고 이를 통해 여러 가지 이점을 얻을 수 있다. 인재와 함께 번창한 기업은 대부분 직원이 단지 자신의 성공만이 아니라 조직의 성공을 위해 더 노력한다는 걸 알게 된다.

기존의 인재 관리를 넘어서는 게 부담스러울 수도 있는데, 그건 여러

분만 그런 게 아니다. 컨퍼런스 보드Conference Board의 조사에 따르면, 인재 유치와 유지는 2020년에 전 세계 CEO들이 기업 내부 문제 가운데 가장 염려한 '중대 사안'이었다.[84] 다음과 같은 핵심 질문들을 고려하면서 인력 전략을 재정립하는 작업을 시작할 수 있다.

- 향후 3~5년 동안 예상되는 비즈니스 변화를 고려할 때, 어떤 종류의 기술이 얼마나 필요할 것 같은가? 기존의 인재 관리 전술로도 충분할 것 같은가?
- 여러분 회사에 적합한 비전통적 인재는 어떤 사람들인가? 그들을 유치하기 위한 계획이 있는가? 어떤 새로운 전술을 시도해볼 수 있는가? 여러분의 사업에 적합한 임시직, 정규직, 가상 인재 조합은 무엇인가?
- 회사의 목적에 대해 진지하게 생각해보았는가? 목적이 있다면, 표면상의 목적을 넘어 직원들이 진심으로 받아들일 수 있는 존재 이유를 찾았는가? 그 목표를 달성하기 위해 어떤 노력이 필요한가?
- 협업, 민첩성, 지속적인 학습, 다양성 같은 가치와 태도에 주의를 기울이면서 기업 문화를 업그레이드하려면 어떻게 해야 할까?
- 업계에 공급되는 최고의 인재들과 비교해서 여러분의 인재 요건을 평가해보자. 기존 직원들을 위한 중요한 업스킬링 이니셔티브에 투자하는 게 경제적으로 타당하다고 주장할 수 있는가?
- 필요한 변화 규모를 고려해, 리더와 관리자가 인재 유치와 사기 진작,

능력 업스킬링과 관련해 새로운 역할을 수행해야 한다는 사실을 그들에게 알리고 준비시켰는가?

　이런 질문을 곰곰이 생각할 때, 우리가 조사한 선도적인 기업들은 단순히 혁신적인 전술만 줄줄이 받아들인 게 아니라는 사실을 명심해야 한다. 그 기업의 리더들은 인재에 대한 기본적인 생각을 바꾸고 사람을 최우선으로 여기면서 이를 실현하기 위해 포괄적으로 노력했다. 그들의 진지한 태도로 가늠해보면, 이 기업들은 기존의 인재 관리 방식을 완전히 바꿀 수 있다고 스스로를 속이지 않았고, 단 한 차례의 대담한 행동으로 그렇게 하려고 시도하지도 않았다. 여러 해에 걸쳐 새로운 전술을 쌓아갔고, 이것은 전사적으로 꾸준히 추진하는 수많은 혁신 중 하나가 되었다.

　피터 드러커Peter Drucker는 "21세기에 중요한 유일한 기술은 새로운 기술을 배우는 기술이다. 그 외의 모든 건 시간이 지나면 쓸모없어질 것이다"라고 예언한 적이 있다.[85] 지금까지 살펴본 내용에서 한 발 물러서서 보면, 21세기의 성공적인 기업들은 앞서 이 책에서 제시한 8가지 전략을 활용하기 위해 메타 전략을 하나 더 적용해야 한다. 다음 장에서 살펴보겠지만, 지속적인 혁신은 일류 기업들도 개발 및 구현에 박차를 가하고 있는 전략이다.

KEY INSIGHT

- 앞으로 기업들은 인재와 그들의 요구를 활용 가능한 자원으로만 여기지 말고 우선시하면서 그들과 함께 번성할 수 있도록 노력해야 한다.

- 오늘날 최고의 인재들이 꾸준히 유입되는 파이프라인을 만들려면 취업 박람회, 캠퍼스 홍보 프로그램, 경력직 채용 같은 기존의 전술을 뛰어넘어, 인재 선별 방법이나 그들을 찾는 장소, 어필하는 방법 등과 관련해 훨씬 창의적이고 개방적인 태도를 취해야 한다. 일류 기업들은 인재를 구축하고 구입하고 대여하며 연결한다.

- 기업은 오랫동안 직원들의 사기 진작을 위해 임금 인상이나 상여금 같은 외적인 인센티브에만 집중해왔다. 새로운 인재들에게도 이런 인센티브가 여전히 중요하지만, 선도적인 기업들은 회사 업무가 의미 있는 일이 되도록 열심히 노력하고 있다.

- 재능 있는 젊은 직원들을 끌어들여서 고무시키는 것만으로는 기업의 인재 요구를 충족시키기에 부족할 것이다. 기업은 기존 인력에게 새로운 기술과 행동을 가르치기 위한 조치를 취해야 하는데 이를 업스킬링 혹은 리스킬링reskilling이라고 한다.

변화에 집중하고
혁신에 집착하라

리더들은 전통적으로 조직 혁신을 가끔 발생하는 일회성 문제로 여겨왔다. 그들은 변화를 위해 사람들을 동원했고, 변화가 이루어지면 다들 평상시처럼 업무를 재개했다. 하지만 이제는 이것만으로는 충분하지 않다. 글로벌 기업들이 불안정하고 빠르게 진화하는 비즈니스 환경에서 경쟁하고 승리하려면 지속적으로 다양한 혁신을 추진하는 데 능숙해져야 한다. 상시적 변화를 운영 규범으로 받아들여야 하는 것이다.

빠르고 혁명적이고 개방적인 변화의 시대에는 한두 번의 시도만으로 위대함을 넘어설 수 없다. 이 책에서 설명한 3가지 파괴적인 힘은 동시에 전개되고 있으며, 기업은 시장 변화, 진화하는 고객 기대, 경쟁사의 행동, 코로나19나 쓰나미, 기타 충격으로 인해 계속 복잡해지는 변동성에 직면해 있다.

이런 상황에서 유리한 위치를 달성해 계속 유지하려면 지금까지 살펴본 8가지 전략 대부분 혹은 전부를 부지런하게 효율적으로 수행해야 한다. 각 전략에는 결정적인 하향식 개입과 자원 동원이 필요하며, 전략을 신중하게 통합해서 상호의존이 가능하도록 해야 한다. 또 전략의 우선순위를 정하고, 변화 이니셔티브 사이에서 빠르게 전환하며, 광범위한 변화 프로세스를 전체적이고 지속적이며 계속 진화하는 것으로 간주하면서 꾸준한 변화 속도를 유지해야 한다. 다시 말해, 혁신은 사업 운영에 필수 요소인 상시적 제안이 되어야 한다. 타타 그룹 찬드라세카란 회장의 말처럼 "혁신과 변화는 기업의 DNA에 깊이 뿌리 박혀 있어야 한다."[1]

상시적 전환은 힘들고 불가능하며 바람직하지 않은 일처럼 들릴 수도 있다. 전통적인 혁신 이니셔티브는 리더가 명확한 목표를 달성하기 위한 계획을 수립하고 그 목표가 실현될 때까지 12~18개월 동안 체계적으로 진행하는, 조직 생활과 분리된 일회성 이벤트다. 목표가 달성되면 리더들은 혁신 팀과 인프라를 해체하고, 기업은 평소처럼 다시 업무를 시작한다. 이 방법은 비교적 간단하기는 하지만, 기업들은 이로 인해 많은 어려움을 겪는다. 어떤 해석에 따르면, 기업의 변화 노력 중 최대 70퍼센트가 제대로 이행되지 않는다고 한다.[2] 그렇다면 기업들은 어떻게 중복된 변화 이니셔티브를 계속 추구하면서 성공을 기대할 수 있을까?

일부 일류 기업들은 이례적인 결과를 통해 혁신에 대한 접근 방식을 재고하고 있다. 2014년에 사티아 나델라가 마이크로소프트 CEO가 되었을 때, 이 회사는 안정적인 매출과 35퍼센트에 약간 못 미치는 영업 이윤, 760억 달러의 현금과 단기 투자 등으로 견실한 재무 상태를 유지하고 있었다.[3] 그러나 회사 주가는 정체되고 시가 총액은 약 3140억 달러였으며,

미래 전망은 불확실했다.[4] 마이크로소프트의 기존 사업은 좋은 성과를 거두었지만, 지난 10년 사이에 휴대전화, 검색 엔진, 소셜 네트워킹을 비롯한 거의 모든 주요 기술 트렌드를 놓친 상태였다. 그리고 또 하나의 거대한 트렌드인 클라우드도 경쟁사들이 이 분야에서 훨씬 앞서 나가고 있었기 때문에 마이크로소프트가 도저히 따라잡지 못할 것처럼 보였다. 이런 부진의 원인은 혁신가의 고전적인 딜레마가 작용했기 때문이다.

마이크로소프트의 리더들도 다른 사람들처럼 새로운 트렌드가 등장한다는 걸 알고 있었지만, 배타적이고 오만하며 내부적으로 경쟁이 심한 기업 문화와 이 회사의 전통적인 자금줄인 윈도우Windows 운영 체제에 대한 리더들의 집착이 새로운 시장에 적극적으로 진입하는 걸 막았다. 회사 전체의 직원과 리더들은 두려움을 느꼈고, 자기 영역을 강력하게 방어했으며, 새로운 아이디어와 이니셔티브에 저항했다.[5] 나델라는 2017년에 출간한 『히트 리프레시Hit Refresh』라는 책에서 "회사가 아팠다"고 말했다. "직원들은 피곤에 젖어 있었다. 좌절감을 느꼈다. 웅장한 계획과 훌륭한 아이디어에도 불구하고 패배하고 낙오하는 것에 신물이 나 있었다."[6]

마이크로소프트는 변화할 필요가 있었고 마이크로소프트의 경력 엔지니어인 나델라 밑에서 변화를 이루었다. 그 후 몇 년 동안, 회사는 새로운 임무, 비전, 전략을 비롯해 놀라운 발전을 이루었다. 나델라가 2015년에 발표한 "전 세계 모든 사람과 조직에게 더 많은 일을 이룰 수 있는 권한을 부여하겠다"는 임무와 '모바일 우선, 클라우드 우선'이라는 비전에 따라, 이 회사는 PC에 대한 집착을 버리고 클라우드와 모바일 관련 제품 개발

에 주력하게 되었다.[7]

실제로 이들은 2장에서 설명한 디지털 가치 제안을 지원하기 위해 전략을 업데이트했다. 투자 대상은 윈도우에서 마이크로소프트의 클라우드 오퍼링인 애저Azure와 AI 및 업무용 앱으로 전환되었다. 결국 윈도우는 오피스 조직에 통합되었다. 마이크로소프트는 이제 윈도우를 보호하는 사업을 하지 않는다. 2017년에는 모바일 대신 '인텔리전트 클라우드, 인텔리전트 엣지'라고 표현한 AI에 중점을 두는 등 전략과 비전이 다소 발전했다. 이 회사는 연례 보고서에서 "우리의 전략은 AI가 내장된 인텔리전트 클라우드와 인텔리전트 엣지를 위한 동급 최고의 플랫폼과 생산성 서비스를 구축하는 것"이라고 밝혔다.[8]

마이크로소프트의 중심이 클라우드와 AI를 향하게 된 것은, 단 한 차례 있었던 과거와의 극적인 파행 때문이 아니다. 그보다는 여러 해에 걸쳐 동시에 지속적으로 진행된 여러 가지 인상적인 변화 덕분이다. 마이크로소프트는 시간이 지나면서 일부는 완료되고, 일부는 계속되고, 일부는 새로 시작되는 등 갈수록 진화하는 역동적인 변화 이니셔티브 포트폴리오를 만들었다. 이 이니셔티브는 야심 찬 만큼 다양하기도 했다. 회사는 직원들에게 힘을 실어주기 위해 적대적이고 경쟁적인 문화에서 협업, 개인의 성장과 발전, 사회적 목적 추구에 초점을 맞춘 문화로 전환했다(8장 참조).

나델라의 표현대로, 마이크로소프트는 '모든 걸 다 아는' 직원들 대신 '모든 걸 배우려는' 직원들로 회사를 채우려고 노력했다.[9] 동시에, 이 회사는 고객에 대한 대응 능력과 협업을 강화하기 위해 조직을 개편했다 (7장). 또 데이터를 받아들이고 다양한 측정 기준을 추가해서 새로운 고객 집중 능력을 강화했다(6장). 마이크로소프트는 대외적으로는 경쟁업체와의 치열한 경쟁을 포기하고 그들과 협업 생태계에서 힘을 합쳐(4장) 세계 최대의 오픈 소스 코드 기여자들의 본거지 역할을 했고, 애플과 구글(안드로이드), 세일즈포스Salesforce 같은 막강한 라이벌을 비롯해 여러 회사와 파트너십을 구축했다.[10] 나델라의 말처럼 "고객들이 겪는 현실적인 문제를 해결하기 위해 광범위한 파트너 관계를 맺는 건 우리 같은 플랫폼 공급업체들의 의무다."[11]

이런 여러 가지 이니셔티브가 총체적으로 조직의 모든 부분에 영향을 미쳤고, 한 저널리스트는 이를 가리켜 '나델래상스Nadellaissance'라고 표현했다.[12] 이 회사는 클라우드 플랫폼과 서비스 사업을 대규모로 성장시키는 한편, 수십억 달러의 비용을 절감하고 깃허브와 링크드인 같은 중요한 기업 인수를 단행했다. 그 이면에서는 한층 더 역동적이고 기업가적인 태도를 발휘해서 답답한 제품과 리더십 사일로를 허물고 엔지니어링 기능에 애자일 업무 프로세스를 구현했으며 시장 진출 역량도 강화했다. 그 결과 놀라운 재무 성과가 나타났다. 2014년부터 마이크로소프트의 총 주주 수익률이 S&P 500을 60퍼센트 앞질렀고, 3천억 달러 선이었던 시가 총액은 2020년 7월 기준 1조 6천억 달러 이상으로 증가해,[13] 나델라는 마이크로소프트 역사상 처음으로 시가 총액을 1조 달러 이상 달성한 CEO가 되었다.

마이크로소프트의 이야기에서 알 수 있듯이, 오늘날의 성공적인 변화 노력은 과거와 같은 단거리 경주가 아니다. 그보다는 절대 끝나지 않는 철인 3종 경기에 가깝다. 한 단계를 마치면 즉시 완전히 다른 다음 단계로 넘어가서 거의 끊임없이 이어지는 변화를 경험하게 된다. 2020년 기준으로 마이크로소프트는 6년째 혁신을 거듭하고 있고, 그 여정은 아직도 계속되고 있다. 이런 지구력 대회에서 우승하려면 조직 내부에 근본적으로 새로운 종류의 혁신 역량을 구축해야 한다. 마이크로소프트의 사례와 100개 이상의 기업에서 진행된 혁신 프로그램을 조사하면서 영감을 받은 우리는 상시적 변화를 통해 성공 가능성을 높이는 방법을 개발했다.

위대한 수준을 넘어서려고 하는 기업들은 우리가 혁신의 '머리, 심장, 손'이라고 부르는 상시적 혁신 모델을 받아들이고 있다.[14] 이 모델을 이용하는 기업은 3가지 별개의 과제를 수행해야 한다. 기업이 원하는 미래와 어떻게 그 미래에 도달할 것인지 구상하고(머리), 지속적인 혁신 노력의 배후에 있는 인력을 고무하고 힘을 실어주며(심장), 민첩하게 실행하고 혁신할 수 있는 능력을 키운다(손). 상시 혁신을 통해 탁월한 성과를 올리기 위해, 일류 기업들은 이 세 가지 요소를 모두 엄격하게 준수하고 있다(과거에는 비교적 소수의 기업이 수행한 작업이다). 그러나 우리의 조사 결과를 보면 그들은 여기서 훨씬 더 나아가, 변동이 심한 시대에 맞게 일괄적으로 혁신을 재구상하는 3가지 과제를 확실하게 조정하고 있다는 걸 알 수 있다.

특히 일류 기업들은 직원들이 혁신에 따르는 피로를 피할 수 있도록 심장에 쏟는 관심을 획기적으로 높이고, 장기적인 변화 경로를 설명하기 위해 머리 쪽에 보다 폭넓게 접근하고 있으며, 손이 실행 속도를 높일 수 있도록 새로운 근육을 만들고 있다. 이 3가지 요소에 모두 신경 쓰면서 필요한 부분을 조정하면 기업의 혁신 노력을 혁신할 수 있고, 기업이 위대한 수준을 뛰어넘어 그 자리를 계속 유지하도록 역량을 강화하고 격려할 수 있다.

혁신의 심장을 중심에 둬라

이런 혁신이 성공할 수 있는지 여부는 사람들에게 영감을 주고 변화를 실현할 권한을 부여하는 리더의 능력에 달려 있다. 불행히도 대부분의 회사들은 이를 게을리했다. 조사 결과 기업들이 심장부에 쏟은 관심은 손의 절반 수준이었고 머리의 3분의 1에 불과했다.[15] 대부분의 기업은 변화와 관련해 사람을 하나의 수단으로 여기거나 더 심한 경우 부수적 피해로 취급하는 경향이 있다. 임원 200명을 대상으로 진행한 한 연구에서는 그들 대부분이 변화를 주도하거나 앞으로 주도할 것이라고 밝혔지만, 그중 절반은 직원들이 변화에 대해 어떻게 느낄지 생각해보지 않았다고 답했다.[16] 이는 부끄러운 일이며 기업들이 성공적인 변화를 이루지 못해 고생하는 가장 큰 이유 중 하나일 것이다. 우리 조사 결과 "장기적으로 높은 성과를 내는 기업에는 심장 점수가 높은 임원이 2배나 많았다"[17]

상시적 혁신에 성공하고 싶은 기업들은 직원을 당연시해서는 안 되며, 직원을 가장 중요한 집중 대상으로 삼아야 한다.

사람들은 변화에 열정을 느낄 때만 꾸준히 변화를 지속하고, 여러 이니셔티브를 고수하며, 이니셔티브 포트폴리오의 지속적인 변화를 환영한다. 그걸 단순히 회사에서 진행하는 또 하나의 이니셔티브로 여기지 말고 혁신을 위해 자신의 모든 걸 쏟아야 한다. 사실 그들은 앞으로 진행되는 모든 변화에 힘을 주는 힘차게 뛰는 심장이 되어야 한다. 직원들이 변화에 지속적인 열정을 느끼도록 하기 위해, 리더는 직원들에게 힘을 실어주고 영감을 주는 다양한 조치를 취해야 한다. 특히 4개의 활성화 레버를 당기는 게 매우 중요하다.

활성화 레버 #1 : 일의 목적을 상기시켜라

직원들이 자기가 그 일을 왜 하는지 제대로 이해한다면 혁신에 더 몰입하게 될 것이다. 일류 기업들은 상시적인 혁신 역량을 키우기 위해 변화 노력을 회사의 목적과 명시적으로 연결하는 데 신경을 쓴다. 혁신에는 항상 목적이 중요하지만, 변화가 일상적으로 진행될 때는 그 목적이 절대적으로 중요해진다. 목적은 '다양한 혁신 노력을 모두가 논리적으로 접근할 수 있는 방식'으로 연결하는 '매우 중요한 지지와 명확성, 지침, 에너지'를 제공한다.[18]

사티아 나델라는 2017년에 발간된 저서에서 마이크로소프트의 지속적인 혁신 과정에서 목적이 얼마나 중요한 역할을 했는지에 얘기했다.

나델라는 CEO가 되자마자 회사의 '영혼', 즉 목적이나 핵심적인 존재 이유를 재발견해야 한다고 촉구했다.[19] 그는 몇 달 동안 직원들에게 이 회사의 목적이 뭐냐고 물어봤다. "마이크로소프트는 왜 존재하는가, 라는 내 첫 번째 질문에 담긴 메시지는 크고 명확했다. 우리는 다른 사람들에게 힘을 실어주는 제품을 만들기 위해 존재한다. 그건 우리 모두가 자기 일에 불어넣고 싶어 하는 의미다."[20]

나델라는 2014년 7월에 전 직원에게 발송한 이메일에서, 회사가 "우리의 영혼, 우리의 고유한 핵심을 재발견해야 한다"고 촉구하면서 그 목적에 부가된 임무를 정의했다. "우리는 생산성을 혁신하여 지구상의 모든 사람과 모든 조직이 더 많은 일을 하고 더 많은 걸 이루도록 할 것이다."[21] 직원들의 반응은 압도적이었다. 회사 곳곳에서 일하는 사원들이 그에게 편지를 보내 "지구상의 모든 사람이 더 많은 걸 이루도록 힘을 실어주겠다는 말이 자신들을 고무시켰고, 프로그래머, 디자이너, 마케터, 고객 지원 기술자 등 각자의 입장에서 그걸 일상 업무에 어떻게 적용해야 하는지 깨달았다"고 전했다.[22]

현재 진행 중인 혁신 노력에 모든 걸 바치고, 어려운 순간에도 이런 노력을 고수하며, 개방적인 변화를 추구하기 위해서는 직원들이 변화의 궁극적인 요점을 이해해야 한다. 단순히 이해만 하는 게 아니라, 매일 일을 하면서 그걸 뼛속 깊이 느껴야 한다. 이것은 1장에서 얘기한 필수 사항이다. 변화 노력에는 반드시 의미가 있어야 하며, 더 깊이 있는 목적을 발견하고 소통하면서 그 의미를 만들어가는 건 리더의 몫이다.

활성화 레버 #2 : 직원을 지지하는 문화를 추구하라

요즘에는 성의가 없거나 불완전한 방식으로 목적을 추구하는 데 만족하는 기업이 너무나 많다. 이건 표면적인 목적이다. 이런 기업은 직원과 고객에게 회사의 존재 이유를 구체적이고 설득력 있게 제시하지 못한다.[23] 일류 기업들도 이해하겠지만, 목적을 단순히 말로만 표현해서는 끝까지 지켜질 수 없다. 직원들이 일상 업무를 할 때도 그 목적에 따라 살아가야 하는데, 이는 곧 기업 문화가 목적을 일깨우고 지지하는 방향으로 바뀌어야 한다는 뜻이다.

게다가 문화는 사람들이 변화 노력을 지지하는 행동을 취할 수 있도록 자유롭게 해방시키고 힘을 실어줘야 한다. 회사가 향하는 방향에 열광하던 직원들도, 기업 문화가 회사의 전략과 목표를 뒷받침하는 행동을 하지 못하도록 가로막는다면 변화에 대한 열정이 사라져버릴 것이다. 우리 조사 결과에 따르면, 디지털 전환을 진행하는 과정에서 기업 문화를 강조한 회사는 그렇지 않은 회사에 비해 강력하고 뛰어난 성과를 올릴 가능성이 5배나 높았다. 간단히 말해서, 디지털 문화가 없으면 디지털 혁신이 아니다.[24]

나델라는 마이크로소프트의 전환을 이끌면서, 문화의 중요성과 문화와 목적의 밀접한 관계를 이해하게 되었다. 캐롤 드웩Carol Dweck이 쓴 『마인드셋Mindset: The New Psychology of Success』의 영향을 받은 그는 마이크로소프트의 문화를 경쟁과 갈등에서 벗어나 개인적 성장, 혹은 그의 표현대로 성장 마인드셋에 뿌리를 둔 '역동적인 학습'으로 변화시켰다. 그는 "회사의 사명에 따라 개인의 열정과 재능에 귀 기울이고 배우고 활용하는 문화가 있는 기업은 무엇이든 할 수 있다"고 말했다.[25]

나델라와 마이크로소프트의 경우, 이런 역동적인 학습 문화가 고객과 그들의 요구에 대한 강박적인 호기심, 내부의 다양성과 포용성, 나델라가 '원 마이크로소프트One Microsoft'라고 부른 조직 전체의 협업 등 다양한 방식으로 표현되었다. 그는 "나는 기회가 있을 때마다 이 아이디어에 대해 얘기했다"고 회상했다. "그리고 생생하고 현실적인 성장 마인드셋을 만들기 위해 기존의 관행과 행동을 바꿀 기회를 찾았다."[26]

마이크로소프트의 문화와 목적이 살아난 곳 중 하나가, 최근 몇 년간 회사의 연례 원 위크One Week 행사 기간에 개최해 온 대규모 해커톤이다. 이 회사의 성과 관리와 조직 구조도 이상적인 성장 마인드셋을 반영하도록 바뀌었으며,[27] 마이크로소프트는 긍정적이고 사람들을 환영하는 업무 환경을 촉진하고, 최고 수준의 다양한 인재를 유치하며, 협업을 개선하는 툴과 기술을 제공하는 인력 정책을 통해 직원들의 성장을 지원하려고 노력했다. 나델라 본인도 끊임없이 성장 마인드를 주입하고, 자기가 발견한 흥미로운 책에 대해 직원들에게 얘기하고, 리더들이 기업 문화에서 벗어난 행동을 하면 이를 알리며, 직원들과 쌍방향 대화를 나누기 위해 노력해왔다.[28] 또한 리더들이 문화를 실천하고 팀이 긍정적인 성장 마인드를 받아들이도록 권한을 부여했다.[29]

시간이 흐르면서, 나델라가 구상한 문화가 지속적인 변화를 추구하는 회사의 능력을 더욱 강화했다. 마이크로소프트 최고 마케팅 책임자의 말처럼 "우리는 모든 것을 아는 문화에서 모든 것을 배우는 문화로 발전했다. 지금 우리가 하는 모든 일은 성장 마인드에 뿌리를 두고 있다."[30]

활성화 레버 #3 : 직원들에게 공감을 표하고 적응을 도와라

전통적인 혁신은 일반적으로 직원들에게 어려운 과제였다. 상시적인 혁신은 더 그렇다. 이제 조직이 직원들에게 계속해서 더 빨리 도약하고, 더 멀리 나아가고, 더 빨리 실행하라고 요구하고 있기 때문이다. 직원들은 자기가 일자리를 잃지 않더라도, 동료들이 떠나는 모습을 보거나 운영 방식을 바꿔야 하거나 회사 내에서 새로운 자리로 옮겨야 하는 스트레스와 부담을 겪게 될 것이다.

일류 기업들은 변화가 가져올 문제들을 예상하고 직원들에게 공감을 표하면서 적응할 수 있도록 도와준다. 일례로 사티아 나델라도 공감에 대해 자주 얘기했다. 그는 저서 『히트 리프레시』에서 "내가 가장 바라는 건 우리가 출시하는 제품부터 진출하는 새로운 시장, 직원, 고객, 함께 일하는 파트너에 이르기까지 내가 추구하는 모든 일의 중심에 공감이 존재하는 것이다"라고 말했다.[31] 이런 정신을 지닌 일류 기업들은 직원들이 회사 바깥의 새로운 일자리와 경력으로 전환할 때 일반적인 도움을 줄 뿐만 아니라 코칭이나 다양한 직업 훈련을 제공하고 재정 계획까지 지원한다. 직원들의 생활을 조금이라도 편하게 해주는 이런 조치들은 회사가 직원의 복지에 관심을 갖고 있으며 그들을 소모성 자원 이상으로 생각한다는 걸 보여준다.

핀란드 기술 회사인 노키아는 좋은 예다. 노키아는 스마트폰 혁명을 놓치는 바람에 매출, 손실, 시가 총액 면에서 상당한 재정적인 영향을 겪은 뒤 회사를 재탄생시키기 위한 대규모 혁신에 착수했다. 노키아는 몇년에 걸쳐 핵심적인 휴대전화 사업을 재편해서 마이크로소프트에 매각하고 네트워크 인프라를 새로운 핵심 사업으로 선택했다. 2013년에는 지멘스와 합작 투자한 회사의 지분을 전부 인수하고 2016년에는 알카텔루슨트Alcatel-Lucent 인수를 마무리했다. 또 매핑 소프트웨어 사업을 매각하고 혁신과 재발명 사업을 강화했다. 이런 변화는 회사를 안정시키는 데 도움이 되었으며 2015~2019년에는 새로운 재통합 및 통합 단계로 진입했다.

그러나 많은 직원에게 이런 변화는 엄청난 도전이었다. 회사가 사업을 정리하는 동안 일부 직원들은 회사에서 앞으로 일할 시간이 제한되어 있다는 걸 알면서도 일을 계속해야 했고, 회사에 남은 직원들은 동료들이 떠나는 모습을 지켜봐야만 했다. 회사가 새로운 사업을 통합할 때도 직원들은 자기가 최종적으로 수행하게 될 역할이 불확실하다는 사실 때문에 불안감을 느껴야 했다.

이런 전환이 직원들에게 많은 고통을 안겨준 건 사실이지만, 노키아는 비슷한 변화를 겪은 많은 회사가 하지 못한 방식으로 직원들을 지원했다. 리더들은 직원들이 마음의 준비를 할 수 있도록 향후 진행될 해고에 대해 최대한 많은 정보를 팀에 제공하는 등 투명성을 위해 노력했다.

회사는 브리지Bridge라는 광범위한 프로그램을 통해 직원들이 새로운 일자리로 옮겨갈 수 있도록 지원했다.[32] 이 프로그램의 목표는 회사와의 고용 관계가 끝난 뒤 어떤 조치를 취해야 할지 아는 직원 수를 최대한 늘리는 것이다. 직원들은 브리지를 통해 노키아 내에서 새로운 일자리를 찾거나 코칭, 이력서 작성 지원, 인적 네트워크 형성, 기술 교육 비용 등을 얻을 수 있었다. 독립해서 직접 회사를 설립하려는 사람들은 창업 자금뿐만 아니라 인큐베이터 연결도 신청할 수 있다.

브리지의 독특한 특징은 유연성이다. 직원들의 미래 계획이 진전되면, 본인이 적합하다고 생각하는 프로그램의 다른 부분에 접근할 수 있다.[33] 또 자원봉사 같은 자신만의 독특한 목표 달성에 도움이 되는 자금을 얻을 수도 있다.[34] 노키아에게 있어 브리지는 단순히 이타적인 프로그램이 아니라 좋은 사업이었다. 직원들을 잘 대우한 덕분에 남은 직원들의 사기를 유지하면서 계속 최선을 다할 수 있었다. 브리지가 직원들의 요구를 충족시킬 수 있도록 노키아는 회사를 떠날 준비가 된 주요 현지 관리자들에게 브리지 감독을 맡겼다.[35]

노키아는 이 전환기에 모두 합해 1만 8천 명의 직원을 해고했지만, 브리지 덕분에 그들 중 3분의 2가량은 회사를 떠나기 전에 이미 다음 진로를 결정한 상태였다.[36] 직원들은 브리지가 제공한 자금을 이용해 1천 개의 새 회사를 설립했다.[37] 이들이 퇴사하고 약 18개월이 지난 뒤에 노키아가 확인해본 결과, 퇴사자의 67퍼센트, 핀란드 내에서는 85퍼센트가 브리지 프로그램의 처우에 긍정적인 느낌을 받았다는 사실을 알게 되었다.[38] 회사도 만족했다. 브리지 덕에 이 회사는 참여도나 생산성, 품질이 저하되는 걸 피할 수 있었기 때문이다. 어떤 경우에는 심지어 품질이 향상되기까지 했다. 한편 노키아가 브리지에 들인 돈은 2011~2013년에 진행된 전체 구조조정 비용의 극히 일부인 4퍼센트에 불과했다.[39] 2015년에 노키아의 매출 성장률은 2012년에 비해 거의 10퍼센트 포인트 증가했고, 이윤은 12퍼센트 포인트 정도 증가했다. 같은 기간 동안 연간 총 주주 수익률은 50퍼센트 이상 상승했다.[40]

2015~2016년에 마이크로소프트가 노키아 휴대전화 사업을 인수하는 과정에서 합류한 전 노키아 직원들을 해고할 때, 이들도 비슷한 공감적 접근 방법을 택했다. 마이크로소프트는 폴쿠Polku라는 프로그램을 통해 새로운 회사 설립에 관심이 있는 핀란드의 전 노키아 직원들에게 창업 자금과 기타 자원을 제공해 퇴직 프로그램을 보완했다.[41] 이런 노력과 핀란드 정부가 조정해준 다른 지원 덕분에 해고당한 직원들 거의 전부인 90퍼센트 정도가 새로운 일자리를 찾을 수 있었다.[42] 폴쿠의 한 임원은 이렇게 말했다. "예전 동료들 가운데 상당수가 폴쿠를 통해 새 일자리를 찾는 걸 보니 정말 안심이 되었다. 이 프로그램은 참가자들과 외부인들에게 높은 평가를 받았다."[43]

활성화 레버 #4: 혁신을 주도하는 리더십을 갖춰라

앞서 살펴본 것처럼, 나델라의 개인적인 참여는 마이크로소프트가 지속적이고 개방적인 혁신을 유지하는 데 필수적인 요소였다. 나델라는 그 문화 속에 내재한 존재 목적이나 이유에 대한 큐레이터 역할을 했다. 마이크로소프트는 회사 전체의 다른 리더들이 혁신 역량을 뒷받침하도록 하기 위해 '명확한 메시지 전달', '에너지 창출', '성공 견인'이라는 3가지 계획을 이용한 혁신적인 리더십 모델을 구현했다. 다른 일류 기업에서도 직원에게 영감을 주고 힘을 실어주는 것을 본인의 개인적인 사명으로 삼고, 다른 리더들도 그렇게 하도록 유도함으로써 상시 혁신 역량 창출에 도움을 주는 리더들을 본 적이 있다. 우리가 조사한 기업들은 교육 기능과 성과 평가를 위한 프로세스 개선 등 혁신을 주도하는 리더를 동원하기 위해 여러 가지 구체적인 전술을 활용했다.

혁신의 머리를 더 확장하자

전통적인 혁신은 앞으로 나아갈 길이 상당히 간단하다. 리더는 조직이 이루어야 하는 단 하나의 운영 변화를 파악한 다음, 향후 3~4년 동안 변화를 위한 자원을 투입한다. 상시 전환은 그보다 훨씬 더 복잡하며, 변화를 위한 의제를 정하고 전달해야 하는 등 리더의 노력이 더 필요하다. 이제 '비용 10퍼센트 절감' 또는 '품질 10퍼센트 향상' 같은 협소한 운영 목표를 정한 다음 조직이 이를 이행하도록 유도하는 것만으로는 충분하지 않다.

변화 이니셔티브가 바뀌거나 중복되거나 서로 영향을 미치면, 기업과 리더는 자신들과 조직의 야망을 근본적으로 재설정해야 한다. 그들은 원하는 상태에 도달하기 위해 어떻게 우선순위를 정하고 집중할지뿐만 아니라, 장기적으로 나아갈 방향에 대한 훨씬 광범위하고 포괄적인 이해를 분명하게 표현해야 한다.

이 첫 번째 과제를 해결하기 위해, 리더들은 기업 전체가 강력하고 일치된 노력을 기울여서 해낼 수 있는 모든 일에 대한 명확하고 고무적인 그림을 그린다. 이 그림은 회사의 장기적인 목적에 뿌리를 두고 있어야 하며, 이 책에서 설명한 8가지 전략을 모두 포함해야 한다. 리더들은 내부에서 이런 혁신 비전을 추진하면서 인력 변화와 관련된 고무적인 사례를 만들고, 핵심부서의 리더들이 이를 믿도록 해야 한다. 시간이 경과하면서 외부 여건이 변하고 몇몇 혁신 노력은 마무리되고 또 새롭게 시작되는 것들도 있으므로, 리더들은 매년 비전을 확인해서 업데이트하고 수정해야 한다.

마이크로소프트에서는 사티아 나델라가 2014년에 직원들에게 보낸긴 메일에서, 회사가 원하는 상태에 대한 광범위한 개요를 제시했다. 마이크로소프트는 전통적으로 고객에게 '장치 및 서비스'를 제공하는 데 주력했지만, 나델라는 "모바일과 클라우드가 우선인 세상에 필요한 생산성 도구 및 플랫폼 기업이 될 것"이라고 선언했다. "우리는 생산성을 혁신해서 전 세계의 모든 사람과 모든 조직이 더 많은 일을 하고 더 많은 걸 이루도록 지원할 것이다." 이 공식을 채택하면서, 나델라는 주주들에게만 주로 집중하기보다 우리가 1장에서 논의한 다중 이해 관계자 관점을 발전시켰다. 그의 이메일은 또 생산성 혁신이 무엇을 의미하는지도 설명했다. 이건 개인과 기업이 '더욱 예측 가능하고, 개인적이며, 유용한

지능형 툴'을 만들뿐만 아니라 그런 툴로 무장하는 것이다.

이 회사는 '가장 개인적이고 지능적이고 개방적이면서 권한을 부여하는 방식으로 디지털 작업과 생활을 조명'할 수 있는 경험을 제공한다. 이런 비전을 실현하기 위해 회사는 문화를 혁신해 보다 역동적이고 고객 중심적이면서 효율적인 문화를 만들고, 마이크로소프트에서 일하는 모든 사람이 배우고 성장할 수 있게 한다. "우리 모두 개인적으로 변화할 용기가 있어야 한다. 그리고 어떤 아이디어를 실현시킬 수 있는지 스스로에게 물어봐야 한다."[44]

미래에 대한 포괄적인 비전이 고무적일 수 있지만, 리더가 모든 걸 한 번에 바꾸려고 한다면 직원들은 압도당하는 기분을 느낄 것이다. 상시 변화 프로그램을 마련할 때, 리더는 회사의 고유한 요구 사항에 따라 8가지 전략의 명확한 우선순위를 정하고, 회사가 지금 당장 처리해야 하는 일과 나중으로 미룰 수 있는 일이 뭔지 결정해야 한다. 이 책의 다른 부분에서 얘기한 것처럼, 이런 우선순위는 회사의 현재 역량을 분석해서 정해야 한다.

고객의 기대치와 시장 동향, 경쟁업체의 행동이 변하는 상황에서 회사가 지속적인 가치를 창출하려면 어떤 변화가 가장 시급한가? 전형적으로 급한 플랫폼으로는 회사나 제품 단순화, 비즈니스 모델 혁신, 리더십과 인재 양성, 디지털 제품과 서비스 개발 등이 있다. 마이크로소프트의 경우 처음에는 클라우드 사업을 성장시키고 이런 성장을 뒷받침하는 문화를 개발하는 데 주력했다. 또 회사의 민첩성을 높이고 인력을 보다 효율적으로 운용하는 데도 기여했다. 이런 변화가 지속되자 회사는 성장에 대한 투자, 새로운 기업 인수(링크드인과 깃허브), AI 연구 부문 확대 등으로 옮겨갔다. 가장 최근에는 회사의 지속 가능성을 높이기 위한 대규모 작전에 돌입했다.

우선순위를 정한 다음에는, 마이크로소프트가 그랬던 것처럼 이니셔티브 포트폴리오를 만들고 이 포트폴리오가 시간이 지나면 발전할 것이라는 걸 알고 있어야 한다. 의류와 신발 제조업체인 나이키와 마찬가지로 기업들은 이 포트폴리오 관리를 회사의 운영 모델과 통합해야 한다. 2010년대 중반에 나이키 리더들은 이 브랜드가 소비자들에 대한 가격 경쟁력을 잃고 있다고 걱정했다. 수익성 좋은 미국 시장에서 회사의 점유율이 줄어들고 있었고, 전통적으로 나이키 매출의 대부분을 차지했던 소매업체들은 온라인 의류 소매업을 장악하고 있는 아마존 때문에 방해를 받고 있었다.

브랜드와 공급망의 여러 측면을 바꾸기로 결심한 나이키는 2016년에 디지털 기술 수용을 중심으로 한 광범위한 혁신 계획을 수립했다. 조직이 이 전략을 실행할 수 있도록, 나이키는 거버넌스 프레임워크를 만들고 회사 내부에 디지털 혁신 사무소를 설립해 디지털 혁신 이니셔티브 포트폴리오를 만들어 운영하게 했다. 나이키는 디지털 혁신 책임자와 최고 디지털 책임자에게 포트폴리오 감독을 맡겼고, 고위 경영진으로 구성된 운영 위원회도 선임했다.

디지털 혁신이 회사 운영 모델의 일부가 되도록 하기 위해, 나이키는 이 이니셔티브를 연례 기업 전략 개발 프로세스와 연결했다. 해마다 리더들은 나이키가 연간 전략을 수립하고 예산안을 만들고 지출을 감독하는 데 필요한 디지털 역량을 정하고, 혁신 노력이 다른 전략적 이니셔티브와 함께 사업을 육성하고 확장하도록 했다. 리더들은 디지털 이니셔티브 진행 상황을 모니터링할 수 있을 뿐만 아니라 이 프로세스를 통해 디지털 혁신 노력과 나이키 사업 사이에서 필요한 인력, 데이터, 인프라, 예산 등을 모두 조정했다.

최근 몇 년 동안 나이키는 항상 8~10개 정도의 기업 혁신 이니셔티브를 유지해왔는데, 성숙도는 저마다 다 다르다. 리더들은 이런 이니셔티브를 지속적으로 재평가하면서 나이키의 사업상 요구와 외부 여건 변화에 따라 우선순위를 조정했다. 이런 이니셔티브는 종합적으로 회사 전체에 극적인 변화를 가져왔고, 나이키는 소매 경험(2장)을 디지털화하고 공급망과 제조를 혁신함으로써 소비자 경험을 획기적으로 개선할 수 있었다.

소비자들은 이제 인기 있는 나이키 앱을 통해 회사의 멤버십 프로그램과 개인별 맞춤 운동 및 특별 할인 행사 등 다양한 혜택을 이용할 수 있다. 이 회사의 달리기 및 훈련 앱은 소비자의 피트니스 성과를 추적하고, 개인화된 코칭을 제공하며, 무료 운동 등을 이용할 수 있다.

하지만 그 앱은 디지털 경험 그 이상이다. 나이키의 하우스 오브 이노베이션House of Innovation이라는 콘셉트 매장이 2018년에 뉴욕과 상하이에 오픈했고, 이 글을 쓰고 있는 현재 파리에 또 다른 매장을 오픈할 계획이다.[45] 이 매장은 나이키 앱과 통합되어 있어서 소비자들이 바코드를 스캔해 매장에 자기가 원하는 색상과 사이즈가 있는지 확인할 수 있고, 버튼 하나로 매장 직원을 호출해 신발을 신어보기도 하며, 계산대에서 결제도 빨리 할 수 있다.

나이키는 이 콘셉트 매장이 생긴 뒤로 자사 앱을 다운로드해서 사용하는 소비자들이 늘어났다는 걸 알게 되었다. 덕분에 회사는 더 많은 사용자 데이터 풀에 접근할 수 있게 되었고, 고객 참여도가 높아졌으며, 나이키 브랜드는 경쟁사들과 차별화되었다.[46]

나이키는 수집한 사용자 데이터(6장)를 이용해 소비자들의 디지털 쇼핑 경험을 개선할 수 있다. 나이키의 한 임원은 "기계 학습과 AI를 이용해, 나이키에서 하는 모든 디지털 경험을 독특하고 개인적인 경험으로 만들 수 있다"고 말했다.[47] 소비자 데이터는 나이키가 소비자들의 요구에 더욱 신속하고 유연하게 대응할 수 있게 해주는 공급망 프로세스인 익스프레스 레인Express Lane을 가동하는 데도 도움이 된다. 나이키는 실시간 데이터를 통해 인기 아이템을 빠르게 재입고하고 소비자 피드백에 따라 제품을 업데이트할 수 있다. 빠른 시제품화와 3D 프린팅(5장 참조)을 이용하는 익스프레스 레인은 나이키가 신제품을 개발해서 매장에 진열하는 데 걸리는 시간을 몇 개월에서 열흘로 단축했다.[48]

익스프레스 레인은 10개 나라의 10여 개 도시에서 고객 대응 속도를 높이기 위해 고안된 나이키의 소비자 직판 전략에 기여한다. 이 도시들을 전부 합치면 2020년까지 회사가 예상한 성장의 80퍼센트 이상을 차지했다.[49] 이런 도시의 매장에서 일하는 팀들은(7장) 시장 수요에 세심한 주의를 기울이며 익스프레스 레인과 나이키 앱을 통해 생성된 데이터에 의지해서 소비자들이 좋아하는 새로운 제품을 생산한다.

나이키의 혁신 이니셔티브 포트폴리오는 인상적인 결과를 낳았다. 2016년부터 2019년 사이에 매출이 324억 달러에서 391억 달러로 급증했다. 2019년에는 나이키의 혁신 플랫폼이 점진적인 성장의 거의 대부분을 차지했다. 투자자들은 만족했다. 2016년 이후 나이키의 총 주주 수익률은 S&P 500을 크게 앞질렀다.[50]

나이키는 중대한 도전과 좌절, 혹은 아주 예외적인 사건 때문에 변화가 필요해지기 전에 미리 변화의 우선순위를 정하고 조정함으로써 이런 결과를 얻었다. 우리 BCG 동료들의 조사에 따르면, 혁신에 직접 뛰어든 기업은 상황에 대응해서 혁신을 수행한 기업보다 TSR이 3퍼센트 높은 등 더 좋은 결과를 얻는다.[51] 또 선제적인 전환은 실행 비용이 덜 들고 상황에 따라 변화를 추구한 기업에 비해 변화가 빨리 진행된다고 한다.

그런데도 불구하고 대부분의 기업은 선제적인 변화를 추구하지 않는다.[52] 따라서 글로벌 기업들은 나이키가 혁신의 머리로 한 일, 즉 중요한 장기적 비전을 만들어서 소통하고, 혁신을 회사의 운영 모델과 통합하며, 명확한 우선순위를 정하는 것 등을 통해 이득을 얻을 수 있다. 리더는 조기 경고 신호에 주의를 기울이고, 변화 이니셔티브를 정기적으로 평가하며, 필요에 따라 우선순위를 재조정할 수 있는 메커니즘을 구축해야 한다. 기업들도 혁신 포트폴리오의 변경이 필요해지면 투자자와 직원을 위한 내러티브를 조절하는 데 신경 써야 한다.

더 민첩한 혁신의 손을 만들자

리더들이 변화에 대한 명확한 의제를 제시하면 상시적인 혁신 노력이 성공할 가능성이 훨씬 더 커진다. 그러나 기업들은 우리가 '혁신의 손'이라고 부르는 변화 노력을 실제로 실행하는 걸 소홀히 할 수도 있다. 전통적인 혁신에서는 실행이 비교적 간단했다. 처음에는 실행에 필요한 역량이 비교적 명확하기 때문에, 회사는 특정 이니셔티브를 위한 변화 근육을 단련한 다음 다시 실행하기 전에 휴식을 취했다. 그러나 오늘날에는 기업을 운영하는 환경이 불안정하기 때문에 리더와 팀은 최종적인 실행 요건을 처음부터 모두 예상할 수 없다. 진행하는 과정에서 계속 혁신하고 적응하면서 다양한 변화 유형이나 영역 사이에서 중심점을 바꿀 수 있어야 한다.

끊임없이 스스로를 재창조하려면 기업이 전략을 적극적으로 실행할 수 있어야 한다. 즉 시스템에 창의성과 혁신을 구축해야 한다. 우리가 조사한 기업의 리더들은 애자일 업무 방식, 새로운 역량, 강력한 거버넌스 모델이라는 3가지 분야에 관심을 기울여 상시 변화가 가능한 조직을 만들었다.

7장에서 살펴본 것처럼, 애자일 업무 방식으로의 전환은 21세기에 기업들이 위대한 수준 이상으로 발전하기 위해 수행해야 하는 핵심적인 변화 중 하나다. 애자일 방식은 변동성이 증가하는 상황에서 기존 혁신을 최대한 원활하고 효과적으로 수행하기 위한 수단으로, BCG가 만든 머리-심장-손 모델에서도 중심적인 역할을 한다.

하지만 상시 변화를 시도하는 기업의 경우에는 애자일 방식 도입이 훨씬 더 중요하다. 회사가 민첩해지면 팀들은 광범위한 혁신 프로세스에서 발생하는 리소스 격차나 기타 어려움을 신속하게 파악하고 적절한 솔루션을 고안할 수 있는 장비를 갖추게 될 것이다. 다기능 및 코로케이션 colocation 팀, 스프린트, 최소 기능 제품, 권한을 부여받은 의사 결정, 빠른 주기 학습 등 애자일 방식의 핵심 요소는 팀이 변화 노력을 진행하기 위해 신속하게 혁신하는 데 도움이 될 수 있다. 민첩한 고객 대면 팀이 사용하는 디지털 도구도 더 많은 협업과 신속한 아이디어 확산을 촉진해 혁신을 개선할 수 있다. 일반적으로 애자일 방식은 여러 개의 변화 이니셔티브를 실행하거나 변경하는 기업들이 업무를 가속화할 수 있도록 실행 강도와 속도를 높인다.

마이크로소프트의 혁신도 애자일 방식으로 추진되었다. 나델라는 2014년 7월에 전 사원에게 보낸 편지에서 "마이크로소프트의 모든 팀은 일을 단순화해서 더 빠르고 효율적으로 움직일 수 있는 방법을 찾아야 한다"고 선언했다. "우리는 조직을 평탄화하고 보다 간결한 비즈니스 프로세스를 개발하기 위한 조치를 취해 정보와 아이디어의 유동성을 높일 것이다."[53] 이 회사의 일부 부서는 여러 해 전부터 애자일 방식을 받아들였는데, 특히 나델라가 이전에 담당했던 개발 부서가 그렇다.[54]

2015년에 개발 부서를 방문했던 사람의 말에 따르면 "개발자들과의 즉흥적인 대화를 포함해 우리가 얘기를 나눠본 모든 사람은 애자일 가치

관을 바탕으로 살아가고, 생각하고, 말하고, 행동하고 있었다. 단순히 애자일 방식을 실행하는 게 아니라, 애자일 그 자체가 된 것이다. 고객의 요구에 대응해 업무를 수행하는 사람들을 존중하고, 소중히 여기고, 참여시키는 것이 핵심인 애자일 사고방식이 널리 퍼져 있었다."[55] 이제 애자일 방식의 장점이 조직 전체에 확산되어 회사의 변화 노력을 크게 촉진하고 있다. 나델라는 고위 경영진들에게 "혁신 프로세스를 진전시키고 운영과 업무 방식을 간소화할 수 있는 기회를 평가해달라"고 요청했다.[56]

일류 기업은 애자일 방식을 받아들일 뿐만 아니라 기존의 머리-심장-손 모델을 뛰어넘어 조직의 운영 모델과 리더십에 혁신을 포함시켜야 한다. 특히 리더와 이사회가 진전 상황을 검토하고 변화를 지속적으로 추진할 수 있는 거버넌스 모델을 만들어야 한다. 이런 모델에는 변화 추진과 모니터링, 지원, 커뮤니케이션을 위한 혁신 전용 사무실과 핵심 리더들의 지속적인 참여가 필요하다. 앞서 살펴본 것처럼 나이키는 연례 전략 기획 과정에 혁신을 긴밀히 통합하고 디지털 혁신 사무소를 설립해 변화 노력을 진두지휘하고 감시하도록 했다. 이 회사는 또 CEO에게 직접 보고하는 임원들이 포함된 디지털 운영위원회도 만들었다. 마이크로소프트도 마찬가지로 혁신 리더십에 중점을 두었으며, 이를 변화의 이면에 있는 인력들에게 활력을 불어넣는 데 도움이 되는 5가지 핵심 요소 중 하나로 인식했다.

선도적인 기업은 도구, 전문 지식, 프로세스, 기술, 행동 등 새로운 방식으로 운영하는 데 필요한 기능을 확보함으로써 상시적인 변화 이니셔티브 실행을 더욱 강화한다(7장). 이런 기업의 리더들은 혁신을 계획할 때

앞날을 미리 생각해서, 기존 혁신이 완료되기도 전에 미래의 혁신을 위한 역량을 구축하기 시작한다.

어도비는 혁신을 위해 새로운 인재를 채용하는 데만 의지하지 않고 기존 직원들을 철저히 업스킬링하기로 했다. 어도비는 지난 5년 동안 유기적인 채용과 인수를 통해 급성장했으며, 강력한 인재 파이프라인을 확보하기 위해 내부 직원 개발과 이동성에 계속 주력하고 있다. 내부에서 설계한 리더십 개발 프로그램 외에도, 어도비는 캘리포니아대학교 버클리의 하스Haas 경영대학원과 제휴해 변화를 추진하는 데 필요한 새로운 기술을 개발하는 데 전념하는 리더를 위한 새로운 교육 프로그램을 개발했다.

리더는 어떤 선택을 해야 하는가

21세기의 변화는 가끔, 상황에 대응하여, 단절된 방식으로만 진행하는 게 불가능하다. 조직이 변화에 지속적으로 몰두, 심지어 집착하면서 운영 모델의 필수적인 부분으로 만들어야 한다. 그래야 앞으로 경쟁하고, 성장하고, 승리할 수 있는 기업의 능력이 크게 향상될 것이다. 시장에 영향을 미치는 3가지 힘에 포위당했다고 느끼지 말고, 그 힘에 숙달되어 그것이 제공하는 기회의 물결을 타야 한다. 때때로 코로나19 같은 충격적인 사건이 발생해 여러분을 불안하게 만들겠지만, 결국 그 위기를 잘 견뎌내고 동료들보다 빨리 회복할 것이다. 외부에서는 여러분의 회사를 과거의 성공에 사로잡혀 정체된 거대 기업이 아니라 회복력이 뛰어나고 시대에 적합한 혁신의 리더로 여길 것이다.

마이크로소프트의 혁신은 매우 성공적이어서 오늘날 다른 기업들은 이 조직을 클라우드와 AI, 기타 여러 가지 기술의 선두주자일 뿐만 아니라 혁신의 리더로 간주한다. 기업들은 상황을 호전시키는 방법과 디지털 시대에 성공할 수 있도록 기업을 발전시키는 방법을 배우기 위해 마이크로소프트의 문을 두드린다.

많은 리더처럼 여러분도 우리 모델 중 하나의 요소, 즉 머리 부분에 집중해서 미래에 대한 비전을 스케치하고 조직의 변화 우선순위를 결정하는 게 가장 쉽다는 걸 알게 될 것이다. 하지만 다른 3가지 요소를 등한시하면 위험에 처하게 된다. 우리 조사를 통해 확인된 바에 따르면, 이 3가지 요소를 모두 수용하고 포함시키기 위해 결정적인 조치를 취하면서 전통적인 혁신을 추구하는 기업들은 변화 이니셔티브가 장기간에 걸쳐 성공할 가능성이 훨씬 높았다. 이런 기업들의 거의 대부분인 96퍼센트가 지속적인 성과 개선을 이루었는데, 이는 3가지 요소를 모두 수용하지 않은 기업의 거의 3배에 달하는 비율이다.[57] 지속적으로 상시 변화를 추구하는 기업도 이와 유사한 결과를 얻을 수 있어야 한다.

상시 혁신으로의 전환을 시작하려면 최근 몇 년 동안 시도한 혁신, 성공한 혁신과 그렇지 못한 혁신에 대해 생각해보자. 그리고 다음 질문에 답해보자.[58]

- 직원들이 혁신에 착수하는 걸 두려워하는가, 아니면 혁신이 고무적이고 힘을 실어준다고 생각하는가? 만약 그들이 혁신을 두려워한다면, 상시 혁신을 위한 사고방식을 받아들이지 않은 게 분명하다.

- 심장과 같은 혁신의 가장 중요한 핵심은 혁신의 목적, 문화, 공감, 리더십의 4가지로 볼 수 있다. 그렇다고 생각한다면, 여러분의 행동이 직원들에게 반향을 일으키고 있다고 확신하는가?

- 혁신의 머리와 관련해서는, 회사의 미래 상태에 대한 비전을 명확하게 제시하고, 혁신 이니셔티브의 동적인 포트폴리오를 개발하고, 변화에 대한 확실한 사례를 전달하고, 리더십팀을 조율하고 있는가?

- 혁신의 손과 관련해서는, 애자일 방식을 최대한 수용했는가? 적절한 내부 역량을 미리 구축하고 있는가? 올바른 거버넌스 시스템과 제어 메커니즘이 마련되어 있는가?

- 여러분 개인적으로 혁신의 머리와 심장, 손을 이끌고 있는가? 어떤 게 가장 자연스럽고, 어떤 게 가장 어려운가? 앞으로 더 나은 균형을 유지하기 위해 취해야 하는 2~3가지 조치가 있다면 무엇인가?

기존의 일회성 변화 이니셔티브는 직원과 리더 모두에게 혼란스럽고 두렵고 고통스럽게 느껴졌다. 사람들은 변화 이니셔티브가 얼른 마무리되어 평상시처럼 업무를 재개할 수 있기만을 바랐다. 하지만 변화가 영구화되어 기업의 일상적인 구조에 포함되고 혁신의 머리와 심장, 손이 완전히 발달하면 이야기가 달라진다.

리더들이 모든 사람이 함께 성취할 수 있는 일에 관한 매력적인 비전을 제시해 직원들의 마음을 사로잡고, 변화 프로세스를 관리 가능한 부분으로 세분화하여 기업의 운영 모델과 연결한다면 여러분 회사에서 어떤 일이 일어날지 상상해보라. 리더들이 변화를 회사의 존재 이유와 연결해서 직원들을 고무시키고, 기업 문화를 강화해서 그들을 격려하며, 해고되는 직원을 돌봐주고, 조직 전체에서 리더를 모집해 기존 인력에게 더 힘을 실어준다면 어떤 일이 일어날까? 마지막으로, 리더들이 관료주의를 없애고 애자일 팀과 향상된 역량, 변화 관리, 거버넌스 등을 통해 업무를 훨씬 생산적이고 협력적으로 만든다면 어떻게 될까?

이런 조치를 모두 활용하면 직원의 변화 경험에 대혁신이 일어나 흥미롭고 만족스러우며 매우 의미 있는 변화가 진행될 것이다. 고집 센 기성 기업이 마침내 모든 이해 관계자들에게 이익을 안겨줄 수 있는 혁신적인 시장 리더로 변모하는 걸 누가 반기지 않겠는가? 그리고 그걸 실현하기 위해 자신의 모든 지적 능력과 창의력을 발휘하고 싶지 않을 사람이 어디 있겠는가?

혁신을 단순한 습관이 아니라 조직에서 활기차게 일하고 생활하는 방식으로 만드는 건 여러분과 직원들이 해야 할 일이다. 혁신의 머리와 심장, 손에 집중하면 직원들이 단순히 살아남는 데 그치는 게 아니라 미래를 향해 끝없이 기업을 움직이면서 함께 번성할 수 있다. 결국 위대한 수준을 뛰어넘는다는 건 특정한 목적지에 도달하는 게 아니라 탁월함과 재창조, 진화를 기업의 영구적인 사고방식이자 존재 상태로 받아들인다는 뜻이다.

20세기의 위대한 조직들은 필요할 때 변화를 이루었다. 그들은 살기 위해 변했다. 위대한 수준을 뛰어넘으려는 조직들은 변화를 위해 살아간다. 주주 가치를 뛰어넘어 그 이상의 목적을 추구하는 리더와 직원은 자신을 발전시키고 회사와 이해 관계자들을 위해 창출하는 가치를 끊임없이 증대시키기 위해 노력하면 업무가 더 풍요로워진다는 걸 알게 된다. 위대함 이상을 추구하는 조직들은 21세기의 불안정하고 예측하기 힘든 비즈니스 환경이 지닌 잠재력을 최대한 활용한다. 그들은 그걸 위협으로 인식하고 두려워하면서 물러서는 게 아니라, 기업이 항상 되고 싶어 했던 생산적이고 동정적이며 인류에게 유용한 존재가 될 기회로 대담하게 받아들인다.

그렇다면 여러분은 무얼 기다리고 있는 건가? 우선순위를 정해서 21세기를 위한 기업 혁신을 시작하자. 여러분과 직원들이 택한 가장 위대한 여정, 위대함을 뛰어넘는 여정이 곧 시작될 것이다.

KEY INSIGHT

- 혁신은 사업 운영에 필수적인 요소인 상시적 제안이 되어야 한다. 타타 그룹 찬드라세카란 회장의 말처럼 "혁신과 변화는 기업의 DNA에 깊이 뿌리 박혀 있어야 한다."

- 이런 인내심이 필요한 경쟁에서 승리하려면 조직 내부에 근본적으로 새로운 종류의 혁신 역량을 구축해야 한다. 마이크로소프트의 사례와 100개 이상의 기업에서 진행된 혁신 프로그램을 조사하면서 영감을 받은 우리는 BCG의 머리-심장-손 혁신 모델을 응용해, 상시적 변화를 통해 성공할 가능성을 높일 방법을 개발했다.

- 기업은 전통적인 방식대로 직원에게만 집중해서는 상시 혁신에 성공할 수 없다. 목적, 문화, 공감, 리더십에 주의를 기울이면서 심장을 가장 중요한 집중 대상으로 삼아야 한다.

- 변화 이니셔티브가 바뀌거나 중복되거나 서로 영향을 미치면, 기업과 리더는 전통적인 혁신의 머리 부분인 자신들과 조직의 야망을 근본적으로 재설정해야 한다. 그들은 원하는 상태에 도달하기 위해 어떻게 우선순위를 정하고 집중할 것인지뿐만 아니라, 장기적으로 나아갈 방향에 대한 훨씬 광범위하고 포괄적인 이해를 분명하게 표현해야 한다.

- 기존의 혁신 모범 사례는 기업이 전통적인 혁신의 손 부분인 애자일 업무 방식을 적극적으로 발전시키는 방식으로 진행되었다. 지속적으로 상시 혁신을 실행하려면 기업은 민첩성을 배가하고 새로운 역량을 키우면서 강력한 거버넌스 모델을 받아들여 더욱 민첩해져야 한다.

위대한 리더십을 넘어 나가며

이제 여러분은 향후 10년간 글로벌 기업의 번영을 결정할 새로운 비즈니스 운영 모델을 구축하는 데 필요한 9가지 전략을 손에 넣었다. 이 전략은 글로벌 기업들이 사회적 긴장, 경제 민족주의, 기술 혁명의 시대에 단순히 살아남기만 하는 게 아니라 크게 번영할 수 있게 해준다. 이 전략은 기존 대기업들에게 공평한 경쟁의 장을 만들어주고, 존 디어, 월풀, 마이크로소프트, TCS, ING 같은 다양한 기업들이 번영하고 성장하는 데 필요한 도구도 제공한다.

우리의 9가지 전략을 활용하는 기업은 예측 불가능하게 급변하는 시장 상황 속에서도 회복력을 유지할 수 있는 새로운 능력을 확보하고 지속적인 성공을 위한 입지를 다진다. 하지만 우리는 아직 중요한 질문을 다루지 않았다. 이런 새로운 시대가 리더들에게는 어떤 의미가 있을까? 여러분이 글로벌 기업의 새로운 CEO이거나 이사회의 선정 위원회에서 이제 막 CEO로 지명되었거나 조만간 지명을 받기를 간절히 바라고 있다고 가정해보자. CEO로 성공하기 위해서는 어떤 리더십 특성이나 사고방식이 필요할까? 성장, 재정적 성공, 의미 있는 사회적 영향이라는 확실한 유산을 남기려면 리더십에 어떻게 접근해야 할까?

우리는 여러분이 해야 하는 모든 일을 요약한 간단한 프레임워크를 제공하고 싶다. 하지만 그러면 당면한 과제가 하찮게 느껴질 것이고, 위대함을 뛰어넘는 데 기여한 많은 리더에게서 배운 교훈을 거스르게 될 것이다. 그래서 대신, 위대한 수준을 뛰어넘기 위해 다양한 방법으로 발 빠르게 움직이고 있는 리더들과 인터뷰를 하면서 얻은 성찰을 전하면서 이 책을 마무리하려고 한다. 그것은 위대한 리더십을 넘어서려면 본질적으로 6가지 핵심적인 요소가 필요하다는 걸 것이다.

첫째, 리더는 사회에 긍정적인 영향을 미치겠다는 신념을 가지고 사람들을 이끌어야 한다. 1장에서 보았듯이 이해 관계자들은 기업에. 더 많은 걸 요구하고 있다. 회사가 번창하기를 바라는 리더들은 주주들의 수익을 극대화하는 데만 급급한 전통적인 전략을 버리고 더 높은 기준, 즉 모든 이해 관계자에게 긍정적인 영향을 미칠 수 있는 능력을 기준으로 삼아 스스로를 측정해야 한다. 팬데믹과 대혼란을 겪고 있는 직원과 고객은 점점 더 의미를 갈망하게 되고, 목적의식에 따라 사람들을 고무하고 인도하는 조직과 연결되고 싶어 한다. 그들은 또 과거에는 목적을 지지했지만 포스터와 슬로건 같은 표면적인 목표만 내세우다 멈춰버린 조직을 회의적인 시선으로 바라본다. 직원과 고객은 의미를 추구하는 인간적인 욕구를 이해하고 사회에 많은 도움이 되는 조치를 취하는 리더를 기대한다.

여러분과 여러분의 회사가 사회 문제나 환경 문제를 해결하기 위해 어떻게 참여할 수 있는지 진지하게 생각해보자. 사회적, 총체적인 영향을 미치려면 이 문제를 개인적으로 받아들여야 한다. TSI를 믿는 것만으로는 충분하지 않다. 회사의 최고 목적 책임자가 되어야 한다. 지멘스 CEO로 선출된 롤런드 부시Roland Busch 박사는 이렇게 말했다. "리더는 회사가 지지하는 게 무엇인지 정의해야 한다. 이건 가장 훌륭한 최신 기술을 뛰어넘는 중요한 문제이며, 이를 통해 회사에 의미 있는 뭔가를 제공할 수 있다." 특히 CEO는 운영 부서의 리더와 관리자들을 고무해야 한다. 그렇지 않으면 단절이 생기고, 사업부서는 평상시처럼 사업을 추진할 것이다.[1] 사티아 나델라도 이 문제에 대해 단호하게 말했다. "내가 한 일 가운데 가장 쓸모 있는 일은, 확실한 목표의식과 사명감과 정체성을 제시한 것이다. 우리가 존재하는 데는 다 이유가 있다."[2]

둘째, 리더들은 명령과 통제를 우선시하는 사고방식에서 벗어나 보다 협력적이고 민첩한 방식으로 전환해야 한다. 수 세기 동안 리더들은 주로 명령과 통제에 의지해왔다. 리더는 방향을 정하고, 사람들에게 그걸 따르라고 명령하고, 그들이 명령을 따르도록 여러 가지 통제 장치를 마련했다.

이런 성향은 오늘날에도 많은 리더의 정신과 경험, 실행 방식에 깊이 뿌리 박혀 있다. 위대한 수준을 뛰어넘으려면 이 불안정한 세상에서 빠르게 움직여야 하기 때문에, 리더들은 과거와 단절하고 훨씬 개방적이고 협력적인 접근 방식을 취해야 한다. 리더들은 항상 사람들을 통제하려고만 하지 말고, 상황을 조율하고 자율성을 부여하는 데 초점을 맞춰야 한다. 완벽함보다 속도를 추구하면서 사람들에게 권한을 부여하고 코칭해

쥐야 한다. 또 위대한 수준을 뛰어넘는 리더십을 발휘하려면, 조직의 다른 이들을 위해 애자일 업무 방식의 모범을 보여야 한다.

나투라 앤드 코의 회장이자 그룹 최고 경영자인 호베르투 마르케스는 지금처럼 빠르게 변하는 세상에서 모든 문제에 대한 답을 갖고 있는 리더는 없다고 지적했다. 대신 리더는 솔루션을 개발할 수 있는 역량을 갖춘 이들을 영입하고, 그들에게 지시를 내리기보다 그 노력을 증폭 및 확장해야 한다. 마르케스는 "팀에 힘을 실어주고, 현장 사업부와 기능 영역에는 올바른 답을 아는 사람이 있고 그들이 나보다 많이 안다는 걸 인정해야 한다"고 말한다.[3] 그의 말처럼, 오늘날의 리더들에게는 자기가 뭘 모르는지도 모른다는 사실을 인정하는 자기 인식과 다른 사람의 말에 귀 기울이는 겸손함이 필요하다. 리더는 사람들과 잘 소통하면서 "올바른 결정을 내리거나 필요할 때 궤도를 수정하기 위한 정보를 얻을 수 있는 방식으로 조직에 손을 뻗어야 한다."[4]

셋째, 리더는 기업이 대기업과 중소기업, 동종 업계와 타 업계를 막론하고 동료들에 대해 전보다 훨씬 열린 마음을 갖도록 이끌어야 한다. 기업들은 예전부터 거의 기업 자체에만 국한된 전략을 이용해 고객들에게 가치를 제공하려고 노력해왔다. 기업들 사이의 관계는 격식을 차린 관계고, 고객이나 경쟁업체와의 파트너십은 드물었다. 리더들은 자기 회사가 폐쇄적인 시스템 안에서 운영되고, 경쟁업체는 그 바깥에 있다고 여겼다. 생산 시설에 적, 즉 주요 경쟁사을 이기자고 촉구하는 현수막이 걸려 있는 건 드문 일이 아니었다.

위대한 기업의 2030 미래 시나리오

이 책 전체에 걸쳐, 특히 4장에서 얘기한 것처럼, 오늘날의 기업들은 산업, 규모, 지역에 상관없이 모인 기업들의 무리 혹은 경쟁업체도 포함될 수 있는 생태계에 참여하면서 점점 더 많은 가치를 제공하고 있다. 타타 그룹의 회장이자 TCS의 전 CEO인 나타라잔 찬드라세카란은 시장의 힘이 "기업에서 생태계로 옮겨가고 있다"고 말했다.[5] 기업들은 생태계에서 어떤 역할을 할 건지 정해서, 자신이 기여하는 가치와 얻는 가치 사이에 유리한 균형을 이루도록 해야 한다.

오늘날의 리더는 이렇게 급진적인 새로운 사고방식을 수용해야 할 뿐만 아니라 회사 외부에서 아이디어와 인재를 찾고, 더 큰 가치를 제공할 수 있는 파트너십을 지속적으로 모색해야 한다. 또 직원들도 그렇게 하도록 도와야 한다. 나투라의 경우 수만 명의 직원과 고객을 직접 대면하는 수백만 명의 영업 컨설턴트가 포함된 생태계가 있다. 나투라의 호베르투 마르케스는 광범위한 생태계 전반에 걸친 지속적인 쌍방향 커뮤니케이션이 "조직이 지속적으로 발전할 수 있는 원동력"이라고 말했다.[6]

넷째, 리더는 지속적인 학습 마인드를 높이고 내재시켜야 한다. 위대한 수준을 뛰어넘는 것은 성공과 번영을 위해 필요한 것들에 대한 여러 가지 암시적 명시적 가정에 대한 도전이다. 리더는 새로운 것을 받아들이기 위해 예전의 보고, 생각하고, 행동하는 방식을 잊어버려야 하는데, 이런 노력이 지속적으로 이어져야 한다. 우리 동료들이 지적한 것처럼, 지속적인 학습 능력은 기업 및 개인의 경쟁 능력을 굳건히 뒷받침한다.[7]

리더인 여러분은 과거보다 학습에 훨씬 많은 시간과 에너지를 쏟을 준비를 해야 한다. 기술, 고객, 외부 조건이 매우 빠르게 발전함에 따라, 더이상 사업에 대한 기존의 가정을 당연하게 받아들일 수 없다. 타타 그룹 찬드라세카란 회장의 말처럼 "모든 기업은 제품이나 서비스의 관점에서 '나의 새로운 가치 사슬은 무엇인가? 내게 적합한 생태계는 어디인가?' 물어봐야 한다. 이 점이 명확하지 않으면 좋은 전략을 세울 수 없다." 리더는 또 직원들에게 지적 유연성과 패기의 모범이 되어야 한다. 직원들이 재직 중에 업스킬링과 리스킬링 과정에 참가할 때 이런 자질이 필요하기 때문이다.

지멘스의 부시 박사가 말한 것처럼, 기술에 뒤처지지 않는 유일한 방법은 기술 발전 상황을 계속 주시하면서 배우는 것뿐이다. 그래서 그는 1년에 한두 차례 독일을 벗어나 미국 서해안으로 출장을 가서 대형 IT 기업과 스타트업 관계자들을 만나 그들이 어떤 일을 하고 있는지 알아보고 온다. 그는 지멘스의 중간 관리자들도 그렇게 하도록 독려한다. "나는 이 부분을 정말 신경 쓰고 있다"고 부시는 말한다. "그래서 내 아래의 임원들도 '이 사람이 그렇게 한다면 나도 똑같이 해봐야겠다'고 말하면서 나를 흉내 내길 바란다."

한 번은 부시가 테크 기업 관계자들을 만나려고 회사의 핵심 리더들을 데리고 샌프란시스코에서 이틀 동안 열린 워크숍에 참가했다. "우리는 기술 개발 상황과 그들이 지멘스와 우리의 생태계를 어떻게 생각하는지, 부족한 점은 무엇이고 어떻게 해야 개선할 수 있는지 등에 대해 얘기했다. 말하자면 진정한 360도 회의인 셈이었는데, 정말 놀라웠다." 부시는 자신이 생각하는 학습에는 기술뿐만 아니라 개인의 성장도 포함된다고 덧붙였다. 리더들은 "계속 호기심을 품으면서 평생 학습을 해야 한다. 이걸 포기한다면 벌써 진 것이다."

다섯째, 리더는 변혁적 리더십을 수용해야 한다. 지금까지 살펴본 것처럼, 요즘 같은 교란과 변화의 시대에는 상시 혁신이 일상적인 업무가 되어야 한다. 물론 이렇게 끊임없는 진화를 시도하는 조직에서 일하는 사람들은 압도당하거나 지칠 위험이 있다. 이런 문제를 피하고 지속적인 변화를 통해 번창할 수 있는 조직의 역량을 강화하려면 모든 리더가 머리, 심장, 손이 동시에 관여하는 총체적인 인간 중심의 접근법을 받아들이는 변혁적 리더가 되어야 한다.

리더는 회사가 직면한 혼란을 파악하고, 9가지 전략의 미래를 구상하며, 조직이 여정을 시작하도록 조정하는 반복적인 과정을 진행하면서 방향을 명확하게 제시해야 한다(머리). 팀들이 보다 자신감 있게 행동하면서 최선을 다하도록 동기를 부여하고, 배려와 공감을 보여주며, 적극적으로 경청하고, 코칭을 하면서 모든 사람에게 힘을 실어줘야 한다(심장). 마지막으로, 리더는 앞에서 설명한 것처럼 민첩한 실행과 혁신을 위해 보다 개방적이고 협력적인 방식으로 조직을 동원하고, 창의성과 민첩성을 높이는 관행, 예컨대 코로케이션, 일일 스탠드업 회의, 스프린트 작업, 빠른 주기 학습 등을 장려하며, 인간과 디지털 양쪽에서 절실히 필요한 역량에 투자하고 개발해야 하는 필요성을 강조해야 한다(손). 마이크로소프트의 사티아 나델라는 회사에서 머리-심장-손 리더십 모델을 구체화하면서 '명확한 메시지 전달'과 '에너지 창출', '성공 견인'이 리더들에게 얼마나 중요한지 각각 설명했다.

여섯째, 21세기의 리더들은 모호함, 긴장 그리고 역설을 헤쳐나갈 수 있는 새로운 능력을 개발해야 한다. 3가지 파괴적 힘, 9가지 전략 그리고 우리가 조사한 기업들이 이 전략에 접근하고 실행한 구체적인 방법들을 돌아보면, 리더들이 여러 가지 중대한 역설에 직면해 있음을 알 수 있다.

리더는 조직이 학습하고, 재고하고, 실험하도록 이끄는 한편, 조직이 안정적이고 변하지 않는 비즈니스 요소에 기반을 두도록 해야 한다. 그들은 동료들과 격렬하게 경쟁하면서 그와 동시에 전에 없던 방식으로 협력해야 한다. 회사가 글로벌 기업이자 로컬 기업이 되도록 밀어붙여야 한다. 조직의 유동성과 안정성을 키워야 한다. 20세기에 위대하다는 것은 곧 이진법의 한 요소를 강하게 밀고 나가 탁월한 성과를 이룬다는 뜻이었다. 위대한 수준을 뛰어넘으려면, 리더들이 이진법의 2가지 요소를 마음 편히 처리하고 직원들도 편안한 기분을 느끼도록 도와야 한다.

리더들이 위대한 수준을 넘어서면, 회사도 자신의 운명을 책임지고 변덕스러운 글로벌 비즈니스 환경에 갇혀 있기보다 거기에 숙달되도록 용기를 준다. 단순히 기존 비즈니스를 성장시키는 게 아니라 시야를 넓히고 완전히 새로운 경쟁 공간으로 과감하게 진출한다. 여기에서 얘기한 모든 리더, 찬드라세카란, 마르케스, 부시, 나델라 등은 탁월한 리더십을 보여준다. 각자 자기 회사가 9가지 전략을 실행해 동종 업계 최고의 주주 수익을 제공하는 동시에 회복력이 뛰어나고 사회적으로 책임감이 있으며 젊은 인재를 끌어들이는 조직이 되도록 이끌었다.

찬드라세카란은 TCS를 더 민첩하고 혁신적이며 기업가적인 회사로 변화시켰다. 마르케스는 나투라가 협업 네트워크의 아이디어를 바탕으로 독특한 관계 중심의 운영 모델을 구축하도록 이끌었다. 부시는 조직이 강력하고 내부적으로 집중된 기술 중심의 문화를 조정해서 글로벌 문제와 현지 시장에 더욱 개방적이고 민감한 태도를 취하도록 돕는다. 그리고 나델라는 대담하고 새로운 목적을 중심으로 마이크로소프트를 규합했다.

여러분은 어떤 유산을 남길 것인가? 새로운 형태의 경쟁 우위를 구축하기 위한 9가지 전략을 추구할 때, 직원들이 주주 수익뿐만 아니라 광범위한 사회적 영향도 추구할 수 있도록 지원하자. 보다 협조적인 태도를 취하면서 지시는 줄여야 한다. 여러분의 공간에 있는 다른 이들을 경쟁자이자 협력자로 대하자. 성장 마인드를 보여주자. 혁신적인 리더가 되자. 모호함, 긴장, 역설을 받아들이자. 위대한 수준을 뛰어넘기 위한 여정은 관련된 모든 이들에게 놀라운 성취감을 안겨주고 삶을 풍요롭게 한다. 그리고 이 모든 것이 여러분에게서 시작된다.

감사의 글

『위대한 기업의 2030 미래 시나리오』 같은 책을 마무리하면서 느낄 수 있는 가장 큰 기쁨 중 하나는 그 과정에서 우리를 도와준 여러 중요한 이들에게 감사를 전할 기회가 있다는 것이다. 우리는 특히 이 책의 원고를 개념화하고, 쓰고, 편집하는 데 도움을 준 세스 슐먼Seth Schulman의 훌륭한 업적에 많은 신세를 졌다. 세스는 완벽한 전문가이고, 그가 없었다면 이 일을 마무리할 수 없었을 것이다.

우리 회사의 뛰어난 리서치팀에서 일하는 라자 오거스틴라지Rajah Augustinraj와 키쇼어 시사람Kishore Seetharam의 유능한 리더십은 이 책 작업을 진행하는 데 필수적인 역할을 했다. 라자와 키쇼어는 지난 18개월 동안 우리와 변함없는 파트너 관계를 맺고 함께 전략을 개발하면서 관련성이 깊고 충분히 연구된 사례와 생각을 자극하는 인터뷰를 이용해 전략을 뒷받침해줬다. 많은 기고자를 조율하는 그들의 능력은 중요한 단계에 맞춰 원고를 완성하는 데 매우 결정적이었다.

또한 라자와 키쇼어와 함께 일하는 지칠 줄 모르는 재능 있는 팀원들에게도 진심으로 감사한다. 알레한드로 아쌈Alejandro Assam과 스테파니 리치Stephanie Rich는 우리의 초기 주장을 뒷받침하는 조사 내용을 제공해줬고, 우리가 전달해야 하는 가장 흥미로운 이야기를 찾아내는 것도 도와줬다. 폴 파벨Paul Pavel과 이나 포알레아Ina Foalea는 '위대한 수준을 넘어서기 위한 성장' 섹션에 대한 심층 개요를 개발했다. 아카시 세라Akash Sehra, 헤더 캐머런 와트Heather Cameron-Watt, 로라 바스콘첼로스Laura Vasconcellos는 '위대한 수준을 넘어서기 위한 운영'과 '위대한 수준을 넘어서기 위한 조직 구성' 섹션에 필요한 조사 작업을 해줬다. 소피아 루고Sophia Lugo와 애프린 가우리Afreen Ghauri는 TSI, 리더십, 회복력과 관련된 주제를 연구하고 마무리 작업을 할 수 있게 도와줬다. 우리 팀이 활용한 많은 세부 정보를 찾도록 도와준 히바 와라크Hiba Warrach와 절묘한 팩트체크 능력을 발휘해준 레이철 고스텐호퍼Rachel Gostenhofer에게도 감사를 전한다.

이 프로젝트를 위해 강력하고 귀중한 지지를 보내준 우리 에이전트 토드 슈스터Todd Shuster와 편집자 콜린 로리Colleen Lawrie에게 감사한다. 토드는 진정한 사고 파트너 역할을 하면서 처음에 책 콘셉트를 정할 때부터 이 책을 출간하기까지의 복잡한 과정을 계속 이끌어줬다. 콜린은 우리가 글을 쓰고 편집하는 몇 달 내내 끈기 있게 도와주면서, 간결하고 직접적이면서도 도발적으로 주장을 펼치는 새로운 방법을 가르쳐줬다. 두 분 모두에게 정말 감사하다!

우리가 이 여정을 거치는 동안 운 좋게도 많은 선배 동료들이 사고 파트너가 되어주었다. 무엇보다도 원고를 꼼꼼히 읽고 도움을 준 우리 회사 CEO 리치 레서에게 감사를 전한다. 여러분이 통찰을 얻는 데도 훨씬 도움이 되었을 것이다. 또 BCG 글로벌 체어맨인 한스 파울 뷔르크너 Hans-Paul Bürkner, BCG 인도 체어맨인 잔메자야 신하 Janmejaya Sinha, 세계화의 변화와 관련된 우리의 생각을 형성해준 BCG의 글로벌 인사 리더인 디네시 칸나 Dinesh Khanna에게도 많은 신세를 졌다. 그리고 우리 세 사람이 선임 연구원으로 있으면서 결국 『위대한 기업의 2030 미래 시나리오』로 발전된 아이디어를 연구하게 해준 BCG 헨더슨 인스티튜트의 소장 마틴 리브스 Martin Reeves와 이사 프랑수아 캉드롱에게도 감사드린다. BCG의 각 분과 리더와 주제별 전문가들은 우리가 각 전략의 세부 사항을 이끌어낼 수 있게 도와줬고, 연구해볼 만한 우수 기업들도 알려줬다. 특히 실뱅 뒤랑통 Sylvain Duranton, 캐럴리 클로스 Karalee Close, 라지브 굽타 Rajiv Gupta(글로벌 데이터와 디지털), 데이비드 영 David Young(지속 가능성), 마시모 루소 Massimo Russo와 콘라드 폰 스체판스키 Konrad von Szczepanski(생태계), 피터 로젠펠드 Peter Rosenfeld, 대니얼 쿠퍼 Daniel Küpper, 마이클 매카두 Michael McAdoo(유연한 공급과 글로벌 공급망), 앨리슨 베일리 Allison Bailey, 비크람 발라 Vikram Bhalla, 마틴 데이노에사스트로 Martin Danoesastro, 다이애나 도식 Diana Dosik, 줄리 킬먼 Julie Kilmann, 데보라 로비치 Deborah Lovich, 수미트 새러와기 Sumit Sarawagi(인력과 조직) 등 적극적으로 참여해준 주제별 전문가 16명에게 깊이 감사드린다.

우리와 긴 시간을 함께 보내면서 개인적인 이야기와 통찰력을 공유해준 저명한 기업 리더들에게도 깊은 감사를 표한다. 그들에게 정말 빚을 많이 졌는데, 부디 이 책에 그들이 전해준 관점이 모두 담겼기를 바란다. 또 대니얼 아제베도Daniel Azevedo, 더글러스 빌Douglas Beal, 잰 필립 벤더Jan Philipp Bender, 아파르나 바라드와지Aparna Bharadwaj, 테드 챈Ted Chan, 아자이 차우두리Ajay Chowdhury, 마크 길버트Marc Gilbert, 볼커 함메를레Volker Hämmerle, 니미샤 자인Nimisha Jain, 료지 기무라Ryoji Kimura, 사토시 고미야Satoshi Komiya, 저스틴 로즈Justin Rose, 아브히크 싱히Abheek Singhi, 피터 톨만Peter Tollman, 토머 추르Tomer Tzur, 존 벤스트럽John Wenstrup 등의 리더들을 만날 수 있게 도와준 BCG의 전 세계 파트너와 고객 담당 임원들에게도 감사한다.

BCG 시니어 어드바이저인 밥 블랙Bob Black, 베른트 발터먼Bernd Waltermann, 데이비드 마이클David Michael은 우리가 쓴 글을 비판적으로 검토하면서 반응 테스터 역할을 해줬다. 그들의 통찰력 있는 피드백과 고무적인 평가 덕분에 『위대한 기업의 2030 미래 시나리오』가 우리 시대에 매우 적절한 책이 될 것이라는 자신감이 생겼다. 그리고 BCG 글로벌 어드밴티지 분과의 후원이 없었다면 이 책을 내는 건 불가능했을 것이다. 이 책의 성공적인 완성을 위해 필요한 자원을 모으고 내부와 외부의 모든 프로세스를 끈질기게 탐색해준 글로벌 디렉터 케이시 마가드Kasey Maggard에게 감사한다. 벨린다 갤러거Belinda Gallaugher, 에릭 그레구아르Eric Gregoire, 세라 맥킨토시Sarah McIntosh와 함께 『위대한 기업의 2030 미래 시나리오』를 최대한 많은 이에게 전달하려는 우리의 노력을 이끌어준 마시모 포르틴카소Massimo Portincaso에게도 감사드린다.

마지막으로, 가장 중요한 감사 대상은 책을 쓰는 힘든 과정 동안 우리를 지탱해준, 끝없는 지지와 격려, 믿음을 보내준 우리의 가족들이다. 이들이 곁에 없었다면, 우리는 이 책에 매혹적인 이야기들을 담아 전 세계 독자들에게 소개할 수 없었을 것이다. 그들이 해준 모든 것에 대해 감사를 전한다.

주석

들어가며 | **이제 위대한 기업으로는 충분하지 않다**

1 마크 비처(월풀 전 COO, 현 CEO), 보스턴 컨설팅 그룹 리서치팀과의 인터뷰,
   2017년 6월 15일.

2 총 주주 수익률(TSR)은 (1) 이익 증가, (2) 주가 상승, (3) 주주에게 현금 반환이
   라는 3가지 주요 요소로 구성된다고 볼 수 있다. 자세한 내용은 Gerry Hansell
   et al., "The Dynamics of TSR Turnarounds" 참조, BCG, 2014년 7월 15일,
   2020년 4월 6일에 https://www.bcg.com/publications/2014/value-cre-
   ation-strategy-dyamics-tsr-turnarounds.aspx에서 다운로드.

3 Scott D. Anthony et al., "2018 Corporate Longevity Forecast: Creative
   Destruction Is Accelerating," 이노사이트(Innosight), 2019년 12월 10일에
   접속, https://www.innosight.com/insight/creative-destruction/.

4 Martin Reeves & Lisanne Püschel, "Die Another Day: What Leaders Can
   Do About the Shrinking Life Expectancy of Corporations," BCG, 2015년
   12월 2일. https://www.bcg.com/publications/2015/strategy-die-anoth-
   er-day-what-leaders-can-do-about-the-shrinking-life-expectancy-
   of-corporations.aspx.

5 John D. Stoll, "CEO Tenure Is Getting Shorter. Maybe That's a Good
   Thing," 《월스트리트 저널(Wall Street Journal)》, 2018년 10월 4일, https://
   www.wsj.com/articles/ceo-tenure-is-getting-shorter-maybe-thats-
   a-good-thing-1538664764; Lauren Silva Laughlin, "Many C.E.O. Tenures
   Are Getting Shorter," 《뉴욕 타임스(New York Times)》, 2018년 10월 23일,

https://www.nytimes.com/2018/10/23/business/dealbook/ceo-ten-ure-kimberly-clark.html.

6 Hans-Paul Bürkner, Martin Reeves, Hen Lotan, Kevin Whitaker, "A Bad Time to Be Average," BCG, 2019년 7월 22일, https://www.bcg.com/pub-lications/2019/bad-time-to-be-average.aspx.

7 TCS의 IPO 투자 설명서, 2004년 6월, 67, http://www.cmlinks.com/pub/dp/dp5400.pdf.

8 Jochelle Mendonca, "TCS Restructures Its Business Units to Focus on Long-Term Strategy," 《이코노믹 타임스(Economic Times)》, 2018년 10월 22일에 최종 업데이트, https://economictimes.indiatimes.com/tech/ites/tcs-restructures-its-business-units-to-focus-on-long-term-strategy/articleshow/66309922.cms.

9 "Blazing a Trail," 타타, 2020년 4월 2일에 접속, https://www.tata.com/newsroom/titan-diversity-blazing-a-trail.

10 2019년 12월 30일 기준 시가 총액 1150억 달러. 모든 수치는 2019년 12월 30일에 접속한 BCG 밸류사이언스(ValueScience) 데이터베이스에서 얻은 것이다.

11 N. Shivapriya, "How N. Chandrasekaran's Second Term at TCS Will Be Different from His First," 《이코노믹 타임스》, 2014년 9월 4일, https://economictimes.indiatimes.com/tech/ites/how-n-chandrasekarans-second-term-at-tcs-will-be-different-from-his-first/article-show/41650912.cms.

12 Paul Laudicina, "Globalization Is Dead: What Now?" 세계경제포럼, 2016년 1월 20일, https://www.weforum.org/agenda/2016/01/globaliza-tion-is-dead-what-now/.

13 "2019 Edelman Trust Barometer Reveals 'My Employer' Is the Most Trusted Institution," 에델만(Edelman), 2019년 1월 20일, https://www.edelman.com/news-awards/2019-edelman-trust-barometer-re-

veals-my-employer-most-trusted-institution.

14 리처드 볼드윈(Richard Baldwin), *The Great Convergence:Information Technology and the New Globalization*(Cambridge: Belknap, 2016). (한국어 번역판: 『그레이트 컨버전스』(세종연구원, 2019))

15 세계은행그룹에서 공평한 성장과 금융, 기관을 담당하는 세일라 파카르바시오 글루(Ceyla Pazarbasioglu) 부총재는 "거의 모든 경제가 역풍을 맞고 있지만 최빈국들은 특히 그 취약성과 지리적 고립, 고착된 빈곤 때문에 가장 힘겨운 상황에 처해 있다"고 말했다. (세계은행, "Global Growth to Weaken to 2.6% in 2019, Substantial Risks Seen," 보도자료, 2019년 6월 4일, https://www.worldbank.org/en/news/press-release/2019/06/04/global-growth-to-weaken-to-26-in-2019-substantial-risks-seen).

16 Erdal Yalcin, Gabriel Felbermayr, Marina Steininger, "Global Impact of a Protectionist U.S. Trade Policy," 이포 연구소(ifo Institute), 2017년 10월 29~30일, https://www.ifo.de/DocDL/ifo_Forschungsberichte_89_2017_Yalcin_etal_US_TradePolicy.pdf.

17 Vanessa Gunnella & Lucia Quaglietti, "The Economic Implications of Rising Protectionism: A Euro Area and Global Perspective," ECB 이코노믹 불러틴(ECB Economic Bulletin) 3(2019), https://www.ecb.europa.eu/pub/economic-bulletin/articles/2019/html/ecb.ebart201903_01~e-589a502e5.en.html#toc3.

18 Emma Cosgrove, "'Economic Nationalism' Is a Growing Challenge for Manufacturers, Survey Says," 서플라이 체인 다이브(Supply Chain Dive), 2018년 11월 13일, https://www.supplychaindive.com/news/economic-nationalism-risk-for-manufacturers/542137/.

19 텔레지오그래피(TeleGeography) 데이터베이스에서 집계한 수치, 2019년 11월, 2019년 12월 12일에 접속.

20 BCG 헨더슨 전략 연구소: 거시경제학 센터, 독점 분석, 2019.

21 Luke Kawa, "Traders Are Wagering the VIX Hits Triple Digits on Tuesday," 블룸버그(Bloomberg), 2020년 3월 9일, https://www.bloomberg.com/news/articles/2020-03-09/traders-are-wagering-the-vix-hits-triple-digits-on-tuesday.

22 "Vix-Index," CBOE, 2020년 6월 5일에 접속, http://www.cboe.com/products/vix-index-volatility/vix-options-and-futures/vix-index/vix-historical-data#.

23 "Business Roundtable Redefines the Purpose of a Corporation to Promote 'An Economy That Serves All Americans,'" 비즈니스 라운드테이블, 2019년 8월 19일, https://www.businessroundtable.org/business-roundtable-redefines-the-purpose-of-a-corporation-to-promote-an-economy-that-serves-all-americans.

CHAPTER 1 | 공익에 투자해 더 큰 주주 수익을 얻어라

1 Douglas Beal et al., "Total Societal Impact: A New Lens for Strategy," BCG, 2017년 10월 25일, https://www.bcg.com/publications/2017/total-societal-impact-new-lens-strategy.aspx; Douglas Beal et al., "Insights on Total Societal Impact from Five Industries," BCG, 2017년 10월 25일, https://www.bcg.com/publications/2017/corporate-development-finance-strategy-insights-total-societal-impact-five-industries.aspx.

2 안드레아 알바레스(나투라의 마케팅, 지속 가능성, 혁신 담당 책임자), BCG 리서치팀과의 인터뷰, 2020년 3월 18일.

3 "About Us," 나투라, 2020년 3월 29일에 접속, https://www.naturabrasil.com/pages/about-us; "Cosmetics & Relationships," 나투라, 2020년 3월 29일에 접속, https://www.naturabrasil.fr/en-us/our-values/our-essence.

4 세아브라는 이렇게 말했다. "16세 때 '하나는 전체 안에 있고, 전체는 하나 안

에 있다'는 플라톤의 말을 알게 되었다. 그 말은 내게 계시처럼 다가왔다. 그때부터 나는 전체의 일부라는 생각을 잊은 적이 없다." Michael Silverstein & Rune Jacobsen, "Take Giant Leaps (Because You're Not Going to Win with Timid Steps)," BCG, 2015년 10월 7일, https://www.bcg.com/publications/2015/marketing-sales-consumer-products-take-giant-leaps-not-going-win-timid-steps.aspx.

5   "Natura&Co," 나투라, 2018, https://naturaeco.com/report_2018_en.pdf.

6   "Natura: Multi-Level Sales for Multi-Level Impact," 비즈니스 콜 투 액션 (Business Call to Action), 2020년 3월 29일에 접속, https://www.business-calltoaction.org/sites/default/files/resources/bcta_casestudy_natura_web.pdf.

7   "Natura&Co," 37.

8   "Natura: Multi-Level Sales for Multi-Level Impact"; "Natura&Co," 57.

9   Geoffrey Jones, "The Growth Opportunity That Lies Next Door,"《하버드 비즈니스 리뷰(Harvard Business Review)》, 2012년 7월~8월, https://hbr.org/2012/07/the-growth-opportunity-that-lies-next-door.

10 케이번 마세두(지속 가능성 관리자, 나투라 코스메티코스 SA), BCG 팀과의 인터뷰, 2019년 3월 20일.

11 Luciana Hashiba, "Innovation in Well-Being," 매니지먼트 익스체인지 (Management Exchange), 2012년 5월 18일, https://www.management-exchange.com/story/innovation-in-well-being.

12 "Our Engagements," 나투라, 2020년 4월 1일에 접속, https://www.natura-brasil.fr/en-us/our-values/sustainable-development.

13 "Natura Presents Campaign with New Positioning of the Brand: The World Is More Beautiful with You," 코스메티코스 BR(Cosmeticos BR), 2019년 2월 12일, https://www.cosmeticosbr.com.br/conteudo/en/natura-presents-today-a-campaign-with-new-positioning-of-the-

brand-the-world-is-more-beautiful-with-you/.

14　BCG 기업 조사; Andres Schipani, "Beauty Company Natura Balanc-
　　es Profitability and Sustainability," 《파이낸셜 타임스》, 2019년 12월 4일,
　　https://www.ft.com/content/4795bbe2-e469-11e9-b8e0-026e07c-
　　be5b4.

15　"Impact Case Study: Natura's Commitment to Ethical BioTrade," 윤리적
　　생물무역 연합(Union for Ethical BioTrade), 2020년 4월 1일에 접속, https://
　　static1.squarespace.com/static/58bfcaf22994ca36885f063e/t/5d1a1b3ecf
　　f76800013e65d2/1561992003982/Natura-impact+study-july+2019.pdf;
　　Guilherme Leal, "Exploiting Rainforest Riches While Conserving Them,"
　　《텔레그래프(Telegraph)》, 2019년 6월 10일, https://www.telegraph.co.uk/
　　business/how-to-be-green/exploiting-and-conserving-rainfor-
　　est-riches/.

16　케이번 마세두, BCG 팀과의 인터뷰, 2019년 3월 20일.

17　"Natura's Carbon Neutral Programme | Global," 유엔, 2020년 3월 31일
　　에 접속, https://unfccc.int/climate-action/momentum-for-change/cli-
　　mate-neutral-now/natura.

18　안드레아 알바레스, BCG 리서치팀과의 인터뷰, 2020년 3월 18일.

19　Hashiba, "Innovation in Well-Being," https://www.managementex-
　　change.com/story/innovation-in-well-being.

20　안드레아 알바레스, BCG 리서치팀과의 인터뷰, 2020년 3월 18일.

21　"Care About the Planet," 나투라, 2020년 4월 19일에 접속, https://www.
　　naturabrasil.com/pages/care-about-the-planet-a-sustainable-time-
　　line.

22　"About Us," 나투라, 2020년 3월 29일에 접속, https://www.naturabrasil.
　　com/pages/about-us.

23　케이번 마세두, BCG 팀과의 인터뷰, 2019년 3월 20일.

24 인베스팅닷컴(investing.com)에서 얻은 데이터, 2020년 1월 15일에 접속.

25 Katharine Earley, "More Than Half of All Businesses Ignore UN's Sustainable Development Goals," 《가디언(Guardian)》, 2016년 9월 30일, https://www.theguardian.com/sustainable-business/2016/sep/30/businesses-ignore-un-sustainable-develop ment -goals-survey.

26 Scott Tong, "How Shareholders Jumped to First in Line for Profits," 마켓플레이스(MarketPlace), 2016년 6월 14일, https://www.marketplace.org/2016/06/14/profit-shareholder-value/.

27 Tony O'Malley, "Business for Good: How Fujitsu Believes CSR Is Essential for Business Success," 《비즈니스 & 파이낸스(Business & Finance)》, 2020년 3월 29일에 접속, https://businessandfinance.com/business-for-good-fujitsu/.

28 호베르투 마르케스(나투라 앤드 코 회장 겸 그룹 최고경영자), BCG 팀과의 인터뷰, 2020년 3월 10일.

29 Governance & Sustainability Institute, "Flash Report: 86% of S&P 500 Index® Companies Publish Sustainability / Responsibility Reports in 2018," 보도자료, 2019년 5월 16일, https://www.ga-institute.com/press-releases/article/flash-report-86-of-sp-500-indexR-companies-publish-sustainability-responsibility-reports-in-20.html.

30 MSCI 연차 보고서(2018), 크런치베이스(Crunchbase), S&P 투자자 팩트 북(2019), 비제오 아이리스(Vigeo Eiris) 평가(2017)를 기반으로 한 BCG의 분석.

31 Alana L. Griffin, Michael J. Biles, Tyler J. Highful, "Institutional Investors Petition the SEC to Require ESG Disclosures," 미국 변호사 협회, 2019년 1월 16일, https://www.americanbar.org/groups/business_law/publications/blt/2019/01/investors/.

32 "China Mandates ESG Disclosures for Listed Companies and Bond Issuers," 레이텀 앤드 왓킨스(Latham & Watkins), 2018년 2월 6일,

https://www.globalelr.com/2018/02/china-mandates-esg-disclo-sures-for-listed-companies-and-bond-issuers/.

33 "CGS Survey Reveals 'Sustainability' Is Driving Demand and Customer Loyalty," CGS, 2020년 3월 30일에 접속, https://www.cgsinc.com/en/infographics/CGS-Survey-Reveals-Sustainability-Is-Driving-De-mand-and-Customer-Loyalty; "Study: 81% of Consumers Say They Will Make Personal Sacrifices to Address Social, Environmental Is-sues," 서스테이너블 브랜즈(Sustainable Brands), 2020년 3월 31일에 접속, https://sustainablebrands.com/read/stakeholder-trends-and-insights/study-81-of-consumers-say-they-will-make-personal-sacrific-es-to-address-social-environmental-issues.

34 "Sustainability Futures," 퓨처 래버러토리(The Future Laboratory), 6, 13, https://www.thefuturelaboratory.com/hubfs/Sustainability%20Fu-tures%20Report.pdf.

35 "Americans Willing to Buy or Boycott Companies Based on Corpo-rate Values, According to New Research by Cone Communications," 콘(Cone), 2017년 5월 17일, https://www.conecomm.com/news-blog/2017/5/15/americans-willing-to-buy-or-boycott-companies-based-on-corporate-values-according-to-new-research-by-cone-communications.

36 "Performance with Purpose: Sustainability Report 2017," 펩시코, 2, https://www.pepsico.com/docs/album/sustainability-re-port/2017-csr/pepsico_2017_csr.pdf.

37 "Performance with Purpose," 펩시코, 1.

38 "Performance with Purpose," 펩시코, 3; "Indra K. Nooyi on Performance with Purpose," BCG, 2010년 1월 14일, https://www.bcg.com/en-in/publications/2010/indra-nooyi-performance-purpose.aspx.

39 "Performance with Purpose," 펩시코, 3.

40 "Performance with Purpose," 펩시코, 3-4; "Helping to Build a More Sustainable Food System: PepsiCo Sustainability Report 2018," 펩시코, 8, https://www.pepsico.com/docs/album/sustainability-report/2018-csr/pepsico_2018_csr.pdf.

41 "Helping to Build a More Sustainable Food System," 펩시코, 3.

42 "Performance with Purpose," 펩시코, 3.

43 "Helping to Build a More Sustainable Food System," 펩시코, 3.

44 "World of Business Must Play Part in Achieving SDGs, Ban Says," 유엔, 2016년 1월 20일, https://www.un.org/sustainabledevelopment/blog/2016/01/world-of-business-must-play-part-in-achieving-sdgs-ban-says/.

45 순자산, 매출 또는 수익이 일정 한도를 넘는 인도 기업들은 법에 따라 수익의 2퍼센트를 사회에 도움이 되는 개발 활동에 투자해야 한다. Stephen Kurczy, "Forcing Firms to Do Good Could Have a Negative Impact" 참조, 컬럼비아 경영대학원, 2018년 11월 13일, https://www8.gsb.columbia.edu/articles/ideas-work/forcing-firms-do-good-could-have-negative-impact.

46 Lee Ann Head, "Getting and Keeping A-List Employees: A Bonus Benefit of Sustainability Efforts," 셸턴 그룹(Shelton Group), 2013년 9월 6일, https://sheltongrp.com/posts/getting-and-keeping-a-list-employees-a-bonus-benefit-of-sustainability-efforts/.

47 Susan Warfel, "ESG Investing Survey Reveals 3 Social Goals Investors Value over Profits," 《인베스터스 비즈니스 데일리(Investor's Business Daily)》, 2019년 11월 20일, https://www.investors.com/research/esg-investing-survey-reveals-social-goals-investors-value-over-profits/.

48 "Sustainable Investing's Competitive Advantages," 모건 스탠리(Morgan Stanley), 2019년 8월 6일, https://www.morganstanley.com/ideas/sus-

tainable-investing-competitive -ad vantages.

49 Nicolas Rabener, "ESG Investing: Too Good to Be True?" 엔터프라이징 인베스터(Enterprising Investor), 2019년 1월 14일, https://blogs.cfainstitute.org/investor/2019/01/14/esg-factor-investing-too-good-to-be-true/.

50 Gordon L. Clark, Andreas Feiner, Michael Viehs, "From the Stockholder to the Stakeholder," 스미스 기업환경대학, 2014년 9월, https://www.smithschool.ox.ac.uk/publications/reports/SSEE_Arabesque_Paper_16Sept14.pdf.

51 "A Fundamental Reshaping of Finance," 블랙록, 2020년 3월 31일에 접속, https://www.blackrock.com/corporate/investor-relations/larry-fink-ceo-letter.

52 비나이 산달(경영 이사 겸 파트너, 지속 가능한 투자를 위한 글로벌 리더)이 진행한 BCG 분석.

53 TSI에 관한 광범위한 논의는 Beal et al.,의 "Total Societal Impact" 참조. 본 장의 내용은 이 논문에서 제시한 개념과 언어에 크게 의존한다.

54 Beal et al., "Total Societal Impact."

55 Ajay Banga, "Contributing to a Sustainable and Inclusive Future," 마스터카드, 2019년 8월 20일, https://www.mastercardcenter.org/insights/doing-well-by-doing-good-with-Ajay-Banga.

56 타라 네이션, BCG 팀과의 인터뷰, 2019년 12월 13일.

57 Mohammed Badi et al., "Global Payments 2018: Reimagining the Customer Experience," BCG, 6, 9, https://image-src.bcg.com/Images/BCG-Global-Payments-2018-Oct-2018_tcm9-205095.pdf.

58 "The Private Sector Is Becoming a Major Catalyst for Sustainability," 마스터카드 포용 성장 센터, 2018년 8월 22일, https://www.mastercardcenter.org/insights/private-sector-becoming-major-catalyst-sustainability.

59 타라 네이션, BCG 팀과의 인터뷰, 2019년 12월 13일.

60 Ryan Erenhouse, "Financial Inclusion Commitment: Reach 500 Million People by 2020," 마스터카드, https://newsroom.mastercard.com/news-briefs/financial-inclusion-commitment-reach-500-million-people-by-2020/; "Doing Well by Doing Good: Corporate Report 2018," 마스터카드, 3, https://www.mastercard.us/content/dam/mccom/global/aboutus/Sustainability/mastercard-sustainability-report-2018.pdf.

61 "How Mobile Payments Can Help Keep Children in School," 마스터카드 포용 성장 센터, 2019년 6월 10일, https://www.mastercardcenter.org/insights/how-mobile-payments-can-help-keep-children-in-school.

62 Jake Bright, "Mastercard Launches 2KUZE Agtech Platform in East Africa," 테크크런치(TechCrunch), 2017년 1월 18일, https://techcrunch.com/2017/01/18/mastercard-launches-2kuze-agtech-platform-in-east-africa/.

63 "SASSA MasterCard Debit Card Grows Financial Inclusion in South Africa," 마스터카드, 보도자료, 2013년 11월 13일, https://newsroom.mastercard.com/press-releases/sassa-mastercard-debit-card-grows-financial-inclusion-in-south-africa/; Cath Everett, "Technology for Social Good—Mastercard," 디지노미카(Diginomica), 2017년 8월 10일, https://diginomica.com/technology-social-good-mastercard.

64 BCG 기업 리서치.

65 타라 네이션, BCG 팀과의 인터뷰, 2019년 12월 13일.

66 "Mastercard Incorporating," 그레이트 플레이스 투 워크(Great Places to Work), 2020년 3월 31일에 접속, https://www.greatplacetowork.com/certified-company/1001388.

67 캐피털 IQ(Capital IQ) 데이터베이스에서 얻은 데이터에 기초한 BCG 분석.

68 "Businessperson of the Year," 《포춘》, 2019, https://fortune.com/businessperson-of-the-year/2019/ajay-banga/.

69 타라 네이선, BCG 팀과의 인터뷰, 2019년 12월 13일.

70 "The OMRON Principles," 오므론, 2019, 2020년 4월 1일에 접속, https://www.omron.com/global/en/assets/file/ir/irlib/ar19e/OMRON_Integrated_Report_2019_en_Vision.pdf.

71 세이지 다케다(오므론 임원 겸 주요 글로벌 전략 부문 사업 전략 책임자), BCG 팀과의 인터뷰, 2019년 11월 8일; "Working for the Benefit of Society: The Corporate Philosophy Driving Omron's Value Creation," 오므론, 2020년 4월 1일에 접속, https://www.omron.com/global/en/assets/file/ir/irlib/ar14e/ar14_02.pdf; "The OMRON Principles," 5.

72 "Automated Railway Ticket Gate System Named IEEE Milestone," 오므론, 2007년 11월 27일, https://www.omron.com/global/en/media/press/2007/11/c1127.html.

73 "Automated Railway Ticket Gate System."

74 "Enhancing Lifestyles in Japan," 오므론, 2020년 4월 1일에 접속, https://www.omron.com/global/en/about/corporate/history/ayumi/innovation/#history1964; "History of Omron's Blood Pressure Monitor," 오므론, 2020년 4월 2일에 접속, https://www.omronhealthcare.com.hk/en/article/ins.php?index_am1_id=7&index_id=25.

75 "Communities," 앵글로 아메리칸(Anglo American), 2020년 4월 1일에 접속, https://www.angloamerican.com/sustainability/communities.

76 프로이디스 캐머런 요한슨, BCG 리서치팀과의 인터뷰, 2019년 11월 14일.

77 Daniel Gleeson, "Anglo American's FutureSmart Mining on Its Way to Tangible Technology Results," 인터내셔널 마이닝(International Mining)(블로그), 2019년 6월 7일, https://im-mining.com/2019/06/07/anglo-americans-futuresmart-mining-way-tangible-technology-results/.

78 프로이디스 캐머런 요한슨, BCG 리서치팀과의 인터뷰, 2019년 11월 14일.

79 폴 폴먼, 크리스티안 아만푸어(Christiane Amanpour)와의 인터뷰, PBS, 2020년 3월 3일에 방송, http://www.pbs.org/wnet/amanpour-and-company/video/bill-mckibben-impact-fossil-fuel-divestment-efforts-r1eszd-2/.

80 Mary Sigmond, "93% Of CEOs Believe Business Should Create Positive Impact Beyond Profit," YPO, 2020년 4월 1일에 접속, https://www.ypo.org/2019/01/93-of-ceos-believe-business-should-create-positive-impact-beyond-profit/; "2019 YPO Global Leadership Survey," YPO, 2019, https://www.ypo.org/global-leadership-survey/.

81 "The US Walking the Walk of a Circular Economy," ING, 2019년 2월 5일, https://www.ing.com/Newsroom/News/The-US-walking-the-walk-of-a-circular-economy.htm.

82 "United Nations Global Compact Progress Report," 유엔 글로벌 콤팩트 (United Nations Global Compact), 2017, https://d306pr3pise04h.cloudfront.net/docs/publications%2FUN+Impact+Brochure_Concept-FINAL.pdf.

83 Franklin Foer, "It's Time to Regulate the Internet,"《애틀랜틱》, 2018년 3월 21일, https://www.theatlantic.com/technology/archive/2018/03/its-time-to-regulate-the-internet/556097/.

84 "What Empowerment Means to Us", 마이크로소프트 참조, 2020년 4월 1일에 접속, https://news.microsoft.com/empowerment/.

85 Brad Smith, "Microsoft Will Be Carbon Negative by 2030," 마이크로소프트, 2020년 1월 16일, https://blogs.microsoft.com/blog/2020/01/16/microsoft-will-be-carbon-negative-by-2030/.

86 자세한 내용은 Beal et al., "Insights on Total Societal Impact" 참조.

87 Elisha Goldstein, "What Is the Investment That Never Fails?" Mindfulness & Psychotherapy with Elisha Goldstein, PhD(블로그), 2011년 4월 26일에 업데이트, https://blogs.psychcentral.com/mindfulness/2011/04/what-is-the-investment-that-never-fails/.

CHAPTER 2 | 배송하지 말고 스트리밍하라

1 Nick Ismail, "Servitisation: How Technology Is Making Service the New Product," 인포메이션 에이지(Information Age), 2018년 3월 28일, https://www.information-age.com/servitisation-technology-service-new-product-123471260/.

2 러셀 스톡스, 저자와의 인터뷰, 2017년 10월 5일, 2018년 2월 19일, 2019년 6월 12일.

3 마크 빗처, 저자와의 인터뷰, 2017년 6월.15일.

4 유엔 UNCTAD의 데이터를 기반으로 한 BCG 분석.

5 Amy Watson, "Netflix—Statistics & Facts," 스태티스타(Statista), 2020년 2월 6일, https://www.statista.com/topics/842/netflix/.

6 "Netflix Is Now Available Around the World," 넷플릭스, 2016년 1월 6일, https://media.netflix.com/en/press-releases/netflix-is-now-available-around-the-world; Watson, "Netflix."

7 "Shared Micromobility in the U.S.: 2018," 전국도시교통담당관협회, 2019년 12월 13일에 접속, https://nacto.org/shared-micromobility-2018/.

8 "The Sharing Economy," 프라이스워터하우스쿠퍼스(PricewaterhouseCoopers), 2015, https://www.pwc.fr/fr/assets/files/pdf/2015/05/pwc_etude_sharing_economy.pdf.

9 탈레스 S. 테이셰이라(Thales S. Teixeira), *Unlocking the Customer Value Chain*(New York: Currency, 2019), 251. (한국어 번역판: 『디커플링』(인플루엔셜, 2019))

10 Keith Naughton & David Welch, "Why Carmakers Want You to Stop

Buying Cars, Someday," 블룸버그, 2019년 7월 11일, https://www.bloomberg.com/news/articles/2019-07-12/why-carmakers-want-you-to-stop-buying-cars-someday-quicktake.

11 Jack Ewing, Liz Alderman, Ben Dooley, "Renault and Nissan Need Each Other to Thrive in Future, 2 Leaders Say,"《뉴욕 타임스》, 2019년 7월 21일, https://www.nytimes.com/2019/07/21/business/renault-nissan-alliance.html.

12 BCG 헨더슨 전략 연구소: 거시경제학 센터, 내부 독점 분석, 2019년 7월에 접속, "The Great Mobility Tech Race: Winning the Battle for Future Profits," 보스턴 컨설팅 그룹, 2018년 1월 11일, 이 분석은 코로나19 위기가 발생하기 전에 진행한 것이다. 이 글을 쓰는 시점에도 위기는 계속되고 있다. 업계가 안정되어야 디지털 방식으로 제공되는 자동차 서비스로의 전환이 가속화될 것으로 보인다.

13 Mike Colias & Nick Kostov, "After Defeat in Europe, GM Is Picking Its Battles,"《월스트리트 저널》, 2017년 4월 1일, https://www.wsj.com/articles/gm-signs-off-on-its-retreat-from-europe-1501573108?mod=e2tw.

14 제너럴 모터스, "General Motors Accelerates Transformation," 보도자료, 2018년 11월 26일, https://investor.gm.com/news-releases/news-release-details/general-motors-accelerates-transformation; David Goldman, "GM Is Reinventing Itself. It's Cutting 15% of Its Salaried Workers and Shutting 5 Plants in North America," CNN, 2018년 11월 26일, https://edition.cnn.com/2018/11/26/business/gm-oshawa-plant/index.html.

15 "GM and Lyft to Shape the Future of Mobility," 제너럴 모터스, 2016년 1월 4일, https://media.gm.com/media/us/en/gm/news.detail.html/content/Pages/news/us/en/2016/Jan/0104-lyft.html; "GM to Acquire Cruise Automation to Accelerate Autonomous Vehicle Development," 제너럴 모

터스, 2016년 3월 11일, https://media.gm.com/media/us/en/gm/home.
detail.html/content/Pages/news/us/en/2016/mar/0311-cruise.html.

16 "GM Advances Self-Driving Vehicle Deployment with Acquisition of LI-
DAR Developer," 제너럴 모터스, 2017년 10월 9일, https://media.gm.com/
media/us/en/gm/news.detail.html/content/Pages/news/us/en/2017/
oct/1009-lidar1.html.

17 Andrew J. Hawkins, "GM's Cruise Will Get $2.75 Billion from Honda to
Build a New Self-Driving Car," 버지(Verge), 2018년 10월 3일, https://
www.theverge.com/2018/10/3/17931786/gm-cruise-honda-invest-
ment-self-driving-car.

18 자율주행 차량의 경우, GM은 20~30퍼센트의 마진을 예상했다. Mike Colias
& Heather Somerville, "Cruise, GM's Driverless-Car Unit, Delays Ro-
bot-Taxi Service," 《월스트리트 저널》, 2019년 7월 24일, https://www.wsj.
com/articles/gm-s-driverless-car-unit-cruise-delays-robot-taxi-
service-11563971401.

19 Andrew J. Hawkins, "Waymo Strikes a Deal with Nissan-Renault to
Bring Driverless Cars to Japan and France," 버지, 2019년 6월 20일,
https://www.theverge.com/2019/6/20/18692764/waymo-nissan-re-
nault-self-driving-car-japan-france.

20 필립스, "New Study Demonstrates Significant Clinical Workflow and
Staff Experience Benefits of Philips' Azurion Image-Guided Therapy
Platform," 보도자료, 2017년 11월 14일, https://www.philips.com/a-w/
about/news/archive/standard/news/press/2017/20171114-new-
study-demonstrates-significant-benefits-of-philips-azurion.html.

21 "Reducing Procedure Time in Image-Guided Therapy with Philips
Azurion," 필립스, 2019년 12월 27일에 접속, https://www.philips.com/
a-w/about/news/archive/case-studies/20180824-reducing-proce-

dure-time-in-image-guided-therapy-with-philips-azurion.html.

22 "Reduction of Procedure Time by 17% with Philips Azurion in an Independently Verified Study," 필립스, 2017년 11월, 7, https://www.usa.philips.com/c-dam/b2bhc/master/landing-pages/azurion/philips-nieuwegein-case-study.pdf.

23 "Reduction of Procedure Time," 7.

24 "Reducing Procedure Time in Image-Guided Therapy."

25 "With Azurion, Performance and Superior Care Become One," 필립스, 2019년 12월 27일에 접속, https://www.usa.philips.com/healthcare/resources/landing/azurion.

26 "Reduction of Procedure Time," 8.

27 "Aiming for Zero," 필립스, 2020년 1월 13일에 접속, https://www.usa.philips.com/c-dam/b2bhc/master/landing-pages/aiming-for-zero/Infographic_remote_services_final.pdf.

28 "Five Ways in Which Healthcare Innovation Has Changed over the Past 15 Years," 필립스, 2019년 4월 2일, https://www.philips.com/a-w/about/news/archive/blogs/innovation-matters/20190402-five-ways-in-which-healthcare-innovation-has-changed-over-the-past-15-years.html.

29 Elizabeth Cairns, "Philips Uses Its Intelligence for Outcomes-Based Incomes," 이밸류에이트(Evaluate), 2018년 4월 25일, https://www.evaluate.com/vantage/articles/interviews/philips-uses-its-intelligence-outcomes-based-incomes.

30 "Value-Based Care: Turning Healthcare Theory into a Dynamic and Patient-Focused Reality," 필립스, 성명서, 2019년 4월 8일, https://www.philips.com/c-dam/corporate/newscenter/global/whitepaper/20200128_Value-based_care_position_paper_FINAL.pdf; "Trans-

forming Healthcare to a Value-Based Payment system," 《워싱턴 포스트 (Washington Post)》, https://www.washingtonpost.com/sf/brand-connect/philips/transforming-healthcare/.

31 Frans van Houten & Abhijit Bhattacharya, "Company Update and Performance Roadmap," (투자자 프레젠테이션, 필립스 내부 문서), 슬라이드 21, https://www.philips.com/corporate/resources/quarterlyresults/2016/ Capital_Markets_Day/01_VanHouten_Bhattacharya_Company_update_ and_performance_roadmap.pdf; "Royal Philips Third Quarter 2019 Results," 필립스, 2019년 10월 28일, https://www.results.philips.com/ publications/q319/downloads/files/en/philips-third-quarter-results-2019-presentation.pdf.

32 Van Houten & Bhattacharya, "Company Update," 슬라이드 16.

33 "Jeroen Tas on the Importance of Long-Term Relationships," 필립스, 2019년 4월 1일, https://www.philips.com/a-w/about/news/archive/ standard/news/articles/2019/20190401-jeroen-tas-on-the-importance-of-long-term-relationships.html.

34 "Jeroen Tas."

35 Andrew Ross, "Digital Transformation in Manufacturing Is Driven by Customers," 인포메이션 에이지, 2018년 5월 4일, https://www.information-age.com/digital-transformation-manufacturing-customers-123471810/.

36 "Power by the Hour," 롤스로이스, 2019년 12월 28일에 접속, https://www.rolls-royce.com/media/our-stories/discover/2017/totalcare.aspx.

37 "Power by the Hour."

38 "Power by the Hour."

39 "Rolls-Royce Opens New Airline Aircraft Availability Centre—Supporting Its 'On Time, Every Time' Vision," 롤스로이스, 보도자료, 2017년 6월 6일,

https://www.rolls-royce.com/media/press-releases/2017/06-06-2017-rr-opens-new-airline-aircraft-availability-centre.aspx.

40 회사 웹사이트, 보도자료; http://www.mro-network.com/engines-engine-systems/rolls-royce-opens-new-service-center-airline-support, https://www.rolls-royce.com/sustainability/performance/sustainability-stories/totalcare.aspx. "Rolls-Royce and Microsoft Collaborate to Create New Digital Capabilities," 마이크로소프트, 2020년 1월 13일에 접속; Anna-Maria Ihle, "Encouraging Rolls-Royce Power Systems to Create an Innovation Culture," SAP, 2018년 8월 24일, https://news.sap.com/2018/08/rolls-royce-power-systems-innovation-culture/.

41 Ian Sheppard, "Rolls-Royce Launches 'IntelligentEngine' Concept," AIN 온라인(AIN Online), 2018년 2월 5일, https://www.ainonline.com/aviation-news/air-transport/2018-02-05/rolls-royce-launches-intelligentengine-concept.

42 "R2 Data Labs Ecosystem," 롤스로이스, 2019년 1월 9일에 접속, https://www.rolls-royce.com/products-and-services/ecosystem.aspx.

43 Sheppard, "Rolls-Royce Launches."

44 "Digital Innovations for a Sustainable World," 슈나이더 일렉트릭, 2019, https://www.se.com/ww/en/assets/564/document/124836/annual-report-2019-en.pdf.

45 Marco Annunziata, "Digital-Industrial Revolution: Ready to Run After Very Slow Start, New Survey Shows," 《포브스(Forbes)》, 2019년 2월 28일, https://www.forbes.com/sites/marcoannunziata/2019/02/28/digital-industrial-revolution-ready-to-run-after-very-slow-start-new-survey-shows/#770250d777dd.

46 Madeleine Johnson, "Starbucks' Digital Flywheel Program Will Use Artificial Intelligence," 잭스(Zacks), 2017년 7월 31일, https://www.

zacks.com/stock/news/270022/starbucks-digital-flywheel-pro-gram-will-use-artificial-intelligence?cid=CS-NASDAQ-FT-270022.

47 Kevin R. Johnson, 스타벅스 2017년 2분기 실적 발표, 2017년 4월 27일.

48 Kevin R. Johnson, 스타벅스 2017년 2분기 실적 발표, 2017년 4월 27일.

49 하워드 슐츠, 스타벅스 2016년 3분기 실적 발표, 2016년 7월 21일.

50 Tim Hardwick, "Apple Pay Overtakes Starbucks as Most Popular Mobile Payment Platform in the US," 맥 루머스(Mac Rumors), 2019년 10월 23일, https://www.macrumors.com/2019/10/23/apple-pay-overtakes-star-bucks-in-us/.

51 아만다 멀, "The Future of Marketing Is Bespoke Everything,"《애틀랜틱》, 2019년 6월 11일, https://www.theatlantic.com/health/archive/2019/06/special-orders-dont-upset-us/591367/.

52 멀, "The Future of Marketing."

53 Katrina Lake, "Stitch Fix's CEO on Selling Personal Style to the Mass Market,"《하버드 비즈니스 리뷰》, 2018년 5~6월, https://hbr.org/2018/05/stitch-fixs-ceo-on-selling-personal-style-to-the-mass-market.

54 "Stitch Fix Annual Report, 2019," 스티치 픽스(Stitch Fix), 2019년 10월 2일, https://investors.stitchfix.com/static-files/96389147-1dbe-444a-b2cf-880a1bf7f99f.

55 프로필은 다음을 참조했다. "L'Oréal Unveils Perso, an AI-Powered At-Home System For Skincare and Cosmetics," 로레알, 보도자료, 2020년 1월 5일, https://www.lorealusa.com/media/press-releases/2020/ces2020.

56 "L'Oréal Unveils Perso," 로레알.

57 멀, "The Future of Marketing."

58 Ellen Byron, "We Now Live in a World with Customized Shampoo,"《월 스트리트 저널》, 2019년 4월 17일, https://www.wsj.com/articles/we-now-live-in-a-world-with-customized-shampoo-11555506316; "In-

troducing Gx," 게토레이, 2020년 1월 13일에 접속, https://www.gatorade.com/gx/.

59 Chantal Tode, "Burger King Builds Mobile Platform to Quickly Scale Up in Payments," 리테일 다이브(Retail Dive), 2019년 12월 29일에 접속, https://www.retaildive.com/ex/mobilecommercedaily/burger-king-builds-mobile-platform-to-quickly-scale-up-in-payments.

60 Nick Babich, "The Next Level User Experience of Tesla's Car Dashboard," 어도비 블로그, 2017년 10월 24일, https://theblog.adobe.com/the-next-level-user-experience-of-teslas-car-dashboard/.

61 Babich, "The Next Level User Experience."

62 Jason Udy, "Tesla Model S Software Update Increases Personalization," 모터 트렌드(Motor Trend), 2014년 9월 22일, https://www.motortrend.com/news/tesla-model-s-software-update-increases-personalization/.

63 Udy, "Tesla Model S Software."

64 Udy, "Tesla Model S Software."

65 Fred Lambert, "Tesla Reveals How It Will Use Camera Inside Model 3 to Personalize In-Car Experience," 일렉트렉(Electrek), 2019년 7월 24일, https://electrek.co/2019/07/24/tesla-use-camera-inside-cars-personalize-in-car-experience/.

66 Fred Lambert, "Tesla Vehicles Can Now Diagnose Themselves and Even Pre-order Parts for Service," 일렉트렉, 2019년 5월 6일, https://electrek.co/2019/05/06/tesla-diagnose-pre-order-parts-service/.

67 "Advancing Automotive Service," 테슬라, 2019년 12월 29일에 접속, https://www.tesla.com/service.

68 Jacob Kastrenakes, "Spotify Is Personalizing More Playlists to Individual Users," 버지, 2019년 3월 26일, https://www.theverge.

com/2019/3/26/18282549/spotify-personalized-playlists-cura-tion-more-songs.

69 Sarah Perez, "Spotify Expands Personalization to Its Programmed Play-lists," 테크크런치, 2019년 3월 26일, https://techcrunch.com/2019/03/26/spotify-expands-personalization-to-its-programmed-playlists/; Monica Mercuri, "Spotify Reports First Quarterly Operating Profit, Reaches 96 Million Paid Subscribers," 《포브스》, 2019년 2월 6일, https://www.forbes.com/sites/monicamercuri/2019/02/06/spotify-reports-first-quarter-ly-operating-profit-reaches-96-million-paid-subscribers/#61bde1ed-5dc9.

70 Matt Burgess, "This Is How Netflix's Secret Recommendation System Works," 《와이어드(Wired)》, 2018년 8월 18일, https://www.wired.co.uk/article/netflix-data-personalisation-watching; Sameer Chhabra, "Netflix Says 80 Percent of Watched Content Is Based on Algorithmic Recommendations," 모바일 시럽(Mobile Syrup), 2017년 8월 22일, https://mobilesyrup.com/2017/08/22/80-percent-netflix-shows-discov-ered-recommendation/.

71 Chhabra, "Netflix Says 80 percent of Watched Content."

72 Nicole Nguyen, "Netflix Wants to Change the Way You Chill," 《버즈피드(Buzzfeed)》, 2018년 12월 13일, https://www.buzzfeednews.com/article/nicolenguyen/netflix-recommendation-algorithm-ex-plained-binge-watching.

73 Tom Gerken, "Fortnite: 'Millions Attend' Virtual Marshmello Concert," BBC, 2019년 2월 4일, https://www.bbc.com/news/blogs-trend-ing-47116429.

74 테크 2 뉴스(Tech 2 News) 관계자, "Pokemon Go Earns $950 Million in 2016, Breaks Records: Report," 테크 2(Tech 2), 2017년 1월 17일, https://

www.firstpost.com/tech/gaming/pokemon-go-earns-950-million-in-2016-breaks-records-report-3724949.html.

75 "NBA," 《패스트 컴퍼니(Fast Company)》, 2019년 12월 29일에 접속, https://www.fastcompany.com/company/nba.

CHAPTER 3 | 글로벌 시장에 작은 몸집으로 깊이 파고들어라

1 Eva Dou, "Xiaomi Overtakes Samsung in China Smartphone Market," 《월스트리트 저널》, 2014년 8월 4일, https://blogs.wsj.com/digits/2014/08/04/xiaomi-overtakes-samsung-in-china-smartphone-market/?mod=article_inline.

2 2차 출처와 연례 보고서에 대한 광범위한 검토에 기반한 BCG 분석.

3 Kenny Chee, "China Phone Maker Xiaomi Setting Up International Headquarters in Singapore," 《스트레이트 타임스(The Strait Times)》, 2014년 2월 19일, https://www.straitstimes.com/business/china-phone-maker-xiaomi-setting-up-international-headquarters-in-singapore; Savannah Dowling, "The Rise and Global Expansion of Xiaomi," 크런치베이스, 2018년 2월 12일, https://news.crunchbase.com/news/rise-global-expansion-xiaomi/.

4 Daniel Tay, "Launch of Xiaomi's Redmi Note in Singapore Sees 5,000 Phones Sold Within 42 Seconds, Breaking Last Record," 테크인아시아(TechinAsia), 2014년 7월 7일, https://www.techinasia.com/launch-xiaomi-redmi-note-singapore-42-seconds-record.

5 Dowling, "The Rise and Global Expansion of Xiaomi."

6 Anand Daniel, "[Podcast] Manu Kumar Jain on Scaling Xiaomi and Disrupting the Indian Electronics Space," 《유어 스토리(Your Story)》, 2019년 9월 20일, https://yourstory.com/2019/09/accel-podcast-manu-kumar-jain-jabong-xiaomi-anand-daniel.

7   Team Counterpoint, "India Smartphone Market Share : By Quarter," 《카운터포인트(Counterpoint)》, 2019년 11월 27일, https://www.counterpointresearch.com/india-smartphone-share/.

8   Uptin Saiidi, "The 'Apple of China' Expanded into 80 New Markets in Four Years. Here's How Xiaomi Grew So Rapidly," CNBC, 2019년 9월 10일에 업데이트, https://www.cnbc.com/2019/09/09/xiaomi-how-the-apple-of-china-grew-rapidly-into-80-new-markets.html.

9   Komal Sri-Kumar, "Hot Emerging Markets May Be in for a Shock," 블룸버그, 2019년 3월 27일, https://www.bloomberg.com/opinion/articles/2019-03-27/emerging-markets-are-hot-but-face-a-shock.

10 Martin Fackler, "Putting the We Back in Wii," 《뉴욕 타임스》, 2007년 6월 8일 ; "Europe Gets Wii Last," 닌텐도 월드 리포트(Nintendo World Report), 2006년 9월 15일, http://www.nintendoworldreport.com/pr/12069/europe-gets-wii-last.

11 Sameer Desai, "Nintendo Wii and DS to Launch in India on September 30," 레디프(Rediff), 2008년 9월 16일, https://www.rediff.com/getahead/2008/sep/16wii.htm ; 실리코네라(Siliconera) 관계자, "Wii Launches in South Korea on April 26 with Even Cheaper Virtual Console Games," 실리코네라, 2008년 4월 14일, https://www.siliconera.com/wii-launches-in-south-korea-on-april-26-with-even-cheaper-virtual-console-games/ ; Matt Martin, "Wii to Release in Taiwan July 12," 게임스 인더스트리(Games Industry), 2008년 6월 26일, https://www.gamesindustry.biz/articles/wii-to-release-in-taiwan-july-12 ; "Wii," 웨이백 머신(Wayback Machine), 2009년 12월 12일, https://web.archive.org/web/20100306012826/http://www.nintendo.com.hk/wii_console.htm.

12 테크2 뉴스 관계자, "Pokemon Go Earns $950 Million in 2016, Breaks Records : Report," 테크2, 2017년 1월 17일, https://www.firstpost.com/tech/

위대한 기업의 2030 미래 시나리오

gaming/pokemon-go-earns-950-million-in-2016-breaks-records-report-3724949.html; Alina Bradford, "Here Are All the Countries Where Pokemon Go Is Available," 씨넷(Cnet), 2017년 1월 24일, https://www.cnet.com/how-to/pokemon-go-where-its-available-now-and-coming-soon/.

13 Louis Brennan, "How Netflix Expanded to 190 Countries in 7 Years," 《하버드 비즈니스 리뷰》, 2018년 10월 12일에 업데이트, https://hbr.org/2018/10/how-netflix-expanded-to-190-countries-in-7-years.

14 "Emerging Markets Powering Airbnb's Global Growth," 에어비앤비, 2020년 1월 3일에 접속, https://press.airbnb.com/wp-content/uploads/sites/4/2019/02/Final_-Emerging-Markets-Powering-Airbnbs-Global-Growth-.pdf; Shawn Tully, "Why Hotel Giant Marriott Is on an Expansion Binge as It Fends Off Airbnb," 《포춘》, 2017년 6월 14일, https://fortune.com/2017/06/14/marriott-arne-sorenson-starwood-acquisition-airbnb/; "Number of Marriott International Hotel Rooms Worldwide from 2009 to 2018," 스태티스카, 2019년 3월 20일, https://www.statista.com/statistics/247304/number-of-marriott-international-hotel-rooms-worldwide/.

15 James Brumley, "If Fitbit Finds a Willing Suitor, It Should Take the Offer," 모틀리 풀(Motley Fool), 2019년 9월 28일, https://www.fool.com/investing/2019/09/28/if-fitbit-finds-a-willing-suitor-it-should-take-th.aspx; Robert Hof, "How Fitbit Survived as a Hardware Startup," 《포브스》, 2014년 2월 4일, https://www.forbes.com/sites/roberthof/2014/02/04/how-fitbit-survived-as-a-hardware-startup/#204121341934.

16 "FY 2017 Earnings Deck," 핏빗, 2018년 2월, https://s2.q4cdn.com/857130097/files/doc_financials/2017/Q4/Q4'17-Earnings-Presen-

tation.pdf.

17 핏빗과 이들이 체결한 파트너십에 관한 자세한 정보는 Simon Mainwaring, "Purpose at Work: How Fitbit's Giveback Is Strengthening Its Business" 참조, 《포브스》, 2019년 2월 12일, https://www.forbes.com/sites/simon-mainwaring/2019/02/12/purpose-at-work-how-fitbits-giveback-is-strengthening-its-business/#11fac05058d2.

18 "Fitbit Authorized Retailers," 핏빗, 2020년 1월 3일에 접속, https://www.fitbit.com/content/assets/legal-pages/FITBIT%20AUTHORIZED%20RETAILERS%20Q2%202016.pdf.

19 Matt Swider, "Fitbit OS 3.0 Is Giving the Ionic and Versa Smartwatches New Powers," 테크 레이더(Tech Radar), 2018년 12월 17일, https://www.techradar.com/in/news/fitbit-os-3-0-new-versa-ionic-features.

20 Chaim Gartenberg, "Google Buys Fitbit for $2.1 Billion," 버지, 2019년 11월 1일, https://www.theverge.com/2019/11/1/20943318/google-fit-bit-acquisition-fitness-tracker-announcement.

21 수출은 1970년대부터 기회가 생길 때마다 했다.

22 "The World's Favourite Indian," 바자즈 오토(제12차 연례 보고서) 2018-2019, 9.

23 "The World's Favourite Indian," 바자즈 오토(제12차 연례 보고서) 2018-2019, 18.

24 "The World's Favourite Indian," 바자즈 오토(제12차 연례 보고서) 2018-2019, 10, 18-19.

25 BCG 기업 리서치; Tom Brennan, "Alibaba.com Opens Platform to US Sellers," 알리질라닷컴(Alizila.com), 2019년 7월 23일, https://www.alizila.com/alibaba-com-opens-platform-to-us-sellers/.

26 Gene Marks, "Is Now the Time to Start Selling on Alibaba?" Inc., 2019년 7월 25일, https://www.inc.com/gene-marks/is-now-time-to-start-

위대한 기업의 2030 미래 시나리오

selling-on-alibaba.html.

27 티몰 글로벌의 웹사이트 참조, https://merchant.tmall.hk/.

28 François Candelon, Fangqi Yang, Daniel Wu, "Are China's Digital Companies Ready to Go Global?" BCG 헨더슨 전략 연구소, 2019년 5월 22일, https://www.bcg.com/publications/2019/china-digital-compa-nies-ready-go-global.aspx.

29 John Detrixhe, "Americans Are Splurging on Personal Loans Thanks to Fintech Startups," 쿼츠(Quartz), 2018년 7월 24일, https://qz.com/1334899/personal-loans-are-surging-in-the-us-fueled-by-fintech-startups/; Wendy Weng, "Despite Rapid Digitisation of Payments in China, Credit Card Usage Will Reach New Heights by 2020," 아시안 뱅커(Asian Banker), 2019년 2월 28일, www.theasianbanker.com/updates-and-articles/despite-rapid-digitisation-of-payments-in-chi-na,-credit-card-usage-will-reach-new-heights-by-2020; "Allied Wallet Adds WeChat Pay with 900 Million Active Users," 모바일 페이먼츠 투데이(Mobile Payments Today), 2018년 10월 12일, https://www.mobilepay-mentstoday.com/news/allied-wallet-adds-wechat-pay-with-900-million-active-users/; Kate Rooney, "Fintechs Help Boost US Personal Loan Surge to a Record $138 Billion," CNBC, 2019년 2월 21일, https://www.cnbc.com/2019/02/21/personal-loans-surge-to-a-record-138-billion-in-us-as-fintechs-lead-new-lending-charge.html.

30 Jonathan Kandell, "Can Citi Return to Its Pre-crisis Glory?" 인스터튜셔널 인베스터(Institutional Investor), 2018년 1월 8일, https://www.institution-alinvestor.com/article/b15ywlgddl683f/can-citi-return-to-its-pre-crisis-glory.

31 2009년에는 직원 수가 약 30만 명에 달했는데, 2016년 말에는 시간제 직원과 정규직 직원을 합쳐서 24만 1천 명만 남았다. "Strong, Steadfast, Sustainable,"

HSBC 홀딩스, 2009년도 연례 보고서 및 회계 장부, 10, 12, https://www.hsbc.com/-/files/hsbc/investors/investing-in-hsbc/all-reporting/group/2009/hsbc2009ara0.pdf; "Annual Report and Accounts 2016," HSBC 홀딩스, 8, 150, https://www.hsbc.com/-/files/hsbc/investors/investing-in-hsbc/all-reporting/group/2016/annual-results/hsbc-holdings-plc/170221-annual-report-and-accounts-2016.pdf.

32 Bruce Sterling, "Banks Thrilled to Be Free of Customers," 《와이어드》, 2016년 7월 27일, https://www.wired.com/beyond-the-beyond/2016/07/banks-thrilled-free-customers/.

33 Martin Arnold & Camilla Hall, "Big Banks Giving Up on Their Global Ambitions," 《파이낸셜 타임스》, 2014년 10월 19일, https://www.ft.com/content/95bed102-5641-11e4-bbd6-00144feab7de.

34 시티은행의 일본 철수에 관해서는, Stephen Harner, "Citibank to Quit Japan's Retail Market: Another QE Casualty" 참조, 《포브스》, 2014년 8월 19일, https://www.forbes.com/sites/stephenharner/2014/08/19/another-qe-casualty-citibank-to-quit-japans-retail-market/#f8dd5bf67bb1; 시티뱅크 전임 글로벌 비즈니스 수석 책임자와의 비공식 인터뷰.

35 Kevin Lim, "Singapore's UOB to Launch Digital Bank in Thailand," 닛케이 아시안 리뷰(Nikkei Asian Review), 2019년 2월 14일, https://asia.nikkei.com/Business/Companies/Singapore-s-UOB-to-launch-digital-bank-in-Thailand.

36 Jessica Lin, "UOB Is Going After Asean's Millennials with a Digital Bank Called TMRW—and Its Biggest Draw Could Be a Game That Levels-Up with Savings," 비즈니스 인사이더 싱가포르(Business Insider Singapore), 2019년 2월 14일, https://www.businessinsider.sg/uob-is-going-after-aseans-millennials-with-a-digital-bank-called-tmrw-and-its-biggest-draw-could-be-a-game-that-levels-up-with-savings/.

37 Lin, "UOB Is Going After Asean's Millennials."

38 Lin, "UOB Is Going After Asean's Millennials."

39 Jonathan Wheatley, "Does Investing in Emerging Markets Still Make Sense?"《파이낸셜 타임스》, 2019년 7월 15일, https://www.ft.com/content/0bd159f2-937b-11e9-aea1-2b1d33ac3271.

40 이코노미스트 인텔리전스 유닛(EIU)의 데이터에 기반한 BCG의 분석.

41 이코노미스트 인텔리전스 유닛(EIU)의 데이터에 기반한 BCG의 분석.

42 이코노미스트 인텔리전스 유닛(EIU)의 데이터에 기반한 BCG의 분석.

43 Bernard Marr, "The Amazing Ways Chinese Face Recognition Company Megvii (Face++) Uses AI and Machine Vision,"《포브스》, 2019년 5월 24일, https://www.forbes.com/sites/bernardmarr/2019/05/24/the-amazing-ways-chinese-face-recognition-company-megvii-face-uses-ai-and-machine-vision/#58e4b7fd12c3.

44 "Ever Better and Cheaper, Face-Recognition Technology Is Spreading,"《이코노미스트(Economist)》, 2017년 9월 9일, https://www.economist.com/business/2017/09/09/ever-better-and-cheaper-face-recognition-technology-is-spreading.

45 Donald R. Lessard & Cate Reavis, "CEMEX: Globalization 'The CEMEX Way,'" MIT 슬론 경영대학원, 2016년 11월 16일에 수정, https://mitsloan.mit.edu/LearningEdge/CaseDocs/09%20039%20cemex%20%20lessard.pdf.

46 "CEMEX Makes Significant Progress in Asset Disposal Program," AP통신, 2019년 3월 21일, https://apnews.com/1a037a1fe938441fa389bd5fe6b-0cae7.

47 Reeba Zachariah, "Tata Steel to Divest Southeast Operations,"《타임스 오브 인디아(Times of India)》, 2018년 7월 21일, https://timesofindia.indiatimes.com/business/india-business/tata-steel-to-divest-southeast-oper-

ations/articleshow/65075987.cms; 타타 스틸, "Tata Steel Acquires Two Steel Rolling Mills in Vietnam," 보도자료, 2007년 3월 8일, https://www.tatasteel.com/media/newsroom/press-releases/india/2007/tata-steel-acquires-two-steel-rolling-mills-in-vietnam/.

48 Penny Macrae, "At 100, Tata Steel Aims to Double Output," 라이브 민트(Live Mint), 2007년 8월 26일에 업데이트, https://www.livemint.com/Home-Page/eCfuLf5DC4hP0uoHOHvrsM/At-100-Tata-Steel-aims-to-double-output.html.

49 Rosemary Marandi, "China's HBIS Buys Control of Tata Steel's Southeast Asia Business,"《닛케이 아시안 리뷰》, 2019년 1월 29일, https://asia.nikkei.com/Business/Business-deals/China-s-HBIS-buys-control-of-Tata-Steel-s-Southeast-Asia-business.

50 Silvia Antonioli, "Steel Firm SSI Hopes New Plant Will Help Bring UK Profit," 로이터 통신(Reuters), 2013년 6월 13일, https://www.reuters.com/article/ssi-uk-steel/steel-firm-ssi-hopes-new-plant-will-help-bring-uk-profit-idUSL5N0EP20T20130613.

51 Kritika Saxena, "After ThyssenKrupp Fall Out, Tata Steel in Talks with Three Companies to Sell European Operations," CNBC, 2019년 5월 28일에 업데이트, https://www.cnbctv18.com/infrastructure/after-thyssen-krupp-fall-out-tata-steel-in-talks-with-three-companies-to-sell-european-operations-3492291.htm; "Tata Steel Cancels Pacts to Sell Southeast Asian Businesses to Hesteel Group,"《이코노믹 타임스》, 2019년 8월 7일, https://economictimes.indiatimes.com/industry/indl-goods/svs/steel/tata-steel-arm-snaps-pact-with-hbis-group-to-divest-ma-jority-stake-in-se-asia-biz/articleshow/70561112.cms.

52 Rakhi Mazumdar, "Tata Steel Rejigs India, Europe Operations,"《이코노믹 타임스》, 2019년 8월 12일, https://economictimes.indiatimes.com/indus-

try/indl-goods/svs/steel/tata-steel-rejigs-india-europe-operations/articleshow/70636697.cms?from=mdr.

53   Mike Wittman(마즈 초콜릿 북미 지사의 공급망 담당 전임 부사장), BCG 리서치팀과의 인터뷰, 2019년 7월 18일; Douglas Yu, "Mars to Bring Maltesers to the US & Canada," 컨펙셔너 뉴스(Confectioner News), 2017년 3월 13일, https://www.confectionerynews.com/Article/2017/03/13/Mars-to-launch-Maltesers-in-the-US-Canada.

54   Mike Wittman, BCG 리서치팀과의 인터뷰, 2019년 7월 18일.

55   Masaaki Tsuya, BCG 리서치팀과의 인터뷰, 2019년 11월 2일.

56   Dr. Horst Kayser, BCG 팀과의 인터뷰, 2019.

57   Dr. Horst Kayser, BCG 팀과의 인터뷰, 2019.

58   "Siemens Inks Deal with Alibaba to Launch Digital Products in China," 로이터 통신, 2018년 7월 9일, https://www.reuters.com/article/us-siemens-alibaba/siemens-inks-deal-with-alibaba-to-launch-digital-products-in-china-idUSKBN1JZ22U; "Siemens China : and Wuhan Sign Strategic Cooperation Agreement," 마켓 스크리너(Market Screener), 2019년 11월 11일, https://www.marketscreener.com/news/Siemens-China-and-Wuhan-sign-strategic-cooperation-agreement--29563000/.

59   "Siemens in China," 지멘스, 2020년 1월 6일에 접속, https://new.siemens.com/cn/en/company/about/siemens-in-china.html.

60   Dr. Horst Kayser, BCG 팀과의 인터뷰, 2019.

61   2012~2019년도 지멘스 연례 보고서에서 찾은 데이터를 기반으로 한 분석.

62   이 단락의 전체적인 내용은, 2019년 8월 22일에 진행된 Ouyang Cheng과 BCG 리서치팀의 인터뷰를 참조했다.

63   이 주제에 대한 자세한 내용은 Peter H. Diamandis, "Introducing the Augmented World of 2030" 참조, 2019년 9월 6일, https://singularityhub.

com/2019/09/06/introducing-the-augmented-world-of-2030/.

CHAPTER 4 | 강한 파트너십으로 디지털 생태계를 구축하라

1 이 수치는 40개 이상의 생태계를 벤치마킹한 우리 팀의 연구를 통해 얻은 것이다. 생태계 규모와 범위에 관한 자세한 사항은 Nikolaus Lang, Konrad von Szczepanski, Charline Wurzer, "The Emerging Art of Ecosystem Management" 참조, BCG 헨더슨 전략 연구소, 2019년 1월 16일, https://www.bcg.com/publications/2019/emerging-art-ecosystem-management.aspx.

2 Nicole Jao, "China's Mobile Payment Market Fourth Quarter Growth Dwindled," 테크노드(Technode), 2019년 3월 28일, https://technode.com/2019/03/28/chinas-mobile-payment-market-fourth-quarter-growth-dwindled/.

3 Evelyn Cheng, "How Ant Financial Grew Larger Than Goldman Sachs," CNBC, 2018년 6월 8일, https://www.cnbc.com/2018/06/08/how-ant-financial-grew-larger-than-goldman-sachs.html.

4 전용 데이터베이스와 회사 웹사이트에 기반한 BCG의 조사 및 분석.

5 "Ant Financial: How a Bug Took on the World," 아시아 머니(Asia Money), 2019년 9월 26일, https://www.euromoney.com/article/b1h7mtyfd-5d8lg/ant-financial-how-a-bug-took-on-the-world.

6 "Ant Financial: How a Bug Took on the World."

7 전용 데이터베이스와 회사 웹사이트에 기반한 BCG의 조사 및 분석.

8 BCG 기업 리서치; Rita Liao, "Alibaba's Alternative to the App Store Reaches 230M Daily Users," 테크크런치, 2019년 1월 29일, https://techcrunch.com/2019/01/29/alibaba-alipay-mini-programs-230m-users/.

9 BCG 기업 리서치; "Ant Financial: How a Bug Took on the World"; "Ant Financial," 〈패스트 컴퍼니〉, 2020년 1월, https://www.fastcompany.com/

company/ant-financial.

10 John Detrixhe, "China's Ant Financial, Thwarted in the US, Is Expanding Rapidly in Europe," 쿼츠, 2019년 3월 15일; "Ant Is Worth 50% More Than Goldman with $150 Billion Valuation," 블룸버그, 2018년 4월 10일, http://www.bloomberg.com/news/articles/2018-04-11/ant-is-worth-50-more-than-goldman-with-150-billion-valuation.

11 Harvey Morris, "China's March to Be the World's First Cashless Society: China Daily Contributor," 《스트레이트 타임스》, 2019년 4월 8일, https://www.straitstimes.com/asia/east-asia/chinas-march-to-be-the-worlds-first-cashless-society-china-daily-contributor.

12 Morris, "China's March to Be the World's First Cashless Society."

13 Donna Lu, "China Is Showing the Rest of the World How to Build a Cashless Society," 뉴 사이언티스트(New Scientist), 2019년 1월 9일, https://www.newscientist.com/article/mg24132120-100-china-is-showing-the-rest-of-the-world-how-to-build-a-cashless-society/#ixzz60r-B4qQ63. 2019년 현재 전 세계 많은 나라가 구식 지폐를 없애고 디지털 금융 거래를 받아들이고 있다. 말레이시아에서 진행된 한 조사에 따르면 소비자의 상당수(70퍼센트)가 지폐가 아닌 디지털 방식으로 결제할 수 있는 상점에서 구매하는 것으로 나타났다. (Harizah Kamel, "Malaysia Is Fast Becoming a Cashless Society," 말레이시안 리저브(Malaysian Reserve), 2019년 9월 20일, https://themalaysianreserve.com/2019/09/20/malaysia-is-fast-becoming-a-cashless-society/). 전체 인구의 5분의 1만 ATM을 이용해 현금을 인출하는 스웨덴에서는 수천 명의 사람들이 손에 컴퓨터 칩을 이식해서 완전히 새로운 종류의 편의를 누릴 수 있게 되었다. 이들은 가볍게 손만 내저어서 식료품 값을 지불하거나 대중교통 티켓을 살 수 있다. (Liz Alderman, "Sweden's Push to Get Rid of Cash Has Some Saying, 'Not So Fast,'" 《뉴욕 타임스》, 2018년 11월 21일, https://www.nytimes.com/2018/11/21/business/sweden-cashless-society.html; Maddy Sav-

age, "Thousands of Swedes Are Inserting Microchips Under Their Skin," 내셔널 퍼블릭 라디오(National Public Radio) 《올 싱스 컨시더드(All Things Considered)》, 2018년 10월 22일, https://www.npr.org/2018/10/22/658808705/thousands-of-swedes-are-inserting-microchips-under-their-skin?t=1541532530852).

14 Michael Lyman, Ron Ref, Oliver Wright, "Cornerstone of Future Growth: Ecosystems," 액센츄어, 2018, https://www.accenture.com/_acnmedia/PDF-77/Accenture-Strategy-Ecosystems-Exec-Summary-May2018-POV.pdf#zoom=50.

15 Nikolaus Lang, Konrad von Szczepanski, Charline Wurzer, "The Emerging Art of Ecosystem Management," BCG 헨더슨 전략 연구소, 2019년 1월 16일, https://www.bcg.com/publications/2019/emerging-art-ecosystem-management.aspx. 이 장의 다음 섹션은 이 기사를 대략적으로 각색한 것이며, 여기 담긴 주장과 실례를 많이 인용했다.

16 "Together 2025+," 폭스바겐, 2020년 1월 14일에 접속, https://www.volkswagenag.com/en/group/strategy.html.

17 Andrew Krok, "VW Car-Net's Massive Updates Include 5 Free Years of Remote Access," CNET, 2019년 9월 17일, https://www.cnet.com/roadshow/news/vw-car-net-overhaul-update-connectivity-remote-access/.

18 폭스바겐 웹사이트와 보도자료, 폭스바겐 생태계 협력사 웹사이트 등을 토대로 한 BCG의 폭스바겐 생태계 분석.

19 Lang, von Szczepanski, Wurzer, "The Emerging Art of Ecosystem Management."

20 "[Infographic] Get Smart: The Latest in What SmartThings Can Do for You," 삼성 뉴스룸, 2019년 10월 30일, https://news.samsung.com/global/infographic-get-smart-the-latest-in-what-smartthings-can-do-for-

you.

21 아마존, "Amazon Introduces an Array of New Devices and Features to Help Make Your Home Simpler, Safer, and Smarter," 보도자료, 2019년 9월 25일, https://press.aboutamazon.com/news-releases/news-release-details/amazon-introduces-array-new-devices-and-features-help-make-your.

22 "AKQA & Dyson Launch a Connected Way to Clean with Dyson Link App," 리틀 블랙 붐(Little Black Boom), 2014년 9월 18일, https://lbbonline.com/news/akqa-dyson-launch-a-connected-way-to-clean-with-dyson-link-app/; Tanya Powley, "Dyson Helps Launch Design Engineering School at Imperial College," 《파이낸셜 타임스》, 2015년 3월 22일, https://www.ft.com/content/73b0b9ac-cf15-11e4-893d-00144feab-7de.

23 John Markoff & Laura M. Holson, "Apple's Latest Opens a Developers' Playground," 《뉴욕 타임스》, 2008년 7월 10일, https://www.nytimes.com/2008/07/10/technology/personaltech/10apps.html. The five-million figure is a projection: Sarah Perez, "App Store to Reach 5 Million Apps by 2020, with Games Leading the Way," 테크크런치, 2016년 8월 10일, https://techcrunch.com/2016/08/10/app-store-to-reach-5-million-apps-by-2020-with-games-leading-the-way/.

24 Kevin Kelleher, "Developer's $34 Billion Earnings from Apple's App Store Rose 28% in 2018," 《포춘》, 2019년 1월 28일, https://fortune.com/2019/01/28/apple-app-store-developer-earnings-2018/; Lauren Goode, "App Store 2.0," 버지, 2020년 2월 9일에 접속, https://www.theverge.com/2016/6/8/11880730/apple-app-store-subscription-update-phil-schiller-interview; "Apple Rings in New Era of Services Following Landmark Year," 애플, 2020년 1월 8일에 업데이트, https://www.

apple.com/newsroom/2020/01/apple-rings-in-new-era-of-services-following-landmark-year/.

25 BCG 기업 리서치.

26 Harriet Agnew, "Digital Health Start-Up Doctolib Raises €150m at a €1bn + Valuation," 《파이낸셜 타임스》, 2019년 3월 19일, https://www.ft.com/content/58ba164e-4a62-11e9-bbc9-6917dce3dc62; Romain Dillet, "Doctolib Grabs $20 Million for Its Booking Platform for Doctors," 테크크런치, 2015년 10월 12일, https://techcrunch.com/2015/10/12/doctolib-grabs-20-million-for-its-booking-platform-for-doctors/.

27 알렉사의 전략적 파트너들은 알렉사가 내장된 기기를 만들거나 알렉사를 통해 자신들의 플랫폼에 액세스할 수 있게 한다.

28 Erika Malzberg, "Caterpillar and the Age of Smart Iron," 주오라 (Zuora), 2017년 5월 22일, https://www.zuora.com/2017/05/22/caterpillar-and-the-age-of-smart-iron/; Bob Woods, "Caterpillar's Autonomous Vehicles May Be Used by NASA to Mine the Moon and Build a Lunar Base," CNBC, 2019년 10월 23일, https://www.cnbc.com/2019/10/23/caterpillar-and-nasa-developing-autonomous-vehicles-to-mine-the-moon.html.

29 이 장의 이 섹션은 Michael G. Jacobides, Nikolaus Lang, Nanne Louw, Konrad von Szczepanski의 "What Does a Successful Ecosystem Look Like?"(BCG, 2019년 6월 26일)을 대략적으로 각색한 것이다. https://www.bcg.com/publications/2019/what-does-successful-digital-ecosystem-look-like.aspx. 이 섹션은 이 글에 담긴 주장과 실례를 많이 인용했다.

30 스탯 카운터(stat counter)에 따르면, 바이두는 세계 2위의 검색엔진이다. "Everything You Need to Know About Baidu: The Largest Search Engine in China," 서치 디코더(Search Decoder), 2020년 2월 4일에 접속, https://www.searchdecoder.com/largest-search-engine-in-china-baidu;

"Baidu Announces Project Apollo, Opening Up Its Autonomous Driving Platform," 글로벌 뉴스와이어(GlobalNewswire), 2017년 4월 18일, https://www.globenewswire.com/news-release/2017/04/19/1018939/0/en/Baidu-Announces-Project-Apollo-Opening-Up-its-Autonomous-Driving-Platform.html.

31 Meng Jing, "Baidu Leads Tesla, Uber and Apple in Developing Self-Driving Cars," 《사우스 차이나 모닝 포스트(South China Morning Post)》, 2018년 1월 18일, https://www.scmp.com/tech/enterprises/article/2129559/baidu-leads-tesla-uber-and-apple-developing-self-driving-cars.

32 Kyle Wiggers, "Baidu's DuerOS Voice Platform Is Now on 400 Million Devices," 벤처 비트(Venture Beat), 2019년 7월 2일, https://venturebeat.com/2019/07/02/baidus-dueros-voice-platform-is-now-on-400-million-devices/.

33 BCG 리서치와 분석.

34 Kyle Wiggers, "Baidu's Autonomous Cars Have Driven More Than 1 Million Miles Across 13 Cities in China," 벤처 비트, 2019년 7월 2일, https://venturebeat.com/2019/07/02/baidus-autonomous-cars-have-driven-more-than-1-million-miles-across-13-cities-in-china/.

35 Ryan Daws, "Shanghai Becomes the First Chinese City to License Self-Driving Cars to Carry Passengers," IoT 뉴스(IoT News), 2019년 9월 19일, https://www.iottechnews.com/news/2019/sep/19/shanghai-first-chinese-city-license-self-driving-cars-passengers/.

36 "Amazon Introduces the Alexa Fund: $100 Million in Investments to Fuel Voice Technology Innovation," 비즈니스 와이어(Business Wire), 2015년 6월 25일, https://www.businesswire.com/news/home/20150625005704/en/Amazon-Introduces-Alexa-Fund-100-Million-Investments.

37 Chris Ziegler, "Nokia CEO Stephen Elop Rallies Troops in Brutally Honest 'Burning Platform' Memo? (Update: It's Real!)," 엔가젯(Engadget), 2011년 2월 8일, https://www.engadget.com/2011/02/08/nokia-ceo-stephen-elop-rallies-troops-in-brutally-honest-burnin/.

38 이 질문들은 Lang, von Szczepanski, Wurzer의 "The Emerging Art of Ecosystem Management"에 나온 규범적 조언을 많이 인용했다.

CHAPTER 5 | 고객의 바로 옆에서 생산하고 공급하라

1 옥스퍼드 이코노믹스(Oxford Economics)와 OECD.org에서 얻은 데이터를 기반으로 한 BCG의 분석.

2 N. 찬드라세카란(타타 선즈 회장), 저자들과의 인터뷰, 2020년 1월 14일.

3 "TCS Hungary Townhall 2019," 타타 컨설팅 서비스, 2020년 1월 20일에 접속, https://www.mytcscareer.com/; "TCS Opens Fifth Delivery Centre in China," 《비즈니스 스탠더드(Business Standard)》, 2013년 1월 20일, https://www.business-standard.com/article/technology/tcs-opens-fifth-delivery-centre-in-china-110082200076_1.html; 타타 컨설팅 서비스, "TCS Opens New Global Delivery Center in Argentina," 보도자료, 2020년 1월 1일에 접속, https://www.tcs.com/tcs-new-delivery-center-argentina; "Annual Report 2018-2019: Growth and Transformation with Business 4.0," 타타 컨설팅 서비스, https://www.tcs.com/content/dam/tcs/investor-relations/financial-statements/2018-19/ar/annual-report-2018-2019.pdf.

4 "Tata Consultancy Services," 타타 컨설팅 서비스, 2020년 1월 20일에 접속, https://www.ibef.org/download/Tata_Consultancy_Services.pdf.

5 밸류사이언스, NASDAQ, NSE를 기반으로 한 BCG의 리서치와 분석.

6 BCG 밸류사이언스와 연례 보고서를 기반으로 한 BCG의 리서치와 분석; N. 찬드라세카란, 저자들과의 인터뷰, 2020년 1월 14일.

7 "Asia with Little Variation in the Share of World Footwear Exports," 월드

풋웨어(World Footwear), 2016년 9월 14일, https://www.worldfootwear.com/news/asia-with-little-variation-in-the-share-of-world-footwear-exports/1882.html.

8 Mark Abraham et al., "The Next Level of Personalization in Retail," BCG, 2019년 6월 4일, https://www.bcg.com/publications/2019/next-level-personalization-retail.aspx.

9 Catrin Morgan et al., "Use of Three-Dimensional Printing in Preoperative Planning in Orthopaedic Trauma Surgery: A Systematic Review and Meta-analysis," 《세계 정형외과 저널(World Journal of Orthopedics)》 11, no. 1 (2020년 1월 18일), http://dx.doi.org/10.5312/wjo.v11.i1.57.

10 "'ECU' Is a Three Letter Answer for All the Innovative Features in Your Car: Know How the Story Unfolded," 엠비텔(Embitel), 2020년 3월 8일에 접속, https://www.embitel.com/blog/embedded-blog/automotive-control-units-development-innovations-mechanical-to-electronics; Jeff Desjardins, "How Many Millions of Lines of Code Does It Take?" 비주얼 캐피탈리스트(Visual Capitalist), 2017년 2월 8일, https://www.visualcapitalist.com/millions-lines-of-code/.

11 에마누엘 라갸리그, BCG 팀과의 인터뷰, 2019년 10월 30일.

12 Zach Stolzenberg, "Adidas: Racing to Supply Chain 4.0," 하버드 경영대학원 디지털 이니셔티브(Harvard Business School Digital Initiative), 2017년 11월 12일, https://digital.hbs.edu/platform-rctom/submission/adidas-racing-to-supply-chain-4-0/; Tansy Hoskins, "Robot Factories Could Threaten Jobs of Millions of Garment Workers," 《가디언》, 2016년 7월 16일, https://www.theguardian.com/sustainable-business/2016/jul/16/robot-factories-threaten-jobs-millions-garment-workers-south-east-asia-women; "Adidas's High-Tech Factory Brings Production Back to Germany," 《이코노미스트》, 2017년 1월 14일, https://www.economist.

com/business/2017/01/14/adidass-high-tech-factory-brings-produc-tion-back-to-germany.

13 "Adidas' First Speedfactory Lands in Germany," 아디다스, 2020년 2월 12일에 접속, https://www.adidas-group.com/en/media/news-archive/press-releases/2015/adidas-first-speedfactory-lands-germany/.

14 Sara Germano, "Adidas to Close Sneaker Factory in the U.S., Move Production to Asia,"《월스트리트 저널》, 2019년 11월 11일, https://www.wsj.com/articles/adidas-to-close-sneaker-factory-in-the-u-s-move-production-to-asia-11573485445?mod=hp_lista_pos2.

15 피터 로젠펠드, BCG 팀과의 인터뷰, 2019년 7월 19일.

16 피터 로젠펠드, BCG 팀과의 인터뷰, 2019년 7월 19일.

17 Beau Jackson, "3D Bioprinting Center of Excellence Launched by Amber and Johnson & Johnson," 3D 프린팅 인더스트리(3D Printing Industry), 2018년 2월 22일, https://3dprintingindustry.com/news/3d-bioprinting-center-excellence-launched-amber-johnson-johnson-129373/.

18 Corey Clarke, "Johnson & Johnson Partners with Bioprinters to Create 3D Printed Knee," 3D 프린팅 인더스트리, 2017년 1월 6일, https://3dprintingindustry.com/news/johnson-johnson-partner-bioprinters-create-3d-printed-knee-102336/.

19 "Partner Up—Building a Global Manufacturing Network," 메디컬 디바이스(Medical Device), 2017년 5월 8일, https://www.medicaldevice-developments.com/features/featurepartner-up-building-a-global-manufacturing-network-5846594/.

20 Peter Pham, "Vietnam's Trade War Balancing Act,"《포브스》, 2018년 11월 29일, https://www.forbes.com/sites/peterpham/2018/11/29/vietnams-trade-war-balancing-act/#63db28677b36. 신발업계에서는 기업들이 미중 무역전쟁의 충격을 피하고 베트남의 낮은 인건비를 통해 이익을 얻으려고 하는

까닭에 중국에서 제품을 생산하는 기업은 감소하고 베트남에서 생산하는 기업은 늘고 있다. 나이키, 퓨마(Puma), 아디다스 등은 모두 자신들의 소싱 전략을 통해 이런 추세를 주도하고 있다.

21 회사에서 BCG에 제공한 데이터.

22 Hemani Sheth, "Samsung Invests $500 Million for New Smartphone Display Manufacturing Plant in India," 《힌두 비즈니스 라인(Hindu Business Line)》, 2020년 1월 20일에 업데이트, https://www.thehindubusinessline.com/info-tech/samsung-invests-500-million-for-new-smartphone-display-manufacturing-plant-in-india/article30605865.ece.

23 "Samsung to Expand U.S. Operations, Open $380 Million Home Appliance Manufacturing Plant in South Carolina," 삼성 뉴스룸, 2017년 6월 28일, https://news.samsung.com/us/samsung-south-carolina-home-appliance-manufacturing-plant-investment-newberry/.

24 Anil Chaudhry(슈나이더 일렉트릭, 인도 지역 사장 겸 MD), BCG 팀과의 인터뷰, 2019년 7월 12일.

25 "MindSphere Application Centers," 지멘스, 2020년 2월 19일에 접속, https://new.siemens.com/global/en/products/software/mindsphere/application-centers.html; Brian Buntz, "Siemens Exec Dishes on MindSphere Industrial IoT Platform," IoT 투데이(IoT Today), 2019년 6월 7일, https://www.iotworldtoday.com/2019/06/07/siemens-exec-dishes-on-mindsphere-industrial-iot-platform/.

26 Tomas Kellner, "Wind in the Cloud? How the Digital Wind Farm Will Make Wind Power 20 Percent More Efficient," GE 리포트(GE Reports), 2015년 9월 27일, https://www.ge.com/reports/post/119300678660/wind-in-the-cloud-how-the-digital-wind-farm-will-2/.

27 Markets and Markets, "Digital Twin Market Worth $35.8 Billion by 2025," 보도자료, 2020년 2월 19일에 접속, https://www.marketsandmarkets.com/

PressReleases/digital-twin.asp.

28 "Industrial Digital Twins: Real Products Driving $1B in Loss Avoidance,"
GE 디지털(블로그), 2020년 2월 19일에 접속, https://www.ge.com/digital/
blog/industrial-digital-twins-real-products-driving-1b-loss-avoid-
ance.

CHAPTER 6 | 글로벌 데이터 아키텍처를 구축하라

1 Rich Miller, "Facebook Accelerates Its Data Center Expansion," 데이터 센
터 프론티어(Data Center Frontier), 2018년 3월 19일, https://datacenter-
frontier.com/facebooks-accelerates-data-center-expansion/.

2 아린담 바타차리아, "Digital Globalisation vs Geopolitical Globalisation:
A Tale of Two Worlds,"《이코노믹 타임스》, 2017년 6월 18일, https://
economictimes.indiatimes.com/tech/internet/digital-globalisa-
tion-vs-geopolitical-globalisation-a-tale-of-two-worlds/article-
show/59173111.cms?from=mdr; 텔레지오그래피의 데이터에 기반한 분석,
2019년 4월.

3 가트너(Gartner) 데이터에 기반한 BCG의 분석.

4 J. Clement, "Global Digital Population as of April 2020," 스태티스타, 2020년
6월 4일, https://www.statista.com/statistics/617136/digital-popula-
tion-worldwide/.

5 ITU 데이터에 기반한 BCG의 분석. 고정 광대역 바스켓에 관한 자세한 사항
은 ITU의 "ICT Price Basket Methodology" 참조. 2020년 3월 12일에 접속,
https://www.itu.int/en/ITU-D/Statistics/Pages/definitions/pricemeth-
odology.aspx.

6 "Internet of Things Forecast," 에릭슨(Ericsson), 2020년 3월 9일
에 접속, https://www.ericsson.com/en/mobility-report/inter-
net-of-things-forecast.

7 Caroline Donnelly, "Public Cloud Competition Prompts 66% Drop in Prices Since 2013, Research Reveals," 《컴퓨터 위클리(Computer Weekly)》, 2016년 1월 12일, https://www.computerweekly.com/news/4500270463/Public-cloud-competition-results-in-66-drop-in-prices-since-2013-research-reveals.

8 "Volume of Data/Information Created Worldwide from 2010 to 2025," 스태티스타, 2020년 2월 28일, https://www.statista.com/statistics/871513/worldwide-data-created/.

9 "The 2017 Global CVC Report," CB 인사이트(CB Insights), 2017, https://relayto.com/cdn/media/files/ZaqycE4xRtyhl7er5GgE_CB-Insights_CVC-Report-2017.pdf; Kathleen Walch, "Is Venture Capital Investment in AI Excessive?" 《포브스》, 2020년 1월 5일, https://www.forbes.com/sites/cognitiveworld/2020/01/05/is-venture-capital-investment-for-ai-companies-getting-out-of-control/#7c37438c7e05.

10 Ian Sherr, "Fortnite Reportedly Will Pull in an Epic $3 Billion Profit This Year," CNET, 2018년 12월 27일, https://www.cnet.com/news/fortnite-reportedly-will-pull-in-an-epic-3-billion-profit-this-year/. 《포트나이트》에 관한 자세한 정보는 다음 링크 참조. Akhilesh Ganti, "How Fortnite Makes Money," 인베스토피디어(Investopedia), 2019년 8월 20일, http://www.investopedia.com/tech/how-does-fortnite-make-money/; Felix Richter, "The Biggest Free-to-Play Cash Cows of 2019," 스태티스타, 2020년 1월 3일, https://www.statista.com/chart/16687/top-10-free-to-play-games/; Rupert Neate, "Fortnite Company Epic Games Valued at Nearly $15bn After Cash Boost," 《가디언》, 2018년 10월 28일, https://www.theguardian.com/games/2018/oct/28/fortnite-company-epic-games-valued-15bn.

11 Kayla Matthews, "Precision Farming: AI and Automation Are Transforming Agriculture," 데이터 센터 프론티어, 2019년 10월 31일, https://datacenterfrontier.com/precision-farming-ai-and-automation-are-transforming-agriculture/.

12 Ofir Schlam, "4 Ways Big Data Analytics Are Transforming Agriculture," 퓨처 파밍(Future Farming), 2019년 7월 15일, https://www.future-farming.com/Tools-data/Articles/2019/7/4-ways-big-data-analytics-are-transforming-agriculture-450440E/.

13 Bhaskar Chakravorti, "A Game Plan for Technology Companies to Actually Help Save the World," 컨버세이션(Conversation), 2018년 11월 6일, https://theconversation.com/a-game-plan-for-technology-companies-to-actually-help-save-the-world-105007.

14 Cassie Perlman, "From Product to Platform: John Deere Revolutionizes Farming," 《하버드 비즈니스 리뷰》, 2017년 8월 25일, https://digital.hbs.edu/data-and-analysis/product-platform-john-deere-revolutionizes-farming/.

15 Perlman, "From Product to Platform."

16 알레한드로 사야고, BCG 팀과의 인터뷰, 2019년 10월 23일.

17 "S-Series Combines," 존 디어, 2020년 3월 9일에 접속, https://www.deere.com/en/harvesting/s-series-combines/?panel=harvest.

18 자세한 정보는 존 디어 웹사이트 참조. http://www.deere.com.

19 "John Deere Operations Center," 존 디어, 2020년 3월 9일에 접속, https://www.deere.com/en/technology-products/precision-ag-technology/data-management/operations-center/. 이 회사의 이그잭트이머지(Exact-Emerge) 기술 덕분에 플랜터가 기록적인 속도로 수평 이동하면서 고정밀 파종을 할 수 있다. https://www.deere.com/assets/publications/index.html?id=6f7a8a69.

20 자세한 정보는 "S-Series Combines" 참조.

위대한 기업의 2030 미래 시나리오

21 Adele Peters, "How John Deere's New AI Lab Is Designing Farm Equipment for a More Sustainable Future," 《패스트 컴퍼니》, 2017년 9월 11일, https://www.fastcompany.com/40464024/how-john-deeres-new-ai-lab-is-designing-farm-equipment-for-more-sustainable-future.

22 Bernard Marr, "The Amazing Ways John Deere Uses AI and Machine Vision to Help Feed 10 Billion People," 《포브스》, 2019년 3월 15일, https://www.forbes.com/sites/bernardmarr/2019/03/15/the-amazing-ways-john-deere-uses-ai-and-machine-vision-to-help-feed-10-billion-people/#2fa699232ae9.

23 Peters, "How John Deere's New AI Lab Is Designing Farm Equipment."

24 C. Williams, "Farm to Data Table: John Deere and Data in Precision Agriculture," 하버드 경영대학원 디지털 이니셔티브, 2019년 11월 12일, https://digital.hbs.edu/platform-digit/submission/farm-to-data-table-john-deere-and-data-in-precision-agricul ture/.

25 Scott Ferguson, "John Deere Bets the Farm on AI, IoT," 라이트 리딩 (Light Reading), 2018년 3월 12일, https://www.lightreading.com/enterprise-cloud/machine-learning-and-ai/john-deere-bets-the-farm-on-ai-iot/a/d-id/741284.

26 자세한 정보는 존 디어 웹사이트 참조. http://www.deere.com.

27 Sharon O'Keeffe, "FarmConnect Initiated by John Deere, Claas and CNH Industral," 《팜 위클리(Farm Weekly)》, 2019년 11월 19일, https://www.farmweekly.com.au/story/6497351/machinery-companies-collaborate-on-data/.

28 O'Keeffe, "FarmConnect."

29 "Deere & Company Board Elects John May as CEO and Board Member," 보도자료, 2019년 8월 29일, https://www.prnewswire.com/news-releases/deere--company-board-elects-john-may-as-ceo-and-board-

member-300909127.html.

30 이 단락의 내용은 디지털 미디어 솔루션(Digital Media Solutions)의 "L'Oréal Da-ta-Driven Marketing & Digital Focus Continues to Boost Sales"(2019년 12월 3일)을 참조했다. https://insights.digitalmediasolutions.com/articles/loreal-sees-record-sales-growth.

31 "L'Oréal Data-Driven Marketing & Digital Focus."

32 Rory Butler, "L'Oréal Powers Its R&D by Processing 50 Million Pieces of Data a Day,"《매뉴팩처러(Manufacturer)》, 2019년 11월 5일, https://www.themanufacturer.com/articles/loreal-powers-its-rd-by-processing-50-million-pieces-of-data-a-day/.

33 Butler, "L'Oréal Powers Its R&D."

34 "L'Oréal Data-Driven Marketing & Digital Focus."

35 "How Open Science and External Innovation Are Transforming Drug Development," 스탯(Stat), 2020년 3월 10일에 접속, https://www.stat-news.com/sponsor/2018/08/30/transforming-drug-development-al-lergan/.

36 "Biotechs Investments Disrupt Big Pharma Business Model," BNP 파리바, 2019년 12월 11일, https://group.bnpparibas/en/news/biotechs-invest-ments-disrupt-big-pharma-business-model.

37 "Annual Report," 글락소스미스클라인, 2018, https://www.gsk.com/me-dia/5347/strategic-report.pdf.

38 "GSK and 23andMe Sign Agreement to Leverage Genetic Insights for the Development of Novel Medicines," 보도자료, 2018년 7월 25일, https://www.gsk.com/en-gb/media/press-releases/gsk-and-23andme-sign-agreement-to-leverage-genetic-insights-for-the-development-of-novel-medicines/.

39 "Open Targets," 하이브(Hyve), 2020년 3월 10일에 접속, https://thehyve.

nl/solutions/open-targets/.

40 "About UK Biobank," 바이오뱅크, 2020년 3월 10일에 접속, https://www. ukbiobank.ac.uk/about-biobank-uk/.

41 "Siemens AG," 브리태니커 백과사전, 2020년 3월 10일에 접속, https://www. britannica.com/topic/Siemens-AG.

42 "Siemens Sells Mobile Phone Biz to BenQ," 《차이나 데일리(China Daily)》, 2005년 6월 8일에 업데이트, http://www.chinadaily.com.cn/english/ doc/2005-06/08/content_449618.htm.

43 홀스트 카이서 박사, BCG 팀과의 인터뷰, 2018년 3월 17일; "History: Wind Power Pioneers," 지멘스, 2020년 3월 10일에 접속, https://www.siemens-gamesa.com/en-int/about-us/company-history.

44 지멘스 리더들과의 비공식 대화를 기반으로 정리했다. 자세한 내용은 Eric Johnson, "A Big Brain for Power Plant Diagnostics" 참조, 《리빙 에너지(Living Energy)》 9 (2013년 12월): 65, https://assets.new.siemens.com/siemens/ assets/api/uuid:dbfd4b0d225b592bd2e6ded1c4210cfe2e403a8d/version:1533824147/power-plant-diagnostics-rds-living-energy-9.pdf.

45 "Annual Report 2019," 지멘스, 2019, https://assets.new.siemens.com/ siemens/assets/api/uuid:59a922d1-eca0-4e23-adef-64a05f0a8a61/siemens-ar2019.pdf; Georgina Prodhan, "Siemens Sees Scale, Data Privacy as Winners in Digital Race," 로이터 통신, 2017년 12월 15일, https://www. reuters.com/article/us-siemens-digital/siemens-sees-scale-data-privacy-as-winners-in-digital-race-idUSKBN1E90YY; "Siemens— Business Fact Sheets," 지멘스, 2019, https://www.siemens.com/investor/pool/en/investor_relations/equity-story/Siemens-Business-Fact-Sheets.pdf.

46 홀스트 카이서 박사, BCG 팀과의 인터뷰, 2018년 3월 17일.

47 슈나이더 일렉트릭, "Schneider Electric Launches Next Generation of

EcoStruxureTM, the Architecture and Platform for End-to-End IoT-Enabled Solutions at Scale," PR 뉴스와이어(PR Newswire), 2016년 11월 29일, https://www.prnewswire.com/news-releases/schneider-electric-launches-next-generation-of-ecostruxure-the-architecture-and-platform-for-end-to-end-iot-enabled-solutions-at-scale-300369412.html.

48 슈나이더 일렉트릭, "Schneider Electric Launches."

49 "Ambitious Outlook. Positive Action. Full Accountability," 슈나이더 일렉트릭, 2018, https://www.se.com/ww/en/assets/564/document/69032/2018-annual-report.pdf; "Digital Innovations for a Sustainable World," 슈나이더 일렉트릭, 2019, https://www.se.com/ww/en/assets/564/document/124836/annual-report-2019-en.pdf.

50 슈나이더 일렉트릭, "Schneider Electric Launches New Digital Ecosystem to Drive Worldwide Economies of Scale for IoT Solutions," PR 뉴스와이어, 2019년 4월 1일, https://www.prnewswire.com/news-releases/schneider-electric-launches-new-digital-ecosystem-to-drive-worldwide-economies-of-scale-for-iot-solutions-300821811.html.

51 Herve Couriel, BCG 팀과의 인터뷰, 2019년 10월 25일.

52 Herve Couriel, BCG 팀과의 인터뷰, 2019년 10월 25일.

53 Herve Couriel, BCG 팀과의 인터뷰, 2019년 10월 25일.

54 "Where Problems Find Solutions," 슈나이더 일렉트릭 익스체인지, 2020년 3월 11일에 접속, https://exchange.se.com/.

55 에마뉘엘 라갸리그, BCG 팀과의 인터뷰, 2019년 10월 30일.

56 Herve Couriel, BCG 팀과의 인터뷰, 2019년 10월 25일.

57 한 추정치에 따르면, 2018년에 세계 물류 시장 규모가 4조 7천억 달러에 달한 것으로 추산된다. "The Global Logistics Market Reached a Value of US$ 4,730 Billion in 2018 and Will Continue to Rise by 4.9% by 2024," 비

즈니스 와이어(Business Wire), 2019년 7월 3일, https://www.business-wire.com/news/home/20190703005488/en/Global-Logistics-Market-Reached-4730-Billion-2018.

58 자세한 정보는 이 회사 웹사이트 참조. http://www.flexport.com.

59 "How Gerber Gains End-to-End Supply Chain Visibility and Savings with Flexport," 플렉스포트, 2020년 3월 11일에 접속, https://www.flexport.com/customers/gerber/; "How American Metalcraft Serves Up Digital Transformation with Flexport," 플렉스포트, 2020년 3월 11일에 접속, https://www.flexport.com/customers/american-metalcraft/; "Leading Smart Travel Brand, Horizn Studios, Breathes New Life into a Centuries-Old Industry and Transforms Operations," 플렉스포트, 2020년 4월 3일에 접속, https://www.flexport.com/customers/horizn-studios/.

60 Alex Konrad, "Freight Startup Flexport Hits $3.2 Billion Valuation After $1 Billion Investment Led by SoftBank," 《포브스》, 2019년 2월 21일, https://www.forbes.com/sites/alexkonrad/2019/02/21/flexport-raises-1-billion-softbank/#430462ac5650.

61 "Digitalisation in the Energy Industry: Adapt, or Be Disrupted," 셸, 2019년 3월 5일, https://www.shell.com/business-customers/lubricants-for-business/news-and-media-releases/2019/digitalisation-in-the-energy-industry.html.

62 "Revolutionary Wireless Telematics," 머신 맥스(Machine Max), 2020년 3월 11일에 접속, https://machinemax.com/.

63 IDC의 글로벌 데이터스피어(Global DataSphere) 2018에서 가져온 데이터.

64 러셀 스톡스(월풀 기업 전략 담당 부사장), 저자와의 인터뷰, 2019년 6월 12일.

65 "Total Worldwide Software Revenue Market Share by Market," 가트너 리포트(2019년 4월)를 바탕으로 한 BCG의 분석,

66 "Mass Data Fragmentation: The Main Cause of 'Bad Data' and How to

Take Control of It," 인포메이션 에이지, 2019년 5월 17일, https://www.information-age.com/mass-data-fragmentation-123482521/.

67 "AI and Data Irony—Ferrari Without Fuel?" 데이터 퀘스트(Data Quest), 2019년 11월 20일, https://www.dqindia.com/ai-data-irony-ferrari-without-fuel/.

68 Alan Cohen, "The Mass Data Fragmentation Cleanup," 《포브스》, 2018년 10월 24일, https://www.forbes.com/sites/forbestechcouncil/2018/10/24/the-mass-data-fragmentation-cleanup/#55a48cfa67a9.

CHAPTER 7 | 민첩하고 기민한 날쌘 코끼리로 변신하라

1 "ByteDance," Samridhi Agarwal를 위해 피치북(PitchBook)에서 작성, 보스턴 컨설팅 그룹 글로벌, 2020년 3월 4일에 업데이트, "About Us," 바이트댄스, 2020년 3월 14일에 접속, https://job.bytedance.com/en/.

2 모지아 리(바이트댄스 경영전략연구소의 전략 책임자), BCG 리서치팀과의 인터뷰, 2019년 8월 22일.

3 이 단락의 내용은 BCG 내부 연구를 기반으로 한다.

4 이 단락 전체의 내용은 모지아 리와 BCG 리서치팀의 인터뷰(2019년 8월 22일) 내용을 참조했다.

5 이 단락의 자료는 BCG 브루스 헨더슨 연구소에서 수행한 연구를 기반으로 한다.

6 Martin Danoesastro, "Nick Jue on Transforming ING Netherlands and Introducing an Agile Way of Working," BCG, 2017년 7월 17일, https://www.bcg.com/publications/2017/technology-digital-financial-institutions-nick-jue-transforming-ing.aspx.

7 중앙은행과 기업 웹사이트에서 얻은 데이터, 그리고 이코노미스트 인텔리전스 유닛의 2018년 글로벌 소매 뱅킹 보고서를 기반으로 한 BCG의 분석.

8 Katrina Cuthell, "Many Consumers Trust Technology Companies More Than Banks," 베인, 2019년 1월 9일, https://www.bain.com/insights/

many-consumers-trust-technology-companies-more-than-banks-snap-chart/.

9 Erin Lyons, "RBS Takes Inspiration from Amazon and Uber as It Puts Focus on Customer Experience," Phvntom, 2018년 10월 3일, https://phvntom.com/rbs-takes-inspiration-from-amazon-and-uber-as-it-puts-focus-on-customer-experience/.

10 BCG 뱅킹 풀, 익스팬드 핀테크(Expand Fintech) 데이터베이스, 핀테크 컨트롤 타워(Fintech Control Tower)의 데이터를 기반으로 한 BCG의 분석.

11 ING 투자자의 날 프레젠테이션(2019).

12 "We Want to Be a Tech Company with a Banking License'—Ralph Hamers," ING, 2017년 8월 8일, https://www.ing.com/Newsroom/News/We-want-to-be-a-tech-company-with-a-banking-license-Ralph-Hamers.htm.

13 Martin Danoesastro, "Nick Jue on Transforming ING Netherlands and Introducing an Agile Way of Working," BCG, 2017년 7월 17일, https://www.bcg.com/publications/2017/technology-digital-financial-institutions-nick-jue-transforming-ing.aspx.

14 매트릭스 구조와 1990년대부터 드러나기 시작한 문제점들에 대한 냉철한 평가는 다음 내용 참조. Stanley M. Davis & Paul R. Lawrence, "Problems of Matrix Organizations," 《하버드 비즈니스 리뷰》, 1978년 5월, https://hbr.org/1978/05/problems-of-matrix-organizations; Christopher A. Bartlett & Sumantra Ghoshal, "Matrix Management: Not a Structure, a Frame of Mind," 《하버드 비즈니스 리뷰》, 1990년 7~8월, https://hbr.org/1990/07/matrix-management-not-a-structure-a-frame-of-mind.

15 오늘날의 글로벌 기업들은 관료주의 혹은 BCG 동료들이 "기업들이 외부 비즈니스 환경에서 증가하는 복잡성을 관리하기 위해 도입한 조직 구조, 프로세스, 절차, 의사 결정권, 측정 기준, 점수표, 위원회의 수적 증가"라고 정의한 복잡성 때

문에 곤란을 겪고 있다. (Reinhard Messenböck et al., "Simplify First—Then Digitize," BCG, 2019년 8월 8일, https://www.bcg.com/capabilities/change-management/simplify-first-then-digitize.aspx).

16 Martin Danoesastro(보스턴 컨설팅 그룹 암스테르담 사무소 전무이사 겸 수석 파트너), BCG 팀과의 인터뷰, 2019년 10월 16일.

17 ING 그룹의 2014년 연례 보고서, 184 참조, 2020년 4월 19일에 다운로드, https://www.ing.com/web/file?uuid=9e4a52e6-1746-4a83-b31f-1c5978c8361c&owner=b03bc017-e0db-4b5d-abbf-003b12934429&-contentid=33430.

18 Saabira Chaudhuri, "Outfoxed by Small-Batch Upstarts, Unilever Decides to Imitate Them," 《월스트리트 저널》, 2018년 1월 2일, https://www.wsj.com/articles/outfoxed-by-small-batch-upstarts-unilever-decides-to-imitate-them-1514910342.

19 "Making Sustainable Living Commonplace," 유니레버(연례 보고서 및 회계 장부), 연례 보고서, 2017, 10, https://www.unilever.com/Images/ara-principle-risk-factors_tcm244-525944_en.pdf.

20 산지브 메타, BCG 팀과의 인터뷰, 2019년 7월 24일; Ajita Shashidhar, "How HUL Got Its Mojo Back," 《비즈니스 투데이》, 2018년 8월 12일, https://www.businesstoday.in/magazine/cover-story/how-hul-got-its-mojo-back/story/280535.html.

21 "Making Sustainable Living Commonplace," 유니레버, 2017, 10.

22 산지브 메타, BCG 팀과의 인터뷰, 2019년 7월 24일.

23 "Unilever Investor Event," 힌두스탄 유니레버, 2018년 12월 4일, 23, https://www.hul.co.in/Images/hul-presentation-to-investors_tcm1255-529129_en.pdf.

24 "Unilever Investor Event," 힌두스탄 유니레버, 21.

25 니틴 파란지페, BCG 리서치 팀과의 인터뷰, 2019년 7월 10일.

26 니틴 파란지페, 저자들과의 인터뷰, 2019년 7월 10일.

27 "Making Sustainable Living Commonplace," 유니레버, 2017.

28 "Making Sustainable Living Commonplace," 유니레버(연례 보고서 및 회계 장부), 2016: 27, https://www.unilever.com/Images/unilever-annual-report-and-accounts-2016_tcm244-498880_en.pdf; "Purpose-Led, Future-Fit," 유니레버(연례 보고서 및 회계 장부), 2019, https://www.unilever.com/Images/unilever-annual-report-and-accounts-2019_tcm244-547893_en.pdf.

29 Grant Freeland, "To Understand the Company of the Future, Head to a Jazz Club," 《포브스》, 2019년 9월 23일, https://www.forbes.com/sites/grantfreeland/2019/09/23/to-understand-the-company-of-the-future-head-to-a-jazz-club/#6e825ab32785.

30 Darrell K. Rigby, Jeff Sutherland, Hirotaka Takeuchi, "Embracing Agile," 《하버드 비즈니스 리뷰》, 2016년 5월, https://hbr.org/2016/05/embracing-agile.

31 애자일에 관한 자세한 정보는 Michael Sherman et al., "Taking Agile Way Beyond Software" 참조, BCG, 2017년 7월 19일, https://www.bcg.com/publications/2017/technology-digital-organization-taking-agile-way-beyond-software.aspx.

32 Marco Nink, "To Be Agile, You Need Fewer Processes and Policies," 갤럽, 2019년 1월 18일, https://www.gallup.com/workplace/246074/agile-need-fewer-processes-policies.aspx.

33 2014~2019년도 ING 연례 보고서에서 찾은 데이터를 기반으로 한 BCG 분석.

34 "Our Organisation," 뷔르트조르흐, 2020년 3월 15일에 접속, https://www.buurtzorg.com/about-us/our-organisation/; "Buurtzorg: Revolutionising Home Care in the Netherlands," 공공영향센터, 2018년 11월 15일, https://www.centreforpublicimpact.org/case-study/buurtzorg-revolu-

tionising-home-care -nether lands/.

35 "Our Organisation"; Sofia Widén, Malin Lidforss, William A. Haseltine, "Buurtzorg: A Neighborhood Model of Care: Interviews with Jos de Blok and Gertje van Roessel," 액세스 헬스 인터내셔널(Access Health International), 2016년 4월; Stevan Ćirković, "Buurtzorg: Revolutionising Home Care in the Netherlands."

36 Jaap van Ede, "The Self-Steering and Care-Driven Teams of Buurtzorg," 비즈니스 임프루브먼트(Business Improvement), 2014, https://www.business-improvement.eu/lead_change/Buurtzorg_autonomous_teams. php; Jef J. J. van den Hout & Orin C. Davis, 《Team Flow: The Psychology of Optimal Collaboration》(Cham, Switzerland: Springer: 2019), 80-81.

37 Widén, Lidforss, Haseltine, "Buurtzorg," 1.

38 "Buurtzorg's Healthcare Revolution: 14,000 Employees, 0 Managers, Sky-High Engagement," 코퍼레이트 레벨스(Corporate Rebels), 2020년 3월 15일에 접속, https://corporate-rebels.com/buurtzorg/.

39 Blake Morgan, "How Fidelity Creates Its Vision for Customer Experience," 《포브스》, 2016년 4월 5일, https://www.forbes.com/sites/blakemorgan/2016/04/05/how-fidelity-creates-amazing-customer-experiences/#3446ae7159c7; Robin Wigglesworth, "Fidelity's Search for the Technology of Tomorrow," 《파이낸셜 타임스》, 2019년 10월 19일, https://www.ft.com/content/b90cbc8a-ef45-11e9-bfa4-b25f11f42901.

40 "Internal Auditing Around the World, Volume 15: Fidelity Investments," 프로티비티(Protiviti), 2020년 6월 11일에 접속, https://www.protiviti.com/US-en/insights/iaworld-fidelity-investments.

41 플랫폼에 관한 자세한 정보는 Allison Bailey et al., "Organizing for the Future with Tech, Talent, and Purpose" 참조, BCG, 2019년 9월 16일, https://

www.bcg.com/publications/2019/organizing-future-tech-talent-purpose.aspx; Rich Hutchinson, Lionel Aré, Justin Rose, Allison Bailey, "The Bionic Company," BCG, 2019년 11월 7일, https://www.bcg.com/publications/2019/bionic-company.aspx.

42 호베르투 마르케스, BCG 리서치 팀과의 인터뷰, 2020년 3월 10일.

43 이 단락의 내용은 BCG 내부 연구와 분석을 통해 정리한 것이다.

44 Mary Jo Kreitzer et al., "Buurtzorg Nederland: A Global Model of Social Innovation, Change, and Whole-Systems Healing," 《글로벌 어드밴스 인 헬스 앤드 메디슨(Global Advances in Health and Medicine)》 4, no. 1 (2015년 1월).

45 "What Is R² Data Labs?" 롤스로이스, 2020년 3월 15일에 접속, https://www.rolls-royce.com/products-and-services/r2datalabs.aspx.

46 "R² Data Labs Ecosystem," 롤스로이스, 2020년 3월 20일에 접속, https://www.rolls-royce.com/products-and-services/ecosystem.aspx.

47 Rich Hutchinson et al., "The Bionic Company," BCG, 2019년 11월 7일, https://www.bcg.com/publications/2019/bionic-company.aspx.

48 짐 헤멀링 외, "It's Not a Digital Transformation Without a Digital Culture," BCG, 2018년 4월 13일, https://www.bcg.com/publications/2018/not-digital-transformation-without-digital-culture.aspx.

49 헤멀링 외, "It's Not a Digital Transformation."

50 Deborah Lovich et al., "Agile Starts—or Stops—at the Top," BCG, 2018년 5월 17일, https://www.bcg.com/publications/2018/agile-starts-or-stops-at-the-top.aspx.

51 Allison Bailey et al., "Organizing for the Future with Tech, Talent, and Purpose," BCG, 2019년 9월 16일, https://www.bcg.com/publications/2019/organizing-future-tech-talent-purpose.aspx.

52 밥 블랙, BCG 팀과의 인터뷰, 2020년 1월 13일.

53 Lars Marquardt et al., "Blending Old and New Ways of Working to Drive Digital Value," BCG, 2019년 10월 21일, https://www.bcg.com/publications/2019/blending-old-new-ways-working-drive-digital-value.aspx.

54 Martin Danoesastro, BCG 팀과의 인터뷰, 2019년 10월 16일.

CHAPTER 8 | 인재를 사고 빌리고 연결시켜라

1 "Unilever Opens €50m Leadership Development Facility," 유니레버, 2013년 6월 28일, https://www.unilever.com.sg/news/press-releases/2013/leadership-development-facility.html.

2 Stephen Remedios, "What Goes into Building a CEO Factory?" 매니지먼트 이노베이션 익스체인지(Management Innovation Exchange), 2013년 7월 14일, https://www.managementexchange.com/story/what-goes-building-ceo-factory; Sudhir Sitapati, "How Hindustan Unilever Became a CEO Factory and a Company with Good Middle-Class Values," 프린트 (Print), 2020년 1월 5일, https://theprint.in/pageturner/excerpt/how-hindustan-unilever-became-a-ceo-factory-and-company-with-middle-class-values/344917/.

3 BCG 연구 및 분석.

4 Angus Loten, "America's Got Talent, Just Not Enough in IT," 《월스트리트 저널》, 2019년 10월 15일, https://www.wsj.com/articles/americas-got-talent-just-not-enough-in-it-11571168626.

5 "Future of Work," 콘 페리(Korn Ferry), 2020년 3월 17일에 접속, https://www.kornferry.com/challenges/future-of-work.

6 J. Puckett et al., "Fixing the Global Skills Mismatch," BCG, 2020년 1월 15일, https://www.bcg.com/publications/2020/fixing-global-skills-mismatch.aspx.

7   "How to Future-Proof Your Workforce," BCG, 2020년 3월 17일에 접속, https://www.bcg.com/featured-insights/how-to/workforce-of-the-future.aspx.

8   J. Puckett et al., "Fixing the Global Skills Mismatch," BCG, 2020년 1월 15일, https://www.bcg.com/publications/2020/fixing-global-skills-mismatch.aspx.

9   Rainer Strack et al., "Decoding Digital Talent," BCG, 2019년 5월 15일, https://www.bcg.com/publications/2019/decoding-digital-talent.aspx.

10 Shawn Achor et al., "9 Out of 10 People Are Willing to Earn Less Money to Do More-Meaningful Work," 《하버드 비즈니스 리뷰》, 2018년 11월 6일, https://hbr.org/2018/11/9-out-of-10-people-are-willing-to-earn-less-money-to-do-more-meaningful-work.

11 이 단락의 내용은 리나 나이르와 BCG 팀과의 인터뷰(2019년 6월 17일) 내용을 바탕으로 했다.

12 Kathleen Hogan, "When People Are the Priority, Everything Else Falls into Place," 링크드인, 2019년 6월 4일, https://www.linkedin.com/pulse/when-people-priority-everything-else-falls-place-kathleen-hogan/.

13 Hogan, "When People Are the Priority."

14 Angus Loten, "'Talent War' at Home Prompts U.S. Employers to Take Another Look Abroad," 《월스트리트 저널》, 2019년 5월 30일, https://www.wsj.com/articles/talent-war-at-home-prompts-u-s-employers-to-take-another-look-abroad-11559257791.

15 "iCIMS Survey Finds Increased Acceptance of Tech Candidates with Non-Traditional Educations," 글로브 뉴스와이어(Globe News-wire), 2018년 9월 17일, https://www.globenewswire.com/news-re-

lease/2018/09/17/1571757/0/en/iCIMS-Survey-Finds-Increased-Acceptance-of-Tech-Candidates-with-Non-Traditional-Educations.html.

16 Rainer Strack et al., "How to Gain and Develop Digital Talent and Skills," BCG, 2017년 7월 19일, https://www.bcg.com/publications/2017/people-organization-technology-how-gain-develop-digital-talent-skills.aspx.

17 "Leap: A Modern Apprenticeship," 마이크로소프트, 2020년 3월 17일에 접속, https://www.industryexplorers.com/.

18 Sue Shellenbarger, "Make Your Job Application Robot-Proof,"《월스트리트 저널》, 2019년 12월 16일, https://www.wsj.com/articles/make-your-job-application-robot-proof-11576492201 ; "Balancing the Risks, Rewards of People Analytics,"《월스트리트 저널》, 2018년 5월 30일, https://deloitte.wsj.com/cio/2018/05/30/balancing-the-risks-rewards-of-people-analytics/.

19 Ingrid Lunden, "GM Confirms Sidecar Acquisition as Auto Makers Take Tech Ambitions up a Gear," 테크크런치, 2016년 1월 19일, https://techcrunch.com/2016/01/19/whos-driving/.

20 Sandeep Soni, "Acqui-Hiring: The New Normal in Talent Acquisition,"《앙트레프레뉴어(Entrepreneur)》, 2015년 3월 20일, https://www.entrepreneur.com/article/248598.

21 "Wipro's Mantra: Acquire to Grow," M&A 크리틱(M&A Critique), 2020년 3월 18일에 접속, https://mnacritique.mergersindia.com/wipro-technologies-growth-by-acquisition/.

22 "Wipro to Acquire US-Based ITI for USD 45 Million,"《이코노믹 타임스》, 2019년 1월 5일, https://economictimes.indiatimes.com/tech/ites/wipro-to-acquire-us-based-iti-for-usd-45-million/articleshow/69664283.

cms?from=mdr.

23 Andrew Karpie, "Wipro Acquires Appirio for $500M to Reach for the Cloud, Leverage Power of the Crowd," 스펜드 매터스(Spend Matters), 2016년 10월 21일, https://spendmatters.com/2016/10/21/wipro-acquires-appirio-500m-reach-cloud-leverage-power-crowd/; Chris Barbin, "One Year Later: Appirio (A Wipro Company)," 아피리오, 2017년 12월 12일, https://hub.appirio.com/cloud-powered-blog/one-year-later-appirio-a-wipro-company.

24 위프로, "Wipro Digital to Enhance Digital Transformation Capability with Designit," 보도자료, 2015년 7월 9일, https://www.wipro.com/en-IN/newsroom/press-releases/2015/wipro-digital-to-enhance-digital-transformation-capability-with-/.

25 Teressa Iezzi, "Unilever Looks to Forge New Partnerships with Startups with the Launch of the Foundry," 《패스트 컴퍼니》, 2014년 5월 21일, https://www.fastcompany.com/3030940/unilever-looks-to-forge-new-partnerships-with-startups-with-the-launch-of-the-foundry.

26 "Unilever's Platform for Partnering with Start-Ups to Accelerate Innovation on a Global Scale," 유니레버 파운드리, 2020년 3월 18일에 접속, https://www.theunileverfoundry.com/.

27 "What Corporate Incubators and Accelerators Can Mean for Your Business," 《앙트레프레뉴어》, 2017년 2월 15일, https://www.entrepreneur.com/article/287495.

28 "Here's How Large Firms Can Innovate by Collaborating with Startups," 《포브스》, 2018년 5월 10일, https://www.forbes.com/sites/iese/2018/05/10/heres-how-large-firms-can-innovate-by-collaborating-with-startups/#30a166de2241.

29 Judith Wallenstein et al., "The New Freelancers: Tapping Talent in the

Gig Economy," BCG 헨더슨 전략 연구소, 2019년 1월, http://image-src. bcg.com/Images/BCG-The-New-Freelancers-Jan-2019_tcm9-211593. pdf.

30 Judith Wallenstein et al., "The New Freelancers," 5.

31 관련 수치와 자세한 정보는 http://www.tongal.com 참조.

32 Tongal.com, 2020년 1월 19일에 접속.

33 "Unilever Launches New AI-Powered Talent Marketplace," 유니레버, 2019년 6월 24일, https://www.unilever.com/news/press-releases/2019/ unilever-launches-ai-powered-talent-marketplace.html.

34 Shaun Sutner, "New Kronos Headquarters Design Mirrors Reinvention Play," 서치 HR 소프트웨어(Search HR Software), 2018년 5월 29일, https:// searchhrsoftware.techtarget.com/feature/New-Kronos-headquar- ters-design-mirrors-reinvention-play.

35 이 회사의 더블린 지사와 관련된 보도 내용은 다음 링크 참조. "First Look: From Gyms and Music Rooms to Baristas and Yoga ... Inside LinkedIn' s New €85m EMEA HQ Office in Dublin," 《인디펜던트(Independent)》, 2017년 9월 18일, https://www.independent.ie/business/technology/ first-look-from-gyms-and-music-rooms-to-baristas-and-yogain- side-linkedins-new-85m-emea-hq-office-in-dublin-36142701.html.

36 Katie Jacobs, "Dogs in the Office: How Nestlé Makes It Work," 《HR 매거 진(HR Magazine)》, 2016년 2월 11일, https://www.hrmagazine.co.uk/arti- cle-details/dogs-in-the-office-how-nestle-makes-it-work-1; Grace Newton, "Nestle in York Now Lets Staff Take Bring Their Dogs to Work," 《요크셔 포스트(Yorkshire Post)》, 2019년 4월 4일, https://www.yorkshire- post.co.uk/news/nestle-in-york-now-lets-staff-take-bring-their- dogs-to-work-1-9691747.

37 Alexander Purdy(존 디어의 전 직원), BCG 팀과의 인터뷰, 2019년 10월 10일.

위대한 기업의 2030 미래 시나리오

38 "No One Reaches More Machines with Smarter Technology Than John Deere," 존 디어, 2020년 3월 20일에 접속, https://www.deere.com/en/our-company/john-deere-careers/work-here/isg/.

39 Shawn Achor et al., "9 Out of 10 People Are Willing to Earn Less Money to Do More-Meaningful Work," 《하버드 비즈니스 리뷰》, 2018년 11월 6일, https://hbr.org/2018/11/9-out-of-10-people-are-willing-to-earn-less-money-to-do-more-meaningful-work.

40 리나 나이르, BCG 팀과의 인터뷰, 2019년 6월 17일.

41 "People with Purpose Thrive," 유니레버, 2020년 3월 19일에 접속, https://careers.unilever.com/global/en/people-with-purpose-thrive.

42 리나 나이르, BCG 팀과의 인터뷰, 2019년 6월 17일.

43 "Project #ShowUs: Dove's Disruptive New Partnership to Shatter Stereotypes," 유니레버, 2019년 5월 15일, https://www.unilever.com/news/news-and-features/Feature-article/2019/project-showus-doves-disruptive-new-partnership-to-shatter-stereotypes.html.

44 리나 나이르, "Have You Found Your Purpose?" 미디엄(Medium), 2018년 11월 22일, https://medium.com/@leenanairHR/have-you-found-your-purpose-heres-how-4d93f7bccaa9.

45 리나 나이르, BCG 팀과의 인터뷰, 2019년 6월 17일.

46 Jörgen Sundberg, "How Unilever Developed a New EVP and Employer Brand," 링크 휴먼(Link Humans), 2020년 3월 20일에 접속, https://linkhumans.com/unilever/.

47 "LinkedIn," 털사 마케팅 온라인(Tulsa Marketing Online), 2020년 3월 19일에 접속, https://www.tulsamarketingonline.com/linkedin-lists-its-10-most-followed-pages/. 순위는 바뀌었지만, 2020년 3월 25일 기준으로 링크드인 팔로워가 940만 명이 넘는다. ("Unilever," 링크드인, 2020년 3월 26일에 접속, https://www.linkedin.com/company/unilever/).

48 Meghan French Dunbar, "How Nature Became the World's Largest B Corp—and How Its Helping," 컨셔스 컴퍼니 미디어(Conscious Company Media), 2016년 1월 5일, https://consciouscompanymedia.com/sustain-able-business/how-natura-became-the-worlds-largest-b-corp-and-how-its-helping/; Daniel Azevedo(BCG 전무이사 겸 파트너, 나투라 CCO), BCG 팀과의 인터뷰, 2019년 7월 11일.

49 케이번 마세두, BCG 팀과의 인터뷰, 2019년 12월 20일.

50 케이번 마세두, BCG 팀과의 인터뷰, 2019년 12월 20일.

51 Carol Fulp, 「Success Through Diversity: Why the Most Inclusive Companies Will Win」(Boston: Beacon Press, 2018). 연구를 통해 다양성과 참여 수준 사이에 명확한 연관성이 있다는 것을 발견했다. 예를 들어, 참여 점수가 낮은 회사는 성별 격차가 더 크다. ("BCG's Gender Diversity Research: By the Numbers," BCG, 2020년 3월 19일에 접속, https://www.bcg.com/en-us/capabilities/diversity-inclusion/gender-diversity-research-by-num-bers.aspx).

52 Frances Brooks et al., "Winning the Race for Women in Digital," BCG, 2018년 11월 28일, https://www.bcg.com/en-us/publications/2018/win-ning-race-women-digital.aspx.

53 Ruth Umoh, "Meet America's Best Employers for Diversity 2020," 《포브스》, 2020년 1월 21일, https://www.forbes.com/sites/ruthu-moh/2020/01/21/meet-americas-best-employers-for-diversi-ty-2020/#31144fcd5739.

54 Rainer Strack et al., "Decoding Digital Talent."

55 Orsolya Kovacs-Ondrejkovic et al., "Decoding Global Trends in Up-skilling and Reskilling," BCG, 2019년 11월, https://www.bcg.com/publi-cations/2019/decoding-global-trends-upskilling-reskilling.aspx.

56 밥 블랙, BCG 팀과의 인터뷰, 2020년 1월 13일.

57 Laura Heller, "Walmart Launches Tech Incubator Dubbed Store No. 8," 《포브스》, 2017년 3월 20일, https://www.forbes.com/sites/laura-heller/2017/03/20/walmart-launches-tech-incubator-store-no-8/#13ee844e2dcb.

58 Adam Kearney, "We Digitized Google's Peer Recognition," 미디엄, 2016년 5월 2일, https://medium.com/@K3ARN3Y/how-google-does-peer-recognition-188446e329dd; John Quinn, "A Look at Google's Peer-to-Peer Bonus System," 보너슬리(Bonusly)(블로그), 2020년 3월 20일에 접속, https://blog.bonus.ly/a-look-at-googles-peer-to-peer-bonus-system/.

59 Børge Brende, "We Need a Reskilling Revolution. Here's How to Make It Happen," 세계경제포럼(World Economic Forum), 2019년 4월 15일, https://www.weforum.org/agenda/2019/04/skills-jobs-investing-in-people-inclusive-growth/; "The Future of Jobs Report," 이코노믹 포럼, 2018, ix, http://www3.weforum.org/docs/WEF_Future_of_Jobs_2018.pdf.

60 "The Future of Jobs Report," 12.

61 "The Future of Jobs Report," 13.

62 Orsolya Kovacs-Ondrejkovic et al., "Decoding Global Trends."

63 Orsolya Kovacs-Ondrejkovic, "What Would You Do to Stay Relevant at Work?" 링크드인, 2019년 11월 7일, https://www.linkedin.com/pulse/what-would-you-do-stay-relevant-work-orsolya-kovacs-ondrejkovic/.

64 실제로 직원들 가운데 약 3분의 2는 "향후 5년 이내에 업무 프로필에 상당한 변화가 생길 것이다." (Vikram Bhalla et al., "A CEO's Guide to Talent Management Today," BCG, 2018년 4월 10일, https://www.bcg.com/publications/2018/ceo-guide-talent-management-today.aspx).

65 "What Is FutureSkills?" 퓨처스킬(FutureSkills), 2020년 3월 26일에 접속, http://futureskills.nasscom.in/about-futureskill.html#whyFutureSkill. 업계 동업자 단체인 NASSCOM이 10가지 신흥 기술을 확인했다. ("What Is FutureSkills?").

66 "NASSCOM," NASSCOM, 2019년 7월 17일, 2020년 3월 21일에 접속, https://www.nasscom.in/sites/default/files/media_pdf/pr_hr_summit%202019.pdf.

67 "What Is FutureSkills," 퓨처스킬, 2020년 3월 21일에 접속, http://futureskills.nasscom.in/about-futureskill.html#whyFutureSkill.

68 "Nasscom," Nasscom, 2019년 7월 17일, 2020년 3월 21일에 접속, https://www.nasscom.in/sites/default/files/media_pdf/pr_hr_summit%202019.pdf; Venkatesh Ganesh & KV Kurmanath, "Modi Launches Nasscom's 'Future Skills' Platform," 《힌두 비즈니스 라인》, 2018년 2월 19일, https://www.thehindubusinessline.com/info-tech/modi-launches-nasscoms-future-skills-platform/article22800117.ece.

69 "How Does It Work," 퓨처스킬, 2020년 3월 21일에 접속, http://futureskills.nasscom.in/how-does-it-work.html.

70 Ganesh and Kurmanath, "Modi Launches Nasscom's 'Future Skills' Platform."

71 "FutureSkills: A NASSCOM Initiative," NASSCOM, 2020년 3월 26일에 접속, https://www.nasscom.in/sites/default/files/FutureSkills_An_Industry_Response.pdf; Shilpa Patankar, "Wipro, Nassscom Tie-Up for Future Skills Platform," 《타임스 오브 인디아》, 2019년 12월 21일, https://timesofindia.indiatimes.com/business/india-business/wipro-nassscom-tie-up-for-future-skills-platform/articleshow/72914868.cms.

72 이 단락의 내용은 BCG 연구, 분석에 기초한다.

73 Debbie Weinstein, "How L'Oréal Is Preparing for the Next Evolution

위대한 기업의 2030 미래 시나리오

of Digital Marketing," 싱크 위드 구글(Think with Google), 2018년 6월, https://www.thinkwithgoogle.com/intl/en-aunz/advertising-channels/video/how-loreal-preparing-next-evolution-digital-marketing/.

74 "AT&T Invests $1 Billion in Employee Reskilling," 아스펜 연구소(Aspen Institute), 2018년 3월 12일, https://www.aspeninstitute.org/of-interest/upskilling-news-att-invests-1-billion-employee-reskilling/.

75 Susan Caminiti, "AT&T's $1 Billion Gambit: Retraining Nearly Half Its Workforce for Jobs of the Future," CNBC, 2018년 3월 13일, https://www.cnbc.com/2018/03/13/atts-1-billion-gambit-retraining-nearly-half-its-workforce.html.

76 Aaron Pressman, "Can AT&T Retrain 100,000 People?"《포춘》, 2017년 3월 13일, https://fortune.com/longform/att-hr-retrain-employees-jobs-best-companies/.

77 Caminiti, "AT&T's $1 Billion Gambit."

78 Caminiti, "AT&T's $1 Billion Gambit."

79 Kate Rogers, "Manufacturers to Spend $26.2 Billion on 'Upskilling' in 2020 to Attract and Keep Workers," CNBC, 2020년 1월 17일, https://www.cnbc.com/2020/01/17/manufacturers-to-spend-26point2-billion-on-upskilling-workers-in-2020.html.

80 Scott Snyder, "Talent, Not Technology, Is the Key to Success in a Digital Future," 세계경제포럼, 2019년 1월 11일, https://www.weforum.org/agenda/2019/01/talent-not-technology-is-the-key-to-success-in-a-digital-future/.

81 Rich Hutchinson et al., "The Bionic Company," BCG, 2019년 11월 7일, https://www.bcg.com/publications/2019/bionic-company.aspx.

82 Bob Desimone, "What High-Performance Workplaces Do Differently,"

갤럽, 2019년 12월 12일, https://www.gallup.com/workplace/269405/
high-performance-workplaces-differently.aspx.

83 Shawn Achor et al., "9 Out of 10 People Are Willing to Earn Less Money
to Do More-Meaningful Work,"《하버드 비즈니스 리뷰》, 2018년 11월 6일,
https://hbr.org/2018/11/9-out-of-10-people-are-willing-to-earn-
less-money-to-do-more-meaningful-work.

84 Charles Mitchell et al., "The CEO View of Risks and Opportunities in
2020," 컨퍼런스 보드, 2020년 3월 21일에 접속, https://files.constantcon-
tact.com/ff18da33701/9f112366-808b-4de4-b342-60b0f843784a.pdf.

85 "Key Skills Needed to Survive the 21st Century," 자비니스(Jobiness)(블로
그), 2019년 1월 14일, http://blog.jobiness.com/key-skills-needed-to-
survive-the-21st-century/.

CHAPTER 9 | 변화에 집중하고 혁신에 집착하라

1 N. 찬드라세카란, BCG 팀과의 인터뷰, 2020년 1월 14일.

2 David Leonard & Claude Coltea, "Most Change Initiatives Fail—but
They Don't Have To," 갤럽, 2013년 5월 24일, https://news.gallup.com/
businessjournal/162707/change-initiatives-fail-don.aspx.

3 S&P 캐피털 IQ 데이터베이스를 검색해서 얻은 데이터.

4 "Microsoft Market Cap 2006-2019," 매크로트렌드(Macrotrends), 2020년 3월
25일에 접속, https://www.macrotrends.net/stocks/charts/MSFT/micro-
soft/market-cap.

5 Rolf Harms(마이크로소프트 전략 및 인수 총괄 책임자), BCG 팀과의 인터뷰,
2019년 9월.

6 사티아 나델라(Satya Nadella), *Hit Refresh*(New York: Harper Business,
2017), 66. (한국어 번역판:『히트 리프레시』(흐름출판, 2018))

7 Eugene Kim, "Microsoft Has a Strange New Mission Statement," 비

즈니스 인사이더, 2015년 6월 25일, https://www.businessinsider.com/microsoft-ceo-satya-nadella-new-company-mission-internal-email-2015-6.

8 "Annual Report 2017," 마이크로소프트, 2020년 3월 25일에 접속, https://www.microsoft.com/investor/reports/ar17/index.html.

9 Krzysztof Majdan & Michał Wasowski, "We Sat Down with Microsoft's CEO to Discuss the Past, Present and Future of the Company," 비즈니스 인사이더, 2017년 4월 20일, https://www.businessinsider.com/satya-nadella-microsoft-ceo-qa-2017-4?IR=T.

10 Jordan Novet, "How Satya Nadella Tripled Microsoft's Stock Price in Just Over Four Years," CNBC, 2018년 7월 18일, https://www.cnbc.com/2018/07/17/how-microsoft-has-evolved-under-satya-nadella.html; Matt Asay, "Who Really Contributes to Open Source," 인포월드(InfoWorld), 2018년 2월 7일, https://www.infoworld.com/article/3253948/who-really-contributes-to-open-source.html#tk.twt_ifw.

11 Ron Miller, "After 5 Years, Microsoft CEO Satya Nadella Has Transformed More Than the Stock Price," 테크크런치, 2019년 2월 4일, https://techcrunch.com/2019/02/04/after-5-years-microsoft-ceo-satya-nadella-has-transformed-more-than-the-stock-price/.

12 Austin Carr & Dina Bass, "The Most Valuable Company (for Now) Is Having a Nadellaissance," 블룸버그, 2019년 5월 2일, https://www.bloomberg.com/news/features/2019-05-02/satya-nadella-remade-microsoft-as-world-s-most-valuable-company.

13 S&P 캐피털 IQ 데이터베이스와 BCG 밸류사이언스 센터에서 얻은 데이터.

14 이 장은 다음 자료를 많이 참조했다. Jim Hemerling, Julie Kilmann, Dave Matthews, "The Head, Heart, and Hands of Transformation," 보스턴 컨설팅 그룹, 2018년 11월 5일, https://www.bcg.com/publications/2018/

head-heart-hands-transformation.aspx. 이 장에서 발전시킨 개념적 프레임워크는 원래 위의 자료에 나온 것이고, 핵심 아이디어를 전달하는 데 필요한 용어도 빌려왔다. 또한 이 장은 "혁신의 머리, 심장, 손"이라는 헤멀링의 대면 프레젠테이션에 나온 개념과 표현도 가져다 썼다.

15 Hemerling, Kilmann, Matthews, "The Head, Heart, and Hands of Transformation."

16 Patti Sanchez, "The Secret to Leading Organizational Change Is Empathy," 〈하버드 비즈니스 리뷰〉, 2018년 12월 20일, https://hbr.org/2018/12/the-secret-to-leading-organizational-change-is-empathy.

17 Hemerling, Kilmann, Matthews, "The Head, Heart, and Hands of Transformation."

18 Cathy Carlisi et al., "Purpose with the Power to Transform Your Organization," BCG, 2017년 5월 15일, https://www.bcg.com/en-us/publications/2017/transformation-behavior-culture-purpose-power-transform-organization.aspx.

19 나델라, 『히트 리프레시』, 68.

20 나델라, 『히트 리프레시』, 75.

21 나델라, 『히트 리프레시』, 79.

22 나델라, 『히트 리프레시』, 79-80.

23 Cathy Carlisi et al., "Purpose with the Power to Transform."

24 Jim Hemerling et al., "It's Not a Digital Transformation Without a Digital Culture" 참조, BCG, 2018년 4월 13일, https://www.bcg.com/publications/2018/not-digital-transformation-without-digital-culture.aspx.

25 나델라, 『히트 리프레시』, 100.

26 나델라, 『히트 리프레시』, 102-103.

27 Rolf Harms, BCG 팀과의 인터뷰, 2019년 9월.

28 Rolf Harms, BCG 팀과의 인터뷰, 2019년 9월.

29 나델라, 『히트 리프레시』, 118-120.

30 Simone Stolzoff, "How Do You Turn Around the Culture of a 130,000-Person Company? Ask Satya Nadella," 쿼츠, 2020년 3월 25일에 접속, https://qz.com/work/1539071/how-microsoft-ceo-satya-nadella-rebuilt-the-company-culture/.

31 나델라, 『히트 리프레시』, 9-10.

32 Sandra J. Sucher & Shalene Gupta, "Layoffs That Don't Break Your Company," 《하버드 비즈니스 리뷰》, 2018년 5~6월, https://hbr.org/2018/05/layoffs-that-dont-break-your-company.

33 Sandra Sucher, "There's a Better Way to Do Layoffs: What Nokia Learned, the Hard Way," 링크드인, 2019년 5월 3일, https://www.linkedin.com/pulse/theres-better-way-do-layoffs-what-nokia-learned-hard-sandra-sucher/.

34 Sucher & Gupta, "Layoffs That Don't Break Your Company."

35 Sucher, "There's a Better Way to Do Layoffs."

36 Sucher, "There's a Better Way to Do Layoffs."

37 Sucher, "There's a Better Way to Do Layoffs."

38 Sucher, "There's a Better Way to Do Layoffs."

39 Sucher, "There's a Better Way to Do Layoffs."

40 S&P 캐피털 IQ 데이터베이스에서 얻은 데이터에 기반한 BCG의 분석.

41 John Callaham, "Microsoft Is Helping Fund Startups Created by Laid Off Smartphone Workers in Finland," 윈도우 센트럴(Windows Central), 2016년 8월 2일, https://www.windowscentral.com/microsoft-tries-help-laid-smartphone-workers-finland-find-new-jobs.

42 Gerard O'Dwyer, "Finland's IT Sector Recovers After Break-Up of Nokia," 컴퓨터 위클리, 2018년 12월 12일, https://www.computerweekly.com/news/252454294/Finlands-IT-sector-recovers-after-break-up-

of-Nokia.

43 O'Dwyer, "Finland's IT Sector Recovers."

44 Jay Yarrow, "Microsoft's CEO Sent Out a Giant Manifesto to Employees About the Future of the Company," 비즈니스 인사이더, 2014년 7월 10일, https://www.businessinsider.com/microsofts-ceo-email-2014-7.

45 Samantha McDonald, "Nike to Open Paris Flagship in the Most Expensive Building on the Champs-Élysées," 《풋웨어 뉴스(Footwear News)》, 2019년 10월 8일, https://footwearnews.com/2019/business/retail/nike-champs-elysees-headquarters-house-of-innovation-paris-1202852317/.

46 Hilary Milnes, "In Effort to Grow Direct Sales, Nike Integrated Its App Strategy into Its Stores," 디지데이(Digiday), 2019년 3월 26일, https://digiday.com/retail/nike-integrated-app-strategy-stores/.

47 Khadeeja Safdar, "Nike's Strategy to Get a Lot More Personal with Its Customers," 《월스트리트 저널》, 2019년 3월 13일, https://www.wsj.com/articles/nikes-strategy-to-get-a-lot-more-personal-with-its-customers-11557799501.

48 Morgan Forde, "Company of the Year: Nike," 서플라이 체인 다이브, 2019년 12월 9일, https://www.supplychaindive.com/news/nike-supply-chain-Celect-dive-awards/566234/.

49 Alfonso Segura, "The Fashion Retailer," 패션 리테일 블로그(Fashion Retail Blog), 2018년 4월 16일, https://fashionretail.blog/2018/04/16/5015/.

50 S&P 캐피털 IQ와 BCG 밸류사이언스 센터에서 얻은 데이터에 대한 BCG 분석.

51 Martin Reeves et al., "Preemptive Transformation: Fix It Before It Breaks," BCG 헨더슨 전략 연구소, 2018년 8월 17일, https://www.bcg.com/publications/2018/preemptive-transformation-fix-it-before-it-breaks.aspx.

52 Reeves et al., "Preemptive Transformation."

53 Polly Mosendz, "Microsoft's CEO Sent a 3,187-Word Memo and We Read It So You Don't Have To,"《애틀랜틱》, 2014년 7월 10일, https://www.theatlantic.com/technology/archive/2014/07/microsofts-ceo-sent-a-3187-word-memo-and-we-read-it-so-you-dont-have-to/374230/.

54 Steve Denning, "How Microsoft Vanquished Bureaucracy with Agile,"《포브스》, 2019년 8월 23일, https://www.forbes.com/sites/stevedenning/2019/08/23/how-microsoft-vanquished-bureaucracy-with-agile/#5d26bb3c6f58.

55 Steve Denning, "Surprise: Microsoft Is Agile,"《포브스》, 2015년 10월 27일, https://www.forbes.com/sites/stevedenning/2015/10/27/surprise-microsoft-is-agile/#45dd014a2867.

56 Mosendz, "Microsoft's CEO Sent a 3,187-Word Memo."

57 Jim Hemerling, Julie Kilmann, Dave Matthews, "The Head, Heart, and Hands of Transformation," BCG, 2018년 11월 5일, https://www.bcg.com/publications/2018/head-heart-hands-transformation.aspx.

58 이 질문은 저자 중 한 명인 짐 헤멀링이 진행한 프레젠테이션에서 차용한 내용을 약간 수정한 것이다.

나가며 | **위대한 리더십을 넘어**

1 롤랜드 부시, BCG 팀과의 인터뷰, 2020년 2월 17일.

2 사티아 나델라, BCG가 워싱턴주 시애틀에서 진행한 인터뷰, 2019년 6월 4일.

3 호베르투 마르케스, BCG 팀과의 인터뷰, 2020년 3월 10일.

4 호베르투 마르케스, BCG 팀과의 인터뷰, 2020년 3월 10일.

5 N. 찬드라세카란, BCG 팀과의 인터뷰, 2019년 9월 17일.

6 호베르투 마르케스, BCG 팀과의 인터뷰, 2020년 3월 10일.

7 Lars Fæste et al., "Transformation: The Imperative to Change," BCG,

2014년 11월 3일, https://www.bcg.com/en-us/publications/2014/people-organization-transformation-imperative-change.aspx.

8 N. 찬드라세카란, BCG 팀과의 인터뷰, 2019년 9월 17일.

위대한 기업의 2030 미래 시나리오

옮긴이 **박선령**

세종대학교 영어영문학과를 졸업하고 MBC방송문화원 영상번역과정을 수료했다. 현재 출판번역 에이전시 베네트랜스에서 전속 번역가로 활동 중이다. 옮긴 책으로는 『타이탄의 도구들』 『지금 하지 않으면 언제 하겠는가』 『인생을 바꾸는 90초』 『우리는 달에 가기로 했다』 『업스트림』 『부자의 프레임』 등이 있다.

위대한 기업의 2030 미래 시나리오

초판 1쇄 발행 2021년 9월 10일
초판 2쇄 발행 2021년 9월 27일

지은이 아린담 바타차리아, 니콜라우스 랭, 짐 헤멀링
옮긴이 박선령

발행인 이재진 단행본사업본부장 신동해
편집장 김수현 책임편집 윤지윤 교정교열 조창원
마케팅 이인국 홍보 최새롬 권영선 최지은
디자인 석운디자인 제작 정석훈 국제업무 김은정

브랜드 리더스북
주소 경기도 파주시 회동길 20
문의전화 031-956-7356(편집) 031-956-7089(마케팅)

홈페이지 http://www.wjbooks.co.kr
페이스북 www.facebook.com/wjbook
포스트 post.naver.com/wj_booking

발행처 ㈜웅진씽크빅
출판신고 1980년 3월 29일 제406-2007-000046
한국어판 출판권 ⓒ 웅진씽크빅, 2021

ISBN 978-89-01-25254-4 03320